Antropología: una guía para la existencia

EDICIONES PALABRA
Madrid

1ª edición, marzo 2003
2ª edición, noviembre 2005
3ª edición, octubre 2008
4ª edición actualizada, diciembre 2009
5ª edición revisada, abril 2013
6ª edición revisada y ampliada, abril 2017

Paseo de la Castellana, 210 - 28046 MADRID (España)
Telf.: (34) 91 350 77 20 - (34) 91 350 77 39
www.palabra.es
palabra@palabra.es

ISBN: 978-84-9061-548-5
Depósito Legal: M. 8.139-2017
Impresión: Gohegraf, S. L.
Printed in Spain - Impreso en España

Antropología: una guía para la existencia

Juan Manuel Burgos

SEXTA EDICIÓN REVISADA Y ACTUALIZADA

[colección albatros]

A Karol Wojtyla, filósofo

INTRODUCCIÓN*

1. Génesis y desarrollo de la Antropología filosófica

La pregunta sobre el hombre es una constante universal. Todo hombre, toda mujer, se pregunta sobre sí mismo, busca saber lo que es o, mejor dicho, quién es, y responder a las preguntas fundamentales sobre la existencia: ¿qué significa ser libre?, ¿qué son mis sentimientos?, ¿tengo un alma espiritual? o ¿qué ocurre al morir? Esas preguntas forman parte inseparable de la vida porque no podemos vivir sin dar una respuesta más o menos explícita a estas cuestiones. No hacerlo supondría vivir en el absurdo, en la ignorancia o en la irracionalidad, algo evidentemente inhumano.

Existe, sin embargo, un tipo de respuesta especial a estos interrogantes: la filosófica. Una serie de hombres a lo largo de la historia se han planteado ir más allá de la respuesta individual y rápida elaborando un saber que respondiera con

* Esta introducción ha sido reelaborada para la sexta edición.

profundidad, con precisión, sin improvisaciones y con radicalidad. Este saber es la filosofía y este saber, focalizado en el estudio de la persona, es la antropología filosófica.

La perspectiva de los filósofos en relación al estudio del hombre ha variado con el tiempo. Inicialmente, la reflexión se centró no tanto en el hombre, sino en el alma debido a la influencia de la primera obra de reflexión sistemática sobre el hombre, el *De anima* de Aristóteles, que marcó la línea de los siglos posteriores hasta bien entrado el siglo XVII. Así, por ejemplo, san Agustín escribió tratados titulados *De inmortalitate animae, De quantitate animae* y *De anima et eius origine;* Averroes comentó el *De anima* de *Aristóteles* y Tomás de Aquino siguió en esto fielmente a su venerado maestro comentando también el *De anima* y estudiando los problemas humanos desde esta perspectiva. La última gran obra que se sitúa en estas coordenadas es, probablemente, el *De anima* de Francisco Suárez, un texto importante en la historia de la filosofía, al decir de Heidegger.

La llegada del Renacimiento y el advenimiento de la filosofía moderna a través de Descartes supuso un cambio importante. El Renacimiento, como es conocido, hizo hincapié en la centralidad del hombre, en su importancia en cuanto tal y no solo en relación a Dios, y esto dio un impulso a los estudios sobre el hombre y no solo sobre el alma. Descartes, por su parte, insistió en la dimensión subjetiva e interior de la persona. Esta conjunción de planteamientos dio lugar a una reconsideración de los estudios sobre el hombre que, ya en el marco de la Ilustración, quedaron integrados en el nombre de *Psicología racional* popularizado por Christian Wolf (1679-1754). El término psicología incluía los aspectos subjetivos preconizados por Descartes y el término racional la distinguía, por un lado, de la psicología empírica o experimental y, por otro, hacía referencia al afán sistemático y deductivo propio del racionalismo.

La denominación de *Psicología racional* se mantuvo durante mucho tiempo pero, a comienzos del siglo XX, comenzó a ceder el paso al término de antropología. El origen de este término parece que se debe atribuir a O. Casmann, que publicó en 1596 una obra titulada *Psychologia anthropologica;* Kant dio un paso adelante a través de sus cuatro famosas preguntas: ¿Qué puedo saber? ¿Qué debo hacer? ¿Qué me está permitido esperar? y ¿Qué es el hombre?, al comentar que «a la primera responde la metafísica, a la segunda la moral, a la tercera la religión y a la cuarta la antropología. En el fondo se podría atribuir todo a la antropología porque las tres primeras preguntas se refieren a la última»[1]. Pero Kant no elaboró propiamente hablando un texto de antropología y, de hecho, la consolidación definitiva de este término tal como lo entendemos actualmente solo llegaría a principios del siglo XX con el famoso texto de Scheler *El puesto del hombre en el cosmos* (1928)[2]. Scheler propone ahí una visión filosófica unitaria e integral de la persona y de sus relaciones con el resto de la realidad desmarcándose tanto de un análisis de tipo fundamentalmente metafísico *(De anima)* como interior y subjetivo (la *Psicología*). A partir de esa fecha y de estas obras, el término de antropología filosófica se impone como término correspondiente al estudio sistemático filosófico en torno al hombre.

El asentamiento de la antropología filosófica, sin embargo, no resultó fácil pues se vio rápidamente cuestionada por un grupo importante de filósofos en la segunda mitad del siglo XX (Foucault, Lévy-Strauss, etc.). Un cuestionamiento, por otro lado, radical pues lo que se ponía en duda

[1] I. KANT, *Logik*, en *Kant's Gesammelte Schriften*, vol. IX, p. 25.

[2] M. SCHELER, *El puesto del hombre en el cosmos*, Alba, Barcelona 2000. Del mismo año (1928) y también relevante para la consolidación de la antropología filosófica es la obra de H. PLESSNER, *Los grados de lo orgánico en el hombre. Introducción a la antropología filosófica.* Cfr. A. POLAINO, *Antropología e investigación en las ciencias humanas*, Unión Editorial, Madrid 2010.

no era la terminología o los contenidos, sino la misma *posibilidad* de la antropología filosófica en cuanto tal. Se aducía, por ejemplo, que la complejidad, desarrollo y fragmentación actual de las ciencias sobre el hombre (etnología, antropología cultural, psicoanálisis, etología, etc.) impide un acercamiento filosófico mínimamente preciso a la persona hasta el punto de que no sería posible ni siquiera identificar el «objeto hombre»; se cuestionaba también la posibilidad de que la antropología filosófica fuera capaz de superar sus propios presupuestos y hacer un desarrollo constructivo que no fuere una mera conclusión de lo que ya estaba en el punto de partida, etc.[3].

Estas críticas tuvieron un gran peso en su momento, pero hoy han remitido en gran manera pues, aunque se han aceptado en parte, también se ha visto que no tienen la entidad suficiente para invalidar la reflexión antropológica. Es manifiestamente cierto, por ejemplo, que todos tenemos presupuestos culturales y filosóficos, pero eso no quita de por sí validez a la investigación o a la reflexión filosófica en antropología. Simplemente la sitúa en unas coordenadas determinadas[4]. De hecho hoy asistimos más bien a una revitalización de la antropología filosófica, y la razón, o al menos una de ellas, se encuentra precisamente en el carácter fragmentado y plural de la sociedad moderna, que antes aparecía como un obstáculo. La multiplicación y especialización de los saberes supone un gran beneficio desde el punto de vista técnico y cognoscitivo pero requiere, como compensación, una visión

[3] El tema lo ha estudiado con detalle M. MOREY, *El hombre como argumento*, Anthropos, Barcelona 1987. El texto ofrece además abundante bibliografía sobre el estatuto de la antropología filosófica.

[4] «El hombre vive siempre en un mundo ya comprendido y decididamente no tiene sentido empeñarse en alcanzar, por detrás de esa comprensión, un estado inicial que permita al hombre reconstruir su conocimiento desde la base» (O. BOLLNOW, *Introducción a la filosofía del conocimiento*, Amorrortu, Buenos Aires 1976).

de conjunto que dé razón del hombre en cuanto tal. De otro modo la persona acaba perdida en el hiperlaberinto de conocimientos y de información que conforma nuestra sociedad.

La presente obra se encuadra en este contexto y su objetivo es aportar una visión sistemática e integral de la persona desde una perspectiva filosófica precisa: el personalismo. Esta toma de postura tan definida llama a una explicación más detallada, pero antes de proporcionarla explicitaremos un poco más qué entendemos por antropología filosófica.

2. Características de la Antropología filosófica

La *Antropología filosófica* no es otra cosa que el estudio filosófico del hombre[5], pero, como las perspectivas filosóficas pueden diferir bastante, también cambian o pueden cambiar las maneras de concebir el modo de entenderla. Por esta razón vamos a indicar las características que, en nuestra opinión, debe poseer la reflexión filosófica sobre el hombre[6].

— *Explicativa:* la antropología filosófica busca explicar y entender. No le basta con describir lo que sucede o lo que se observa, sino que se esfuerza por comprender, relacionar y llegar al fondo de las cosas. Se pregunta, por ejemplo, cuál es el sentido de la vida, qué significa la muerte o qué son los sentimientos. En esto se diferencia de otras ciencias que también estudian al hombre pero que se centran más en el cómo y no en el porqué (la sociología, la psicología, etc.). Y se diferencia también de la antropología cultural, que pretende fundamen-

[5] Su etimología proviene del griego: *anthropos* (hombre) y *logos* (tratado o ciencia).

[6] Omitimos, sin embargo, una reflexión más detallada sobre el estatuto científico de la antropología, sus relaciones con otras ramas de la filosofía, etc. Se trata de una cuestión interesante pero algo especializada y no queremos alargar innecesariamente un texto ya de por sí extenso.

talmente *describir* los diferentes modos en los que el hombre se enfrenta con la existencia a través de la cultura, pero sin plantearse de manera radical el porqué de esas costumbres o su sentido[7].

— *Metafísica u ontológica:* existen muchas concepciones filosóficas sobre el hombre; la correcta lo entiende no como un flujo de sensaciones o de fenómenos que fluye con el tiempo y no tiene consistencia (como Hume, por ejemplo), sino como un ser subsistente, permanente y radicado en el ser. La antropología filosófica debe adoptar esta perspectiva metafísica u ontológica.

— *Integral:* debe ofrecer una visión del hombre que tenga en cuenta todos sus aspectos y dimensiones: piscológicos, biológicos, sociológicos, espirituales, etc. En esto la antropología filosófica se distingue de las *ciencias del hombre* que solo tratan un aspecto concreto, como la medicina, el derecho o la economía. La misión de la filosofía es considerar al hombre de modo global, algo particularmente importante hoy en día dada la fragmentación y multiplicidad del saber. Sin *síntesis* ni *visiones globales* el hombre se pierde en el océano de la información y del saber.

Existen, sin embargo, antropologías filosóficas (es decir, que buscan comprender) que adoptan una actitud *reduccionista* porque se centran de manera exclusiva en un aspecto de la persona. Son reduccionistas, por ejemplo, todas las filosofías que prescinden de la dimensión espiritual, como el marxismo o el materialismo cientificista. Pero también cabe caer en este error por el extremo opuesto al prescindir o infravalorar el carácter corporal y material.

---

[7] Lógicamente caben los matices. Hay antropólogos culturales que se plantean de modo profundo temas humanos, pero, en cualquier caso, la distinción de fondo es válida.

Por su carácter integral la antropología filosófica debe tener en cuenta en la medida de lo posible los desarrollos de las otras ciencias que aportan conocimientos sobre el hombre (el derecho, la ética, la psiquiatría, etc.) pues de esa manera incrementa y enriquece sus conocimientos y evita caer en errores que provengan de una reflexión sobre la experiencia demasiado simple o poco contrastada.

— *Científica:* la Antropología es un saber científico en el sentido de que busca conocer con profundidad, estableciendo conexiones, estructurando el saber de manera sistemática, etc. Esto no significa que sea una ciencia experimental similar a las matemáticas o la física. Hasta comienzos del siglo XX el concepto de ciencia se redujo y se identificó de manera errónea con este tipo de ciencias, pero numerosos estudios posteriores (Kuhn, Popper, Polanyi) han permitido comprender con claridad que existen muchos saberes científicos distintos que dependen de las características del objeto que se estudie.

— *Experimental:* la antropología filosófica surge del análisis de la experiencia humana. No es un saber abstracto deducido de premisas teóricas e irreales, sino una reflexión sobre el hombre y su vida. Por eso, quien se dedica a la antropología filosófica debe tener, en la medida de lo posible, un contacto profundo y rico con la existencia humana, para la que resulta de gran utilidad el recurso a las experiencias que otras personas han tenido y nos transmiten a través de la literatura, el arte, el cine, etc.

3. Una antropología filosófica personalista

La antropología filosófica que se expone en este texto se basa en el personalismo, una corriente filosófica que se inició en la Francia de entreguerras del siglo XX y que después se extendió a otros países europeos: Italia, España, Alemania, Polonia, etc. También confluyen en este marco, mezclándose e influyéndose mutuamente, los filósofos del diálogo, etcétera[8].

El personalismo se caracteriza por ser una filosofía realista y se encuadra, por tanto, dentro de lo que se suele denominar filosofía clásica, cuyos representantes eminentes son Platón, Aristóteles, san Agustín, santo Tomás, etc. Pero dentro de este amplio marco desarrolla unos elementos novedosos que la definen y la distinguen. En primer lugar se estructura radicalmente en torno a la noción de persona, que es la clave de su arquitectura conceptual y elabora categorías filosóficas específicas para tratar a la persona. Y, sobre esa base, desarrolla una serie de temas y perspectivas de manera original: la importancia radical tanto de la afectividad como de la relación que se traduce en la importancia que se concede a las relaciones interpersonales; la primacía de los valores morales y religiosos frente a un posible intelectualismo; la insistencia en el aspecto corporal y sexuado de la persona que, a su vez, depende de una tematización explícita del hecho de que existen dos tipos o modos de ser persona: el hombre y la mujer; la importancia que se atribuye a la dimensión social de la persona y a la acción como manifestación y realización del sujeto, etc.

Existen una gran cantidad de brillantes ensayos sobre muchos de estos aspectos que han surgido de la mano de eminentes personalistas, como Maritain, Wojtyla, Guardini, von

[8] Una explicación detallada de las características esenciales del personalismo y de sus principales representantes se puede encontrar en J. M. BURGOS, *Introducción al personalismo,* Palabra, Madrid 2012; Vid. también E. MOUNIER, *El personalismo,* PPC, Madrid 2004; B. MONDIN, *Storia dell'Antropologia Filosofica, vol. 2,* ESD, Bologna 2002: *Le antropologie personaliste,* pp. 514-660; TH. R. ROURKE y R. A. CHAZARRETA, *A Theory of personalism,* Lexington Books, Lanham (USA) 2007; C. BARTNIK, *Personalism,* KUL, Lublin 1996; A. DOMINGO MORATALLA, *Un humanismo del siglo XX: el personalismo,* Pedagógicas, Madrid 1985; A. RIGOBELLO, *Il personalismo,* Città Nuova, Roma 1978; J. O. BENGTSSON, *The worldview of personalism,* Oxford University Press, Oxford 2006.

Hildebrand, Mounier, Marías, Marcel o Buber por mencionar solo a algunos. Pero son más bien escasas las visiones de síntesis que aglutinen o sistematicen este pensamiento tan rico y sugerente. Esta carencia resulta especialmente llamativa en el terreno de la antropología pues, si el personalismo es algún tipo de filosofía específica, es, evidentemente, una antropología[9]. El objetivo de estas páginas es llenar ese vacío desarrollando de modo sistemático, con el formato de un manual universitario, la perspectiva antropológica que consideramos propia del personalismo.

Un último matiz. Existen diferentes tipos de personalismo que, dentro de un marco teórico común, poseen diferencias relativamente significativas. En este texto nos basamos en el personalismo ontológico moderno desarrollado por Wojtyla y Burgos principalmente[10].

La estructura que hemos desarrollado es la siguiente. La I Parte es una introducción a la noción de persona y a sus conceptos clave. La segunda (cap. 2-7) es una indagación en la estructura del ser personal a través de tres dimensiones –corporal o física, psíquica y espiritual– que recorre sus elementos más esenciales: el cuerpo, la sensibilidad y las tendencias, la afectividad, la inteligencia, la libertad y el yo personal. La III Parte (cap. 8-10) es una reflexión sobre la acción personal, tanto desde un punto de vista general como en alguna de sus modalidades (lenguaje y trabajo). La IV Parte (cap. 11-13) afronta las relaciones interpersonales a tres niveles: de persona a persona, familiar y social. Por último, en la V Parte (cap. 14-15) hemos

[9] Un manual que se sitúa en esta perspectiva es el ya clásico trabajo de R. Yepes, *Fundamentos de antropología. Un ideal de la excelencia humana*, Eunsa, Pamplona 1996; un texto innovador y sugerente pero que, en nuestra opinión, adolece de una cierta falta de sistematicidad. Cfr. también J. A. Sellés, *Antropología para inconformistas*, Rialp, Madrid 2006.

[10] Cfr. J. M. Burgos, *El personalismo ontológico moderno. I. Arquitectónica*, Quien 1 (2015), pp. 9-29 y *El personalismo ontológico moderno. II. Claves antropológicas*, Quien 2 (2015), pp. 7-32.

considerado las cuestiones últimas que deciden el sentido global de la vida: la muerte, la inmortalidad y la religión.

4. Novedades metodológicas

Esta división en partes y capítulos responde a una concepción teórica profunda enraizada en el personalismo y, más en concreto, en el personalismo ontológico moderno. Sin abrumar al lector con cuestiones metodológicas, que no son del caso en este manual, vamos a indicar algunas de las más representativas de modo somero para que se entienda mejor el porqué de la estructura y configuración de esta obra, que es original.

a) La persona como punto de partida. Ha sido frecuente en los tratados de antropología comenzar por una escala ascendente que conduce desde el mundo mineral al vegetal-biológico y, de este, al humano. Esta perspectiva hunde sus raíces en una visión de tipo griego según la cual, el hombre sería un animal racional, es decir, un animal muy especial, pero, en buena medida, animal. El personalismo, por el contrario, sin descartar la relevancia de los aspectos somáticos y biológicos en la persona, la considera una realidad única, irreductible al mundo animal y, por eso, entiende que la antropología debe comenzar directamente por la persona, que es su tema de estudio; solo así, además, podrá desarrollar auténticas categorías personalistas, es decir, categorías específicas para la persona en vez de utilizar categorías pensadas para los animales y modificadas para adaptarlas al hombre. Esta es la razón por la que este libro comienza, sin ningún tipo de preámbulos, con el ser humano, es decir, con la persona.

b) La experiencia integral. Este libro usa el método filosófico de la experiencia integral (derivado de una propuesta de Karol Wojtyla), que consiste en analizar la realidad a través de nuestra experiencia concebida como una vivencia compleja que tiene una dimensión objetiva y subjetiva y en la que, desde el punto de vista cognoscitivo, operan conjuntamente la inteligencia y los sentidos. Experimentamos la realidad de modo unitario gracias a nuestra inteligencia y nuestros sentidos, y esta rica realidad (subjetiva y objetiva) es la que pretendemos analizar filosóficamente. En concreto, en la antropología filosófica analizamos la experiencia de la persona: nuestra experiencia individual (en gran medida subjetiva) y la experiencia que poseemos de los demás (fundamentalmente objetiva)[11].

c) Novedades antropológicas. Este texto presenta algunas novedades temáticas muy significativas que puede valer la pena explicitar para tener conciencia expresa de su novedad: c.1) la estructura tripartita de la persona. Ampliando la perspectiva clásica que divide a la persona en cuerpo y alma, dividimos a la persona en tres dimensiones: cuerpo, psique y espíritu. De este modo se refleja mejor la complejidad del sujeto humano y se evita un dualismo de hecho; c.2) se da una gran relevancia a la afectividad que se entiende como una realidad originaria y fundante de la persona con igual importancia que la dimensión dinámica y la cognoscitiva; c.3) se atiende a la dimensión subjetiva del conocimiento y no solo a la objetiva; c.4) basándose en las aportaciones de Karol Wojtyla, la libertad se entiende no solo como elección, sino fundamentalmente como autodeterminación; c.5) la acción no se considera desligada ontológicamente de la persona, sino que se concibe como su prolongación activa, es decir, como la persona en acción. La acción, por otro lado, es multiforme por lo que no puede explicarse satisfactoriamente mediante la sim-

[11] Cfr. J. M. Burgos, *La experiencia integral. Un método para el personalismo*, Palabra, Madrid 2015.

ple tripartición de la acción propuesta por Aristóteles; c.6) Se dedica toda la parte cuarta del manual a estudiar las relaciones interpersonales (además de las referencias de la parte tercera) por su carácter decisivo en la configuración y vida de cada hombre; c.7) Por último, se insiste en el carácter temporal de la persona al entender que la temporalidad forma parte de su configuración más básica, por lo que la muerte y el más allá plantean un interrogante que, de un modo u otro, debe ser respondido por todo hombre.

d) Unidad y diversidad de la persona. Insistimos fuertemente en la unidad de la persona. Por ello, y sin cuestionar radicalmente la teoría de las facultades, hemos procurado desarrollar una antropología en la que no se produzca una diferenciación muy estricta entre el sujeto y sus facultades. De este modo se evita la «personalización» de las facultades que se produce cuando se olvida que es siempre un sujeto quien realiza la acción, uno de cuyos resultados son los conocidos cortocircuitos en torno a la determinación de quién tendría la última decisión en la acción humana: la inteligencia o la voluntad. Ambas potencias tienen, sin duda, cierta autonomía en el conjunto de la compleja estructura de la persona pero, en su dimensión más profunda, no son entidades autónomas, sino dimensiones del sujeto. Es la persona quien es libre, no solo su acción. Y quien conoce a través de la inteligencia. En definitiva: yo quiero. Yo conozco. Yo amo.

e) El diagrama de la persona. Muchos de estos rasgos se pueden expresar pedagógicamente en un diagrama útil para entender la estructura fundamental del hombre, en el buen entendimiento de que se trata solo de un instrumento de tipo pedagógico que facilita una visión de conjunto que permite captar a primera vista, por ejemplo, la estructura tridimensional de la persona, la importancia de la afectividad, el papel unificador del yo, etc.

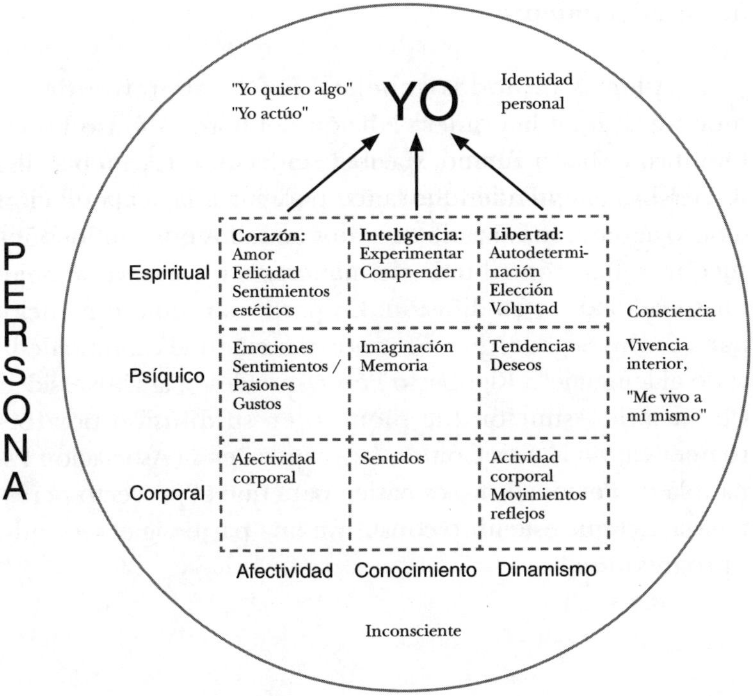

f) Prioridad de la persona sobre la relación. Concedemos gran importancia a la relación interpersonal (y por eso se le dedica un amplio espacio), pero entendemos, de acuerdo con las premisas del personalismo ontológico moderno, que hay una prioridad ontológica de la persona sobre la relación[12]. En el terreno humano (distinto del divino), la relación se fundamenta en las personas y depende de ellas, ya que sin personas distintas no hay relación. Por eso, en este texto se habla en primer lugar de la persona y, más adelante, de las relaciones interpersonales, orden que refleja evidentemente una prioridad ontológica y no cronológica: somos el fruto de una maravillosa relación, la de nuestros padres.

[12] Cfr. K. Wojtyla, *Persona y acción*, Palabra, Madrid 2011.

5. Agradecimientos

Además de todos aquellos que colaboraron de un modo u otro en la primera edición del libro, Alfonso López Quintás, Urbano Ferrer, Maribel Rodríguez, Carmen Ávila, Rafael Burgos y Rafael Serrano, al llegar a la sexta edición quiero agradecer la ayuda de todos aquellos que, en los años sucesivos, han contribuido de maneras muy diversas a mejorar su calidad o a su difusión. En particular, quiero mencionar a Carlos Segade, que me ayudó a mejorar el capítulo dedicado al lenguaje; a Rigoberto Pérez, que desde la Universidad Católica de Asunción fue pionero en su difusión por Iberoamérica; y a Nieves Gómez, cuyo apoyo en la Asociación Española de Personalismo es básico para que el proyecto personalista, del que este libro constituye una parte, siga creciendo y progresando.

PRIMERA PARTE

LA PERSONA: HOMBRE Y MUJER

1. LA PERSONA: DIGNIDAD Y MISTERIO

Los hombres y las mujeres que pueblan el mundo y entre los que nos encontramos son los que suscitan en nosotros interrogantes y enigmas y abren así paso a la antropología. Queremos saber más sobre ellos y sobre nosotros: cómo somos, cómo nos relacionamos, cuál es nuestro destino, etc. Cada una de estas preguntas abre un mundo entero de reflexiones pero el primer paso, la fase inicial, no puede consistir en otra cosa más que en una pregunta sobre el hombre y la mujer en general, es decir, en una pregunta sobre la persona.

Esto es así, fundamentalmente, por dos motivos. En primer lugar, porque en cualquier materia hay que comenzar por una definición, aunque breve, del objeto de estudio pues, de otro modo, se corre el riesgo de caer en el vacío y en la generalidad. Es esencial saber de qué se va a hablar. Pero, además, en el caso de la antropología, comenzar por algo distinto del análisis de la persona en cuanto tal –por ejemplo, las dimensiones que la componen, sus relaciones o los tipos de actividad que puede realizar– puede tener una importante consecuencia negativa: la pérdida de la unidad. Y es que el hecho fundamental ante el que la filosofía se encuentra y del que debe dar razón es que existe un ser unitario y atípico, profundo, polifacético, paradójico y maravilloso que es la persona concreta, cada hombre y cada mujer. Por eso, se impone ante todo una consideración global y unitaria a la que debe seguir después, pero solo después, un análisis en detalle. Así evitaremos un peligro en el que se ha caído a veces: que los árboles no nos dejen ver el bosque o, en otras palabras, que dejemos de ver a la persona por poner un excesivo énfasis en el análisis de sus múltiples facetas y posibilidades.

Hemos hablado de hombre y mujer, y hemos hablado de persona y, aunque quizá por acostumbramiento, podríamos pensar que estamos ante un vocablo común o popular, no es así. La noción de persona es una noción filosófica concreta, con una larga historia, que supone abordar la antropología desde una perspectiva determinada a la que ya nos hemos referido: el personalismo. Por eso, nuestro primer objetivo consistirá en describir brevemente el origen histórico de esta noción, lo que nos servirá también, a la vez, como una introducción más detallada al contexto intelectual del personalismo.

1. La noción de persona a través de la historia

a) Los orígenes: Grecia y Roma

La palabra persona, desde un punto de vista etimológico, procede directamente del latín *personare* y, en un segundo término, del griego *prósopon*. Desde un punto de vista significativo, está influida por dos tradiciones culturales diversas[1].

[1] Cfr. C. VALVERDE, *Antropología filosófica*, Edicep, Valencia 2000, pp. 34-42, y F. RUSSO, *La persona umana. Questioni di antropologia filosofica*, Armando, Roma 2000, pp. 23-30.

La primera se remonta al *teatro griego y romano. Prósopon*, en griego, significa literalmente «lo que se pone delante de los ojos» y hacía referencia a la máscara que usaban los actores en el teatro antiguo. Los actores representaban a su personaje utilizando una máscara (el *prósopon)* que les identificaba ante el público como intérpretes de un determinado papel. La palabra latina, *personare*, significa algo distinto: «sonar a través de, resonar» pero empezó a aplicarse también a las máscaras de los actores porque su voz resonaba a través de ella. Poco a poco, este último sentido (Cicerón lo usa con esta acepción multitud de veces) se hizo común y se generalizó. Persona, por tanto, significó inicialmente la máscara con la que el actor se presentaba ante el público. Con el paso del tiempo, este sentido se hizo extensivo al papel que el actor representaba (rey, soldado, esclavo) y, por último, acabó por denominar al actor en cuanto tal, al hombre.

La segunda tradición se encuadra en el *derecho romano* y procede de otra posible acepción de la palabra «persona» entendida en este caso como *per se sonans*, es decir, como quien habla por sí mismo y tiene voz propia. Este significado inicial se amplió al de quien tiene derechos, estatus y reconocimiento social y esta es la noción que recogió el Derecho Romano. En Roma eran personas los detentores de derechos, los hombres libres y con voto porque procedían de familias nobles. Ser persona, por tanto, implicaba poseer derechos y dignidad social. Pero, como es conocido, en Roma no todas las personas eran «personas». Los esclavos eran considerados como animales o cosas y ni los bárbaros (los extranjeros), ni los hombres no nobles ni, por supuesto, las mujeres tenían derechos similares, sino limitados al igual que su reconocimiento social.

En definitiva, la tradición griega y romana nos presenta a la persona como un entramado de hombre y de dignidad.

b) El cristianismo: la invención de la persona

El cristianismo utilizó esta base para desarrollar su propio concepto de persona, que es el que ha sido posteriormente asumido y hecho propio por Occidente. La influencia cristiana se ejercitó fundamentalmente en dos frentes. El principal y primario fue de orden *social y humano* y consistió en el rechazo sistemático de cualquier posible discriminación, lo que suponía una auténtica revolución en el mundo antiguo cuyas consecuencias fueron incalculables e irían fructificando a lo largo de los siglos. La doctrina cristiana sobre este punto es clara y nítida y con esa fuerza se presentó en el mundo romano. «En efecto, explica san Pablo, todos sois hijos de Dios por medio de la fe en Cristo Jesús. Porque todos los que fuisteis bautizados en Cristo os habéis revestido de Cristo. *Ya no hay diferencia entre judío y griego, ni entre esclavo y libre, ni entre varón y mujer*, porque todos vosotros sois uno solo en Cristo Jesús»[2].

Esta idea fundamental, de origen religioso pero de indudable trascendencia social y antropológica, fue transformando con el tiempo de modo radical la sociedad antigua: eliminación de la esclavitud, igualación entre el hombre y la mujer, etc. Pero lo que aquí nos interesa seguir es su influencia en la elaboración del *concepto* de persona que tuvo lugar en el contexto de las discusiones cristológicas y trinitarias de los primeros siglos.

Una de las tareas que el cristianismo se vio obligado a realizar una vez difundido de manera consistente y adquirido un grado suficiente de estabilidad fue definir su doctrina de manera sistemática. Le impulsaba a ello una necesidad de au-

[2] S. PABLO, *Carta a los Gálatas*, 13, 26-28; cfr. también *Carta a los Colosenses*, 3, 11. La originalidad de esta postura se puede confirmar comparándola, por ejemplo, con las afirmaciones de Aristóteles –un filósofo muy humano en muchos aspectos– sobre la similitud de los esclavos con las bestias y la naturaleza inferior de las mujeres (cfr. especialmente ARISTÓTELES, *Política*, I, 5 y 13).

tocomprensión interna, es decir, saber qué significaba en profundidad ser cristianos, la necesidad de exponer sistemáticamente su doctrina para mejorar la calidad y la profundidad de su difusión y también la necesidad de enfrentarse a las refutaciones de intelectuales formados en la filosofía griega. Este proceso, muy largo y complicado, tuvo como pasos esenciales los concilios de Nicea (325), Constantinopla (381), Éfeso (431) y Calcedonia (451) y concluyó con la formulación mediante categorías filosófico-teológicas de los dos principales misterios del cristianismo, Cristo y la Trinidad, en los siguientes términos. Dios es simultáneamente una realidad trinitaria y unitaria lo que se expresó técnicamente diciendo que en Dios había tres personas (Padre, Hijo y Espíritu Santo) y una sola sustancia o naturaleza: la divina. Por el contrario, en Cristo, Dios y hombre a la vez, había dos naturalezas (la divina y la humana) pero una sola persona, la del Verbo.

Surgía así, por primera vez en la historia, el *concepto filosófico-teológico de persona*[3]. Dicho concepto permitía describir las realidades más elevadas que existían (Cristo y Dios) y lo hacía refiriéndose a lo peculiar, distintivo y singular de cada ser. Cristo es una sola persona porque tiene una sola identidad, mientras que en Dios es posible distinguir tres personas porque cada una de ellas posee rasgos y personalidad propias: el Padre no es el Hijo y este no es el Espíritu Santo, aunque los tres son Dios. La persona, por otra parte, fue concebida también como una realidad sustancial, es decir, subsistente en sí misma por la consistencia de su ser y no por referencia a otra cosa (como sucede con los accidentes aristotélicos).

La noción de *naturaleza*, por el contrario, se tomó directamente de la cultura griega y se empleó en este contexto para

[3] Un excelente estudio sobre las aportaciones filosóficas del cristianismo lo proporciona E. GILSON, *El espíritu de la filosofía medieval*, Rialp, Madrid 1981. Sobre el origen concreto del término persona cfr. A. MILANO, *Persona in teologia. Alle origini del significato di persona nel cristianesimo antico*, Dehoniane, Roma 1996.

significar lo común o general. Dios Padre, Dios Hijo y Dios Espíritu Santo tienen la misma naturaleza divina porque los tres son Dios, pero en Cristo, que es una única persona, hay dos naturalezas: la humana, que comparte con el resto de los hombres, y la divina, que comparte con las otras dos personas de la Trinidad.

La reflexión patrística nos dejó, por tanto, tres nociones fundamentales. Una original, la persona[4], y dos tomadas de los griegos: sustancia y naturaleza. La persona es lo singular, propio y subsistente por sí mismo (la persona como sustancia) y la naturaleza es lo común.

La conclusión de este itinerario se puede colocar emblemáticamente en Boecio (ca. 480-525). Este pensador cristiano aplicó estas nociones al hombre y acuñó su famosísima definición de persona que sería asumida por la escolástica incluyendo a santo Tomás: *persona est natura rationalis individua substantia* (la persona es la sustancia individual de naturaleza racional)[5]. Esta definición, por su precisión y su valor, tendría una gran influencia a lo largo de la historia pero también puede ser valorada como la mayoría de edad para la noción de persona en el campo de la antropología. El hombre era persona y ser persona significaba poseer una naturaleza racional subsistente individualmente.

c) La escolástica

La escolástica recogió y aceptó la definición boeciana pero no la desarrolló sino que, más bien, se centró en el concepto de *sustancia*. La persona se valora, y mucho, pero no se

[4] La metafísica griega «tiene una limitación fundamental y gravísima, la ausencia completa del concepto y del vocablo mismo de persona» (X. ZUBIRI, *El hombre y Dios*, Alianza, Madrid 1984, p. 323).

[5] BOECIO, *Liber de persona et duabus naturis contra Eutychen et Nestorium*, PL 64, 1343 D.

emplea como un concepto filosófico original que determina e influye en los demás elementos de la antropología, sino que se entiende como *un tipo especial de sustancia:* la más perfecta dentro del mundo si se trata de los hombres y la sustancia perfecta en absoluto si se trata de Dios. Julián Marías ha mostrado este asunto con claridad. «Cuando, ya en la escolástica, se ha intentado pensar filosóficamente la persona, las nociones que han sido decisivas no son las procedentes de estos contextos, sino las de 'propiedad' o 'subsistencia' *(hypóstasis)*. La famosa definición de Boecio, tan influyente *–persona est rationalis naturae individua substantia–* ha partido de la noción aristotélica de *ousía* o *substantia*, pensada primeramente para las 'cosas', explicada siempre con los eternos ejemplos de la estatua y la cama, fundada en el viejo ideal griego de lo 'independiente' o suficiente, de lo 'separable' *(khoristón)*. El que esta sustancia o cosa que llamamos 'persona' sea racional será sin duda importante, pero no lo suficiente para reobrar sobre ese carácter de la *ousía* y modificar su modo de ser, su manera de realidad. La persona es una *hypóstasis* o *suppositum* como los demás, solo que de naturaleza racional»[6].

Este planteamiento generó algunos problemas importantes. El primero fue *una dependencia excesiva de la filosofía griega* que limitó el desarrollo filosófico de categorías filosóficas *específicas* para el hombre. La persona no fue estudiada técnicamente como un ser esencialmente diverso de los demás, y por eso necesitado de unas categorías específicas, sino como un ser de la naturaleza aunque especial[7]. Y esto significó que, para describirlo filosóficamente, bastaba con utilizar las nociones generales del ente y aplicarlas de modo específico al caso del hombre. Ya hemos comentado cómo se desarrolló este planteamiento para el

[6] J. Marías, *Antropología metafísica*, Alianza, Madrid 1987, p. 41.

[7] No se afirma aquí que la escolástica (y sobre todo la tardoescolástica) no fuese consciente de la originalidad del hombre, sino que el conocimiento de ese hecho no se tradujo en el esfuerzo de elaborar unas categorías filosóficas también originales para explicarlo.

caso de la persona y la sustancia: la persona es un tipo especial de sustancia; pero lo mismo sucedió con otras nociones antropológicas como el bien o los apetitos. Por lo que respecta al bien, por ejemplo, la escolástica no se plantea analizar en directo qué significa el bien en la vida del hombre sino que, primero, lo analiza en general: el bien como trascendental, es decir, como categoría que trasciende a un ámbito concreto de la realidad ya que está presente en todos los entes, y solo después, y, a partir de esta noción general, piensa el bien del hombre como caso específico. Esta postura tiene, por supuesto, elementos muy válidos e interesantes pero, por lo que respecta a la antropología no está exenta de problemas ya que dificulta la captación profunda de lo específico humano. Por decirlo de algún modo, la noción general oscurece la noción específica y dificulta la penetración en lo propio de la persona. En el caso del bien, por ejemplo, esto es especialmente claro. Cabe hablar analógicamente del «bien» en los seres materiales, animales y en los hombres, pero se trata de realidades profundamente distintas. El bien humano está regido por la dimensión moral y por la libertad y por eso tiene muy poco que ver con lo que se puede denominar el «bien» de un animal (que se alimente, que se reproduzca, etc.).

Este es el segundo problema al que nos referíamos: una cierta *dificultad para captar lo específico humano* que, a largo plazo, se tradujo en que la antropología resultante, aunque correcta, acabó siendo insuficiente y pobre en algunos aspectos. Polo lo explica claramente. Desde la metafísica clásica se accede a una «antropología correcta, pero que se queda corta: no falla, no se equivoca, pero su desarrollo temático es escaso»[8]. En el caso concreto de la sustancia, la aplicación de

[8] L. Polo, *Antropología trascendental. I. La persona humana*, Eunsa, Pamplona 1999, p. 31. La propuesta específica de Polo para superar esta dificultad consiste básicamente en un replanteamiento de las relaciones entre metafísica y antropología y en una ampliación de los trascendentales mediante el abandono del límite mental.

este método impidió ver, por ejemplo, la dimensión *interior y subjetiva* de la persona[9]. Y, por eso, cuando, más adelante, la filosofía moderna la descubrió no fue posible establecer una conexión con la escolástica. La filosofía moderna nació con una marca de fábrica antisustancialista porque consideraba que este concepto era oscuro y le impedía acceder a la interioridad del hombre. Y, como además fue derivando cada vez más hacia el idealismo, se distanció irreversiblemente tanto de la escolástica como de sus formulaciones posteriores.

d) Los nombres de la modernidad: conciencia, sujeto, yo

A partir de esta época, y con Descartes como símbolo emblemático del nacimiento de una nueva era, la filosofía moderna tomó el mando de la evolución filosófica y el hombre comenzó a ser identificado con elementos que esa filosofía fue descubriendo. Con Descartes será *conciencia*, ser interior consciente de sí mismo. Más adelante será también *sujeto:* ser que se pone ante el mundo externo con una interioridad, riqueza y capacidad de acción específica; después, *yo* entendido como autoconciencia de sí; *sí mismo*, etc.

Estos conceptos constituyen aportaciones inestimables a la filosofía del hombre pero tendrán un importante defecto de fábrica: la filosofía moderna los desarrollará desde una perspectiva fundamentalmente idealista[10]. El sujeto, por ejemplo, aunque inicialmente procede de la noción realista *subjectum*, lo

[9] En este sentido afirma Wojtyla que la ética tomista resulta a veces demasiado «objetivista. Casi da la impresión de que en ella no hay lugar para el análisis de la conciencia y de la autoconciencia como síntomas verdaderamente específicos de la persona-sujeto» (K. WOJTYLA, *El personalismo tomista*, en *Mi visión del hombre. Hacia una nueva ética* (2ª ed.), Palabra, Madrid 1998, p. 311).

[10] Se puede comprobar, por ejemplo, en la central obra de Kant, *La crítica de la razón pura*, o en la obra también central de Husserl, *Ideas para una fenomenología pura (Ideas I)*. Un análisis del yo en algunos autores modernos en L. POLO, *El yo*, CAF, Pamplona 2004.

que yace bajo los accidentes y las determinaciones genéricas, se transformará en poco tiempo en el sujeto trascendental kantiano que se alejará cada vez más del hombre concreto para transformarse en una entidad abstracta supraindividual. Y, como desarrollo ulterior de este proceso, el yo esencial hegeliano se sitúa muy lejos del yo específico de cada hombre siendo más bien la autoconciencia del Espíritu absoluto del que los yoes concretos no son más que manifestaciones o determinaciones.

En definitiva, el itinerario filosófico de la modernidad descubrió claves antropológicas esenciales pero al precio de la desaparición de la persona concreta, del hombre y mujer que viven su vida de manera autónoma y limitada pero real. De este modo se separó cada vez más de la filosofía de tradición realista y planteó al inicio del siglo XX graves problemas tanto filosóficos como sociales.

e) La noción contemporánea de persona

Al inicio del siglo XX nos encontramos, por tanto, con la siguiente situación. Desde el punto de vista *filosófico* existe una dicotomía importante entre la filosofía realista, sobre todo, la neoescolástica, que define al hombre fundamentalmente como sustancia, y las diversas filosofías modernas, que le describen como sujeto, yo o conciencia, es decir, poniendo de relieve bajo diversos aspectos la subjetividad y la interioridad pero generalmente desde una perspectiva idealista.

Pero además existe otro problema más importante: *la situación social*[11]. El siglo XX fue el escenario de una batalla entre dos poderosas ideologías: los colectivismos y el individualismo.

[11] Un desarrollo más detallado de las causas que dan origen al nacimiento del personalismo se puede encontrar en J. M. BURGOS, *Introducción al personalismo,* cit., pp. 7-50 y J. L. LORDA, *Antropología. Del Concilio Vaticano II a Juan Pablo II,* Palabra, Madrid 1996, pp. 18-33.

Los colectivismos (comunismo, nazismo, fascismo) promovían los valores generales de la sociedad pero con desprecio de los individuos. La visión social organicista de la que dependían entendía al hombre como una parte del todo social por el que debía sacrificarse si era necesario. Lo esencial era el organismo (la sociedad) mientras que la parte (el hombre) solo era importante en la medida en que servía al organismo. El individualismo, por el contrario, adoptó la perspectiva contraria: la exaltación del individuo en contraposición a la sociedad, pero de un individuo insolidario que buscaba su propio bien y se servía para ello de sus medios económicos e inteligencia aplicando la «ley del más fuerte». Quien es hábil y poderoso se asienta en el tejido social, quien es débil queda desplazado (cfr. cap. 14.1)[12].

Estas dos ideologías, como sabemos perfectamente por la historia, no permanecieron en el terreno de la teoría, sino que generaron poderosísimos movimientos sociales y políticos que decidieron, de forma a veces muy trágica, la historia del siglo XX. Las dos guerras mundiales están ligadas a la intención de los totalitarismos de imponer su visión del mundo y aumentar su poder, y, por lo que respecta al individualismo, resulta incuestionable que es uno de los elementos ideológicos esenciales del capitalismo salvaje de finales del XIX y comienzos del XX.

Pues bien, esta compleja situación es la que dio lugar a una recuperación de la *noción* y de la *realidad* de la persona[13].

Ante todo hubo un movimiento *social* ligado a los desastres de la guerra y de las ideologías que exigía de manera perentoria una nueva valoración del hombre. Este no podía ser

---

[12] Maritain denunció y analizó en su momento con gran profundidad y lucidez esta cuestión. Cfr. J. MARITAIN, *Humanismo integral. Problemas temporales y espirituales de una nueva cristiandad*, Palabra, Madrid 1999.

[13] «La vida y el pensamiento se hallan ante la misma problemática. Así como la vida cree fácilmente que tiene que escoger entre individualismo y colectivismo, así también el pensamiento opina, falsamente, que tiene que escoger entre una antropología individualista y una sociología colectivista. La excluida alternativa 'genuina', una vez que se dé con ella, nos mostrará el camino» (M. BUBER, *¿Qué es el hombre?*, FCE, Madrid 1984, p. 146).

ni una mera parte del todo ni una entidad egoísta. Tenía que tener un valor por sí mismo; es más, era, sin ninguna duda, lo más valioso del mundo. Pero esto, a su vez, no podía significar que tuviese derecho a comportarse de forma egoísta e individual. La persona debía estar al servicio de los otros y vivir la generosidad. Las dos guerras mundiales fueron decisivas en ese cambio de perspectiva y, en este sentido, resulta paradigmático el recorrido personal de Gabriel Marcel. Este filósofo fue inicialmente idealista pero pasó la I Guerra Mundial trabajando en el Departamento de desaparecidos cuya misión era informar a los familiares sobre la situación de aquellos soldados de los que no se conocía el paradero. Experimentó entonces de modo muy fuerte la importancia que tenía cada persona concreta y cómo la felicidad de algunas personas podía depender de unas pocas palabras: un sí o un no. Fue entonces cuando su fe en los sistemas idealistas globales y abstractos se quebró definitivamente. Lo importante era la persona, cada persona concreta e individual y no las abstracciones. Y si la filosofía quería responder a la realidad y ser útil tenía que articularse en torno a este valor esencial[14].

Este tipo de experiencia u otras similares fue la senda que condujo a muchos filósofos a la recuperación y reelaboración *filosófica* de la noción de persona que se realizó fundamentalmente a través de tres vías.

La primera y la más importante es el surgimiento del *personalismo* a quien se debe conceptualmente la actual visión de la persona. El personalismo, que surgió fundamentalmente de la mano de Emmanuel Mounier en la Francia de entreguerras[15], partió básicamente de los siguientes presupuestos: necesidad de relanzar el concepto de persona como remedio filosó-

[14] Cfr. J. L. CAÑAS, *Gabriel Marcel: filósofo, dramaturgo y compositor*, Palabra, Madrid 1998.

[15] Sobre Mounier cfr. N. BOMBACI, *Emmanuel Mounier: una vida un testimonio*, Mounier, Salamanca 2002.

fico en la lucha ideológica entre el individualismo y los colectivismos; necesidad de que la nueva antropología de la persona asumiera las aportaciones de la modernidad: conciencia, sujeto, yo, libertad, dinamicidad, etc.; necesidad de que esas aportaciones se hicieran en el marco de una filosofía realista y abierta a la trascendencia[16].

El resultado de esos planteamiento fue una visión de la persona que podemos describir de modo muy sumario del siguiente modo. La persona es un ser digno en sí mismo pero necesita entregarse a los demás para lograr su perfección, es dinámico y activo, capaz de transformar el mundo y de alcanzar la verdad, es espiritual y corporal, poseedor de una libertad que le permite autodeterminarse y decidir en parte no solo su futuro sino su modo de ser, está enraizado en el mundo de la afectividad y es portador y está destinado a un fin trascendente[17]. Esta visión es la que poco a poco se ha ido imponiendo como concepto definitivo y moderno de persona y no solo en el ámbito académico, sino también a nivel social hasta el punto de que podemos considerar que hoy se encuentra aceptado en una medida importante por la civilización occidental.

Este auge cultural tanto del personalismo como del concepto de persona produjo a su vez el acercamiento a esta noción desde otras perspectivas filosóficas. Por un lado, la *neoescolástica y las filosofías realistas más clásicas* iniciaron un trabajo de recuperación y desarrollo de la noción de persona que, por otro lado, no les era extraña ya que pertenecía por derecho propio a su patrimonio cultural[18]. Y también se produjo, aunque en este caso sin depender inicialmente del personalismo

[16] Cfr. E. MOUNIER, *El personalismo*, Acción Cultural Cristiana, Madrid 1997.

[17] Cfr. J. M. BURGOS, *Introducción al personalismo*, cit. y J. SEIFERT, *El concepto de persona en la teología moral. Personalismo y personalismos*, en AA.VV., *El primado de la persona en la moral contemporánea*, cit., pp. 33-63.

[18] En este contexto se puede situar, por ejemplo, el libro de E. FORMENT, *El personalismo medieval*, Edicep, Valencia 2002.

francés, un paso de algunos sectores de la filosofía moderna a una refundación realista de la noción de persona. Esta línea corresponde fundamentalmente a la *fenomenología* y va desde Husserl y Scheler a Dietrich von Hildebrand o Edith Stein[19].

La perspectiva que vamos a adoptar en este texto para estudiar al hombre intenta conjugar estos tres planteamientos. Adoptamos la perspectiva fenomenológica como criterio de acercamiento a la realidad. Se trata de observar lo que existe con perspectiva abierta y sin prejuicios, aunque sí con presupuestos. La estructura ideológica fundamental está tomada del personalismo puesto que, como ya hemos comentado, lo que pretenden estas páginas es desarrollar una antropología personalista sistemática. Y, de la tradición clásica, además de la estructura realista fundamental con la que nos sentimos perfectamente identificados, tomamos también un conjunto inapreciable de nociones: sustancia, naturaleza, facultades, virtudes, apetitos y tendencias, etc., que hemos procurado armonizar e integrar con los aspectos novedosos del personalismo. Se trata, estimamos, de una perspectiva no muy distinta de la que ha desarrollado Karol Wojtyla en obras como *Amor y responsabilidad*[20], *Persona y acción*[21] o *Mi visión del hombre.* De ahí el sentido de la dedicatoria de este libro.

2. ¿Qué significa ser persona?

a) ¿Es posible definir a la persona?

Si, dejando de lado las cuestiones históricas, comenzamos a preguntarnos ya qué significa ser persona, lo más senci-

---

[19] Este tema ha sido estudiado especialmente por U. Ferrer, *¿Qué significa ser persona?*, Palabra, Madrid 2002.

[20] K. Wojtyla, *Amor y responsabilidad*, Palabra, Madrid 2008.

[21] K. Wojtyla, *Persona y acción*, Palabra, Madrid 2011.

llo sería comenzar con una definición. El tema quedaría así claro y expedito y se trataría únicamente de desarrollarlo. La cuestión, sin embargo, no es tan sencilla hasta el punto de que, como veremos, en realidad no es posible definir a la persona, por lo que tendremos que conformarnos con aproximaciones sucesivas.

a.1) La definición de Boecio y sus límites

Probablemente, la mejor definición que existe de persona es la que dio Boecio y a la que ya hemos hecho referencia: *persona es la sustancia individual de naturaleza racional*[22]. Esta definición pone de relieve simultáneamente muchos aspectos esenciales del ser humano:

— la sustancialidad, es decir, el hecho de que subsiste en los cambios y tiene consistencia. La persona es un ser que permanece, tiene la densidad óntica de las sustancias;

— la individualidad: la persona es una realidad única y determinada, cada persona es distinta y diferente y a ello hace alusión este aspecto de la definición boeciana;

— la naturaleza racional: dentro del amplio mundo de las sustancias, las personas son una clase específica, las que tienen inteligencia y, por ello, son capaces de comprender el mundo y poseen espiritualidad.

La definición de Boecio cumple, además, *las reglas de la lógica,* especialmente importantes en el medioevo, que imponen que toda definición se constituye en base a un género más la diferencia específica. El género en este caso es la sustancia y la diferencia específica, la racionalidad. Gracias a su precisión lógica y a la exactitud de sus contenidos, esta definición se hizo canónica y permaneció vigente durante siglos. Sin embargo, poco a poco empezaron a hacerse patentes algunos *lí-*

[22] BOECIO, *Liber de persona et duabus naturis contra Eutychen et Nestorium,* PL 64, 1343 D.

mites y deficiencias que fueron ampliándose hasta que comenzó a aceptarse de manera generalizada que se trataba de una definición brillante, genial para su tiempo, correcta pero insuficiente[23]. Los límites que presenta esta definición son fundamentalmente de dos tipos:

1) la caracterización del hombre como sustancia: ya hemos indicado los problemas que plantea este hecho y no vamos a insistir en ello ahora, aunque volveremos a tratarlo más adelante (cfr. cap. 7.2);

2) la falta de una mención expresa a características esenciales de la persona como la libertad, la conciencia, las relaciones interpersonales o el yo. No es comprensible una persona que no sea libre, que no tenga conciencia de sí misma, que no se relacione, etc., y ninguno de esos elementos, como es fácil comprobar, aparecen en la definición de Boecio.

Algunos han objetado, para salvar la definición, que donde dice naturaleza racional debería leerse en realidad naturaleza espiritual y que, por lo tanto, sí incluiría de manera implícita elementos como la libertad o la conciencia. Pero esta argumentación, aunque tiene cierto valor, da la impresión de ser un parche de emergencia. Por un lado, deja irresuelto el problema de la sustancialidad pero, además, es poco convincente porque la definición boeciana es incompleta no por casualidad, sino por una precisa razón: porque la tradición en la que fue forjada no había desarrollado los elementos que faltan. Esos elementos fueron elaborados filosóficamente por la modernidad y por eso hay que incorporarlos «desde fuera» y *a posteriori*. Por último, a una definición se le exige sobre todo *precisión* y, si resulta que los elementos que deben caracterizar a lo definido no se encuentran explícita-

[23] Las críticas a la definición de Boecio son muy comunes. Aquí mencionamos únicamente a U. FERRER, *¿Qué significa ser persona?*, cit., pp. 174-177, donde se pueden encontrar referencias a otros autores: Seifert, Zubiri, Polo, Marías, etc.

mente sino que deben ser sobreentendidos o añadidos *ad casum* desde fuera, la definición deja de tener valor como tal. En definitiva, y como comentábamos, la valoración que se hace actualmente del texto de Boecio es que se trata de una descripción brillante del ser personal pero no que tenga el valor de una definición.

a.2) Las definiciones-descripciones del personalismo

Si la definición de Boecio es incompleta podríamos preguntarnos si existe hoy en día alguna más precisa y que tenga un grado de aceptación elevado, pero la respuesta es negativa. No hay ninguna definición que cumpla esas características, es más, en general se rechaza la misma posibilidad de definición del hombre. El personalismo, en concreto, ha rechazado esa posibilidad por los siguientes motivos:

— una conciencia mayor de la *complejidad* de la persona. Los descubrimientos antropológicos, psicológicos, sociales, etc., que se han ido acumulando a lo largo de los siglos implican que cada vez parezca más difícil encerrar todos los elementos esenciales en el interior de una definición;

— la insistencia en el carácter *personal* de la realidad humana que parece deformarse si se encierra en los términos de una definición general. «Solo se definen, afirma Mounier, los objetos exteriores al hombre y que se pueden poner ante su mirada. Ahora bien, la persona no es un objeto»[24];

— la relativa *inutilidad* de una definición en una sociedad compleja. La definición de Boecio resultaba muy útil porque los términos en los que se explicitaba (naturaleza, sustancia, etc.) tenían una significación unívoca para la comunidad intelectual en la que él vivía. Hoy, en cambio, esto no es así. Si decimos, por ejemplo, que la persona es libre, hay que explicar a continuación qué entendemos exacta-

[24] E. MOUNIER, *El personalismo*, cit., p. 10.

mente por libertad ya que, de otro modo, la definición tendrá un escaso valor. Y esto con cada uno de los términos de la definición;

— la *actitud de rechazo hacia las definiciones formales.* Siguiendo la estela de Kierkegaard, los personalistas rechazaron el abstracto idealismo hegeliano que deseaba encerrar lo existente en las redes de la racionalidad. Y esto significa, para el tema que nos interesa, que el hombre no es racionalmente explicable, no porque sea irracional, sino al contrario porque es mucho más que mera razón instrumental. Ahora bien, intentar encerrarlo en los márgenes de una definición es caer en lo que se critica. Además, existe también la posibilidad de que una definición limite el análisis de lo humano. Definir al hombre puede conllevar el peligro de que, si algo no aparece en la definición, no se estudie o no se le dedique suficiente atención (como pasó en parte con el texto de Boecio) y, por eso, se ha preferido optar por sistemas abiertos que no excluyan la posibilidad de añadidos o complementos.

Ahora bien, admitir la imposibilidad de una definición estricta no significa que se renuncie a cualquier definición o descripción de la persona. Esto no tendría mucho sentido en una filosofía que se funda precisamente en esa noción. Por esta razón, el personalismo ha optado por una vía intermedia que tiene las siguientes características:

— se busca describir los elementos esenciales que caracterizan el ser personal,

— no se pretende la exhaustividad,

— no se busca rigor formal,

— se es consciente de que la descripción solo toma sentido pleno en el contexto de una filosofía en el que se desarrollan con precisión cada uno de los términos que la componen.

De este planteamiento han surgido fundamentalmente *dos* tipos de textos. En los primeros, que podemos denominar *definiciones-descripciones* y pueden ser más o menos explícitos, los personalistas han intentado reflejar elementos esenciales de la persona. Así, por ejemplo, Mounier afirma: «una persona es un ser espiritual constituido como tal por su forma de subsistencia y de independencia en su ser»[25]. Lacroix, también de forma lacónica, indica: «la persona es la dueña de sí y el don de sí»[26]. Y Maritain, en un ejemplo más claro de lo que hemos denominado descripción-definición, afirma: «Cuando decimos que un hombre es persona, no queremos decir solo que es un individuo como lo son un átomo, una espiga de trigo, una mosca o un elefante. El hombre es un individuo que se rige con la inteligencia y con la voluntad; no existe solamente en modo físico, sino que sobreexiste espiritualmente en conocimiento y en amor, de tal forma que, en algún sentido, es un universo por sí, un microcosmos en el cual el gran universo todo entero puede quedar comprendido con el conocimiento, y con el amor puede darse todo entero a seres que están ante él como otros tantos él mismo, relación de la que es imposible encontrar el equivalente en el mundo físico. La persona humana posee estos caracteres porque, en definitiva, el hombre, esta carne y estos huesos perecederos que un fuego divino hace vivir y obrar, existe 'desde el útero hasta el sepulcro', por obra de la existencia misma de su alma que domina el tiempo y la muerte. Es el espíritu la raíz de la personalidad»[27].

El segundo tipo de texto que ha producido el personalismo es una descripción más detallada de las características del ser personal, obtenida mediante el análisis fenomenológico, y que es costumbre explicitar indicando y desarrollando una serie de *notas* que caracterizan al ser personal.

---

[25] E. Mounier, *Manifiesto al servicio del personalismo*, Taurus, Madrid 1967, pp. 75-76.

[26] J. Lacroix, *Le personnalisme*, Lyon 1982, p. 27; citado por C. Valverde, *Antropología filosófica*, cit., p. 41.

[27] J. Maritain, *Principes d'une politique humaniste*, Oeuvres Complètes, vol. VIII, p. 188.

b) Principales notas fenomenológicas

Las principales notas que caracterizan a la persona son las siguientes[28]:

1. Substancialidad-subsistencia

Con esta nota de raigambre aristotélico-tomista se quiere indicar que la persona es un ser con una densidad existencial tan fuerte que permanece en sí misma a través de los cambios. La persona es siempre la misma, aunque cambie el mundo a su alrededor y ella misma cambie. De modo similar al barco de Teseo que fue sustituyendo a lo largo del viaje cada una de las piezas que lo componían pero continuó siendo el mismo barco, la persona humana, aunque cambia interior y exteriormente, incluso orgánicamente, sigue siendo la misma. Además, ese ser ella misma es algo profundo y decisivo porque la persona no es un mero flujo de vivencias ni una agrupación temporal de fenómenos que el tiempo disuelve y transforma, sino un ser consistente que resiste el paso de los años y los días y, aunque a la filosofía le resulte ya más difícil confirmarlo, posee una dimensión eterna. A esta realidad se le denomina subsistencia del ser personal.

2. Intimidad-subjetividad

Lo que permanece en los cambios de la persona no es una «cosa», sino un «quien», un «alguien», una realidad muy profunda con una gran riqueza interior que se manifiesta y se

[28] Existen bastantes descripciones fenomenológicas de este tipo. Nosotros nos apoyamos fundamentalmente, aunque con modificaciones, en R. Yepes, *Fundamentos de antropología*, cit., cap. 3. Otras descripciones similares son las de L. Pareyson, *Esistenza e persona*, Il Melangolo, Genova 1985, pp. 173-205, y T. Melendo, *Las dimensiones de la persona*, Palabra, Madrid 1999. En Zubiri también se puede encontrar una descripción similar, pero su perspectiva es más ontológica.

ejercita a través de cualidades específicas: la sensibilidad, los afectos y sentimientos, la conciencia de sí. Todas esas características conforman la subjetividad: lo propio y específico de cada persona, su mundo interior, íntimo, distinto de cualquier otro hombre o mujer. Este mundo, en parte, se puede manifestar al exterior a través de los sentimientos y de las acciones, pero en parte es inexpresable porque constituye la identidad de la persona, que es intransferible. De ahí que los clásicos dijeran que en la persona había algo incomunicable.

Además la persona se concibe como un ser autónomo, consciente de sí e independiente, es decir, como un alguien, un sujeto, un «yo», capaz de decidir sobre sí mismo y ponerse frente al mundo. Persona, como dice Karol Wojtyla, es quien «se posee a sí mismo»[29].

3. Ser corporal, espacial y temporal

La persona posee una dimensión material y corporal; es subjetividad e intimidad, pero en un cuerpo concreto, físico y determinado, es «alguien corporal», como dice Julián Marías[30]. Esto tiene numerosas consecuencias pero una de las principales es que no es un ser puramente espiritual, sino localizado y herido por el tiempo.

El *espacio:* la persona se mueve en un espacio físico, geográfico y humano que le resulta necesario para vivir y le condiciona: la casa, la ciudad, el país, etc.

El *tiempo:* la persona no es un ser estático, sino en constante evolución; tiene un tiempo de vida que va discurriendo y que le hace esencialmente dinámico y proyectivo. La persona se sitúa siempre frente al tiempo del que dispone en una lucha constante y paradójica. Por un lado busca detenerlo guardando memoria del pasado y eternizando el presente que le

---

[29] K. Wojtyla, *Persona y acción*, cit., p. 168.
[30] J. Marías, *Persona*, Alianza, Madrid 1997, p. 135.

resulta placentero o feliz. Y, simultáneamente, busca anticipar el futuro para poder decidir su destino y ejercitar el dominio de sí que la caracteriza. Pero se trata siempre, al menos a primera vista, de una lucha perdida de antemano. La muerte siempre llega y el tiempo siempre vence aunque el anhelo de la inmortalidad, presente en todo hombre, exige una respuesta.

4. Apertura y definición

Aunque la persona tiene una vida propia, personal e intrasferible, no es un ser cerrado en sí mismo, sino *abierto*, que necesita *trascenderse* y salir de sí para desarrollarse con plenitud[31]. Todos los hombres necesitan salir de sí y hacerse don para los otros si quieren realizarse y lo hacen, fundamentalmente, a través de sus capacidades y facultades más elevadas y espirituales: la afectividad, la inteligencia y la libertad.

El hombre se relaciona con la realidad en tres niveles fundamentales: las cosas, las relaciones interpersonales y Dios, y esa relación se establece, a su vez, en dos direcciones: recepción e influencia. El hombre es afectado por el mundo que le rodea pero, a su vez, mediante su acción puede modificar ese mundo y transformarlo de acuerdo con sus deseos y necesidades.

Esa apertura, por otra parte, no es la modificación de un ser indiferenciado, sino la perfección de un ser definido y con una naturaleza precisa. Por eso, como indica Pareyson, la persona es «al mismo tiempo abierta y cerrada. Es cerrada por la inmanencia de su pasado en su presente, por la condensación de toda su historia completa en el instante actual, por una valoración general que, haciendo el balance de sus conquistas y de sus realizaciones, establece la validez de lo que la

[31] Polo es uno de los autores recientes que más ha insistido en el carácter donal de la persona. Cfr. L. Polo, *Antropología trascendental*, cit., pp. 217-228, y *Tener y dar*, en VV.AA., *Estudios sobre la Laborem excercens*, BAC, Madrid 1987.

persona ha logrado hacer de sí misma. Y es abierta porque su presente se abre a su futuro, porque la recorre un impulso que la coloca frente a sí misma, porque la exigencia que la mueve la obliga a nuevas decisiones y a una dedicación cada vez mayor a la tarea en la que ella se reconoce»[32].

5. Hombre y mujer

Por último hay que advertir que hablar de persona supone colocarse en un cierto nivel de abstracción porque, en realidad, existen dos tipos o modalidades diversos de persona humana: el hombre y la mujer. No existen personas humanas en abstracto, sino personas humanas masculinas o personas humanas femeninas que aportan una maravillosa diversidad cuajada de misterio y complementariedad[33]. Con esto no se quiere decir que el hombre y la mujer sean dos seres distintos; ambos son esencialmente iguales, pero el modo específico en que se constituye su ser personal, siendo igual en los niveles más radicales, es distinto en sus manifestaciones concretas. La corporalidad, la sensibilidad, la psicología, la inteligencia y la afectividad recorren caminos distintos en el hombre y en la mujer y enriquecen así de modo inagotable el mundo del ser personal.

3. La dignidad de la persona

Las notas fenomenológicas de la persona apuntan en una dirección muy precisa: los hombres y las mujeres son seres especialísimos por la perfección intrínseca que poseen y que les coloca por encima y en otro plano del resto de los seres de la naturaleza. *Persona significat id quod est perfectissimun in tota*

[32] L. PAREYSON, *Esistenza e persona*, cit., p. 181.

[33] Cfr. B. CASTILLA, *Persona femenina, persona masculina*, Rialp, Madrid 1996.

natura[34], afirmó santo Tomás, y, en nuestra época, esa perfección tiene un nombre específico: dignidad. La persona es el ser digno por excelencia por encima del cosmos, la materia, las plantas y los animales. A pesar de la perfección intrínseca del universo y de los organismos naturales que la ciencia nos muestra de manera cada vez más fascinante, la persona humana los supera de manera radical porque se sitúa en un plano distinto y superior: el de la personalidad y el espíritu. Por eso solo la persona es digna en sentido radical[35].

Veamos ahora algunos desarrollos de este concepto.

— *La dignidad de la persona es una perfección intrínseca y constitutiva,* es decir, depende de la existencia y características esenciales de su ser, no de la posesión o capacidad de ejercitar determinadas cualidades. Toda persona es digna por el mero hecho de ser persona aunque carezca o posea de modo deficitario alguna de las características específicas de lo humano (discapacidades físicas o psíquicas, aspectos no desarrollados, etc.). En otras palabras, se es persona o no se es de manera radical, pero no se puede ser más o menos persona. Consecuentemente, los planteamientos, como el aborto o la eutanasia, que limitan la condición de persona y la correspondiente dignidad a la posesión efectiva de algunas cualidades físicas o psíquicas (autoconciencia, calidad de vida satisfactoria, etc.) son incorrectos[36].

— *La dignidad de la persona hace que sea un valor en sí misma y no pueda ser instrumentalizada.* La perfección intrínseca de la persona hace que tenga valor por sí misma, por el simple hecho de ser persona o de existir. Por eso existe la obligación positiva de buscar su bien y la negativa de no utili-

[34] Tomás de Aquino, *S. Th.,* I, q. 29, a. 3; en el a. 4, Tomás llega incluso a hablar del posible carácter relacional de la noción de persona.

[35] Cfr. J. Seifert, *Dignidad humana: dimensiones y fuentes en la persona humana,* en VV.AA., *Idea cristiana del hombre,* Instituto de Antropología y Ética, Eunsa, Pamplona 2002, pp. 17-37 y J. Vilaroig, *Dignidad personal: aclaraciones conceptuales y fundamentación,* Quién 2 (2015), pp. 49-65.

[36] Cfr. R. Spaemann, *¿Es todo ser humano una persona?,* en «Persona y Derecho», vol. 37 (1997), pp. 9-23.

zarla como mero instrumento para otros fines porque iría en contra de su dignidad. Nadie (ni siquiera Dios) puede instrumentalizarla, es decir, servirse de ella *únicamente* como medio para sus intereses porque eso significaría que se la está identificando con una *cosa* y se está prescindiendo de su carácter personal.

Como es sabido, la primera formulación explícita de esta idea se debe a Kant. «El ser humano, afirma, y en general todo ser racional, existe como fin en sí mismo, *no meramente como medio* para uso caprichoso de esta o aquella voluntad, sino que debe ser considerado siempre *al mismo tiempo como fin* en todas las acciones, tanto las dirigidas hacia sí mismo como hacia otro ser racional (...). Los seres cuya existencia no depende de nuestra voluntad, sino de la naturaleza, tienen solo un valor relativo cuando se trata de seres irracionales, y por esto se llaman *cosas;* pero los seres racionales se denominan *personas*, porque su naturaleza ya los señala como fines en sí mismos, es decir, como algo que no puede ser usado como medio»[37].

— *El valor de la persona es absoluto.* La persona es un valor en sí misma pero es importante especificar que se trata de un valor absoluto. Quiere esto decir, por un lado, que es superior a cualquier otro valor que podamos encontrar en nuestro entorno: naturaleza, animales, bienes materiales o espirituales. Pero, más radicalmente aún, significa que es un valor no intercambiable, manipulable o sustituible por

[37] I. KANT, *Fundamentación de la metafísica de las costumbres*, Santillana, Madrid 1996, pp. 50-51. K. Wojtyla ha propuesta una interesante reformulación de este principio a través de la *norma personalista* que intenta ir más allá y acercarlo al «mandamiento del amor». «Esta norma, en su contenido negativo, constata que la persona es un bien que no concuerda con la utilización, puesto que no puede ser tratado como un objeto de placer y, por lo tanto, como un medio. Paralelamente, se revela también su contenido positivo: la persona es un bien tal que solo el amor puede dictar la actitud apropiada y valedera respecto de ella. Esto es lo que expone el mandato del amor» (K. WOJTYLA, *Amor y responsabilidad*, cit., p. 51).

nada[38]. No se puede atentar contra la dignidad de la persona. Por el contrario, la actitud adecuada en relación a ella es la de respeto, reconocimiento y promoción.

— *La dignidad de la persona es el fundamento de los derechos humanos*[39]. El valor absoluto y la dignidad intrínseca de la persona se traducen a nivel jurídico-social en la existencia de los *derechos humanos o derechos fundamentales* que la persona posee por el mero hecho de ser persona y que tienen dos dimensiones. Desde el punto de vista subjetivo se entienden como los ámbitos de libertad social que quedan a su disposición y en las que el Estado ni puede ni debe inmiscuirse (libertad religiosa, libertad de expresión, derecho a la intimidad, etc.). Estos derechos *no son concesiones* que el Estado hace sino exigencias interiores que dimanan del ser personal y que el Estado, si obra correctamente, no puede menos de reconocer. Corresponde al Estado también promover las condiciones adecuadas para que la persona puede ejercitar sus derechos de manera eficaz y sin trabas (derecho a la educación, a la vivienda, etc.); en este segundo sentido se habla de derechos objetivos.

— *La dignidad de la persona hace que cada hombre y cada mujer sean irrepetibles e insustituibles.* Las peculiares características de la persona humana nos permiten comprender que cada persona es única y tiene un valor irrepetible independientemente de sus condiciones físicas, intelectuales, etc. Nadie puede ser, en sentido estricto, sustituido, algo que se pone especialmente de manifiesto en la familia y en las relaciones en las que media el amor (cfr. cap. 12).

La constatación de este hecho ha obligado a una *reelaboración de las nociones de individuo y especie para los hombres.* En

---

[38] Dios es el valor absoluto por excelencia (absoluto metafísico) pero la persona, en su ámbito, también lo es. En este sentido, para diferenciarlo, se podría hablar de un «absoluto relativo». Cfr. X. Zubiri, *El hombre y Dios*, cit., p. 376.

[39] R. Spaemann, *Lo natural y lo racional*, Rialp, Madrid 1989, pp. 89-123.

el reino animal lo que cuenta principalmente es la especie; el individuo está a su servicio y debe sacrificarse por ella si hace falta. Además, un individuo de una especie animal –excepto quizá en los animales superiores– es prácticamente equivalente a otro individuo. Las hormigas no tienen nombre. Pero este planteamiento no se puede aplicar sin más al hombre. La persona no está al servicio de la especie humana ni los hombres somos intercambiables. En este sentido afirma Spaemann que «la persona no es un sinónimo del concepto de especie, sino, más bien, ese modo de ser con el cual los individuos de la especie 'humana' son. Ellos *son* de tal modo que cada uno de los existentes en esa comunidad de personas que llamamos 'humanidad' ocupa un sitio único, irreproducible y no susceptible de sustitución»[40]. En la misma línea, pero yendo todavía más lejos, Pareyson afirma que «en el hombre, todo individuo es, por decirlo de algún modo, único en su especie»[41].

— *La afirmación de la dignidad de la persona está históricamente ligada al cristianismo.* Ya hemos visto que la noción de persona surgió del cristianismo y algo similar puede decirse del concepto de dignidad. La dignidad intrínseca de cada persona, independientemente de su sexo, cultura, valor, riqueza, etc., solo se ha impuesto de manera efectiva gracias al cristianismo aunque luego se ha ido generalizando como un valor civil que ha sido aceptado (al menos teóricamente) por otras sociedades y culturas. Sabemos que esta no era la praxis vigente en la Antigüedad (esclavitud, limitación de derechos civiles según la condición social y el sexo, etc.) y fue la Iglesia la que insistió en la dignidad de toda persona. Hoy, la situación es en parte diversa y en parte similar. Mientras que existe un reconocimiento general de la digni-

[40] R. SPAEMANN, *¿Es todo ser humano una persona?*, cit., p. 22. «En el género humano, la situación, a causa del cristianismo, se invierte y el individuo es más alto que el género» (S. KIERKEGAARD, *Diario*, 1854, XI, Planeta, Madrid 1993, p. 485).

[41] L. PAREYSON, *Esistenza e persona*, cit., p. 176. Cfr. J. M. BURGOS (ed.), *El giro personalista; del qué al quién*, Mounier, Salamanca 2011.

dad de toda persona nacida y normal[42] se tiende, sin embargo, a restringir esa condición en las situaciones en las que la persona es más débil: las fases previas al nacimiento (aborto) y el momento de la muerte (eutanasia). Y también ahora la Iglesia continúa en su tarea de defensa de la dignidad de *toda* persona.

4. La naturaleza humana

Acabamos de ver que la persona posee un carácter único e irrepetible y que no forma parte de la especie humana al modo en que los animales forman parte de su especie. Pero, siendo esto cierto, también lo es que, al fin y al cabo, todos los hombres son hombres, es decir, que poseemos unos rasgos comunes que permiten que se nos identifique como personas y no como leones, rocas o monos. La noción que refleja del modo más adecuado esta semejanza es la de naturaleza[43].

a) La noción de naturaleza humana

a.1) Definición y origen histórico

La noción de naturaleza procede de la tradición aristotélico-tomista. Aristóteles, en el marco de su doctrina teleológica, indica que todos los seres tienen un modo de ser determinado al que se denomina esencia. Esta esencia o modo de ser no es estática, sino que tiene un dinamismo interno que le im-

[42] Uno de los pocos autores contrarios a esta posición es Peter Singer, quien, basándose en que «un bebé de una semana de vida no es un ser racional y autoconsciente», concluye que «la vida de un bebé recién nacido es de menor valor que la de un cerdo, un perro o un chimpancé» (P. Singer, *Practical Ethics,* Cambridge University Press 1973, pp. 122-123). Una valoración atenta en F. Torralba, *¿Qué es la dignidad humana? Ensayo sobre P. Singer, H. T. Engelhardt y J. Harris,* Herder, Barcelona 2005.

[43] Cfr. J. M. Burgos, *Repensar la naturaleza humana,* Eiunsa, Pamplona 2007.

pulsa a obrar para alcanzar el fin *(telos)* adecuado a las características de la esencia. Pues bien, ese dinamismo interno o, en otras palabras, *la esencia en cuanto principio de operaciones, es lo que se llama naturaleza.*

Los seres naturales obran espontáneamente de acuerdo con su naturaleza y de esta manera logran su plenitud propia y aquello que les conviene. Un caballo, por ejemplo, tiene un modo de ser determinado y, por tanto, una naturaleza. Y esa naturaleza es la que le impulsa a realizar las acciones propias del caballo: correr, galopar, alimentarse de un modo determinado, reproducirse de una manera característica, etc. De ese modo logra desarrollarse correctamente y alcanza la plenitud que le está permitida o a la que puede aspirar por su modo de ser.

En el hombre sucede lo mismo. También las personas tienen una esencia y una naturaleza y, por eso, tienen que actuar de un modo determinado para alcanzar lo que exige su perfección. Pero, en este caso, existe una diferencia fundamental: la *libertad.* Una flor, un delfín o un rinoceronte no pueden elegir su modo de comportamiento y actúan (con mayor o menor eficacia, esto ya es otra cuestión) siguiendo unas pautas de actividad propias, determinadas y específicas. Pero en el caso del hombre no sucede lo mismo. Es libre, lo que significa, entre otras cosas, que puede inventar nuevas formas de comportamiento, ir en contra de lo que piensa que debería hacer o realizarlo porque quiere, es decir, libremente. Y esto supone que el obrar humano está regido por la moralidad. Si sigue libremente lo que conviene a su naturaleza obrará moralmente bien y, además, conseguirá la felicidad. Si no lo hace, obrará éticamente mal y, además, será desgraciado porque irá en contra de sí mismo y de su bien.

a.2) Aplicaciones culturales

La noción de naturaleza humana responde, por tanto, a un hecho experimental: la existencia de elementos comunes que permiten afirmar y comprobar que somos hombres. Y, por esta razón, tiene importantes aplicaciones éticas y culturales:

— permite fundamentar la *igualdad esencial de todos los hombres.* Como todos poseen la misma naturaleza quiere decir que todos son esencialmente iguales. Puede haber, y de hecho hay, diferencias significativas entre las personas, pero lo profundo, la naturaleza, no cambia y es idéntica en todos;

— permite fundamentar una *ética universal,* es decir, válida para todos los hombres por la sencilla razón de que, si la naturaleza es común, los principios éticos también tienen que serlo;

— permite fundar la existencia de *imperativos morales absolutos,* es decir, acciones que nunca se pueden cometer ya que nunca podrán ser buenas aquellas acciones que contraríen gravemente a la naturaleza humana[44];

— permite, por último, una *fundamentación trascendente de la persona* puesto que, aunque el hombre sea libre, no crea su propia naturaleza, sino que la recibe. La naturaleza es algo dado con lo que el hombre se encuentra al inicio de su existencia, y este carácter dado remite necesariamente a un donante, es decir, a Dios como fundamento último trascendente de la naturaleza humana y, por tanto, de la persona.

b) Las críticas a la noción de naturaleza humana

La noción de naturaleza humana, a pesar de sus virtualidades, ha sufrido diversas críticas por lo que resulta necesario analizar estas objeciones, aunque sea someramente, para valorar su entidad. Un primer tipo de críticas procede de *aquellos que consideran que el hombre no tiene naturaleza* sino que es la libertad quien hace radicalmente al hombre (Sartre), que sería, por tanto, un ser en continua evolución. Esta posición, sin

[44] Cfr. JUAN PABLO II, Enc. *Fides et ratio,* n. 68.

embargo, está en contraste con la experiencia. Si dejamos de lado los restos arqueológicos antiguos que nos muestran fragmentos de un mundo remoto que no podemos reconstruir adecuadamente y nos limitamos a las civilizaciones de las que tenemos constancia documentada, podemos constatar que, aunque hayamos cambiado profundamente, seguimos siendo hombres y nos podemos identificar con las aspiraciones, deseos y problemas de nuestros antepasados en culturas remotas. Los egipcios, los incas, los indios, los griegos, son, sin ninguna duda, hombres como nosotros y ni se nos ocurriría plantearnos que pertenecen a otra especie de seres. Es más, las diferencias entre los hombres de distintas épocas y culturas resultan significativas para nosotros precisamente porque resaltan sobre la igualdad de fondo. En cambio, si alguien hiciera notar las diferencias –mucho mayores– entre los humanos y las jirafas, no pensaríamos que con ello hacía una observación interesante.

Un segundo tipo de críticas son las que, afirmando la esencialidad y permanencia del hecho humano, se cuestionan, sin embargo, la validez de la noción de naturaleza.

Una parte de este grupo de críticas se alimenta de una cierta *ambigüedad terminológica del concepto de naturaleza* ya que, en contra de lo que podría pensarse, este no es tan preciso como puede parecer a primera vista y se puede emplear con varios sentidos y niveles de profundidad[45]. En el lenguaje actual, por ejemplo, por natural o por naturaleza se entiende habitualmente lo que procede del mundo físico y biológico y que, por tanto, no es libre sino necesario. De este modo, si no se conoce el significado filosófico exacto de este término, puede parecer chocante o incluso erróneo emplearlo para el hombre. Decir que el hombre tiene naturaleza equivaldría a decir que no es libre. Un segundo grupo de objeciones proce-

[45] «Se han dado centenares de definiciones del término 'naturaleza» y, además, en diversos terrenos» (Cfr. J. Ferrater Mora, *Diccionario de Filosofía*, Ariel, Barcelona, 2004: voz: Naturaleza).

den de una *concepción filosóficamente deficiente del concepto de naturaleza.* En general, y aunque las críticas varían según el esquema conceptual del filósofo que la realiza, el mecanismo básicamente es muy similar: se parte de una definición de naturaleza que carece de elementos esenciales de la persona (la libertad en el caso de Kant, por ejemplo) y consecuentemente se concluye que es una noción inadecuada para entender al hombre. La solución para estas dificultades, como ha mostrado Spaemann, consiste en evitar esos reduccionismos incorrectos[46].

Por último, la crítica que tiene más peso en nuestra opinión es la que rechaza la *visión racionalista* del concepto de naturaleza[47]. Esta objeción se basa en que existen dos posibles concepciones del término naturaleza: 1) un núcleo genérico común de cualidades y características comunes a todos los hombres; 2) un núcleo abstracto, impersonal y perfectamente definido que existiría dentro del hombre y que no se alteraría para nada ni con el tiempo, ni con las culturas ni con las personas[48]. La primera postura responde al núcleo de lo que constituye la noción de naturaleza. La segunda también pero insiste tanto en el aspecto de inmutabilidad que acaba planteando algunos problemas importantes. Plantea, en primer lugar, un *conflicto entre naturaleza y cultura.* ¿Cómo se compagina, por poner un ejemplo, la noción de naturaleza humana formulada de esta manera con las importantes modificaciones que las diferentes culturas imponen en la vida y en las concepciones de los hombres?[49]. Y plantea también un *conflicto entre naturaleza y libertad*

[46] Cfr. R. Spaemann, *Lo natural y lo racional*, cit.: «Sobre el concepto de naturaleza del hombre», pp. 21-51.

[47] Cfr. en este sentido R. Yepes, *Fundamentos de antropología*, pp. 95-96.

[48] Esta es la postura característica de los racionalistas de los siglos XVII y XVIII. Cfr. J. Maritain, *La loi naturelle ou loi non écrite*, Édition Universitaires, Fribourg (Suisse) 1986.

[49] Algunos de esos problemas se encuentran indicados en J. M. Burgos, *La inteligencia ética. La propuesta de Jacques Maritain*, Peter Lang, Berna 1995, pp. 127-175.

porque deja de lado que la naturaleza del hombre es en cierta medida indeterminada ya que, a diferencia de los animales, que siempre se comportan de modo idéntico, el hombre modifica parcialmente su modo de ser y decide sobre su propio destino. El *telos* humano es en parte *indefinido* porque el hombre establece en cierta medida sus propios fines y la noción de naturaleza debe ser capaz de asumirlo.

Los problemas que acabamos de mencionar pueden llegar a tener entidad si se extreman las posiciones pero pueden resolverse si se capta auténticamente y sin rigidez el núcleo del concepto de naturaleza haciéndolo armonizable con otros conceptos esenciales como los de cultura y libertad. En este sentido nos parece muy iluminador el comentario de Isaiah Berlin: «las categorías morales –y las categorías de valores en general– no son tan firmes e inextirpables como las que corresponden, por ejemplo, a la percepción del mundo material, pero tampoco son tan relativas o fluidas como tienden a suponer demasiado fácilmente algunos escritores en su reacción contra el dogmatismo de los objetivistas clásicos. Un mínimo de fondo moral común, de categorías y conceptos relacionados entre sí, es intrínseco a la comunicación humana»[50].

c) Las nociones de persona y naturaleza

Las reflexiones que acabamos de hacer indican con claridad que las nociones de naturaleza y persona se necesitan mutuamente para reflejar de modo íntegro al hombre. La noción de persona hace referencia principalmente al individuo concreto, irrepetible y existente, al hombre o mujer que, con un nombre propio y único, se diferencia de manera profunda de los demás hombres y mujeres. La noción de naturaleza, por

[50] I. Berlin, *Cuatro ensayos sobre la libertad*, Alianza, Madrid 1998, pp. 37-38.

el contrario, hace referencia a lo común, al hecho de que ese hombre (o esa mujer) diferente de cualquier otro hombre (o mujer) de los que pueblan nuestro planeta es, a pesar de todo, esencialmente igual a ellos, es un ser humano. Cada hombre, cada mujer, es de este modo un ser único e irrepetible (persona) pero también un hombre esencialmente igual a los demás (naturaleza).

Ahora bien, curiosamente, y precisamente a causa de esta complementariedad, no siempre resulta fácil armonizar ambos conceptos desde un punto de vista técnico ya que uno pone de relieve la individualidad personal y el otro lo común y, por eso mismo, impersonal. Hannah Arendt ha sintetizado agudamente esta paradoja al afirmar: «nada nos da derecho a dar por sentado que el hombre tiene una naturaleza o esencia en el mismo sentido que otras cosas. Dicho con otras palabras: si tenemos una naturaleza o esencia, solo un dios puede conocerla y definirla, y el primer requisito sería que hablara sobre un 'quién' como si fuera un 'qué'»[51]. Ahora bien, el problema consiste precisamente en que en el hombre el 'qué' y el 'quién' se dan simultáneamente. Somos seres humanos esencialmente iguales a otros seres humanos pero cada uno tenemos nuestro nombre propio que nos diferencia del resto de la humanidad.

La dificultad que entraña este problema hace que su estudio exceda de los objetivos de un manual y por eso nos vamos a limitar a comentar una propuesta de Ferrer que nos permitirá sentar el principio fundamental sobre el que, en nuestra opinión, debe asentarse esa articulación. Ferrer considera que «tanto la naturaleza como la persona son coprincipios constitutivos de un único ser, interactuantes en todas las etapas de su crecimiento, y no fenómenos observables. Por ello, se los deslinda de acuerdo con la función que a cada cual compete. La naturaleza humana establece los límites definicio-

[51] H. ARENDT, *la condición humana*, Paidós, Barcelona 2001, p. 24.

nales y operacionales del poder-ser humano, mientras que la persona singulariza a la naturaleza humana, apropiándosela a una realidad efectiva, en crecimiento ilimitado. Los actos, conscientes o no, en los que la persona se tiene por suya, autorrealizándose, son *de* alguien personal, que excede cualquier definición; en cambio, las posibilidades específicas que delimitan su campo de actuación proceden de una naturaleza, que lo es desde el inicio, y acompaña a todo el curso de la existencia personal. Naturaleza y persona tienen un papel irreemplazable y recíproco en la dignidad humana»[52].

El texto aporta elementos muy valiosos pero, por lo que respecta a la relación entre persona y naturaleza, mantiene una tesis que no nos parece aceptable. La persona y la naturaleza no pueden ser coprincipios de un único ser porque esto nos remitiría a un concepto ulterior para explicar al hombre, uno de cuyos principios sería precisamente el de persona. Pero la noción de persona no puede ser un coprincipio de algo más radical porque coincide con el hombre o la mujer existente y por eso debe contener a todos los conceptos relativos al hombre incluyendo el de naturaleza. Por eso, el concepto de persona debe ser necesariamente el concepto último y fundante porque se identifica con *todo* el hombre mientras que el concepto de naturaleza refleja solo *un* hecho específico aunque esencial: la existencia de cualidades universalmente compartidas por todos los seres humanos.

[52] U. Ferrer, *¿Qué significa ser persona?*, cit., pp. 266-267.

SEGUNDA PARTE

LA ESTRUCTURA DE LA PERSONA

Una vez introducidos en la realidad del mundo de la persona pasaremos a analizar los diversos aspectos que la constituyen. En esta segunda parte abordaremos la estructura interna. Más adelante trataremos la acción (parte III), la relación con otras personas (parte IV) y su destino (parte V).

Nuestro primer objetivo va a consistir en describir las dimensiones o estructuras que definen al ser personal, algo que, en términos anatómicos, podríamos comparar con el intento de lograr una descripción del cuerpo humano: determinar y caracterizar los huesos y los músculos, establecer qué ligamentos les permiten moverse y cómo, etc. Existe, sin embargo, una importante diferencia. Los músculos y los huesos son entidades físicas perfectamente discernibles y separables, pero no ocurre lo mismo con las estructuras de la persona. Yo soy libre e inteligente, pero ni la libertad está separada de la inteligencia ni puedo localizar y delimitar la libertad como señalo un hueso de mi cuerpo. La libertad no está *ahí,* sino que es una cualidad o capacidad mía que no reside en ninguna parte en concreto. Además, y es un segundo aspecto, esas estructuras no son entidades completamente autónomas e independientes. No existen una sensibilidad, una libertad y un yo que, reunidos y relacionados, acaben por formar un hombre o una mujer, sino que, por el contrario, lo que existe es una persona en la que podemos distinguir una sensibilidad, una libertad y un yo. Eso no significa –sería caer en el error opuesto– que esos elementos no tengan una relativa autonomía y una fisonomía propia. La tienen, ciertamente: el cuerpo, por ejemplo, no es el yo ni se identifica con la sensibilidad. Pero esta autonomía no es nunca completa puesto que nunca existen por separado. En definitiva, la persona no se identifica con la suma de los elementos que la componen y esos elementos, por otro lado, no son perfectamente aislables ni separables unos de otros. Son siempre dimensiones del ser personal que es el que realmente existe y en el que conviven íntimamente entremezcladas[1].

Las dimensiones de la persona que vamos a considerar son las siguientes: el cuerpo (cap. 2); la sensibilidad y las tendencias (cap. 3); la afectividad (cap. 4); la inteligencia (cap. 5); la libertad (cap. 6) y el yo (cap. 7). Es una estructura clásica en la que quizá, y como novedad respecto a otros manuales, se puede señalar la importancia dada a la corporalidad, a la afectividad y a la libertad, y la inclusión específica del yo. La libertad es un tema indiscutible de nuestra época y por eso requiere especial atención. Y lo mismo ocurre con la afectividad que, por otra parte, ha sido frecuentemente la cenicienta de algunos manuales de filosofía. En ese texto reivindicamos su importancia como dimensión autónoma de la persona lo que, por otro lado, abre el camino hacia una consideración del corazón desde un punto de vista filosófico. La inclusión del yo, por último, nos ha parecido imprescindible para abordar el núcleo último de la persona sin el que esta quedaría reducida a una amalgama de facultades o dimensiones. En todo hombre y en toda persona hay un núcleo último que unifica nuestro ser y resultaba imprescindible mencionarlo. Estos elementos, a su vez, se pueden enmarcar en una estructura horizontal en la que existen tres niveles de perfección: cuerpo, psique y

[1] Insistimos algo en esta cuestión porque nos parece importante establecer la perspectiva adecuada que equilibre lo que hay que dar a la unidad de la persona y lo que hay que dar a la autonomía de sus facultades y dimensiones.

espíritu. El cuerpo se identifica con uno de ellos. La psique comprende la sensibilidad, las tendencias y parte de la afectividad. Y el espíritu comprende parte de la afectividad, el conocimiento intelectual, la libertad y el yo.

Todo ello, como dijimos en la introducción, puede representarse pedagógicamente a través del siguiente diagrama[2]:

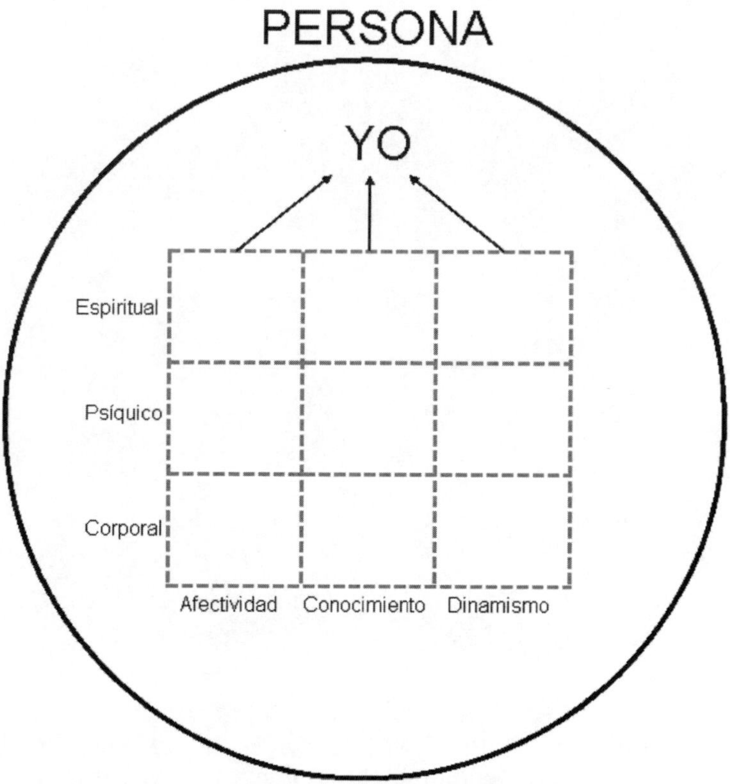

Diagrama de la persona.

[2] Cfr. K. MOLLINEDO, *El diagrama de la persona según Burgos y su aplicación en la psicoterapia*, Instituto de Ciencias de la Familia, Universidad Galileo, Guatemala 2008.

2. EL CUERPO

1. La persona: alguien corporal

El cuerpo es la primera manifestación de la persona. Veo una figura que se acerca, distingo un perfil conocido y digo: es Javier. Javier es todo, la persona completa en todas sus dimensiones, pero lo primero que aparece ante mí, que la pone de manifiesto y me la hace presente es su cuerpo. La persona humana es totalmente impensable sin el cuerpo hasta el punto de que algunos filósofos, como Marías, la han descrito como «alguien corporal»[1]. Pero ¿qué es el cuerpo? podemos preguntarnos. El cuerpo es ante todo la dimensión física, orgánica o material de la persona. Mis manos, mis pies, mi corazón tienen una medida, un volumen, un perfil y un tamaño. Si me corto, sangro y, si me doy un golpe, me duele el contacto brusco con la materia. El cuerpo es mi dimensión material y cuando muera desaparecerá. La dimensión orgánica del cuerpo es evidente y por eso no vale la pena insistir en ella. Lo que interesa es recalcar otro aspecto a primera vista mucho menos manifiesto y que, incluso, puede sorprendernos: el cuerpo humano, aunque es orgánico y material,

[1] J. MARÍAS, *Persona*, cit., p. 135.

no es un «objeto físico o una cosa, sino la mediación psicofísica o psicomundana. Es la superficie de contacto de la subjetividad con el cosmos»[2], o, dicho de manera más radical, es una *dimensión de la persona* y, por eso, posee una componente subjetiva y personal.

Una primera aproximación a esta idea la podemos obtener desde un punto de vista *negativo,* a partir de la *imposibilidad de separarlo de la persona.* En cuanto una parte del cuerpo se separa de la persona, deja de existir como tal cuerpo. Una mano cortada no es una mano y un cuerpo muerto no es un cuerpo humano; lo fue, pero ya no lo es y por eso se corrompe. Aquí encontramos ya indicios de ese carácter personal del cuerpo.

Desde un punto de vista *positivo* podemos expresar esta idea diciendo que el hombre *es un ser corporal,* es decir, que la existencia humana no es comprensible ni pensable sin el cuerpo. En cualquier acción humana (externa o interna) está implicada la corporalidad. Un modo de expresar este hecho es afirmar: «yo soy cuerpo», pero resulta más preciso y menos ambiguo decir: yo soy corporal. Es decir, yo, persona, sujeto espiritual con conciencia de mí mismo, soy, al mimo tiempo e inseparablemente, una realidad corporal. El cuerpo forma parte de mi ser, no es una materia externa que utilizo o un instrumento que empleo para los fines que me interesan. El cuerpo soy yo, mis manos son yo, mi cerebro soy yo, aunque yo soy más que mis manos, mi cerebro o mis músculos. El cuerpo es mi dimensión orgánica-material pero, por eso mismo, tiene una dimensión subjetiva y espiritual.

«El cuerpo humano, explica Ferrer, participa simultáneamente de la condición subjetiva y de la objetividad mundana. A través de él, el sujeto está inserto en el mundo y some-

---

[2] J. Vicente y J. Choza, *Filosofía del hombre. Una antropología de la intimidad* (4ª ed.), Rialp, Madrid 1995, p. 134.

tido a sus leyes y condicionamientos externos»[3]. Mounier lo ha explicado de manera particularmente bella. «No puedo pensar sin ser, ni ser sin mi cuerpo; yo estoy expuesto por él a mí mismo, al mundo, a los otros; por él escapo a la soledad de un pensamiento que no sería más que pensamiento de mi pensamiento. Al impedirme ser totalmente transparente a mí mismo, me arroja sin cesar fuera de mí en la problemática del mundo y las luchas del hombre. Por la solicitación de los sentidos me lanza al espacio, por su envejecimiento me enseña la duración, por su muerte me enfrenta con la eternidad. Hace sentir el peso de la esclavitud, pero al mismo tiempo está en la raíz de toda conciencia y de toda vida espiritual. Es el mediador omnipresente de la vida del espíritu»[4].

Esta presencia permanente de la corporalidad hace, por otro lado, que el hombre no sea *ni autotransparente ni completamente opaco* para sí mismo. En otras palabras, nuestra autoconciencia es real y poderosa, pero oscura. La razón es que el hombre no puede objetivar su cuerpo como algo totalmente externo a su conciencia porque toma conciencia de sí precisamente a través del cuerpo; por eso siempre habrá rincones de sombra en nuestra automirada ya que no podemos volvernos completamente sobre nosotros mismos. Ahora bien, esto no es una limitación que el cuerpo impone a la persona sino uno de los modos en los que la persona se constituye puesto que, como el hombre es consciente de sí a través del cuerpo, si este faltase el hombre sería autotransparente, es decir, no existiría.

La integración radical entre cuerpo y persona no solo se activa en el hombre adulto, sino en todas las etapas de la vida.

[3] U. FERRER, *¿Qué significa ser persona?*, cit., p. 138. Ferrer indica también que hay que evitar una visión instrumental del cuerpo como si fuera externo al yo. El hombre no tiene o posee simplemente un cuerpo, sino que él mismo es corporal. En un sentido similar se expresan Marías, Wojtyla, Mounier, Lucas, Ingarden y muchos otros.

[4] E. MOUNIER, *El personalismo*, Acción Cultural Cristiana, Madrid 1997, p. 22.

En este sentido, la evolución de los niños resulta particularmente interesante porque permite ver con claridad cómo *desarrollo personal y corporal están intrínsecamente ligados.* El niño que logra alzarse y empezar a caminar inicia una nueva relación con el mundo y amplía enormemente su campo vital, y, cuando no solo camina sino que logra controlar y dominar su cuerpo, abre ante sí la posibilidad de interaccionar con el mundo y las personas de una manera controlada. Esto significa, en otras palabras, que empieza a ser libre porque, como señala Wojtyla, «la capacidad de objetivar el cuerpo y de emplearlo en la acción es un elemento importante de la libertad personal (...). El hombre como persona se posee a sí mismo en el aspecto somático en la medida en que posee su propio cuerpo y se domina a sí mismo al dominar el propio cuerpo»[5].

En resumen, el cuerpo es la dimensión material-orgánica de la persona, su primera manifestación y su faceta más externa, pero también tiene un carácter subjetivo, psíquico y hasta espiritual. El cuerpo no es ni una cosa, ni un instrumento al modo platónico, es el mismo hombre en su aparición externa, la frontera física de la persona, el horizonte entre el mundo material y el misterio del yo personal[6]. Por eso se le debe un respeto ya que es la epifanía de la persona. Tocando un cuerpo tocamos a la persona, acariciando un cuerpo acariciamos a la persona, despreciando un cuerpo despreciamos al hombre o a la mujer que son ese mismo cuerpo.

2. Otras visiones

La relación entre cuerpo y persona que acabamos de describir es relativamente reciente y supone una reivindica-

[5] K. WOJTYLA, *Persona y acción*, cit., p. 300.

[6] Cfr. R. GUARDINI, *Mundo y persona. Ensayos para una teoría cristiana del hombre*, Encuentro, Madrid 2000.

ción de la corporalidad frente a una cierta depreciación que ha sido moneda común a lo largo de la historia. El personalismo ha pretendido resaltar el valor del cuerpo sin dañar a la unidad de la persona, pero no siempre se ha logrado mantener filosóficamente esa unidad. La relación entre el cuerpo y la persona, o entre el alma y la materia, ha estado sujeta a lo largo de la historia a muchas interpretaciones y no todas han sido correctas o equilibradas. En algunos casos se ha primado excesivamente lo espiritual sobre lo corporal, en otros, como el marxismo, ha sucedido lo contrario, y en otros se han primado las dos cosas pero ha salido perjudicada la unidad. Veamos ahora algunas de las posturas más importantes.

a) Dualismos

Las posturas dualistas han explicado al hombre a través de su división en dos realidades separadas: la materia y el espíritu. Se trata, ciertamente, de una doctrina incorrecta, pero se puede decir que tiene una buena «justificación» porque resulta realmente sorprendente que en el hombre convivan de manera armoniosa dos realidades, el espíritu y la materia, que son, en principio, tan antitéticas que han permitido a Ortega, con hermosa expresión, definir al hombre como «un centauro ontológico (ya que) media porción de él está inmersa, desde luego, en la naturaleza, pero la otra parte trasciende de ella»[7].

Existen muchas modalidades de dualismo. Un ejemplo paradigmático de dualismo *espiritualista* lo proporciona Platón. «También nosotros, afirma en el *Gorgias*, en realidad quizá estamos muertos. También yo he escuchado decir a los sabios que nosotros, ahora, estamos muertos, y que el cuerpo

[7] J. Ortega y Gasset, *Meditación sobre la técnica*, Santillana, Madrid 1997, p. 34. Una buena puesta al día de la cuestión en J. J. Sanguineti, *Filosofía de la mente*, Palabra, Madrid 2007, pp. 11-44.

es para nosotros una tumba»[8]. Para Platón, lo esencial del hombre es el espíritu, el alma, hasta el punto de que considera que las almas preexisten a los cuerpos en algún lugar y, solo más tarde, son encerradas dentro de un cuerpo y enviadas a la tierra. Este encerramiento es un mal, una condena de la que el alma debe librarse mediante la purificación para retornar a su perfecta situación inicial.

La filosofía platónica impresionó mucho a los *primeros teólogos cristianos* porque afirmaba con nitidez la espiritualidad y la inmortalidad del alma y porque su visión de la liberación del alma del cuerpo coincidía en parte con algunas prácticas ascéticas. Por eso, corregida de su elemento no cristiano –la preexistencia de las almas– fue asimilada y sostenida por buena parte de los Padres de la Iglesia. De esta manera se logró un instrumento de primera calidad para elaborar teológicamente el mensaje cristiano pero se introdujo también de manera solapada un cierto espiritualismo y una visión negativa del cuerpo que tardó tiempo en desaparecer y que se puede encontrar, por ejemplo, en textos que manifiestan un cierto rechazo del matrimonio o de la sexualidad. Esta perspectiva, sin embargo, se opone al cristianismo, que es una religión de la *encarnación*, de un Dios hecho carne. Por eso resultó providencial, para corregir el rumbo, la asunción del aristotelismo, con su carga biológica y realista, que santo Tomás realizó audazmente en el siglo XIII.

Otro ejemplo característico de dualismo lo proporciona la filosofía de Descartes[9]. Su búsqueda de una certeza matemática al modo de las ciencias experimentales le condujo a través de la duda universal al «*cogito*» (pienso, luego existo) como punto inicial de su filosofía. Pero, una vez sentado este principio, no logró reconectar ese centro espiritual con el mundo

---

[8] PLATÓN, *Gorgias*, 439 a.

[9] Hay algunas reflexiones interesantes sobre diversos dualismos y monismo en R. SPAEMANN, *Lo natural y lo racional*, Rialp, Madrid 1989, pp. 21 y ss.

material y externo, que había sido previamente cuestionado de modo radical. De resultas el hombre quedó dividido en dos «sustancias»: la «res cogitans» (espíritu) y la «res extensa» (materia) conectadas entre sí solo de manera externa a través de la glándula pineal situada en el cerebro. En una línea similar aunque desde perspectivas diversas y propias se sitúan Leibniz y Malebranche. Para Leibniz, el cuerpo y el alma son dos sustancias distintas pero, al contrario de lo que sucedía en Descartes, no interactúan entre sí, sino que siguen procesos separados e independientes aunque paralelos de acuerdo con su teoría sobre la armonía preestablecida. Malebranche, por su parte, en línea con su ocasionalismo, considera que el cuerpo y la mente evolucionan de manera separada e independiente pero se relacionan a través de la mediación de un ser divino que interviene en aquellas ocasiones en que la mente influye sobre el cuerpo.

b) Monismos

Otro modo histórico de resolver el problema de la relación alma-cuerpo ha sido el de anular uno de los miembros de la ecuación. Es evidente que, eliminando o reduciendo al máximo bien la corporalidad bien la espiritualidad, se resuelve el problema de la complejidad humana y, por la misma razón, desaparece el problema de explicar la unidad. Según el elemento que se elimine, esta opción conduce a monismos de tipo espiritualista o materialista.

En los últimos siglos han prevalecido sobre todo los monismos de tipo materialista, favorecidos por el avance espectacular de las ciencias experimentales y de la técnica que condujeron a una hipervaloración del mundo físico-material[10]. Las

[10] No se trata, sin embargo, de un fenómeno totalmente nuevo. Basta recordar a los atomistas griegos.

ciencias experimentales se impusieron como el modelo de ciencia por excelencia y el método científico se impuso a su vez como el único método válido de conocimiento. Consecuentemente, los saberes que no podían adaptarse a ese método y las realidades a las que no se podía aplicar –los saberes humanistas, en general– perdieron interés e importancia y, en los casos extremos, se dudó de su validez o se rechazó incluso su mera existencia. Un ejemplo paradigmático de esta postura lo ofrece el conductismo, una visión reduccionista de la psicología que intenta limitarse lo más posible a los aspectos cuantificables y medibles del comportamiento humano negando y rechazando cualquier explicación que implique una dimensión interior y trascendente.

Junto al conductismo se podría situar también el biologicismo de Monod (el hombre es biología), otros tipos de cientificismo o el marxismo. En cualquier caso se trata de reduccionismos de diverso tipo que, cegados por un aspecto material de la persona, pierden de vista la complejidad y la trascendencia[11]. La irrupción de la posmodernidad, que ha remarcado la complejidad del hombre y la incapacidad de la razón de abarcar la riqueza de lo real, ha permitido superar el racionalismo cientificista de la modernidad y ha puesto en crisis a muchos materialismos teóricos. Hoy en día, sin embargo, y favorecido por las comodidades de la sociedad del bienestar, está muy extendido un materialismo práctico entendido como conducta de vida en la que la dimensión espiritual está debilitada o ausente.

[11] Un excelente análisis de algunos reduccionismos de tipo fundamentalmente psicológico lo proporciona V. FRANKL, *La idea psicológica del hombre*, Rialp, Madrid 1999.

3. Cómo es el cuerpo humano

a) Cuerpo humano y cuerpo animal

Un primer modo de profundizar en la comprensión del cuerpo humano es establecer una comparación entre el cuerpo de los hombres y el de los animales porque resulta muy iluminadora. Que ambos son muy distintos lo podemos comprobar, por ejemplo, en la valoración que los hombres y los animales dan a los cadáveres. Un documental de la televisión, duro pero real, reflejaba cómo unos cachorros de león se comían literalmente a un miembro de su misma camada con el que habían estado jugando momentos antes pero que había sido matado por un león macho adulto. Esto, evidentemente, es impensable entre los hombres porque, entre otras razones y como hemos visto, el cuerpo manifiesta a la persona. Pero las diferencias entre el cuerpo del hombre y del animal no se limitan solamente a este aspecto, sino que se manifiestan en la misma *estructura corporal*. Aunque compartimos con los animales aspectos biológicos relevantes, las estructuras somáticas son muy diferentes.

Probablemente, la principal característica que diferencia el cuerpo humano del cuerpo de los animales es la *no especialización*. Todos los animales tienen cuerpos perfectamente preparados para llevar a cabo determinadas tareas. Basta pensar, por ejemplo, en el oso hormiguero, en el tiburón, la jirafa o el guepardo. Cada uno de estos animales supera completamente al hombre en alguna actividad específica. El hombre, sin embargo, gracias a su falta de especificidad, tiene una flexibilidad que, puesta al servicio de la inteligencia y la libertad, y mediante el uso de instrumentos adecuados, le permite realizar mejor que los animales las mismas tareas: nadar, desplazarse velozmente, alcanzar objetos elevados, sumergirse hasta profundidades insospechadas o incluso volar. Por eso se puede decir que la no especialización del cuerpo humano es en cierto sentido como la libertad corporal o la *base corporal de la libertad*. Si el hombre tuviera un cuerpo muy definido solo podría realizar determinadas tareas y su libertad se vería seriamente coartada. Podemos pensar, aunque sea un absurdo, en un hombre con cuerpo de topo o de hormiga. Por muy potente que fuera su inteligencia o su libertad, jamás lograría desarrollar sus capacidades. Y esto es lo que sucede en buena medida cuando, por accidente u otras causas, el cuerpo sufre lesiones graves como en el caso de las personas tetrapléjicas. El conflicto entre lo que desearían hacer y lo que de hecho pueden hacer se convierte en una frustración constante muy difícil de sobrellevar.

También el hombre se diferencia de los animales en el tiempo que tarda en llegar a la edad adulta, aspecto que está relacionado con la no especialización. Los cuerpos de los animales son muy definidos, de modo que todo lo que pueden hacer y lo que no pueden hacer está ya determinado genéticamente. Su desarrollo consiste fundamentalmente en activar sus instintos. Los animales superiores ya requieren un periodo de aprendizaje pero en el hombre ese tiempo es máximo puesto que implica procesos muy complejos de coordinación de sus habilidades motóricas, perceptivas y cognitivas.

La no especificación, de todos modos, se conjuga con la existencia de *estructuras corporales especiales* que solo se dan en el hombre y hacen de él un animal atípico. Algunas de ellas son el bipedismo, el particular campo de disposición visual de los ojos, la colocación de los órganos sexuales que implica una relación sexual cara a cara única en el reino animal, la asimetría funcional del cerebro, etc. Una de las estructuras corporales exclusivas del ser humano más importante son *las manos* que, en cierto sentido, se pueden definir como la manifestación específica de la no especificidad porque no sirven concretamente para nada pero, por su peculiarísima estructura, sirven para todo. De ahí que hayan recibido una atención especial por parte de los filósofos, que se han referido a ellas como «instrumento de instrumentos» o también como «instrumento inespecífico». También se puede hacer referencia a *la estructura vocal,* que es *singular y sofisticada* (labios, dientes, cuerdas vocales, etc.) y permite al hombre emitir sonidos y palabras y crear los lenguajes[12].

Este conjunto de cualidades nos permite concluir que el cuerpo humano es distinto del animal y, si quisiéramos poner de relieve el elemento central de todas estas características, podríamos afirmar, siguiendo a Yepes, que, desde el punto de vista estructural, el cuerpo humano se diferencia del animal en que *«está configurado para cumplir funciones no orgánicas»*[13], es decir, para permitir que la persona exprese y desarrolle sus posibilidades psíquicas y espirituales a través de la corporalidad.

b) La actividad corporal y su relación con el yo

Otro aspecto importante del cuerpo humano es su actividad. El cuerpo no es algo inerte ni meramente exterior, es una realidad viva, con una cierta autonomía y leyes propias. El estudio detallado del funcionamiento del cuerpo corresponde, de todos modos, a la medicina y a otras ciencias. Desde una perspectiva filosófica lo que nos interesa es constatar de modo sumario una serie de cuestiones.

La primera y fundamental es que existen diversos niveles de actividad biológica y corporal en los que el yo, a través de su voluntad, influye de manera distinta:

— en algunos niveles, esa intervención es mínima: (algunos tipos de reflejos, circulación de la sangre, digestión, procesos hormonales, reacciones instintivas ante estímulos, etc.). En estos casos, el cuerpo, bajo el control del sistema ner-

[12] Cfr. L. POLO, *¿Quién es el hombre?,* Rialp, Madrid 1993; cap. VIII: El lenguaje y la cultura.

[13] R. YEPES, *Fundamentos de antropología,* cit., p. 32.

vioso autónomo, responde a los estímulos de manera independiente de la voluntad;

— en otros niveles intermedios, la relación cuerpo-mente es mayor. Hay procesos semicontrolados por la persona como la respiración y hay otros que dependen totalmente del sujeto como la actividad motórica, la parte externa de la alimentación, etc.

También es importante recalcar que *nunca se dan procesos ni meramente corporales ni meramente espirituales*. Ambos se necesitan mutuamente y se influyen de modos muy diversos. Los procesos más inferiores –biológicamente hablando– necesitan que la persona esté viva para que se produzcan ya que, cuando muere, cesan al cabo de muy poco tiempo, lo que significa que no son autónomos de manera completa. Y, al revés, los procesos psíquicos y espirituales necesitan siempre una base corporal. Para pensar el cerebro debe funcionar correctamente. Resulta dramático comprobar las terribles consecuencias que puede tener un ictus cerebral. En unos minutos tenemos ante nosotros «otra persona»: con dificultades de habla, de locomoción, con la afectividad alterada, con dificultades para razonar, etc. De igual modo necesitamos que los ojos funcionen correctamente para poder ver y hay problemas de tipo meramente biológico o químico que puede alterar el comportamiento (la falta de serotonina, por ejemplo, produce depresiones).

La relación entre cuerpo y yo, por otro lado, no se limita a una mera necesidad recíproca; es algo misterioso y profundo que nace de las múltiples y escondidas relaciones que existen entre la subjetividad humana y los diversos niveles de la corporalidad[14]. Las necesidades, alegrías y males de uno de los elementos se transmiten de manera oculta pero decisiva a las expectativas y posibilidades del otro. Estar sano, poder desplegar

[14] Este tema está bien tratado por J. MOUROUX, *Sentido cristiano del hombre*, Palabra, Madrid 2001, pp. 73-119.

de manera controlada y eficaz las posibilidades del cuerpo, sentir el placer del bienestar corporal es una situación que todos deseamos y que contribuye eficazmente al bienestar global de la persona y a su actitud ante la vida: el «mens sana in corpore sano» del que hablaban los clásicos. La enfermedad, por el contrario, es un lastre duro de llevar y perjudica toda nuestra actividad: nos sentimos viejos, cansados, a la defensiva frente al mundo que nos supera.

Pero no solo el cuerpo influye en el alma, también sucede lo contrario. La influencia de las enfermedades mentales en algunos aspectos de la actividad corporal es algo conocido[15] pero existen caminos todavía más ocultos aunque reales. Todos conocemos o hemos oído hablar, por ejemplo, de personas que «han renunciado» a vivir porque los seres queridos y los amigos que les rodeaban han fallecido y consideran que ya no tienen nada que hacer en la tierra. El organismo de algunas de esas personas podría vivir durante más tiempo, incluso años, pero influido misteriosamente por la decisión del sujeto se consume rápidamente y se extingue.

c) La dimensión antropológica del cuerpo

Por último vamos a considerar lo que hemos denominado dimensión antropológica del cuerpo y que podemos definir como *la relación que establecemos con nuestro cuerpo y con el de los demás.* Es un aspecto esencial de la vida que tiene multitud de facetas. Apuntaremos ahora algunas de las más importantes.

El *rostro:* en los rostros de los demás descubrimos su intimidad, su actitud ante nosotros, su estado de ánimo. Es «el centro de organización de toda la corporeidad»[16], afirma Marías, como el resumen de la persona. La cara es el espejo del

[15] Cfr. K. Jaspers, *Psicopatología general,* FCE, México 1996, pp. 269 y ss.
[16] J. Marías, *Antropología metafísica,* cit., p. 132.

alma, dice con razón el refrán, y también se suele afirmar que, a partir de cierta edad, el hombre es responsable de su rostro porque allí queda fijada su crispación o su alegría, su actitud desenfadada o tensa, el cansancio de la vida, la desesperación o la esperanza[17]. Por eso, en el rostro, y, especialmente en los ojos, encontramos a la persona. De ahí la trascendencia de las *miradas.* Miradas agresivas o miradas de odio, de fascinación o sorpresa, de recelo o indiferencia. Podemos despreciar a alguien con nuestra mirada o, todavía más, no mirándolo, como si no existiera o quisiéramos reducirlo a la nada, mientras que los enamorados, por el contrario, no pueden más que mirarse fijamente porque buscan penetrar en el alma del otro a través de sus ojos. Por eso mismo, una mirada directa de un desconocido nos alerta puesto que parece pretender una intimidad a la que no tiene derecho y la evitamos cuando, por casualidad, estamos obligados a compartir un espacio limitado (un ascensor, una mesa) porque no deseamos ni sabemos compartir una intimidad que la mirada parecería sugerir.

La *belleza* (del hombre y de la mujer) es otra de las dimensiones esenciales del cuerpo. Fascinante y arrebatadora, ha inspirado a los artistas de todos los tiempos y puede marcar la vida de las personas e incluso influir en el destino de la historia, como nos enseñan Helena de Troya o Cleopatra. La belleza marca, en principio, para bien, pero no necesariamente si no se la sabe integrar armónicamente en el conjunto de la vida. Una persona hermosa siempre crea un espacio especial a su alrededor: atrae, levanta pasiones, admiración, enciende sentimientos encontrados. Tiene el mundo a favor pero también puede ser convertida en un mero objeto de admiración o

[17] Lévinas ha desarrollado de manera especial el análisis del rostro humano insistiendo en su dimensión ética: «El rostro es lo que no se puede matar, o, al menos, eso cuyo *sentido* consiste en decir: 'No matarás'» (E. LÉVINAS, *Ética e infinito,* A. Machado Libros, Madrid 2000, p. 72. Cfr. también E. LÉVINAS, *Totalidad e infinito. Ensayo sobre la exterioridad,* Sígueme, Salamanca 1995, especialmente, pp. 207-233).

deseo y sucumbir al peso de su belleza. Marilyn Monroe no es el único caso. Y lo contrario sucede con la fealdad, especialmente en el caso de las mujeres. Puede ser una rémora constante que, sin ningún motivo profundo más allá del meramente físico, dificulte la relación social y lastre la vida[18]. Las *habilidades y capacidades físicas* también pueden influir en la vida de modo similar a la belleza, quizá en ese caso especialmente en los hombres. Tener reflejos, fortaleza, habilidades, sobresalir en el deporte, abre o cierra campos de la existencia, conforma actitudes seguras o agresivas o, por el contrario, débiles y timoratas y, en ocasiones (las estrellas del deporte, por ejemplo), proyecta a las personas por caminos únicos y privilegiados.

El *vestido* es otro fenómeno –específicamente humano en este caso– relacionado con el cuerpo. Nos vestimos para protegernos del medio ambiente pero también por otros motivos: para ocultar nuestra intimidad corporal porque no queremos que nuestro cuerpo, y especialmente los órganos sexuales, estén visualmente disponibles para cualquiera: es la realidad del pudor que se ha vivido en todas las culturas[19]. Y nos vestimos también para mostrar nuestra manera de ser, para adornarnos y realzar determinados aspectos de nuestro cuerpo, para seducir o para llamar la atención[20].

El *contacto corporal* buscado (no el choque incontrolado, el encontronazo) es muy importante porque pone en relación especialmente directa y profunda a las personas: una caricia, un beso, no son sustituibles por otro tipo de relación. Y a pe-

---

[18] Sobre la especial relación de las mujeres con la belleza tanto desde un punto de vista histórico como en nuestra sociedad cfr. G. LIPOVETSKY, *La tercera mujer*, Anagrama, Madrid 1999, pp. 93-180, y J. MARÍAS, *La mujer y su sombra*, Alianza, Madrid 1987, pp. 95-105.

[19] Sobre la interpretación del pudor cfr. K. WOJTYLA, *Amor y responsabilidad*, cit., pp. 213-235: «Metafísica del pudor».

[20] Cfr. el sugerente ensayo de Marañón sobre la función cultural del vestido en G. MARAÑÓN, *Vocación y ética y otros ensayos*, Espasa-Calpe, Madrid 1981.

sar de ser «físicas» o «corporales» son particularmente profundas porque permiten acceder de una manera misteriosa a la intimidad del sujeto. Se acaricia a quien se quiere: a la madre o a la persona que se ama, y se acaricia también a aquellos seres que parecen necesitar vitalmente de la ternura: los niños, afectivos y frágiles, inocentes y confiados. Cada parte del cuerpo tiene, además, un significado propio. No significa lo mismo besar en los labios que besar en la frente o en la mejilla; a su vez, hay modos y modos de besar: con afecto, con delicadeza, con pasión, con indiferencia o con traición como Judas. La importancia del contacto corporal también se vislumbra de modo doloroso cuando no es deseado sino impuesto. El drama de una paliza, de una violación no afecta solo al cuerpo sino al alma.

Todos estos aspectos, y otros que se podrían añadir, tienen su reflejo en lo que se denomina *lenguaje corporal*[21]. Mediante el cuerpo comunicamos infinidad de mensajes no verbales: inquietud, desasosiego, rechazo o atracción. Es un tipo de mensaje a veces más cierto que las palabras pues al cuerpo, en determinadas circunstancias, le resulta más difícil mentir que a la mente. Todos hemos pasado por la experiencia de ver a una persona que miente ponerse colorada o a otra que dice estar tranquila pero que se agita moviendo nerviosamente manos o piernas. Una manifestación especialmente hermosa del lenguaje corporal es la *danza,* en la que se despliegan artísticamente unificadas la belleza del cuerpo y su capacidad de comunicación. El *baile* es más bien el resultado de una necesidad expresiva y está unido a la música: la alegría de moverse, de sentirse vivo, dinámico y libre, de notar el propio cuerpo y ser capaz de dominarlo, de atraer al hombre o a la mujer mediante movimientos corporales, son algunos de los elementos que el baile pone en juego de manera única.

---

[21] Cfr. F. DAVIS, *La comunicación no verbal,* Alianza, Madrid 1998.

Por último, un aspecto importantísimo en la antropología del cuerpo es la *diferenciación entre el cuerpo del hombre y de la mujer*[22]:

1) El cuerpo del hombre y de la mujer *son distintos de manera profunda*, no solo superficial. Nos diferenciamos no solo en el tamaño, la fuerza o los órganos sexuales, sino en la estructura ósea, la actividad hormonal, las características del pelo, la capacidad de coordinación motórica o la localización del centro de gravedad. Por eso, las dimensiones y acciones corporales –la belleza, la sexualidad, la capacidad física, el sentido de determinadas gestos o acciones– no tienen el mismo valor ni significan lo mismo en un hombre o una mujer[23].

2) Pero aún hay más. No solo el cuerpo y determinadas acciones y dimensiones corporales difieren en el caso del hombre y de la mujer, sino que *la relación global con su cuerpo es distinta.* La del hombre es más *instrumental:* emplea el cuerpo para hacer cosas, desea que funcione bien, que esté a punto, que no falle, pero no está muy pendiente de él ni lo observa detenidamente ni lo analiza con detalle. Le dedica las energías justas para un buen funcionamiento y una presentación adecuada.

La mujer, sin embargo, se *identifica más con su cuerpo.* Hay una base física ligada a la sexualidad que lo impone de manera ineluctable. La menstruación, con su correspondiente actividad hormonal y las consecuencias que desata, afecta y altera el cuerpo de la mujer cada mes; y el embarazo la modifica corporalmente de una manera esencial tanto externa como internamente. Pero no se trata solo de una cuestión hormonal, sino antropológica: la mujer, por decirlo de algún modo, es más su cuerpo y por eso dedica tanta atención y cuidado a todas y

[22] Cfr. R. LUCAS, *El hombre, espíritu encarnado. Compendio de filosofía del hombre*, Sígueme, Salamanca 1999, pp. 211 ss.

[23] Cfr. J. MARÍAS, *Antropología metafísica*, cit., cap. XIX y XX: «La figura viril de la vida humana» y «La figura femenina».

cada una de sus partes ya que es dedicación a ella misma, algo que, si lo realizara el hombre, se entendería como pérdida de tiempo o afectación. Y quizá, y para concluir, el ejemplo más ilustrativo de todos sea la importancia relativa de la belleza en el hombre y en la mujer. En ambos es importante, pero en el caso de la mujer resulta más decisiva y relevante tanto para su autoestima personal como para sus posibilidades de relación social.

3. SENSIBILIDAD Y TENDENCIAS

La sensibilidad y las tendencias son las siguientes estructuras personales que vamos a analizar. Su misión principal es establecer las interacciones básicas de la persona con su entorno. La sensibilidad permite un primer acceso al mundo de tipo cognoscitivo y efectúa una primera elaboración de esas adquisiciones perceptivas en el interior de la persona. La sensación, la percepción, la memoria y la imaginación son sus componentes básicos. Las tendencias son nuestra reacción más elemental ante ese mundo que nos descubre la sensibilidad. Explicar ambas capacidades es el objetivo de este capítulo.

1. Sensación y percepción[1]

a) La sensación

a.1) Concepto y caracterización de los sentidos

La sensación es el elemento primario en la captación del mundo, como el *átomo del conocimiento:* ver un color, oír un so-

[1] Para toda esta cuestión, tanto desde un punto de vista psicológico como filosófico, es especialmente relevante J. L. PINILLOS, *Principios de psicología* (18 ed.), Alianza, Madrid 1994, pp. 107-217. Desde un punto de vista estrictamente psicológico es útil J. BELTRÁN, *Para comprender la psicología*

nido, sentir la dureza de una piedra. El acto de sentir no es algo puramente físico, sino subjetivo, porque el que siente es el sujeto, pero la sensación depende directa y totalmente de la realidad material o física. No existe sin ella. Las sensaciones están asociadas a los *sentidos*, las facultades con las que se captan. Como es conocido existen cinco: el tacto, el gusto, el olfato, el oído y la vista. Cada uno de ellos nos permite captar dimensiones esenciales y unitarias del mundo físico: los colores, el sonido, la textura de los objetos, etc. Son, pues, nuestro primer elemento de conexión con la realidad[2].

Se han hecho muchas clasificaciones de los sentidos en relación a su importancia, su utilidad, su rango ontológico, etc. Una de ellas los divide en dos clases: los sentidos «objetivos», que comprenden la vista y el oído, y que se denominan así porque el objeto al que se dirigen está separado físicamente del sujeto, por lo que hay una mayor independencia entre ambos; y los sentidos «objetivo-subjetivos», el tacto, gusto y olfato, que tienen que estar en contacto directo con el objeto para que sean estimulados. Para acariciar a una persona, por ejemplo, tengo que tocarla físicamente, lo que implica una cierta modificación en mi propio cuerpo, algo que no ocurre, o por lo menos no de una manera tan sustantiva con la vista o con el oído. Por eso se considera que las sensaciones asociadas a los sentidos objetivo-subjetivos tienen una carga emocional más fuerte[3].

(6ª ed.), Verbo Divino, Estella 2000, pp. 75-100 y, desde una perspectiva más filosófica, R. Lucas, *El hombre, espíritu encarnado*, cit., pp. 87-118 y J. Vicente y J. Choza, *Filosofía del hombre*, cit., pp. 144-200.

[2] Todos los hombres poseen todos los sentidos (excepto en casos de anormalidad o enfermedad, como los ciegos o sordos) pero puede variar enormemente la perfección o sensibilidad. Hay quien tiene buen oído o malo o quien tiene especial sensibilidad hacia los matices de los colores, etc.

[3] Desde un punto de vista fisiológico esto se debe a que tienen más interconexiones a nivel cerebral por lo que activan más circuitos y producen mayores estímulos a muchos niveles.

Julián Marías, por su parte, considera que l*a importancia de los sentidos cambia con la evolución del hombre y con el desarrollo individual de la persona*. En épocas no civilizadas es bastante probable que el oído y el olfato fueran mucho más importantes que ahora y en la fase inicial de cada hombre está claro que el sentido más importante es el gusto. El niño divide las cosas en las que se pueden chupar y las que no se pueden (porque son ásperas, rugosas, hirientes, etc.). Por lo que se refiere a un hombre adulto, la clasificación fundamental los divide en dos grandes grupos, los que son esenciales en nuestra vida: el tacto, la vista y el oído; y los dos sentidos restantes, también importantes, pero mucho menos esenciales: el gusto y el olfato.

Respecto al *tacto,* explica Marías, que es un sentido esencial porque «nos revela la 'efectividad de las cosas'. Tan pronto como se introduce en la mente –y en la experiencia vital– la distinción entre 'apariencia' y 'realidad', entre 'parecer' y 'ser', el tacto se presenta como la instancia decisiva: es real aquello que se puede tocar, frente a toda forma ilusoria o espectral de presencia. Todo aquello que de hecho no se puede tocar, en la medida en que es efectivo se imagina como susceptible de ser tocado, como 'tangible'. Es, por esto, el órgano de la posesión, desde la apropiación con las manos hasta la 'posesión' sexual o aquella otra que es el comer, y que implica, más allá del mero 'gustar', el apoderamiento táctil del alimento que se sujeta, desgarra, mastica, traga y asimila»[4]. La *vista,* por su parte, es la que nos proporciona el contexto y la organización del mundo. Gracias a ella sabemos dónde estamos, cuál es el mundo que nos rodea, cómo está estructurado y tenemos además una perspectiva que nos indica la dimensión de las cosas y su entidad. Lo importante está situado en el centro de nuestra mirada, lo accesorio, en los extremos y desenfocado, porque es prescindible. Por último, el *oído,* «es el sentido 'ambiental'

[4] J. Marías, *Antropología metafísica,* cit., p. 107.

por excelencia. Los sonidos nos circundan, se perciben simultánea o sucesivamente, se funden o confunden, proceden de diferentes direcciones y distancias variables, pero no de 'puntos' precisos (...). Y, concluye Marías, la dimensión *vitalmente* relevante de la audición es la *voz* humana»[5].

a.2) El proceso psicológico de la sensación

El proceso a través del cual se activan los sentidos ha sido estudiado principalmente por la psicología y se puede resumir esencialmente en las siguientes fases. Inicialmente, el medio físico en el que se encuentra la persona produce un *estímulo* físico de tipo electromagnético, químico o mecánico que impacta en los sentidos alterándolos[6]. Pero no todo estímulo posee esa capacidad. Para afectar a un órgano sensorial tiene que superar una barrera a la que se denomina *umbral*. Hay tres tipos de umbrales: inferior, superior y diferencial. Si el estímulo es menor que el umbral inferior o mayor que el superior el sujeto no captará nada. Por ejemplo, en el caso del oído, la persona nunca sentirá un sonido con una frecuencia inferior a 16 ciclos por segundo ni mayor que 20.000 ciclos por segundo. A su vez, el umbral diferencial indica la variación mínima que tiene que tener un estímulo para que la persona capte alguna diferencia. Si la variación es excesivamente pequeña, la persona será incapaz de notarlo.

El estímulo afecta a los órganos sensoriales a través de los denominados *receptores*[7]. No hay una clasificación comúnmente aceptada para los receptores y sigue teniendo validez la

---

[5] *Ibíd.*, p. 110.

[6] En realidad, precisando más, se puede distinguir entre estímulo y objeto-estímulo. Por ejemplo, el libro que estamos leyendo es el objeto-estímulo y las ondas electromagnéticas que inciden en el libro y después en nuestra retina son las que constituyen propiamente el estímulo físico.

[7] Este concepto fue introducido por Sherrington (1906) y, de algún modo, lo que hace es ampliar y modernizar la división clásica aristotélica de los cinco sentidos permitiendo la incorporación de otras sensaciones.

de Sherrington quien distinguía los siguientes tipos: «los cinco sentidos clásicos forman los llamados *exteroceptores*, o sentidos abiertos al análisis de la sensibilidad exterior al organismo, aunque también algunos de información sobre el propio cuerpo. El grupo de los *propioceptores* comprende un dispar conjunto de receptores situados en los músculos, articulaciones y oído interno, que informan al sujeto de su tono muscular, movimientos corporales y equilibrio o relación postural con el suelo, mediante las correspondientes cinestesias. Por último, las terminaciones sensoriales radicadas en las vísceras forman la clase de los *interoceptores*, encargados de las cenestesias, o sensibilidad visceral difusa»[8].

En los receptores se produce el fenómeno llamado *trasducción*, que consiste en la transformación de la energía del estímulo en impulsos nerviosos que ya pueden ser asimilados e interpretados por el organismo. Estos impulsos son transmitidos por el sistema nervioso hacia el cerebro dando lugar propiamente a la sensación y, en el caso de que sea necesario, a la respuesta consiguiente del organismo. La respuesta sigue el proceso inverso. Parte del cerebro, pasa a través del sistema nervioso y llega a los músculos a los que da las órdenes necesarias para que ejerciten el movimiento correspondiente. Por ejemplo, ajustar la posición de la cabeza ante un objeto en movimiento como sucede en un partido de tenis.

Estos son los pasos que sigue el proceso psicológico de la sensación pero conviene advertir, en línea con lo que indicamos en la introducción a esta II parte, que se trata en cierta medida de una abstracción, el resultado de aislar y separar un elemento de un proceso mucho más complejo. En la práctica, pocas veces se da una percepción aislada pura: ver un color solamente, por ejemplo. Habitualmente lo que realizamos son percepciones complejas de las que la sensación constituye solo un elemento. Percibimos una rosa como una entidad unitaria

[8] J. L. Pinillos, *Principios de psicología*, cit., pp. 133-134.

y múltiple simultáneamente, y al percibirla olemos su fragancia, distinguimos su forma y apreciamos su diversidad de tonos y matices. La sensación está ahí pero forma parte de un proceso cognoscitivo mucho más complejo al que –si nos limitamos a la parte sensible– se le suele denominar percepción.

b) La percepción

La percepción, tal y como acabamos de indicar, *es el proceso cognoscitivo por el que captamos de forma unitaria, integrada y estable los elementos físicos y sensibles que nos proporcionan los sentidos*[9]. Aunque podamos no darnos cuenta, por estar habituados, la percepción es muy compleja pues implica fenómenos tan complicados como la identificación de objetos, la captación de formas, la determinación de movimientos asociados a objetos, etc.

Al igual que en el caso de los sentidos, la capacidad perceptiva de las personas es esencialmente similar pero puede variar de forma importante. Algunos pueden quedar extasiados ante las combinaciones de formas y colores de una puesta de sol, de un hayedo en otoño o de una pieza musical mientras que otros pueden permanecer indiferentes o no percibir con la misma intensidad la belleza de esos acontecimientos. Una percepción más desarrollada es un don porque permite captar aspectos de la realidad inaccesibles a otras personas.

Como decíamos, la misión de la percepción es integrar, coordinar y estabilizar los datos elementales que proporcionan los sentidos para tener una visión del mundo unitaria y estruc-

[9] El término percepción lo usamos aquí en este sentido restringido aunque en el lenguaje común se usa también en una acepción mucho más amplia que abarca conocimientos en los que intervine explícitamente la inteligencia. Pinillos da la siguiente definición: «la percepción es, ante todo, el proceso psicofísico por el que la energía estimular se nos manifiesta como mundo» *(Ibíd.,* p. 170).

turada. Algunas de las *leyes* que rigen esta actividad son las siguientes[10]:

— la *proximidad* espacial o temporal de un elemento es una condición favorable para percibirlo como formando parte de un conjunto unitario;
— los estímulos que comparten alguna *semejanza* también tienden a agruparse en estructuras perceptuales;
— la percepción tiende a dar *continuidad* a los objetos aunque no la posean intrínsecamente;
— *el destino común*: los estímulos que cambian juntos en una dirección tienden a organizarse juntos. Un ejemplo son las luces de un avión en un fondo de estrellas. Su movimiento conjunto nos permite distinguirlas del fondo común de estrellas como un objeto diferenciado;
— *la ley de cierre*. Es la tendencia a cerrar los vacíos o abismos de la información como hacemos, por ejemplo, en los dibujos elaborados con trazos incompletos;
— *la ley de figura-fondo*. Es la ley más importante de todas e indica que tendemos a organizar la percepción estableciendo un fondo común y sobreponiendo a él determinadas figuras. El ejemplo más ilustrativo de esta ley es el dibujo que consiste en caras o copas según determinemos un fondo u otro. El dibujo pone de manifiesto que podemos determinar cuál es el fondo y destacar sobre él la figura complementaria, pero que nunca podemos ver las dos figuras o los dos fondos al mismo tiempo.

[10] Cfr. J. BELTRÁN, *Para comprender la psicología*, cit., pp. 91 ss. En el estudio de la percepción fue decisiva la aportación de la *Gestalt* (forma), nombre con el que se autodenominó un grupo de psicólogos alemanes de principios del siglo XX que se centró en la percepción de la forma considerada como algo diverso a la mera adición de los elementos individuales. Algunas de las leyes que se enuncian a continuación fueron descubiertas por estos psicólogos.

Estas son algunas de las leyes mediante las cuales la percepción estructura los datos sensoriales y que tienen como resultado que nuestra imagen del mundo sea mucho más perfecta y completa. La percepción nos permite, por ejemplo:

— establecer la constancia del tamaño de los objetos. Sabemos que una persona mantiene su tamaño aunque al alejarse la veamos cada vez más pequeña;

— establecer la constancia de la forma de un objeto aunque lo veamos de modo distinto por la posición que adopta o por otros motivos;

— percibir el espacio y la profundidad, dato que no proporciona directamente ningún sentido;

— percibir el movimiento;

— percibir el tiempo a través de factores como la sucesión, la naturaleza de la situación en que nos encontramos o de la tarea que realizamos.

Por último, y atendiendo ahora al proceso perceptivo en general, nos encontramos con una diferencia importante sobre las sensaciones. Estas eran, fundamentalmente, pasivas mientras que la percepción no lo es y pone de manifiesto el aspecto *constructivo* característico de la mente humana. El mundo está ahí pero, como ha mostrado Piaget entre otros[11], el hombre necesita elaborar estructuras internas para captarlo y esos mecanismos suponen una cierta mediación que, posteriormente, queda reforzada por el aprendizaje, la formación de hábitos y la actividad intelectual.

Un ejemplo claro en este sentido lo constituye el fenómeno de la *atención* por el que la percepción selecciona los estímulos que responden a los intereses del sujeto y prescinde de aquellos que no le interesan. Así, por ejemplo, a quien le gusta

[11] Cfr., por ejemplo, J. PIAGET, *The psychogenesis of knowledge and its epistemological significance*, en M. PIATELLI-PALMARINI (ed.), *Language and learning*, Harvard University Press, Cambridge 1980.

la música rápidamente detectará una canción entre un conjunto de otros sonidos mientras que, a quien no le interese, puede que ni siquiera se dé cuenta de que está sonando una canción[12].

c) Algunas reflexiones

Una vez expuesto el proceso perceptivo, es el momento de abordar dos cuestiones de carácter más filosófico que presentan algunas dificultades: la objetividad del conocimiento y lo que se denomina «la cuestión psicofísica».

c.1) La objetividad del conocimiento sensible

El problema de la objetividad del conocimiento sensible se puede plantear en los siguientes términos: ¿lo que sentimos corresponde a la realidad externa o es más bien una modificación interna de nuestros sentidos? Porque, si el proceso perceptivo es tan complejo: ¿no podría suceder que la sensación final que percibimos tenga poco que ver con el estímulo inicial que la desencadenó?

La respuesta de Aristóteles es que el conocimiento sensible es claramente objetivo. Este filósofo distinguió fundamentalmente dos tipos de realidades sensibles: los *sensibles propios*, que se perciben por un solo sentido (la luz por el ojo y el sonido por el oído) y los *sensibles comunes* que se perciben por varios sentidos (como la figura y el movimiento)[13]. Para él, el conocimiento que ambos proporcionaban es objetivo, responde a la realidad de lo que las cosas son. Posteriormente, algunos

---

[12] Sobre la atención cfr. J. BELTRÁN, *Para comprender la psicología*, cit., pp. 121-137.

[13] Cfr. ARISTÓTELES, *De Anima*, p. IV, cap. I. Como se ve, existe una cierta analogía entre sensible propio y sensación y sensible común y percepción.

filósofos modernos como Locke o Descartes aceptaron esta división pero con un cambio de nomenclatura. Los sensibles comunes (movimiento, figura, duración) pasaron a llamarse *cualidades primarias* mientras que a los sensibles propios (color, sabor, etc.) se les denominó *cualidades secundarias*. Y, mientras que se consideraba objetivo el conocimiento de las cualidades primarias se pensó que las cualidades secundarias eran una pura creación mental: lo que el hombre captaba no eran más que las modificaciones interiores de sus sentidos[14].

¿Cuál de las dos posturas es la correcta? En nuestra opinión, la razón está fundamentalmente de parte de Aristóteles. Mi contacto con el mundo físico exterior lo establezco a través de los sentidos y no parece que haya motivos fundados para dudar de su esencial objetividad que queda confirmada tanto porque, como ha señalado Konrad Lorenz, nos permiten adaptarnos al medio de una manera eficaz como porque la comunicación entre las personas confirma la intersubjetividad de esas experiencias. Además, tampoco existe ninguna razón especial para dudar de la subjetividad del color y no de la del movimiento. En realidad, si nuestros sentidos no funcionan bien nunca podremos comprobarlo porque no podemos «prescindir» de los sentidos. Son nuestro punto ineluctable de conexión con el mundo físico. Ni siquiera los experimentos científicos nos permiten superar esa supuesta «barrera» puesto que solo podemos comprobar los resultados de esos experimentos a través de los sentidos[15]. Por último, otro argumento al que se suele acudir con cierta frecuencia, el de los errores, tampoco plantea ninguna dificultad importante porque solo podemos saber que nos equivocamos si sabemos cuál es la verdad[16].

---

[14] Cfr. R. DESCARTES, *Principia philosophiae*, AT, VIII, pp. 322-323.

[15] Los instrumentos técnicos o científicos nos permiten ampliar nuestro rango de captación sensorial, pero no prescindir de los sentidos.

[16] Sobre el problema gnoseológico del error cfr. A. MILLÁN PUELLES, *La estructura de la subjetividad*, Rialp, Madrid 1967, pp. 34-53.

De todos modos, sí hay un punto válido en la postura de filósofos como Locke, Descartes y sobre todo Kant: la existencia de un aspecto *constructivo* en el conocimiento que implica, a su vez, una parte de subjetividad y parcialidad[17]. El hombre no es un mero espejo que refleja la realidad, sino un sujeto complejo que capta el mundo a través de unos procesos que acaban afectando inevitablemente al contenido de lo que se conoce y de lo que se siente[18]. Por eso, en definitiva, y manteniendo la esencial objetividad de la percepción, que es un dato de experiencia, se puede afirmar con Pinillos que «es cierto que, de suyo, el conocimiento perceptivo detecta la organización de la realidad y no la construye. Pero la circunstancia de que otras funciones psíquicas íntimamente ligadas a la percepción tengan justamente por misión reelaborar mentalmente las representaciones derivadas de la percepción, hace que el aprendizaje y el pensamiento reobren sobre esta y le confieran una dimensión constructiva que es imposible ignorar»[19].

c.2) La cuestión psicofísica

La denominada «cuestión psicofísica» surge de la siguiente pregunta: ¿cuál es la relación que existe entre el proceso nervioso que se genera en nuestro organismo a partir de un estímulo físico y el hecho final subjetivo de la sensación?, o, en otras palabras, ¿cómo es posible que un estímulo físico pueda acabar transformándose en una sensación subjetiva?

---

[17] Los problemas que plantea un enfoque constructivista exacerbado –y también los límites específicos de la postura de Kant– han sido descritos con eficacia por J. M. Barrio, *Las bases gnoseológicas de las modernas teorías sobre el aprendizaje*, «Revista de Educación», 321, enero-abril 2000, pp. 351-370, pero la existencia de estos problemas no implica que se pueda prescindir completamente de esta perspectiva.

[18] Volveremos sobre este mismo punto, desde otra perspectiva, al tratar el conocimiento intelectual (cfr. cap. 5).

[19] J. L. Pinillos, *Principios de psicología*, cit., p. 151.

Planteada así la cuestión puede parecer irresoluble y conducir de nuevo a la visión subjetiva del conocimiento, que no sería algo objetivo, sino un constructo de la mente humana. Pero, en realidad, esta postura procede de una visión *mecanicista* tanto del hombre como de la percepción que se entiende exclusivamente como un conjunto de reacciones físicas o nerviosas conectadas entre sí, originadas por un estímulo y que terminan en el cerebro. Ahora bien, aunque la percepción es ciertamente eso, es también mucho más; es un proceso que realiza el sujeto en su integridad. Porque, es muy importante no olvidarlo, el cerebro no ve y tampoco los ojos ven; quien ve es el sujeto, la persona. Y, precisamente porque es el sujeto quien realiza esa acción se puede considerar que estamos ante un proceso cognoscitivo (y, por tanto, intencional) y no meramente químico, físico o nervioso. El sujeto, al sentir y percibir, se apropia intencionalmente del mundo a través de unas facultades orgánicas que reciben estímulos del exterior.

La cuestión, por tanto, replanteada en sus términos exactos, sería la siguiente: ¿cómo es posible que la persona puede tener sensaciones subjetivas a partir de estímulos físicos? Pues bien, la respuesta es en parte muy sencilla y en parte muy compleja: porque posee unos órganos que se lo permiten: los sentidos. ¿Cuál es la entidad de estos órganos? ¿Es meramente física? No. Ni siquiera meramente somática, aunque la dependencia física-corporal sea evidente y esencial. Si me tapan los ojos no veo. Pero los sentidos no son solamente eso; tienen una dimensión psíquica que es la que establece –de modo misterioso, eso sí– la conexión entre las modificaciones físicas del mundo (o del propio sujeto) y la persona en cuanto tal. Llueve y yo veo que llueve a través de mis ojos, pero no son los ojos los que ven, pues no son nada sin el resto del cuerpo y sin el sujeto. Los ojos son los mediadores entre la realidad física que acontece y la dimensión espiritual del sujeto y de ahí es de donde podemos deducir cuál es su entidad. *Son facultades orgánicas de la persona, es decir, capacidades del sujeto ligadas a un órgano sensorial.* Si el órgano falla, la capacidad se anula, pero la facultad en cuanto tal no es meramente corporal porque en ese caso no podría conectar las dimensiones espirituales del sujeto con la realidad física[20].

2. La memoria

La memoria la podríamos definir como *la capacidad de almacenar en algún lugar escondido del alma las vivencias que realizamos o experimentamos junto con su contenido:* desde las sensaciones o las percepciones hasta realidades mucho más complejas y estructuradas como pueden ser conocimientos científicos, el lenguaje y experiencias vitales o afectivas. Gracias a la memoria podemos recordar, es decir, volver a poner ante la mente y, por tanto, volver a poseer de modo inmaterial lo que hemos ido almacenando en nuestro interior a lo largo de nuestra vida[21].

a) La estructura de la memoria

La estructura interna de la memoria es compleja pero, gracias fundamentalmente al trabajo experimental de los psicólogos, se han dado pasos muy importantes que permiten hacerse una idea precisa de los elementos que la componen. En concreto, según Atkinson y Shiffrin[22], la memoria humana está

[20] Esta cuestión ha sido bien tratada por C. Fabro, *Introducción al problema del hombre (La realidad del alma)*, Rialp, Madrid 1982.

[21] Una descripción genial de la memoria la realiza S. Agustín en *Las confesiones*, libro X, cap 8: «De la admirable virtud y facultad de la memoria».

[22] Cfr. R. C. Atkinson y R. M. Shiffrin, *Human memory: a proposed system and its control processes*, en K. W. Spence, *The psychology of learning and motivation*, vol. 2, Academic Press, New York 1968. Este modelo es el más asentado ya que cuenta con una sólida base experimental. Otro modelo de memoria lo han propuesto Craik y Lockart, quienes consideran que existen diversos

dividida en tres estructuras relacionadas entre sí por mecanismos de control.

La primera estructura la constituye el llamado *sistema o registro sensorial* donde se registra, de ahí su nombre, toda la información sensorial que llega de los órganos de los sentidos. En realidad hay un registro para cada órgano. El llamado registro icónico corresponde a la visión, el ecoico al oído, etc. En el registro sensorial se almacena toda la información que procede de los sentidos pero permanece durante un período de tiempo muy escaso, del orden de un segundo. En ese tiempo, el sujeto tiene que realizar un proceso de control y seleccionar mediante la atención u otro procedimiento la información que va a ser guardada en la segunda estructura: la memoria a corto plazo. El resto de la información se pierde para siempre y es ya irrecuperable[23]. Esto podría parecer algo negativo pero es necesario porque, si el hombre recordara todo lo que vive, como le sucede al protagonista de un relato de Borges, moriría al poco tiempo por saturación de información innecesaria.

Mientras que el registro sensorial se puede considerar prácticamente como un espejo, es decir, un mero reflejo de la realidad, *la memoria a corto plazo* es ya una estructura propiamente memorística por la que el sujeto almacena en su subjetividad, haciéndolas suyas, unas informaciones específicas seleccionándolas de entre muchas otras. En esta memoria, la información sufre, además, procesos de elaboración a través de mecanismos como la organización, la repetición o la recuperación. Todas estas funciones tienen como objetivo tanto que la persona pueda disponer de esa información cuando lo desee como explotar al máximo la capacidad de retención. La

niveles de procesamiento de la información que entra en el sistema estructurados jerárquicamente. Para una visión sintética y precisa de toda esta cuestión cfr. J. BELTRÁN, *Para comprender la psicología*, cit., pp. 181-199, y J. L. PINILLOS, *Principios de psicología*, cit., pp. 385-405.

[23] Partes de información pueden, de todos modos, permanecer a un nivel inconsciente y ser recuperadas después por procedimientos diversos.

memoria a corto plazo decae en un período de 15 segundos a dos minutos y, en este período, el sujeto también debe decidir si esta información se almacena en la *memoria a largo plazo*, el sistema más profundo, complejo y persistente de acumulación de información que posee el hombre[24]. Si la información pasa, a través de la repetición o de otros mecanismos, a este misterioso receptáculo interno permanecerá allí durante días, meses o años constituyendo la base imprescindible de cualquier actividad de la persona, aunque estará siempre en pugna con otro fenómeno típicamente humano: el olvido.

b) Memoria e identidad personal

La función habitual que se asigna a la memoria es la de *archivo de información*, la fuente del recuerdo. Pero, siendo esto cierto, y precisamente por ello, la memoria también resulta esencial en una cuestión mucho más importante: la formación y constitución de *la identidad personal del sujeto.* Esta relación se pone ya de manifiesto en los procesos de control mediante los que la persona decide –al menos en parte– qué sector de la información se va a almacenar en su interior y va, por lo tanto, a constituir su subjetividad y ser un punto de referencia en sus actividades futuras. La atención a lo que nos gusta o interesa, por ejemplo, hará que algunas cosas se graben de manera inmediata o fuerte en nuestra memoria mientras que lo que no nos atrae puede no dejar ningún tipo de huella en nuestro interior. Desde un punto de vista diverso, el esfuerzo voluntario por aprender desarrollará nuestra memoria a largo plazo y nos

[24] Algunos psicólogos consideran que hay dos tipos de memoria a largo plazo. La *procedural,* que almacena hábitos y funciones de conducta a largo plazo como conducir un coche (la memoria del cómo), y la *declarativa,* que se especializa en almacenar estímulos y otras funciones cognitivas (la memorial del qué).

permitirá disponer de más recursos intelectuales y experimentales a lo largo de nuestra vida.

Que la memoria forma parte de nosotros mismos lo ponen de relieve también los sucesos traumáticos. Algunos golpes o accidentes bloquean la memoria desde un punto de vista físico pero otros la pueden bloquear desde un punto de vista emocional porque el sujeto, al no ser capaz de asimilar conscientemente una experiencia, la constriñe al ámbito de lo inconsciente o intenta cancelarla. Este fenómeno, por otro lado, no es algo excepcional, sino una tendencia humana general que se puede comprobar, por ejemplo, en que, con el tiempo, nos resulta más fácil acordarnos de lo agradable que de lo desagradable.

Pero la relación más directa con la identidad personal se pone de manifiesto en que en la memoria no solo encontramos objetos o experiencias, sino *a nosotros mismos,* como ya puso de relieve san Agustín. «Allí me encuentro yo a mí mismo, me acuerdo de mí y de lo que hice, y en qué tiempo y en qué lugar lo hice, y en qué disposición y circunstancias me encontraba cuando lo hice»[25]. Si no tuviésemos memoria no sabríamos quiénes somos, ni de dónde procedemos. Como el hombre es un ser temporal, proyectado hacia el futuro y que huye del pasado, necesita de la memoria para recuperar constantemente lo que deja atrás y así establecer un diálogo con lo que fuimos y que, de algún modo, todavía continuamos siendo.

3. La imaginación

La imaginación es el último componente de la sensibilidad y se distingue de la percepción en muchos puntos, pero, sobre todo, en su distanciamiento de los objetos. La percep-

[25] S. AGUSTÍN, *Las confesiones,* libro X, cap. 8.

ción es un conocimiento presencial que solo se puede dar cuando el objeto está realmente presente. La imaginación, por el contrario, es un conocimiento *representativo* que re-presenta o re-produce *interiormente un objeto independientemente de su presencia física.* Precisamente por eso es, en general, más difuminada e imprecisa que la percepción y está sujeta con mucha más facilidad al error o a la deformación.

En el hombre existen diversos tipos de imágenes y los psicólogos suelen dar la siguiente clasificación[26]:

— postimágenes: no son imágenes en realidad, sino experiencias sensoriales que continúan una vez desaparecido el estímulo. Un ejemplo es la imagen en negro que queda en nuestra retina después de haber observado el disco solar durante algunos instantes;

— imágenes de memoria: es el concepto clásico de recuerdo, la imagen que recordamos de algo después de haberlo visto;

— imágenes hipnagógicas e hipnopómpicas: son imágenes relacionadas con los sueños y, más específicamente, fenómenos de tipo alucinatorio que se producen al principio y al final del sueño, respectivamente;

— imágenes eidéticas: son imágenes muy precisas, casi tanto como la percepción, pero se dan solo en algunos sujetos;

— imágenes de imaginación: son formas plásticas de memoria que se pueden alejar ampliamente de su origen perceptual y que pueden o no estar sujetas al control de la voluntad.

Existen también otros fenómenos relacionados con el mundo de la imaginación. La *sinestesia* consiste en que una determinada modalidad sensorial suscita una reacción sensorial de otro tipo. Por ejemplo, determinada música, como *Las cuatro estaciones* de Vivaldi, puede despertar imágenes visuales. Las

[26] Cfr. J. BELTRÁN, *Para comprender la psicología,* cit., pp. 239-244. Se trata de una clasificación amplia que incluye tanto procesos imaginativos normales como especiales.

alucinaciones son percepciones falsas o aparentes (percepciones sin objeto). El sujeto está convencido de que ve cosas que en realidad no existen. Las *ilusiones*, por el contrario, son percepciones incorrectas, es decir, manifiestan una percepción distorsionada pero de algo que está realmente presente. Por último, la denominada *imagen corporal* hace referencia a la idea aproximada que todos tenemos de nuestro cuerpo, de su estructura y dimensiones. También puede ser interesante añadir que *no toda la imaginación es visual* en cuanto que somos capaces de reproducir interiormente no solo imágenes, sino sonidos, etc.

De todos estos tipos de imágenes, los que tienen una función más relevante y habitual en la vida corriente son los que hemos denominado imágenes de memoria y de imaginación. En ellas radica principalmente lo que podemos denominar *funciones antropológicas de la imaginación,* que son, fundamentalmente, las siguientes:

1) Las imágenes de memoria son esenciales para dar *continuidad* a la sensibilidad. Aunque no percibamos una rosa podemos seguir hablando de ella y pensando en ella porque tenemos su imagen en nuestro interior. También nos permiten re-conocer objetos: si tenemos en la mente la imagen de algo (un rostro, por ejemplo) cuando lo veamos de nuevo lo reconoceremos porque lo identificaremos con el que guardamos en nuestro interior.

2) La imaginación tiene, además, una importantísima función *creativa* (imágenes de imaginación). Gracias a ella puedo crear nuevos objetos, situaciones e incluso inventar mundos inexistentes. Poseer una imaginación poderosa y creadora es, por eso, un auténtico don y una cualidad imprescindible en profesiones como novelistas, diseñadores, guionistas, artistas o inventores. Dos ejemplos magníficos de poder imaginativo son *El Señor de los anillos* de Tolkien y la serie de Harry Potter. Los autores de esas novelas han creado auténticos mundos paralelos, con sus propias leyes, personajes, territorios y lenguajes capaces

de evolucionar en el tiempo sin perder su coherencia interna. Eso solo es posible mediante una imaginación genial.

La imaginación tiene también, lógicamente, su aspecto negativo pues, si no se controla, puede llevar a vivir en un mundo propio, inventado, que no se corresponde con la realidad y que, cuando más tarde o más pronto se venga abajo, cause trastornos al sujeto.

3) Por último, como Aristóteles y santo Tomás entre otros han demostrado, la imaginación juega también un papel muy importante en la *elaboración del concepto* y, por lo tanto, en el paso del nivel cognoscitivo sensible al intelectual. Este paso se puede intuir de algún modo en que la imagen que podemos hacernos de determinadas realidades (animales, plantas, etc.) es una imagen genérica que se sitúa a medio camino entre la percepción de algo concreto y el concepto abstracto.

4. Las tendencias

El hombre, además de relacionarse cognoscitivamente con el mundo, *interactúa con él de forma activa*. No es un mero receptáculo de formas externas, sino un organismo que tiene sus necesidades y sus aspiraciones, sus deseos y sus proyectos. La actividad humana es multiforme y la iremos estudiando progresivamente. Ahora comenzaremos con el aspecto más elemental o primario que tiene su correspondencia con la dimensión también elemental del conocimiento que acabamos de estudiar. Este aspecto son las tendencias o instintos elementales que descubrimos en nosotros y que un examen somerísimo de nuestra experiencia saca a la luz. Nuestro organismo necesita alimentos, siente impulsos sexuales, tiende a protegerse de los peligros que parecen amenazarle, responde con agresividad a determinados males, etc. ¿Cuáles son las características de estos impulsos? ¿Son similares o se distinguen de los instintos animales? ¿Qué papel juegan en ellos las dimensiones cognitivo-volitivas de la persona? ¿Cuáles son las tendencias principales? Son las cuestiones que debemos desentrañar a continuación.

a) Instintos animales y tendencias humanas

En principio, y a un análisis poco atento, podría parecer que las tendencias humanas son similares a los instintos animales ya que si, por ejemplo, el hombre tiene hambre, busca saciarse tal y como hacen los animales. Pero basta un análisis algo profundo para desechar rápidamente esta posibilidad[27]. «Los rasgos diferenciales de la conducta instintiva, explica Beltrán, son: conducta innata (por tanto no derivada del aprendizaje), estereotipada (expresada a través de pautas fijas e invariables), específica (compartida por los miembros de una especie) e indeliberada (desencadenada necesariamente ante la presencia de estímulos adecuados, de tal manera que, una vez iniciada, continuará indefectiblemente hasta su consumación). Por otra parte, el instinto tiene un claro valor de supervivencia y es fácilmente saciable; por eso, cuando la tendencia instintiva ha sido satisfecha, cuesta más volver a estimularla. Es evidente, concluye este autor, que *en el hombre no existen apenas pautas fijas de acción, como ocurre en el animal*»[28].

En el hombre, en efecto, prácticamente todas sus conductas dependen del aprendizaje; el niño debe aprenderlo casi todo incluso cosas tan elementales como comer o andar. Además, y por efecto del aprendizaje, el modo concreto en el

[27] En la psicología primó durante una época la explicación instintiva del comportamiento humano, pero actualmente ha dejado paso a una visión más realista de los dinamismos tendenciales.

[28] J. Beltrán, *Para comprender la psicología*, cit., p. 157 (cursiva nuestra). Las nociones de instinto, tendencia y apetito están estudiadas con detalle por A. Malo, *Antropologia dell'affettività*, Armando, Roma 1999, pp. 105-209.

que se hace efectiva una conducta varía enormemente de persona a persona y de cultura a cultura. Los leones de todas las épocas y de todas las zonas cazan de forma similar, es decir, poseen una conducta estereotipada. En los hombres sucede lo contrario: la técnica de caza varía de persona a persona, de cultura a cultura y de época a época. De hecho, los hombres de hoy ya ni siquiera cazan, consiguen su alimento de maneras altamente sofisticadas e inimaginables para el hombre de hace 2.000 o 5.000 años. Por último, el comportamiento humano, aun en los casos en los que se trate de necesidades materiales, no puede prescindir de la voluntad ni de la inteligencia excepto, quizá, en situaciones altamente excepcionales. Tener hambre es una necesidad esencialmente biológica pero la satisfacción humana de esa necesidad, es decir, la actualización y concreción de la tendencia a satisfacerla es siempre voluntaria, lo que separa una vez más al hombre del animal. Un animal que tenga hambre siempre comerá a menos que no pueda porque se lo impidan físicamente. El instinto es el mecanismo último que determina su actividad. En el hombre, la situación es distinta. Si tiene hambre tenderá a satisfacerla pero pasando antes por un control previo, la decisión del sujeto, que puede ser favorable o contraria en dependencia de otros criterios: morales, estéticos, etc. Todo este conjunto de reflexiones nos lleva, en definitiva, a la conclusión de que el dinamismo tendencial sensible del hombre no es instintivo y por eso se suelen emplear otros nombres para designarlo: tendencias, impulsos[29], apetitos[30], etcétera.

[29] Un preciso análisis de por qué el dinamismo sexual humano debe ser caracterizado como impulso y no como instinto lo ofrece K. Wojtyla en *Amor y responsabilidad*, cit., pp. 57 y ss.

[30] El término apetito, que procede del latín «appetitus», tiene el inconveniente lingüístico de que se usa con cierta frecuencia en el sentido de tener hambre, no de impulso.

b) Características de las tendencias

Una vez descartado lo que *no* son las tendencias, debemos describir sus características de modo positivo[31]. Sus rasgos principales, apuntados ya en las consideraciones anteriores, son los siguientes:

— *Plasticidad:* las tendencias humanas, a diferencia de los instintos, son flexibles y variadas. Si consideramos, por ejemplo, la alimentación vemos que el hombre ingiere alimentos muy distintos según las culturas y siguiendo reglas sociales que varían con el tiempo y el lugar; además, elabora sus alimentos, es decir, cocina, inventa nuevos platos, etc., es decir, satisface su necesidad de una manera flexible y sofisticada que da lugar a algo inexistente en el mundo animal: la cultura de la comida y el arte de la gastronomía[32].

— *Variabilidad:* las tendencias no solo son flexibles, también son variables. Esto significa, por un lado, que pueden crecer en intensidad o debilitarse pero, sobre todo, que el hombre puede, en cierta medida, crearse o eliminar necesidades. Un león saciado es un león satisfecho, reposará hasta que vuelva a sentir hambre. Pero en el hombre la situación es mucho más compleja: mi satisfacción depende en buena medida de mis expectativas y de mis costumbres. Un pobre se satisface mucho antes que un rico y una persona de paladar exquisito solo se sentirá satisfecha con determinados manjares. Además, puedo convertir en una necesidad algo que en sí no lo es como un paseo a determinadas horas y por determinado recorrido, dormir de un modo peculiar o escuchar música de U-2. La causa de este hecho hay que buscarla en la subjetividad humana. Los animales no tienen, propiamente hablando, subjetividad y, por eso, sus deseos son esencialmente idénticos y se

[31] Cfr. R. Yepes, *Fundamentos de antropología*, cit., pp. 43-44.

[32] Lo mismo puede decirse, por ejemplo, del impulso sexual o de la agresividad.

corresponden con sus necesidades vitales. Pero cada persona es distinta y eso hace también que, dentro de un marco general común, cada persona necesite cosas diferentes[33].

— *Esquema abierto:* ya hemos aludido a esta característica que distingue a los hombres de los animales. Si un animal tiene hambre o está en celo buscará e intentará de modo automático la satisfacción de esa necesidad. Pero en el hombre este proceso no se activa automáticamente porque la satisfacción de la tendencia implica un aspecto más: la dimensión cognitivo-volitiva que es la que tiene la última palabra y la que va a decidir cómo se satisface el impulso o, lo que es más importante aún, si se satisface. Puedo tener hambre pero, como sé que no debo comer porque estoy a dieta, decido no comer. Puedo sentir un fuerte impulso sexual en una determinada ocasión pero, como sé que supone una opción moral equivocada, decido no ponerlo en práctica, etc.

— *Necesidad del aprendizaje y formación de hábitos y pautas de conducta:* podría pensarse que una ventaja del instinto es que libera del aprendizaje. Los patos no tienen que aprender a nadar ni los topos a excavar. Están genéticamente programados para hacerlo y lo hacen. El hombre, por el contrario, no está genéticamente programado para casi nada y por eso tiene que aprenderlo prácticamente todo, incluido cómo satisfacer sus impulsos más elementales. Esta es una tarea compleja que se va realizando a lo largo de los años y, a través de la cual, las personas van elaborando pautas estables de comportamiento que se automatizan y facilitan enormemente la vida. Podemos pensar en cosas tan elementales como andar, comer o las acciones que ejecutamos cada mañana al levantarnos. Si tuviéramos que pensar cada día y en cada momento todo lo que hacemos, nuestra vida sería agotadora y

[33] Ortega ha profundizado en las peculiares características de las necesidades humanas, tanto en sí mismas, como en relación con los animales. Cfr. J. Ortega y Gasset, *Meditación sobre la técnica*, cit., especialmente pp. 17-41.

elemental. Estaríamos partiendo siempre de cero. El aprendizaje y la formación de hábitos y pautas de conducta nos libera de esta penosa tarea. Algunos de ellos pueden parecer exclusivamente mecánicos, como conducir en algunas ocasiones, pero siempre dependen de la actividad global del yo, que interviene si lo considera necesario.

4. LA AFECTIVIDAD

1. Introducción

El mundo de la sensibilidad comunica e introduce con otro de los mundos de la realidad personal: el de los sentimientos y la afectividad. Y aquí, lo primero que hay que afirmar es que se trata de una dimensión *esencial*. No podemos concebir una persona sin afectividad, sin sentimientos, le faltaría algo fundamental que la haría inhumana en un sentido muy profundo. Un ser muy perfecto pero que no tuviera sentimientos lo consideraríamos carente, truncado, inferior a nosotros. Es un tema recurrente de las películas de ciencia-ficción *(Blade Runner* es un ejemplo) en el que un robot supuestamente superior al hombre se esfuerza por conseguir la «imperfección» de los sentimientos humanos al precio de algo muy valioso como pueden ser sus poderes o la inmortalidad. Los replicantes desean ser capaces de sufrir y de amar, de alegrarse y entristecerse, de sorprenderse o quedarse decepcionados y no les parece que todos sus poderes sean preferibles a poder vivir esas experiencias. Del mismo modo, tampoco podemos entrever una vida sin sentimientos como algo deseable aunque estuvieran cubiertas todas nuestras necesidades. Sentir, en el amplio abanico de posibilidades que encubre esta palabra tan preñada de significados, es una clave imprescindible de nuestra existencia.

a) El análisis filosófico de los sentimientos: problemas, carencias y discriminaciones

Curiosamente, la filosofía, durante siglos, no ha dedicado mucha atención a los sentimientos y, menos aún, al núcleo que parece ser la clave en la que radican, el corazón, aunque este sea una realidad omnipresente en nuestra vida cotidiana. Las razones son múltiples[1]. El término sentimiento *significa demasiadas cosas* y, a veces, la filosofía lo ha identificado con su significado más bajo desde el punto de vista ontológico: las sensaciones corporales o los sentimientos pasajeros e irrelevantes como enfados o melancolías. Se ha considerado, y con razón, que tales sucesos no son muy importantes en la vida personal y, consecuentemente, se les ha desatendido o se les ha dedicado una atención solo residual.

También ha frenado su estudio la falta de un *enfoque adecuado.* Von Hildebrand ha señalado, por ejemplo, que se tiende a estudiar los sentimientos como realidades en sí mismas, separándolos del objeto que los causa, pero no se advierte que al actuar de esta manera pierden su sentido y su valor[2]. Si yo sufro un dolor o tristeza grande por la pérdida de un amigo y, en vez de reflexionar sobre este fenómeno de manera global, me centro en la pena en cuanto tal, en el mero sentimiento de tristeza considerado aisladamente, acabo reduciendo mi afectividad a algo subjetivo e irrelevante. Mi sentimiento, que era una reacción de todo mi ser frente a la pérdida de algo valioso y amado, termina convertido en una especie de morbo interior introvertido y pasajero.

[1] D. VON HILDEBRAND, *El corazón* (4ª ed.), Palabra, Madrid 2001, pp. 31 y ss.

[2] *Ibíd.*, p. 36.

También resulta un problema que se *centre la atención en las posibles deformaciones de la afectividad.* Los sentimientos de una persona pueden descontrolarse dando lugar a posturas inauténticas y falsas. Hay personas que exageran sus sentimientos. Otros pueden tener reacciones de tipo histérico, es decir, una afectividad que reacciona de manera desproporcionada ante estímulos mínimos. Y otros, en fin, pueden caer en el sentimentalismo, en el deseo de sentir por sentir, en la dependencia incontrolada de los sentimientos o en el recreo introvertido en los estados de la subjetividad. Todo esto es cierto y posible, pero no justifica nada frente a los sentimientos. Que una realidad se puede deformar o ejercitar de manera defectuosa no quiere decir que no sea valiosa y digna, pues si reflexionáramos de este modo, ¿qué podríamos decir de la inteligencia o de la libertad? ¿No se han cometido las mayores tropelías precisamente gracias a ellas? Y no por eso dejan de ser sumamente dignas y relevantes.

Los sentimientos presentan, además, otro problema adicional: su *fluidez y variabilidad.* Frente a realidades como el cuerpo o la libertad, la afectividad se nos presenta como un magma variable y turbulento, lo que dificulta en gran manera su comprensión hasta el punto de que se ha podido decir con sorna que «todo el mundo sabe algo sobre las emociones, pero nadie sabe exactamente qué». Los problemas que plantea una clasificación de los sentimientos son una buena muestra de la dificultad que presenta una racionalización y sistematización de esta dimensión humana. Y también queda reflejado en la multiplicidad de palabras que se emplean para describirlos y la poca precisión que tiene cada una de ellas: emoción, pasión, conmoción, sentimiento, afecto, sensación, pueden significar cosas muy distintas según el contexto en el que sean utilizadas. Y esto no es tanto un defecto del idioma (del español en este caso), sino más bien una estratagema que este emplea para servir a la realidad. La flexibilidad semántica del léxico es precisamente la que le permite, adaptándose adecuadamente al contexto, reflejar todas o casi todas las posibles situaciones sentimentales.

b) La afectividad como dimensión autónoma y originaria de la persona

La escasa atención que la filosofía ha dedicado a la afectividad por las razones que acabamos de analizar se ha saldado fundamentalmente con un resultado: su *confusión con otras áreas de la actividad humana y su infravaloración.* Esto es claro en el caso de la tradición aristotélica que ha identificado de modo excesivamente unilateral los sentimientos con las tendencias humanas. Aristóteles, en concreto, designa con el término pasión *(páthe)* «los movimientos del apetito sensitivo por la aprehensión del bien y del mal, con alguna mutación corpórea del estado natural al no natural», definición que tiene dos implicaciones fundamentales: 1) una excesiva identificación entre sentimiento y tendencias[3]; y 2) la exclusión de los sentimientos del ámbito de la espiritualidad humana y su confinamiento en el área de lo sensible. Von Hildebrand lo ha explicado con rotundidad: «La tesis abstracta y sistemática que tradicionalmente ha sido considerada como la postura aristotélica sobre la esfera afectiva da testimonio inequívoco del menosprecio del corazón. Según Aristóteles, el entendimiento y la voluntad pertenecen a la parte racional del hombre, mientras que la esfera afectiva, y con ella el corazón, pertenecen a la parte irracional del hombre,

[3] En esta línea, Yepes, por ejemplo, define a los sentimientos como «las tendencias sentidas» (cfr. R. YEPES, *Fundamentos de antropología*, cit., p. 57). Lyons aporta una crítica específica de esta postura, lo cual no le impide valorar positivamente la teoría de los sentimientos de Tomás de Aquino y de Aristóteles (especialmente esta última) y considerarlos puntos de referencia básicos de la corriente cognitiva de interpretación de los sentimientos (cfr. W. LYONS, *Emoción*, Anthropos, Barcelona 1993, pp. 50 y ss).

esto es, al área de la experiencia que el hombre comparte supuestamente con los animales»[4].

Este modo de entender los sentimientos se modificó en manera importante con Descartes por su insistencia en el aspecto *subjetivo* de la afectividad. Y aquí topamos ya con un punto central para la comprensión de los sentimientos. Es cierto que, según la línea aristotélica, los sentimientos están ligados a la consecución de objetivos y a nuestra relación con el mundo, pero el núcleo de la afectividad no está en las tendencias sino en la subjetividad. Sentir es, fundamentalmente, vivirse a sí mismo, ser consciente de la propia intimidad y de sus múltiples modificaciones y avatares.

Esta conexión entre sentimientos y subjetividad dio lugar, a su vez, a otra consecuencia muy importante: la disociación de la inteligencia y, sobre todo, de la voluntad. Se empezó a considerar a la afectividad como una realidad *autónoma y originaria* que debía entenderse desde sí misma y no por referencia a otros aspectos de la persona[5]. La afectividad no podía considerarse un mero producto derivado de las tendencias o de la voluntad, no era ni querer ni desear, sino una dimensión originaria no reductible a otras: la experiencia de sentir, de emocionarse, de vivir la afectividad[6].

---

[4] D. von Hildebrand, *El corazón*, cit., p. 32.

[5] Parece que el momento de transición en que la afectividad comienza a tener una autonomía propia debe atribuirse a «Kant, quien influido por Nicolás Tetens, intervino decisivamente con su autoridad intelectual en la legitimación de una nueva taxonomía que agregaba a los clásicos procesos cognoscitivos y apetitivos, otros que designaba con el nombre de sentimientos *(Gefühle)*. Según el nuevo punto de vista, los sentimientos no podían definirse por referencia al conocimiento o a la acción». Esta nueva mentalidad, continúa Pinillos, se fue desarrollando y tomando fuerza y terminó con «la declaración de independencia del sentimiento acontecida en el siglo xviii» (J. L. Pinillos, *Principios de psicología*, cit., pp. 547-548). Un análisis muy rico y sugerente de la evolución de los sentimientos y de su interpretación a lo largo de la historia lo ofrece J. Marías, *La educación sentimental*, Alianza, Madrid 1993.

[6] Cfr. B. Moreno, *Psicología de la personalidad. Procesos*, Thomson-Paraninfo, Madrid 2007, cap. 4: La personalidad emocional. «Los sentimientos no

Estos son los puntos clave de los que vamos a partir en nuestro análisis de la afectividad: *autonomía, originalidad del mundo sentimental y la consideración del sentimiento principalmente como vivencia.* Y, dentro de este amplio marco, siguiendo fundamentalmente a Von Hildebrand y en parte también a Scheler, vamos a distinguir *tres niveles* esenciales en el mundo afectivo de la persona[7]. El primero lo constituyen las sensaciones corporales: siento frío o calor, estoy relajado, tenso o irritable. Son, en cierto sentido, sentimientos, pero de un nivel ontológico muy bajo. En segundo lugar encontramos lo que se considera normalmente sentimientos y que consiste fundamentalmente en reacciones psíquicas: ira o miedo, tristeza o alegría, pesadumbre o decepción. Y, por último, está aquella parte de la afectividad que alcanza al hombre en el centro de su alma, en el corazón, y que por eso tiene un decidido carácter espiritual[8].

2. La afectividad corporal

El mundo de la afectividad comienza muy cerca de las estructuras más esenciales y primarias de la persona: el cuerpo

---

pueden disociarse de su carácter de sentimientos. Es decir, no pueden ser reemplazados por la voluntad» y «la manera en la que han de ser experimentados es precisamente sintiendo, no queriendo: son dos modos de experiencia irreductiblemente distintos» (J. R. GARCÍA-MORATO, *Crecer, sentir, amar. Afectividad y corporalidad*, Eunsa, Pamplona 2002, pp. 55-56).

[7] De Von Hildebrand utilizamos fundamentalmente la obra ya citada de *El corazón.* De Scheler, el texto básico de referencia es M. SCHELER, *Ética. Nuevo ensayo de fundamentación de un personalismo ético*, Caparrós, Madrid 2001, pp. 444-465. Se trata de la traducción de su obra capital *Der formalismus in der Ethik und die materiale Werthetik* (1913).

[8] Lyons (*Emoción*, cit., pp. 7-73) identifica cuatro corrientes principales de interpretación de la afectividad: la teoría del sentimiento, la conductista, la psicoanalítica y la cognitiva. Según esta clasificación, la postura que adoptamos en este texto toma elementos básicamente de la primera, que remarca el carácter subjetivo del sentimiento, y de la cuarta: el cognitivismo. Un detallado análisis de las dos primeras corrientes se encuentra también en A. MALO, *Antropologia dell'affettività*, cit., pp. 9-57.

y los sentidos. Y aquí aparece ya la polisemia de los sentimientos. Sentir frío o calor es, en cierto modo, un sentimiento; y también lo es sentirse bien físicamente, despierto, activo, excitado. Son realmente sensaciones que afectan a nuestra subjetividad pero que tienen un status muy distinto del que pueden tener las vivencias que calificamos más habitualmente como sentimientos: el miedo, la tristeza o la alegría. Por eso, resulta fundamental, para clarificar este complicado terreno, circunscribirlas adecuadamente.

a) Una cuestión terminológica

Ante todo, debemos resolver una cuestión terminológica: ¿cuál es la palabra que las describe adecuadamente: sensaciones o sentimientos? En realidad, no existe una respuesta completamente adecuada. Si nos referimos a la «acción» en cuanto tal resulta claro que se debe usar el verbo «sentir» pues es el que se emplea unívocamente para todo el mundo de la afectividad desde sentir un pinchazo hasta sentir una profunda alegría. Si, en cambio, nos referimos al «hecho» que, por tanto, requiere un sustantivo, entonces la cosa cambia ya que disponemos de dos palabras distintas: sensación y sentimiento. Por lo que se refiere a los fenómenos psíquicos, la cuestión resulta clara: se debe usar la palabra sentimiento. Pero, si nos referimos a las realidades corporales, la situación se hace más confusa. Si me siento bien físicamente, ¿se trata de una sensación o de un sentimiento? Si afirmo que se trata de una sensación quizá esta palabra resulta algo pobre. Mientras que, por el contrario, frente a sensaciones muy elementales como una presión corporal, utilizar la palabra sentimiento no parece que tenga mucho sentido[9].

[9] Los mismos problemas se plantea en otros idiomas, por ejemplo, con la palabra *feeling* en inglés.

Como se ve, el problema no es de fácil solución pero, ante la necesidad ineludible de optar, hemos decidido titular a este epígrafe «afectividad corporal» y utilizar las expresiones «sentimientos sensibles» y «sentimientos corporales» para referirnos a las realidades que queremos englobar dentro de él. En cualquier caso, lo importante y decisivo es captar la esencia de los fenómenos que se quieren describir, independientemente del nombre o etiqueta que se les asigne.

b) Los sentimientos sensibles

A nivel corporal existen, fundamentalmente, dos tipos de sentimientos (o sensaciones). El primero está ligado a las sensaciones que captamos con los órganos de los sentidos y con otros receptores corporales y lo integran experiencias como el dolor y el placer, el calor o el frío, la cinestesia, es decir, la sensación de movimiento, etc. Se caracterizan ante todo por estar *localizados corporalmente y extendidos* y afectan a la persona a través de esa mediación. No es mi yo quien siente frío, sino mi cuerpo y, además, lo siente en una superficie específica: en las manos o en las orejas, o en todo el cuerpo porque estoy en medio de una ventisca de nieve sin la protección adecuada. Por eso, como indica Scheler, se refieren al «yo de un modo doblemente indirecto. No los hallamos adheridos inmediatamente al yo como lo está un sentimiento puramente anímico, por ejemplo, la tristeza o la melancolía, el pesar y la dicha, ni tampoco llenando inmediatamente el *yo corporal* y adherido a él, tal como lo están los auténticos sentimientos corporales»[10].

Los sentimientos sensibles son, además, *actuales*, es decir, se dan solo en presente y en relación con el estímulo que los provoca. Podemos recordarlos o rememorarlos pero entonces

[10] M. SCHELER, *Ética*, cit., p. 450.

ya son otro sentimiento. No es lo mismo sufrir dolor que recordar el dolor; no es lo mismo sentir placer que recordar el placer. Para sentir sensiblemente, el objeto físico que lo provoca ha de estar presente y por eso el sentimiento solo puede ser actual. También por eso *no se conectan significativamente*, o solo de modo muy débil, con otras realidades personales. El arrepentimiento, por ejemplo, me habla simultáneamente de un hecho del pasado, de mi situación actual y me plantea posibilidades de acción para el futuro. Pero el placer que se deriva de una comida es algo mucho más dado y puntual, que se agota básicamente en sí mismo sin referir o introducir sentido en otras partes de la vida. Por último, al sentimiento sensible *le afecta poco la atención*. La alegría o la tristeza parece que se deforman si la persona se concentra en su existencia. A los sentimientos sensibles (frío, dolor, placer), por el contrario, les afecta menos el incremento de la atención y, una vez más, la causa hay que achacarla a su cercanía con el mundo físico-material.

c) Los sentimientos corporales

El segundo tipo de afectividad corporal lo comprenden aquellos sentimientos que se caracterizan por *afectar al cuerpo en su totalidad y por no estar localizados*. Son, por ejemplo, las sensaciones que mi cuerpo me proporciona en determinadas circunstancias y como resultado de situaciones específicas. Acabo de levantarme y me siento obtuso y abotargado, sin posibilidad de concentración ni capacidad de reacción. O he hecho deporte y, después de haberme «machacado», me he dado un baño caliente y reconfortante y ahora me «siento» de maravilla. O, por el contrario, me encuentro al final de la jornada y estoy cansado y sin reflejos, deseando irme a dormir para recuperar fuerzas. Son, todos, ejemplos de sensaciones-sentimientos corporales, de situaciones en las que se encuentra mi cuerpo y de las que envía un mensaje global que recibo de manera inmediata pues, como sabemos, no hay una separación real entre mi yo y mi cuerpo. Si mi cuerpo «se siente» de una manera determinada también yo me siento automáticamente así. Los sentimientos corporales afectan, por tanto, al yo más que los sensibles pero no tanto como los anímicos. La razón última es que son, como dice Von Hildebrand, «la voz de mi cuerpo»[11] pero no la voz de mi yo. No es lo mismo estar cómodo o incómodo que triste o desesperado; en el primer caso se trata de una situación esencialmente corporal, en el segundo, de una situación del yo.

A diferencia de los sentimientos sensibles, los corporales se caracterizan por su *unitariedad* ya que no informan de situaciones puntuales, sino del estado global del cuerpo. Precisamente por esto a veces *dan también información sobre la situación de nuestro entorno* que puede fundirse con nuestra situación corporal: el vigor de los árboles y la frescura y limpidez del agua que se desliza por un arroyo se unen con mi sensación vital transmitiéndome la impresión de bienestar corporal y de positividad.

Unas consideraciones últimas sobre la afectividad corporal. Tanto los sentimientos corporales como los sensibles, a pesar de tener una dimensión principalmente orgánica, *no pueden identificarse con sensaciones de tipo animal.* «Sería completamente erróneo pensar que las sensaciones corpóreas de los hombres son las mismas que las de los animales ya que el dolor corporal, el placer y los instintos que experimenta una persona poseen un carácter radicalmente diferente del de un animal. Los sentimientos corporales y los impulsos en el hombre no son, ciertamente, experiencias espirituales, pero son sin lugar a dudas experiencias personales»[12].

Por otro lado, ya hemos visto que ambos tipos de sentimientos influyen sobre la persona pero hay situaciones en las

[11] D. von Hildebrand, *El corazón*, cit., p. 62.
[12] *Ibíd.*

que *esa influencia puede ser especialmente importante* y difícil de controlar. La primera se da en algunos sujetos que pueden tener una dependencia excesiva de las sensaciones como quien tiene pánico al dolor o necesita condiciones muy especiales para poder trabajar con un mínimo de concentración porque cualquier pequeño movimiento o ruido le altera. Estas reacciones son excepcionales pero pueden darse también en personas normales cuando se les sitúa en condiciones extraordinarias como enfermedades especialmente dolorosas o en casos de tortura en los que el dolor puede volverse insoportable y dominar por completo a la persona.

El segundo caso de dependencia se da cuando determinadas alteraciones corporales inducen un cambio psíquico pero sin que el sujeto llegue a darse cuenta de que el origen no es psíquico sino corporal. Puede suceder, por ejemplo, que cosas tan elementales como los cambios de presión atmosférica induzcan en nosotros una situación anímica específica: depresión, mal humor o, por el contrario, exaltación. En estos casos es importante detectar la causa para evitar situaciones de confusión o de desvalimiento ya que la persona puede comenzar a indagar por qué se encuentra en ese estado y, al no encontrar una razón psíquica, dar lugar a un problema anímico o exacerbar la situación en la que se encuentra.

3. La afectividad psíquica

a) Emociones, sentimientos, pasiones

Ya hemos mencionado el problema terminológico que se planteaba para la afectividad corporal. Ahora, debemos enfrentarnos con el mismo problema para la afectividad psíquica, aunque aquí la cuestión es algo diversa. Antes todo se traducía en la conveniencia o inconveniencia de usar el verbo sentir, ahora el problema radica en que existen bastantes palabras que se usan en este ámbito –emoción, sentimiento, afecto, conmoción, pasión, etc.– y resulta necesario determinar con alguna precisión su significado antes de adentrarse en un análisis antropológico detallado. En este texto, y recurriendo en parte al Diccionario de la RAE, hemos integrado los elementos principales de la afectividad en tres categorías principales: emoción, sentimiento y pasiones[13].

Según el Diccionario de la RAE, una *emoción* es un «estado de ánimo producido por impresiones de los sentidos, ideas o recuerdos que con frecuencia se traduce en gestos, actitudes u otras formas de expresión». Más en concreto, nosotros vamos a entender por emoción *una vivencia subjetiva que posee una cierta intensidad, carácter puntual y manifestaciones fisiológicas patentes.* Si me dan una mala noticia, por ejemplo, me emociono, mi pulso y mi corazón se aceleran, me pongo tenso, etc. Sin embargo, al cabo del tiempo (poco o mucho), la emoción en cuanto tal desaparece o pierde intensidad dejando lugar en algunos casos a una sensación interior más profunda o estable: el sentimiento. La emoción, además, por ser una reacción ante un hecho, es *intencional,* es decir, existe en relación con el objeto que la provoca y la causa[14].

---

[13] Esta categorización es compleja y semánticamente cuestionable (se podrían quizá usar otros nombres para indicar las mismas realidades) pero su objetivo fundamental es establecer unas categorías fenomenológicas básicas para discriminar mínimamente el mundo de la afectividad. Una opción distinta, por ejemplo, es la de Lyons que considera emoción la afección general de la persona mientras que reserva la palabra sentimiento para la vivencia subjetiva. Estas definiciones, aunque evidentemente lícitas, nos parecen más confusas, lo cual se debe en parte a que proceden del mundo anglosajón y no se adaptan bien al español.

[14] «El sentimiento (la emoción) es intencional, pues se siente algo, pero su intencionalidad es muy peculiar porque, si por una parte designa cualidades sentidas de las cosas, el mundo, etc., por otra parte manifiesta la manera en que el yo está afectado por el mundo. En la misma vivencia coinciden una afección y una intención; (...) de tal modo cabría decir que el momento objetivo y subjetivo del sentimiento están soldados» (J. VICENTE y J. CHOZA, *Filosofía del hombre,* cit., pp. 239-240).

El *sentimiento* se diferencia de la emoción en que es *más persistente, más profundo y más espiritual, y su manifestación externa es más débil*[15]. Es un estado habitual del alma, del yo, más que una reacción ante algo que nos sucede. La alegría, por ejemplo, es sobre todo un sentimiento, no una emoción. Estoy alegre como situación estable, no como una respuesta emocional puntual. Y eso se manifiesta en mi actitud, serena, confiada y satisfecha, pero no estridente. El sentimiento se distingue también de la emoción en que su intencionalidad es más débil, lo cual no quiere decir que no exista. Pero al tratarse de un estado del alma (y no de una reacción), su relación con el objeto que lo causa es muchas veces indirecta. Además, en otras ocasiones, es más bien el resultado acomunado de muchas causas por lo que resulta más difícil identificarlos. De hecho, a veces, podemos darnos cuenta de que estamos tristes pero no sabemos por qué y debemos hacer un esfuerzo de introspección y de análisis retrospectivo para identificar los motivos.

De todos modos, *la distinción entre emoción y sentimiento no es tan nítida* como podría parecer. Es cierto que la alegría, por ejemplo, se da habitualmente como un estado del alma, pero también hay noticias que nos suponen una gran alegría y, en ese sentido, comparten las características de las emociones: intencionalidad, manifestaciones físicas como dar saltos, llorar, etc. Todo esto hace que, aunque en principio se pueda distinguir entre emoción y sentimiento en la línea que hemos establecido, en la práctica, y más teniendo en cuenta la complejidad y turbulencia del mundo sentimental, no es nada fácil establecer una línea divisoria nítida entre ambos[16]. *Por eso, en lo que sigue y por simplicidad, utilizaremos la palabra sentimiento para referirnos en general a la afectividad psíquica y, solo cuando sea*

---

[15] La RAE lo define como «impresión y movimiento que causan en el alma las cosas espirituales».

[16] Cfr. J. A. Marina, *El laberinto sentimental*, Anagrama, Madrid 1996.

preciso, distinguiremos entre sentimiento como estado de ánimo y emoción como reacción afectiva puntual.

Por último, *pasión* es otra palabra habitual en el léxico de la afectividad y algunas concepciones filosóficas, como la de Descartes, la han identificado globalmente con los sentimientos. Sin embargo, en el lenguaje actual, por pasión se entiende generalmente una emoción o sentimiento particularmente potente o desordenado. Esto es lo que recoge la RAE, que ofrece las siguientes definiciones: «Cualquier perturbación o afecto desordenado del ánimo», «inclinación o preferencia muy vivas de una persona a otra» y «apetito o afición vehemente a una cosa». Pasión, en definitiva, es *una vivencia afectiva especialmente poderosa que posee la capacidad de arrastrar en pos de sí a la persona.*

b) Qué son los sentimientos[17]

b.1) Corporalidad

Los sentimientos tienen, en primer lugar, un componente *fisiológico y orgánico*[18]. Si voy caminando de noche por una calle desierta y noto que una moto, detrás de mí, comienza a seguirme a poca velocidad, mi organismo reacciona de una manera muy determinada: el corazón se acelera, la boca se seca, los músculos se tensan y se me hace un nudo en el estómago. Estoy sintiendo una emoción (desagradable, en este caso) y una parte de mí, mi organismo, reacciona fisiológicamente. Esta reacción puede tener el efecto positivo de favorecer mi respuesta ante el hecho que ha provocado mi

[17] Cfr. D. G. Myers, *Psicología*, Editorial Médica Panamericana, Buenos Aires 1990, pp. 433-454, y C. Castilla del Pino, *Teoría de los sentimientos*, Tusquets, Barcelona 2000, pp. 17-34. Este último estudio aporta reflexiones muy importantes sobre los sentimientos aunque mediatizadas por la fuerte orientación freudiana del autor.

[18] Una buena descripción de la base neurológica de la afectividad se encuentra en M. Gudín, *Cerebro y afectividad*, Eunsa, Pamplona 2001, pp. 63 y ss.

emoción y podemos considerarla, por tanto, una reacción adaptativa. Pero no siempre ocurre así. Si el miedo que se genera en mi interior es excesivo puede bloquearme e impedirme toda respuesta. De modo similar, si una persona se ruboriza, lo que logra habitualmente es aumentar la situación de embarazo que había producido precisamente el rubor.

Los psicólogos han intentado establecer si cada sentimiento produce unas relaciones fisiológicas específicas. Hay algunas indicaciones de que esto podría ser cierto puesto que algunos sentimientos generalmente se asocian con determinadas reacciones corporales. El iracundo, por ejemplo, se pone «rojo como un tomate» mientras que quien tiene miedo siente el pecho oprimido y un nudo en la boca del estómago. Pero, a pesar de estas indicaciones, la persona resulta ser lo suficientemente compleja para que, en la práctica, *resulte muy difícil asociar sentimientos concretos con pautas específicas* determinadas. Incluso se dan reacciones fisiológicas similares ante sentimientos completamente distintos. Por ejemplo, uno puede ponerse blanco tanto de miedo como de ira, lo que significa al fin de cuentas que no es posible discriminar los sentimientos a través de las reacciones corporales.

La dimensión corporal de los sentimientos tiene, además, otro aspecto de tanta importancia como la reacción fisiológica: la *manifestación o expresión externa.* Los sentimientos, a diferencia, por ejemplo, de los procesos cognoscitivos, se caracterizan por que tienden a ser exteriorizados y expresados corporalmente. No se trata solamente de que surjan al exterior a través de reacciones orgánicas incontroladas como quien se pone rojo de vergüenza, sino que, por su propia naturaleza, tienden a ser expresados. Si estoy alegre, sonrío o me río a carcajadas y si, por el contrario, estoy enfadado, me enfurruño y adopto una posición facial muy determinada. De igual modo, si tengo pánico, puedo hacer todo tipo de aspavientos: esconderme, taparme la cara con las manos para no mirar, etc. Este tipo de reacciones remite al lenguaje corporal del que ya hablamos en su momento (cfr. cap. 2.3.b). Taparse la cara cuando se tiene miedo significa, evidentemente, un intento de protección y la gestualidad del enfadado es una transmutación corporal de la rabia y la energía que le posee. Por eso, la atención al cuerpo de la persona nos puede dar muchas indicaciones sobre su estado de ánimo y aquí es donde se fundan los libros que hablan del lenguaje corporal[19].

De todos modos, *la relación emoción-expresión corporal no siempre es sencilla ni directa*[20]. Los movimientos corporales (de las manos y brazos, espaldas, etc.) no tienen un significado necesariamente unívoco y varían con las épocas y con las culturas. Golpearse la mano con el pecho es el símbolo corporal del arrepentimiento en Occidente y se usa, por ejemplo, durante la misa. En África, sin embargo, significa todo lo contrario: la exaltación del yo y de la fuerza del individuo. Por lo que respecta al rostro, sin embargo, existe una universalidad semántica mucho mayor que se ha confirmado con estudios experimentales sobre personas adultas y sobre bebés. Parece, en efecto, que en todas las culturas los sentimientos fundamentales (alegría, enfado, sorpresa, etc.) se expresan del mismo modo de manera que personas de culturas muy diferentes pueden determinar sin error la emoción que expresan los rostros de niños o de adultos de otras culturas.

Por último, en la relación emoción-expresión no se puede prescindir de la posibilidad de la *simulación*. Una persona puede simular corporalmente sentimientos que no siente con el objeto de engañar a quienes le rodean (o de entretenerles en el caso de los actores). Por eso, si por un lado se ha dicho que «la cara es el espejo del alma», también se ha dicho que «no hay arte que descubra en el rostro la construcción del

[19] Cfr. F. Davis, *La comunicación no verbal*, cit.

[20] Wittgenstein tiene interesantes reflexiones sobre las sensaciones y las emociones y sobre su manifestación o expresión verbal (cfr. L. Wittgenstein, *Investigaciones filosóficas*, Altaya, Barcelona 1999, nn. 244 y ss).

alma»[21]. Se necesita una especial sensibilidad, una empatía, para llegar a conocer con certeza los sentimientos de la otra persona a través de su expresión, algo en lo que parecen descollar las mujeres[22].

b.2) Vivencia interior

La reacción corporal es, de todos modos, el reflejo de algo más profundo y decisivo: *la vivencia interna del sentimiento.* La afectividad, como hemos visto, es, sobre todo, algo que afecta a mi subjetividad, a mi yo, y que por tanto vivo como algo profundamente personal e íntimo. Se han definido los sentimientos como «estados del yo» (T. Lipps) o «estados de la subjetividad» y, es, probablemente, una buena definición, aunque sería deseable una mayor precisión que, sin embargo, no es fácil de lograr dada la elusividad de los sentimientos[23]. Puedo estar alegre por una noticia que me han dado (emoción) o por una situación global de mi vida (sentimiento) y, en cualquiera de los dos casos, ese hecho producirá en mí unas determinadas manifestaciones corporales. Pero lo esencial de esa situación es que supone una peculiar actitud y situación de mi yo, es un *estado de mi interioridad.* Estar alegre significa que me encuentro conforme con el mundo, que los sucesos que me ocurren me llenan o que sé afrontarlos, que me encuentro rodeado de personas que me quieren o que acabo de ganar un premio o la lotería, es decir, que el mundo me sonríe y por eso mi subjetividad se abre confiadamente al exterior. Por el contrario, si alguien me asusta de repente me convulsiono inte-

[21] W. SHAKESPEARE, *Macbeth*, act. I, esc. IV.

[22] La expresión corporal, por otra parte, puede afectar al desarrollo de la emoción, algo ya advertido por Darwin en su estudio pionero sobre el tema *The Expression of the Emotions in Man and Animals* (1872). Si doy rienda suelta a mi ira, esta se puede incrementar y exacerbar mientras que, si por el contrario, intento calmarme (contar hasta diez), mi enojo puede disminuir.

[23] M. Gudín los define como «estados de conciencia» *(Cerebro y afectividad*, cit., p. 61).

riormente porque mi equilibrio interior se rompe. Hay algo o alguien que me puede hacer daño de alguna manera que no conozco o no controlo y mi vivencia de esa situación es el sentimiento de temor, una vivencia que, por la unidad de la persona, se traduce también en una reacción corporal: dar un bote por el sobresalto, protegerme con las manos para evitar lo que pueda suceder o gritar.

Los sentimientos y las emociones son, por tanto, y de modos distintos, *la manera en la que mi subjetividad se enfrenta a los acontecimientos de la vida y reacciona ante ellos.* En la emoción hablamos de una reacción puntual y más bien pasajera, en el sentimiento, por el contrario, estamos ante una actitud asentada que constituye un estado de ánimo, y es, por eso, más persistente y duradero hasta el punto de que puede llegar a influir de modo determinante en mi personalidad.

La dimensión vivencial e interna de los sentimientos les confiere, por otra parte, un *carácter íntimo e interno que dificulta su comunicación* dando lugar a una situación paradójica. Por un lado, tienden a ser comunicados pero, por otro, esa comunicación es compleja porque la experiencia personal es única e íntima y nunca puede transmitirse de modo completamente adecuado[24]. Puedo mostrar a otra persona una silla u otro objeto y discutir sobre la objetividad de nuestro conocimiento a partir de una constatación experimental sobre lo que vemos pero, ¿cómo discutir sobre *mi* dolor o sobre *mi* alegría? Es más, ¿cómo sé, si expreso lo que siento, que los demás lo han comprendido realmente o que yo lo he descrito de manera adecuada? La intimidad y la relativa incomunicabilidad de los sentimientos crea, en consecuencia, un mundo misterioso, enigmático y ambiguo en el que nunca es posible tocar fondo

[24] Castilla del Pino distingue dos aspectos en la expresión de la emoción: la apelación por la que intento conseguir algo y que cesa cuando se alcanza el objetivo (el llanto de un niño), y la comunicación, por la que establezco una relación afectiva bidireccional con otra persona.

de manera definitiva y en el que la incertidumbre siempre tiene un peso importante.

c) La estructura de la experiencia sentimental

Pasemos ahora a otra cuestión. ¿Cómo tienen lugar los sentimientos? ¿Cómo se producen? ¿Cuál es la relación que se establece entre corporalidad y vivencia[25]?

c.1) Las teorías de James-Lange y de Cannon-Bard

El psicólogo estadounidense Williams James y, de modo independiente, el psicólogo danés Carl Lange propusieron, a finales del XIX y principios del siglo XX, una primera interpretación que, en principio, parece chocar contra los principios de la lógica y del sentido común. Para estos psicólogos, *la emoción surge con posterioridad a las modificaciones fisiológicas* que se producen en el cuerpo; en otras palabras, primero es el estímulo, después las reacciones fisiológicas y en tercer lugar la emoción, que tiene lugar cuando el sujeto toma conciencia de esas modificaciones. Si, por ejemplo, tengo que dar un volantazo brusco para evitar un coche que se me echa encima, primero doy el volantazo, después tomo conciencia de que mi cuerpo está completamente tenso y estremecido y, después, como consecuencia, sentiré miedo y pavor. La formulación sintética y paradójica de esta teoría la dio el mismo Williams James: «no lloramos porque estamos tristes sino que estamos tristes porque lloramos»[26]. A su favor tenía, entre otros moti-

---

[25] Un análisis más detallado de las teorías que expondremos a continuación se puede encontrar en D. G. MYERS, *Psicología*, cit., pp. 454-459, y en W. LYONS, *Emoción*, cit.

[26] W. JAMES, *Principles of Psychology*, MacMillan 1890, pp. 449-450. Williams James fue uno de los primeros psicólogos, hasta el punto de que se permitió el lujo de decir que «la primera conferencia de psicología a la que asistí fue la primera que di».

vos, el hecho, ya mencionado, que el control fisiológico puede modificar la entidad de la emoción. Si me consigo calmar, la emoción desaparece, pero si me excito, se incrementa.

La teoría de James-Lange pareció inadecuada a muchos psicólogos, entre ellos a Cannon y Bard, que propusieron una teoría alternativa[27]. En primer lugar argumentaban que las reacciones fisiológicas no son lo suficientemente precisas para que pueda depender de ellas la determinación de la emoción. Ya hemos visto que el miedo y la ira producen síntomas orgánicos parecidos y, por lo tanto, parecía imposible sostener que todo el complejo mundo de la afectividad se podía reducir a interpretaciones de muy dudosa exactitud sobre determinadas reacciones orgánicas. Pero, además, y sobre todo, estaba el hecho experimental de que la emoción no es la mera conciencia de una reacción fisiológica sino mucho más; es una experiencia interior. Por eso, Cannon y Bard añadieron al elemento fisiológico un componente mental de modo que la estructura de la emoción se explicaba del siguiente modo: El estímulo producía, simultáneamente, dos tipos de impulsos nerviosos uno de los cuales se dirigía a la corteza cerebral y producía una reacción mental y el otro, al sistema nervioso simpático y producía una reacción orgánica. Ambas reacciones tenían el mismo origen y eran simultáneas pero no estaban ligadas entre sí. En otras palabras y volviendo a nuestro ejemplo, cuando una motocicleta se pone detrás de mí en una calle oscura, mi corazón comienza a latir deprisa y siento miedo pero el uno no es causa del otro.

---

[27] «Esta tesis se ha demostrado errónea, pero supuso en su momento, finales del XIX, el reconocimiento de que el sentimiento no era solo la experiencia mental, sino *también* la de las alteraciones que el sujeto percibe en el resto del organismo» (C. CASTILLA DEL PINO, *Teoría de los sentimientos*, cit., p. 23).

c.2) La teoría de los dos factores de Schachter y la visión integral

La teoría de Cannon-Bard supuso un avance importante en la comprensión de la estructura del proceso sentimental pero planteó una cuestión fundamental: ¿cuál era el papel de la cognición? Es decir, ¿tenía sentido que las reacciones fisiológicas se produjeran independientemente del conocimiento de la situación de miedo o eran más bien la reacción lógica del organismo ante esa situación? Hoy en día, la posición general es que la cognición, es decir, los recuerdos, interpretaciones y percepciones, constituyen una parte esencial en la formación del sentimiento, lo cual no significa, evidentemente, que se puede prescindir de la parte fisiológica porque ambas se encuentran integradas. Stanley Schachter fue uno de los primeros que formuló de modo más convincente esta postura indicando que *toda emoción comprende dos factores: una respuesta física más un rótulo cognitivo,* es decir, una interpretación del fenómeno; y que ambos interactúan entre sí[28].

Cómo se realiza específicamente esta interacción es lo que resulta difícil de explicar puesto que es la persona en cuanto tal la que reacciona frente al estímulo y lo hace activando todas sus potencias y capacidades. La estructura que parece más lógica es la siguiente. En primer lugar, el estímulo causa la reacción sentimental de la persona pero solo en la medida en que es detectado y conocido como tal. Si yo no me doy cuenta de que alguien me sigue no se va a producir, evidentemente, ninguna reacción ni ninguna emoción.

[28] De todos modos, se trata de una cuestión no cerrada y en proceso de investigación. «A pesar de la atención que, a lo largo de milenios, han recibido las diversas formas de emoción que experimenta el hombre, seguimos sin encontrar una explicación fisiológica satisfactoria de este rincón de nuestra experiencia» (J. E. LeDoux, *Emoción, memoria y cerebro,* «Investigación y Ciencia», Temas 28, 2002, pp. 36-43).

Ahora bien, en cuanto me doy cuenta de ello (cognición), se produce de manera simultánea una reacción corporal y psíquica ya que ambas forman parte de la estructura del sentimiento. Siento miedo porque sé que alguien me sigue y que, por lo tanto, me encuentro en una situación peligrosa y, al ser consciente de que estoy en peligro, mi cuerpo reacciona fisiológicamente. Estos dos aspectos surgen como dos dimensiones de la única emoción real y, por otro lado, interactúan entre sí. La conciencia corporal del miedo –las piernas me tiemblan, el corazón me late más deprisa– aumenta mi sensación de miedo, y si no la controlo, puede bloquearme o conducirme al pánico. Al contrario, si razono y me esfuerzo para no dejarme vencer por el pánico puedo lograr que mi ansiedad disminuya.

Esta interacción, además, puede prolongarse en el tiempo mediante la elaboración de los denominados *sentimientos secundarios o metasentimientos.* Si me he dejado llevar por el pánico al sentir la moto detrás de mí, y luego ha resultado que era alguien que quería preguntarme una dirección, cuando rememore ese hecho sentiré vergüenza y me culparé a mí mismo por mi cobardía o nerviosismo. El sentimiento primario (miedo) suscita con posterioridad un metasentimiento (vergüenza). Si, por el contrario, he reaccionado con frialdad y entereza, después, cuando recuerde el hecho, sentiré orgullo o una autoestima elevada. En cualquier caso, lo que sí es importante retener es que el metasentimiento es distinto del sentimiento: el pavor recordado no es el pavor sentido.

d) La estructuración afectiva de la realidad

Los sentimientos son estados del yo pero no a modo de islas olvidadas e inalterables y se configuran de acuerdo con los modos en los que la subjetividad reacciona ante el exterior. Por eso *constituyen uno de los principales modos de vinculación que tenemos con el mundo.* Nos relacionamos con el exterior mediante el conocimiento, pero nos vinculamos mediante la afectividad y la libertad-voluntad. Esta última representa y constituye la expresión definitiva de nuestro querer pero muchas veces lo que hace es activar los deseos de nuestros sentimientos, de nuestra *arquitectura sentimental,* de lo que nos gusta o nos desagrada, entendiendo este «gusto» en un sentido amplio, es decir, no como mero placer sensible, sino como acuerdo o desacuerdo con nuestra subjetividad. La afectividad, en efecto, determina en buena medida lo que nos interesa o no nos interesa, lo que aceptamos o rechazamos, lo que consideramos nuestro y lo que queda fuera del centro de nuestros intereses[29]. Esto supone, en otras palabras, que cada sujeto, vinculándose con determinados objetos y rechazando otros, estructura afectivamente la realidad que le rodea dotándola de tonalidades subjetivas de acuerdo con sus preferencias.

Cabría quizá preguntarse si esta estructuración es un hecho positivo o negativo (pues, por ejemplo, subjetiviza la realidad) pero se trataría de una pregunta equivocada. La ordenación afectiva de la realidad es, ante todo, *un hecho,* algo que todos realizamos inevitablemente porque responde a una característica intrínseca de nuestro ser personal. Nada más nacer, el niño comienza a clasificar la realidad de acuerdo con sus preferencias. Quizá le gusta el chocolate pero no la leche y rápidamente esos objetos pasan de neutros a tener una coloración afectiva a la que acompaña una valoración y una actitud específica de atracción o rechazo. A estos objetos simples seguirán otros más valiosos y más complejos (colegio, actividades, aficiones, amigos, etc.) hasta que, al final, elabore un criterio subjetivo y afectivo de ordenación

[29] Cfr. C. CASTILLA DEL PINO, *Teoría de los sentimientos*, cit., pp. 55-59 y 75-96.

de la realidad, o, dicho de otro modo, el conjunto de lo que le rodea tiene unas connotaciones de valor personales que yo he ido estableciendo con el tiempo y que condicionan su actividad.

Es importante recalcar que *esa estructuración no responde fundamentalmente a criterios lógicos o racionales, sino a preferencias afectivas,* a gustos, lo cual no debe verse como algo negativo, sino como una propiedad de la vida personal que introduce la diversidad y la a-logicidad en el mundo[30]. Que me caiga bien una persona y no otra no es algo que se pueda (ni se deba) reducir a la lógica; es de orden afectivo y empático y cobra su valor y su sentido en esta dimensión. De igual modo, que a mí me gusten los colores suaves y a otro los colores chillones es algo que tampoco tiene (ni tiene por qué tener) explicación lógica, sino que se sitúa en el ámbito de las preferencias de la subjetividad y de la sensibilidad. Y es que los sentimientos son ajenos a la racionalidad lógica, lo cual no quiere decir que sean irracionales ni que la razón no pueda o deba decir nada de ellos sino que son sentimientos no razón, del mismo modo que el cuerpo o las tendencias tampoco son razón. Y por eso tienen también un carácter de ultimidad y radicalidad en su ámbito propio. Esto no significa, sin embargo, que la persona no deba ir en ocasiones en contra de sus sentimientos (si son incorrectos o irrealizables, por ejemplo) pero sí se opone a que la afectividad puede reducirse a razón o simple tendencialidad.

e) La importancia del gusto y la educación sentimental

La necesidad de educar los sentimientos nace, fundamentalmente, de la imposibilidad de que la arquitectura senti-

[30] D. von Hildebrand ofece en *El corazón,* cit., un catálogo muy interesante y profundo de modalidades afectivas.

mental tenga como criterio único y definitivo los gustos y preferencias del sujeto. En algunos aspectos (quizá en bastantes), esas preferencias sí pueden considerarse incuestionables hasta el punto de que puede resultar casi irracional pretender cuestionarlas desde el exterior. Sería absurdo, por ejemplo, que alguien me dijera que *tendría* que gustarme ir de vacaciones a la playa en vez de a la montaña o que *tendría* que gustarme el color azul en vez del rojo. Pero, siendo esto cierto, no sucede lo mismo con todas las preferencias o actitudes afectivas.

Hay, por ejemplo, actitudes afectivas *bastas o poco desarrolladas*[31]. Una persona puede tener un registro afectivo exiguo y ser incapaz de valorar detalles de delicadeza o de educación. Y eso es objetivamente una carencia y una limitación. Y también puede haber preferencias afectivas *éticamente incorrectas*. Puede gustarme la droga o el botellón o el robo pero, aunque me apetezca, no debo realizar esas acciones porque los sentimientos no son toda la persona. Y esto significa que, en ocasiones, habrá que actuar en su contra por el bien general del sujeto. Comportarse de otro modo sería dejarse arrastrar por un sentimentalismo cómodo y superficial. Aquí resulta crucial el papel de la inteligencia que muestra la verdad sobre la persona y el de la voluntad-libertad que capacita al sujeto para optar por esta verdad en contra de un sentimiento quizá fuerte pero equivocado.

Contrariar los sentimientos, sin embargo, es una labor difícil de realizar y más aún de mantener a largo plazo porque la afectividad es uno los motores decisivos de la vida[32]. Buena parte de nuestra actividad la llevamos a cabo porque «nos

[31] Marías ha advertido con lucidez del riesgo que corre nuestra sociedad, a pesar de todas las potencialidades de que dispone para lograr una vivencia sentimental profunda y desarrollada, de caer en un emotivismo primitivo y superficial. Cfr. J. MARÍAS, *La educación sentimental*, cit., pp. 273 y ss.

[32] Esto se pone especialmente de manifiesto en las pasiones incendiarias que arrastran a las personas hacia el objeto de sus deseos de manera incontrolable, obsesiva e irracional.

gusta» (entendido este gusto, como ya hemos dicho, en sentido amplio) y, cuando esto no sucede, la abandonamos. Incluso muchos sacrificios están motivados por «el gusto». Mantener la línea estética implica grandes sacrificios para muchas mujeres pero lo hacen con «gusto» porque desean sentirse bellas, y lo mismo les ocurre a los atletas con su entrenamiento o a innumerables padres de familia con sus deberes familiares. El «gusto», en definitiva, es una parte importante de nuestra vida y no se puede ir sistemáticamente en su contra porque, siendo una necesidad vital, su insatisfacción sistemática acaba produciendo de manera inevitable fracturas internas importantes: tristeza, ansiedad, depresión, etc.

¿Significa esto que la afectividad debe ser dejada a sí misma? Lo que significa más bien es que tiene sus propias reglas y su propia fuerza y que, en vez de un enfrentamiento directo (que en algunos casos será necesario e inevitable), la tarea más productiva y valiosa es la educación (o reeducación si es el caso)[33]. Hay que *educar a las personas para que les guste lo que les conviene,* lo que es afectivamente elevado y rico. De ese modo, la afectividad se podrá desplegar con espontaneidad y la persona se beneficiará de ese despliegue. Esa tarea debe realizarse principalmente en la infancia y en la adolescencia porque es cuando el sujeto forma y fragua su personalidad. Después solo cabe una tarea de reeducación mucho más difícil, aunque no imposible, porque no es lo mismo formar que modificar algo ya consolidado.

En la educación de la afectividad son muy importantes los razonamientos porque muestran a la persona la verdad y conveniencia de los comportamientos que se le proponen y también juegan un papel esencial las virtudes porque la capacitan para llevar a la práctica los comportamientos adecuados. Pero en este terreno resulta crucial advertir que la

[33] Cfr. A. Aguiló, *Educar los sentimientos* (2ª ed.), Palabra, Madrid 2001, y J. R. García-Morato, *Crecer, sentir, amar*, cit., pp. 44-71.

fuerza de los razonamientos es limitada. Gracias a ellos se puede llegar a saber lo que hay que hacer, pero eso no quiere decir que ese tipo de acciones «gusten» o impliquen emotivamente por lo que es bastante probable que se acabe por no realizarlas. Para educar realmente la afectividad *lo fundamental es conseguir que la persona experimente las emociones adecuadas* para que se vincule afectivamente a ellas y las introduzca en su universo axiológico. Solo entonces podrá construirse una arquitectura sentimental ética y psicológicamente correcta.

4. El corazón y la afectividad espiritual

a) Las características de la afectividad espiritual

Existe, por último, un tercer tipo de afectividad más elevado que la corporal y los sentimientos al que se puede denominar afectividad espiritual. Esta modalidad afectiva es la que llega a las zonas más profundas, o más altas, del hombre, y toca con sus dedos el corazón. Un acceso de ira nos afecta e, incluso, nos puede alterar de manera importante pero no nos conmueve ni alcanza los estratos más profundos de nuestro ser. Permanece en la superficie, quizá como una gran tormenta que cambia todo en la faz del mar pero deja inmutadas las profundidades. Por el contrario, la muerte de un ser querido, de un amigo, de una hermana, de nuestra madre, sí toca las fibras más profundas de nuestro ser pero no a través de nuestra inteligencia o de nuestra libertad, sino del otro núcleo espiritual que las personas poseen: el corazón.

En sus análisis fenomenológicos, Von Hildebrand ha descrito *tres tipos de afectividad espiritual*[34]. La primera la

[34] Cfr. D. VON HILDEBRAND, *El corazón*, cit., pp. 84 y ss.

constituyen las *respuestas afectivas al valor*. Cuando la persona descubre un valor frente a él, puede responde positivamente a ese ofrecimiento que el mundo le hace y entonces empeña positivamente su afectividad y su corazón. Responde al valor no solo con la inteligencia y la libertad, sino con su corazón y así se une de una manera mucho más fuerte al objeto que provoca la emoción porque se ama con el corazón.

En otras ocasiones, la afectividad espiritual surge no de una acción nuestra, sino de la conmoción que provoca en nuestro interior la *contemplación de acciones ajenas*. Vemos un acto de humildad heroico o valiente y nos emocionamos, nos sentimos «afectados por» esa acción que otras personas han realizado y en la que vemos brillar destellos de la dignidad humana. Aunque también puede suceder lo contrario. La atrocidad y la barbarie pueden hacer mella en nuestro interior al comprobar los abismos de maldad o de degeneración a los que puede llegar el hombre y, consecuentemente, turbarnos y alterarnos en lo más hondo.

Por último están los *sentimientos poéticos y estéticos*. Son, dice Von Hildebrand, «una inmensa variedad de sentimientos que juegan un papel importante en la poesía como la dulce melancolía, la suave tristeza o los vagos anhelos. También existe el sentimiento de una expectación indefinida pero feliz, toda clase de presentimientos y el sentimiento de vivir la vida en plenitud. Existe también la sensación de ansiedad, inquietud o angustia del corazón y otras muchas. Una característica de este variado surtido de sentimientos es que no son formalmente intencionales. No responden a un objeto ni son una palabra dirigida al mismo. De todos modos, tienen una relación interna con el mundo objetivo y están íntimamente vinculados con los sentimientos intencionales, como su pared de resonancia. Tienen un contacto secreto y misterioso con el ritmo del universo, y a través de ellos el alma humana se armoniza con ese ritmo.

Estos sentimientos son habitantes legítimos del corazón del hombre. Son significativos y es injusto considerarlos como algo poco serio o incluso despreciable o ridículo. Poseen una función dada por Dios, forman una parte indispensable de la vida del hombre *in statu viae* y reflejan los altos y bajos de la existencia humana que es un rasgo característico de la situación metafísica del hombre sobre la tierra»[35].

b) El corazón como centro espiritual

La existencia de este conjunto de experiencias afectivo-espirituales conduce, por último, al corazón, el gran olvidado de la filosofía, como su centro y su raíz. Resulta realmente curioso cómo una realidad tan presente en la vida personal y colectiva ha despertado, sin embargo, tan poca atención en el mundo filosófico[36]. Y resulta aún más curioso si lo contraponemos al amor. Se ama con el corazón, pero mientras que el amor ha sido muy estudiado (aunque no tanto como la inteligencia) no ha ocurrido lo mismo con el corazón. Sin embargo, está claro que el corazón no es la voluntad ni tampoco se puede identificar con el yo. La voluntad indica energía, tenacidad, ambición, poder, por lo que se puede tener una voluntad férrea y una afectividad atrofiada o deforme. Y el yo, que es nuestro núcleo central, tampoco es el corazón, algo que queda remarcado por las referencias corporales que intuitivamente hacemos. Nuestro yo como centro de decisiones lo situamos instintivamente en la cabeza, pero el corazón reside

[35] *Ibíd.*, p. 87. Aunque lo que hemos denominado estrictamente sentimientos se sitúan en un nivel psíquico en principio no espiritual, aquí empleamos también el término por la continuidad de las experiencias afectivas y la dificultad de encasillarlas de modo rígido.

[36] No ha ocurrido lo mismo en la tradición religiosa. La Biblia, por ejemplo, habla del corazón más de mil veces.

en nuestro pecho y es ahí donde nos conmovemos para bien o para mal.

¿Qué es más precisamente el corazón? Podemos entenderlo en un primer sentido como *la raíz de toda la afectividad*, como la fuente última de todo nuestro mundo sentimental. Esta descripción es correcta, pero aquí nos interesa más profundizar en el corazón como realidad responsable de la afectividad espiritual, es decir, del núcleo de vivencias más profundo de la persona[37]. En este segundo sentido, el corazón lo debemos entender como *uno de los centros espirituales de la persona* (junto a la inteligencia y a la libertad), un centro *que, en ocasiones, se constituye como el elemento último y decisivo del yo*[38].

Esto sucede, por ejemplo, en el *amor*. Nos enamoramos con el corazón, un proceso en el que la inteligencia y la voluntad no son decisivos. No hay razones para explicar por qué nos enamoramos de una persona en vez de otra y tampoco es posible enamorarse mediante un esfuerzo de voluntad. El amor sigue otras vías, ocultas y poderosas, que más bien arrastran a la voluntad porque podemos enamorarnos de la persona inadecuada y podemos también ser incapaces de dejar de quererla. Ahí radica la fuerza incendiaria de la pasión.

El corazón también resulta decisivo en la *felicidad*. Josemaría Escrivá lo ha dicho de manera muy hermosa: «Lo que se necesita para conseguir la felicidad no es una vida cómoda,

---

[37] El Catecismo de la Iglesia Católica lo define del siguiente modo: «El corazón es la morada donde yo estoy, o donde yo habito (según la expresión semítica o bíblica: 'donde yo me adentro'). Es nuestro centro escondido, inaprensible, ni por nuestra razón ni por la de nadie; solo el Espíritu de Dios puede sondearlo y conocerlo. Es el lugar de la decisión, en lo más profundo de nuestras tendencias psíquicas. Es el lugar de la verdad, allí donde elegimos entre la vida y la muerte. Es el lugar del encuentro, ya que a imagen de Dios, vivimos en relación: es el lugar de la Alianza» (n. 2563).

[38] «En el hombre existe una tríada de centros espirituales, entendimiento, voluntad y corazón, que están destinados a cooperar entre sí y fecundarse mutuamente» (D. von Hildebrand, *El corazón*, cit., p. 56).

sino un corazón enamorado»[39]. Con una voluntad férrea se puede conseguir riquezas, poder, prestigio, pero todo ello no da necesariamente la felicidad, esa es una prerrogativa del corazón. Y lo mismo sucede con las relaciones personales. En la relación yo-tú, en la relación no instrumental ni profesional sino en la que nos enfrenta con la profundidad de otra persona y su misterio lo decisivo es que los corazones se encuentren y sean capaces de comunicarse.

Esta preeminencia del corazón: ¿significa que se sitúa por encima de la inteligencia y de la libertad? Sí y no. En el hombre –como hemos dicho– existen tres centros espirituales, inteligencia, voluntad-libertad y corazón, que configuran o conforman simultáneamente el centro radical que es el yo. Esos tres centros están siempre presentes en cualquier experiencia plenamente humana, pero esto no impide, sin embargo, que, dependiendo del tipo de acción o vivencia que se trate, uno pueda primar sobre otro. En la dimensión ética, la primacía corresponde a la libertad porque, como veremos más adelante, allí radica la capacidad de la autodeterminación (cfr. cap. 6.2). Pero en otros casos, como el amor o la amistad, lo decisivo es el corazón. Él tiene la última palabra. Quizá puede parecer una afirmación arriesgada pero es algo que no debería sorprendernos puesto que el cristianismo lo ha sostenido desde hace milenios. San Pablo afirma sin dudarlo: «ahora permanecen la fe, la esperanza y la caridad, estas tres; pero la mayor de ellas es la caridad»[40]. Y, yendo mucho más allá de este texto, se yergue impresionante la afirmación de S. Juan: «Dios es amor»[41].

---

[39] J. Escrivá, *Surco*, n. 795, Rialp, Madrid 1991. En este autor hay claramente un tratamiento diferenciado de la voluntad y del corazón, lo que se puede apreciar en textos como *Camino* o *Surco* que dedican apartados específicos a cada una de estas dimensiones del hombre.

[40] *1 Co* 13, 13.

[41] *1 Jn* 4, 16.

5. LA INTELIGENCIA

1. En qué consiste conocer

La inteligencia y el correlativo conocimiento intelectual es una de las grandes maravillas que anida en el interior de la persona. Esencial para nuestra vida, cotidiano, habitual, es, como todas las realidades radicales y primarias, algo difícil de explicar. Ya lo comentaba san Agustín hablando del tiempo: «si no me preguntas qué es el tiempo, sé lo que es; pero, si me lo preguntas, no lo sé». En una primera aproximación, podemos definirla como la capacidad que tiene la persona de salir de sí misma, trascendiéndose, de acceder al mundo que la rodea, comprenderlo y poseerlo de modo inmaterial. Mediante el conocimiento, en efecto, de modo misterioso pero real, el hombre sale de sí mismo y «llega a ser otras cosas»... sin serlo. «Soy» la calle que veo frente a mí con sus árboles, sus ruidos y sus coches, sus contraluces y sus claroscuros. La comprendo, la conozco, accedo a ella y en ese sentido la poseo. La calle está dentro de mí, pues, si no, ¿cómo podría saber de su existencia si está más allá y yo no estoy allí? Pero la poseo solo intencionalmente, inmaterialmente, pues, a pesar de todo, yo no soy ni la calle ni el azul del cielo ni el verde de los árboles. Soy solo una persona que contemplo y conozco. Este es el misterio del conocimiento.

El conocimiento no es una cualidad exclusiva de la inteligencia; ya hemos visto que existe un conocimiento sensible. Pero, con la inteligencia, el conocimiento humano adquiere su plenitud y alcanza el máximo de su perfección. ¿Cuáles son las características principales que lo diferencian y lo colocan por encima de la sensibilidad? Esencialmente, dos.

La primera podemos denominarla *inmaterialidad.* Para conocer algo sensiblemente tenemos que estar en contacto físico con la realidad en cuestión y, además, solo captamos sus aspectos sensibles: olor, color, figura, etc. La inteligencia, sin embargo, no necesita el contacto físico para comprender algo; pero, además, llega a las realidades externas de manera mucho más profunda porque nos permite acceder *a lo que las cosas son, a su esencia,* su ser fundamental y primario. Si no tengo cerca de mí una rosa, jamás podré aspirar su perfume; tengo que acercarme lo suficiente para que el aroma llegue hasta mí. Pero la inteligencia no tiene este problema. Sabría lo que es una rosa, aunque desaparecieran todas las rosas del mundo. Además, ni el olor ni el color ni la figura me permiten comprender que estoy delante de un determinado tipo de flor que es una rosa. A la esencia de las cosas llego solo mediante la inteligencia.

La segunda característica de la inteligencia es la *reflexividad.* Gracias a su carácter inmaterial (independencia relativa de la materia) puede volverse sobre sí misma, es decir, actuar sobre su misma acción. Pensamos que pensamos, o podemos hacerlo, mientras que nunca sentimos que sentimos[1]. No huelo el olfato, ni veo la vista. Pero sí pienso que pienso. Para Aristóteles, esta característica era tan trascendente que definió a Dios como pensamiento de pensamiento.

La inmaterialidad y la reflexividad conducen a afirmar la *espiritualidad* de la inteligencia y de la persona que la sustenta, y que hay que entender como un modo de ser superior a la corpo-

[1] No nos referimos aquí a los sentimientos, sino a las sensaciones de los sentidos.

ralidad o a la materialidad. Por la inteligencia soy capaz de salir de mí mismo y acceder al mundo, de introducirlo dentro de mí sin transformarme en él. Entiendo, aunque no tenga nada ante mis ojos; me vuelvo sobre mí mismo enfrentándome contra las leyes de la extensión y abarco el mundo con mi intelecto, que puede ir a donde yo quiera aunque sea finito. Esta espiritualidad, sin embargo, no implica una independencia total de la materia puesto que, como ya hemos indicado, el hombre es un ser esencialmente corporal y la inteligencia utiliza y necesita una base orgánica-corporal para activarse. Sin cerebro no hay inteligencia. Pero la inteligencia es más que el cerebro porque este no se vuelve sobre sí mismo, mientras que la inteligencia sí lo hace. Por eso es superior, es espiritual[2].

a) El conocimiento como luz

Tradicionalmente, y de modo especial en el racionalismo y en la Ilustración, se ha usado el simbolismo de la luz para explicar el conocimiento. *La inteligencia es como una luz espiritual.* De igual modo que la luz nos permite ver físicamente el mundo con una perfección extraordinaria que incluye los matices de los colores, las luces y las sombras, los volúmenes y las distancias, la inteligencia cumple el mismo papel en otra dimensión: nos permite comprender la complejidad del mundo con sus riquezas y misterios, objetos y personas, hechos elementales y culturas sofisticadas.

La inteligencia, además, se asemeja a la luz en que *no afecta al objeto de conocimiento.* La luz ilumina los objetos pero no los deforma ni los modifica; es como una transparencia que permite ver pero que deja intacta la realidad. Su tarea es resaltarla e iluminarla para que los ojos puedan captarla y admirarse. Algo similar ocurre con la inteligencia: no modifica al objeto

[2] Una buena exposición actualizada del problema mente-cerebro en J. J. SANGUINETI, *Filosofía de la mente,* cit., pp. 171-265.

porque lo abarca y posee de modo inmaterial. Cuando yo conozco algo no establezco ningún contacto físico; simplemente me abro a él de tal modo que pasa a formar parte de mí, pero sin alterarlo. Desde la perspectiva de la luz, por último, ha sido habitual considerar a la inteligencia como una facultad fundamentalmente *pasiva* (en contraposición a la voluntad que sería la facultad activa) mediante la cual el sujeto, al abrirse al mundo, recibe lo que el mundo es y lo que en el mundo hay.

La metáfora de la luz es básicamente correcta pero incompleta[3]. Por eso es necesario complementarla con otra imagen: la de la interacción. El simbolismo de la luz pone perfectamente de relieve algunas características de la inteligencia pero *olvida la presencia del sujeto* que conoce. En el proceso cognoscitivo, el hombre sería como una superficie reflectante sin subjetividad: un espejo que absorbería perfectamente la realidad. Ahora bien, el problema es que este no es el proceso cognoscitivo real. No conoce un espejo, sino un sujeto al que le afecta lo que conoce, que interactúa con la realidad a través de ese conocimiento y que con frecuencia decide lo que quiere conocer y el modo en que quiere hacerlo. Por eso resulta necesario introducir el simbolismo de la interacción[4].

b) El conocimiento como interacción

El paradigma del conocimiento como interacción pone de relieve, en primer lugar, que mediante el conocimiento el

---

[3] Una aguda crítica de los límites del proyecto epistemológico del racionalismo y la Ilustración lo ofrece A. McIntyre, *Tres versiones rivales de la ética*, Rialp, Madrid 1992, especialmente, pp. 45-46.

[4] Marías lo ha explicado con lucidez desde el concepto de realidad. «Realidad es "aquello que encuentro, tal como lo encuentro". Esto quiere decir, a su vez, que yo soy un ingrediente de la realidad, que es quimérico omitir el yo subrepticiamente cuando se habla de la realidad» (J. Marías, *Antropología metafísica*, cit., p. 151).

sujeto sale de sí mismo y se abre al mundo, lo que supone realizar una actividad que involucra a *toda la persona*[5]. No conozco por un automatismo de la naturaleza, sino porque necesito, ansío y deseo conocer, ya que soy un ser incompleto que necesita del mundo que le rodea –personas y cosas– para desarrollarme, perfeccionarme y enriquecerme. En el conocimiento está en juego mi destino y, por tanto, aunque pueda tener aspectos de pasividad, puesto que yo no creo el mundo, sino que me lo encuentro, es también *un proceso activo, complejo y costoso* en el que el sujeto debe invertir sus energías vitales y poner en marcha estrategias sofisticadas (estudio, trabajo, investigación, orientación, desplazamientos, dinero) para realizarlo del modo más perfecto posible. Este proceso, por otra parte, nunca se realiza de modo independiente e individual, sino mediado *socialmente* por las personas, culturas e instituciones que constituyen el medio vital en el que la persona crece y vive.

Además, aunque el proceso de conocimiento es inmaterial, *los objetos conocidos modifican el mundo interior de la persona,* que debe activar ante ellos algún tipo de respuesta. Hay conocimientos que apenas requieren adaptación interior (por ejemplo, los de tipo cuantitativo); pero, en otras ocasiones, lo que se conoce (una verdad, una persona, un hecho) puede afectar de manera profunda o incluso decisiva a la vida. Entonces hace falta un tiempo de asimilación, de sedimentación. Por ejemplo, vivir en un nuevo país, con costumbres y mentalidad diversas a las de la patria, puede abrir un sinfín de interrogantes y posibilidades que hay que sopesar, ponderar y calibrar para integrarlas en el entramado existencial. Y una afirmación, una teoría que aparece como verdadera pero que al mismo tiempo contraría

[5] «El pensamiento remite a la persona por cuanto nos refiere a la existencia cognoscente: ese es el ser que el pensamiento indica, y de ese modo el pensar alude a la existencia personal, (...) no se afirma aquí que el hombre no exista sin pensar, sino más bien lo inverso: que el pensar no existe sin el hombre» (J. García González, *Principio sin continuación*, Servicio de Publicaciones, Málaga 1998, pp. 45-46).

las convicciones más profundas, puede crear un grave conflicto interior. Y, en los casos extremos, si falta la capacidad o la flexibilidad para modificar la estructura interior y adaptarla a esos nuevos datos, el sujeto puede rechazar su misma existencia como un mecanismo de supervivencia.

Estos ejemplos, y otros que podrían añadirse, reflejan lo que queríamos poner de relieve: el proceso cognoscitivo no opera solo al modo de la luz, sino también al modo de la interacción. Y la razón principal es que *quien conoce no es una facultad espiritual, sino un sujeto concreto a través de una facultad*, un sujeto que está empeñado vitalmente en esa actividad y tiene que integrarla en el conjunto de sus acciones, objetivos y deseos.

c) Objetividad y subjetividad del conocimiento

La presencia del sujeto en la actividad cognoscitiva plantea numerosas cuestiones pero quizá la más interesante es la siguiente. Si el sujeto interviene en este proceso, ¿no se pone en peligro automáticamente la objetividad del conocimiento? O, en otros términos, ¿no dependerá lo que se conoce del sujeto que lo conoce?

Que el sujeto interviene en el conocimiento es, ante todo, un hecho. *Quien conoce es el yo, la persona.* Y este hecho introduce inevitablemente un factor subjetivo en el conocimiento: los sujetos son distintos, ven el mundo con distintos ojos y desde distintas perspectivas. ¿Cómo salvaguardar entonces la objetividad del conocimiento? Se trata de un problema muy complejo que ha dado quebraderos de cabeza a los filósofos durante siglos y cuya resolución acabada es más propia de un tratado de gnoseología. Por eso, aquí nos limitaremos a indicar algunos puntos clave que permiten entrever cómo se debe abordar el problema y que consisten, fundamentalmente, en lograr un equilibrio entre dos posibles extremos: el subjetivismo y el objetivismo radicales.

En el proceso del conocimiento encontramos, por un lado, *el hecho de la objetividad*[6]. Con esto queremos decir que las realidades del mundo tienen una entidad propia independiente del hombre que podemos conocer en sus aspectos fundamentales sin deformarla por nuestra subjetividad. Que esta objetividad es un hecho y no una mera opinión, lo podemos deducir, además de nuestra firme convicción de que así son efectivamente las cosas, de la *posibilidad de la comunicación interpersonal.* Cuando hablamos y nos comunicamos, transmitimos a otros sujetos información sobre cosas o personas (objetos intencionales de nuestro conocimiento) que hemos adquirido y elaborado. Que las personas con las que establecemos esa comunicación sean capaces de comprendernos y de respondernos de modo significativo implica de modo necesario que están entendiendo, en sus aspectos esenciales, lo mismo que nosotros, lo cual, a su vez, implica que el conocimiento no es meramente subjetivo (yo entiendo algo pero desde una perspectiva única) sino inter-subjetivo (los demás entienden básicamente lo mismo que yo) y, por lo tanto, objetivo (las cosas son, objetivamente, tal y como las conocemos).

Ahora bien, que exista objetividad en el conocimiento *no quiere decir que el conocimiento sea completamente objetivo* o, dicho de otro modo, que sea *exactamente igual* en todos los sujetos[7]. Y esto por muchas razones:

[6] Este punto es clave para el rechazo del idealismo, la visión filosófica que supone, con diversas variantes, que la realidad es un producto de la mente humana. Esta posición ha sido criticada por muchos autores. Dos textos particularmente importantes son: E. GILSON, *El realismo metódico*, Encuentro, Madrid 1997 y J. MARITAIN, *Los grados del saber*, Desclée de Brower, Buenos Aires 1947.

[7] «El lenguaje objetivo solamente capta un jirón de la vida real» (M. BUBER, *Yo y tú* (3ª ed.), Caparrós, Madrid 1998, p. 23). Un profundo análisis del método adecuado para acceder plenamente a lo real que supere los límites de un objetivismo estrecho es el de A. LÓPEZ QUINTÁS, *Metodología de lo suprasensible. Descubrimiento de lo superobjetivo y crisis del objetivismo*, Editora Nacional, Madrid 1963.

— Cada sujeto conoce un aspecto *parcial* de la realidad que no coincide completamente con el de los otros sujetos empezando por algo tan simple como la perspectiva de una silla o de una persona en el aula de una clase.

— Tenemos *diferente capacidad intelectiva,* con lo que la captación de la misma realidad es distinta y no solo en lo que se refiere a la profundidad de la comprensión, sino al contenido de lo que se capta. Una persona con sensibilidad musical puede percibir en una melodía aspectos que otra persona ni siquiera se plantea que existan mientras que, a su vez, esta persona puede descubrir en un problema matemático relaciones y virtualidades inimaginables para otros.

— Existen *realidades muy complejas* y con múltiples facetas (personas, teorías, etc.) en las que no se puede aplicar de manera simple un criterio de objetividad y que, por lo tanto, están abiertas a ser comprendidas desde puntos de vista muy diversos[8].

— Se conoce en un *contexto social* determinado y, más en concreto, como ha insistido McIntyre, en una *tradición epistemológica* específica, lo que implica que cada sujeto elabora unas pautas determinadas de acceso a la realidad concordes con esa tradición[9].

---

[8] Es posible extrapolar esta idea hasta llevarla al relativismo, como ha hecho Rorty: «lo mismo que los grandes científicos inventan descripciones del mundo que les sirven para predecir y controlar los acontecimientos, los poetas y los pensadores políticos inventan otras descripciones del mundo con vistas a otros fines. Pero no tiene sentido alguno decir que *una* de esas descripciones representa exactamente cómo es el mundo... La idea misma de esa representación carece de sentido» (R. RORTY, *Contingencia, ironía y solidaridad,* Paidós, Barcelona 1991, p. 24). Una aguda crítica al relativismo extremo la ha realizado J. RATZINGER, *Fe, verdad y tolerancia,* Sígueme, Salamanca 2005.

[9] Desde un punto de vista sistemático, este tema está desarrollado en A. MCINTYRE, *Tres versiones rivales de la ética,* cit.; desde un punto de vista histórico, es decir, analizando diferentes tipos de tradiciones epistemológicas y su evolución, en A. MCINTYRE, *Whose justice? Which rationality*?, Duckworth, London 1988.

Todo esto nos lleva a concluir, en definitiva, que el conocimiento es un proceso objetivo porque nos permite conocer las cosas como realmente son, pero, a su vez, tiene una dimensión subjetiva, porque es el sujeto quien conoce y quien interviene en cuestiones tan importantes como la elección del campo de conocimiento, la selección de algunos aspectos frente a otros, el nivel de comprensión, etc. Expresándolo de manera paradójica podríamos decir que es necesario mantener una cierta dosis de subjetivismo en el proceso cognoscitivo humano para dar cuenta de él de manera objetiva.

2. Cómo conocemos: la experiencia integral

El conocimiento es un proceso muy complejo que comienza con la experiencia integral y se desarrolla a través de la comprensión en un proceso de ida y vuelta continuo, siempre envueltos por el misterio de lo real[10].

a) La experiencia integral

El proceso cognoscitivo humano comienza por la experiencia, que es *el proceso primario vivencial de contacto con la realidad,* nuestra puerta de entrada al mundo. Con la experiencia y a través de la experiencia nos apropiamos de lo que existe que, de algún modo, llega a formar parte de nosotros. Ahora bien, la experiencia humana auténtica es *integral*, lo que significa, entre otras cosas, lo siguiente:

[10] Exponemos el proceso cognoscitivo tal como ha sido explicado por el personalismo ontológico moderno en K. Wojtyla, *Persona y acción*, cit., pp. 31-58 y J. M. Burgos, *La experiencia integral*, cit. No debemos olvidar, por otra parte, que el proceso cognoscitivo es evolutivo y pasa por diferentes fases antes de llegar a su madurez, como demostró Piaget. Cfr. J. Piaget, *Seis estudios de psicología*, Seix Barral, Barcelona 1967 y una síntesis de sus aportaciones en J. Beltrán, *Para comprender la psicología*, cit., pp. 63-71.

— Es un proceso *primario y vivencial*. Es primario porque es el modo de acceso básico y directo a lo existente[11]. Y es vivencial porque no es meramente cognoscitivo; es la acción humana por la que nuestra totalidad personal entra en contacto con la realidad y se apropia de ella. A veces experimentamos cosas nuevas (por ejemplo, en un viaje a otro país) que nos impactan de modo especial, pero siempre estamos experimentando porque es nuestro modo de acceso a lo real.

— La experiencia es *simultáneamente subjetiva y objetiva*. Existen dos tipos diferentes de experiencia. La experiencia de nosotros mismos en la que experimentamos nuestro mundo interior, que es subjetivo y único. Y la experiencia del mundo exterior (de los demás o de nuestro propio cuerpo) que es objetiva, en el sentido de que refleja algo externo a nuestra subjetividad, que los demás también pueden constatar. Pero estos dos tipos de experiencia se dan en la persona siempre de modo simultáneo y unitario. «La experiencia de cualquier cosa que se encuentre fuera del hombre siempre está asociada con una cierta experiencia del propio hombre. Pues el hombre nunca experimenta nada externo a él sin que, de alguna manera, se experimente simultáneamente a sí mismo»[12].

— La experiencia integral es la vía para *todo* conocimiento. La experiencia científica es una parte de la experiencia, la que se refiere a las ciencias.

— La experiencia es el resultado de *la actividad conjunta de los sentidos y la inteligencia*. No conocemos primero solo por los sentidos y después por la inteligencia. La actividad experiencial es personal y, por eso, interviene *siempre, desde el inicio, toda la persona*,

[11] Por experiencia no entendemos aquí el saber de un hombre que conoce algo muy bien (que tiene mucha experiencia), como hace Zubiri (cfr. *Inteligencia y razón*, Alianza Editorial, Madrid 2008, pp. 228-258), sino, al contrario, los hechos primarios que, acumulados, le proporcionan ese saber.

[12] K. Wojtyla, *Persona y acción*, cit., p. 31.

con la inteligencia, memoria, sensibilidad, además de las emociones, tendencias, etc.[13]. Justamente por eso, la experiencia no es una actividad superficial, que se queda en el fenómeno, en la superficie de la existencia, como pensaban los empiristas, sino que tiene alcance ontológico. Llega al núcleo de la realidad.

b) La comprensión

La experiencia es como el material bruto que el hombre necesita para comprender la realidad, pero ese material necesita ser clasificado, organizado y relacionado para poder entenderlo en profundidad. A este proceso lo denominamos *comprensión*. Se compone, a su vez, de dos procesos fundamentales: la inducción y la exploración.

b.1) La *inducción:* la experiencia es cambiante, nunca se repite. Tanto nuestra experiencia subjetiva, sobre nuestros sentimientos y nuestras vivencias, como la experiencia del mundo y de las cosas. No hay dos experiencias exactamente iguales. Por eso, para comprenderla a fondo necesitamos estabilizarla, categorizarla y universalizarla a través de ideas o conceptos, como el de perro o el de hombre, que nos permitan fijar su contenido y referirnos a ella de una manera estable. La idea o concepto «perro», por ejemplo, no se refiere a ningún perro concreto, sino a

[13] Esta es también la posición de Zubiri desarrollada a través de su concepto de la inteligencia sentiente: «La inteligencia sentiente no es una inteligencia sensible, esto es, una inteligencia vertida a lo que los sentidos le ofrecen, sino que es una inteligencia estructuralmente una con el sentir. La inteligencia humana siente la realidad. No es una inteligencia que comienza por concebir y juzgar lo sentido» (X. ZUBIRI, *Inteligencia y razón*, cit., p. 351). Si no se acepta esta intervención inicial de la inteligencia, la salida más lógica al problema del conocimiento es la platónica, que es la que adoptó, por ejemplo, S. Agustín: «las ciencias no entran en la memoria por ministerio de los sentidos, sino que *salen* de otro seno más profundo de ella» (S. AGUSTÍN, *Las confesiones*, libro X, cap. X). Y también, en un sentido distinto, es la solución de Kant.

las características esenciales comunes a todos los perros. Por eso puede decir: este animal es un perro y este también, es decir, unir, relacionar y coordinar experiencias. Los conceptos son, pues, «unidades de significado» que superan la multiplicidad de lo real y que desempeñan un papel clave no solo en la comprensión, sino también en la comunicación puesto que solo podemos entendernos si disponemos de esquemas cognoscitivos que, sin separarse de la experiencia, sean inter-subjetivos y universales[14].

b.2) La exploración o indagación. Con la inducción somos capaces de fijar conceptos o ideas, pero la vida no se detiene y vamos acumulando nuevas experiencias que reclaman precisar esos conceptos, enriquecerlos o relacionarlos con otros nuevos. Para ello, es necesario volver a la experiencia, explorarla e indagarla, comprobar si los conceptos o ideas que habíamos elaborado son correctos y, si no es así, mejorarlos y enriquecerlos, y también elaborar otros nuevos.

Vemos, por tanto, que el proceso de comprensión es *una ida y vuelta de la experiencia a la experiencia.* La experiencia integral nos da los contenidos, la inducción los clasifica y organiza y, de nuevo, volvemos a la experiencia para comprobar su validez o para seguir enriqueciendo nuestro conocimiento.

Este proceso lo realiza la inteligencia a través de operaciones como la abstracción, el juicio y el razonamiento, ya descritos por Aristóteles[15]. Mediante la *abstracción,* la inteligencia elimina los aspectos sensibles de las realidades conocidas y se queda con el núcleo central significativo elaborando un con-

---

[14] Cfr. K. Wojtyla, *Persona y acción,* cit., p. 47 y R. Buttiglione, *El pensamiento de Karol Wojtyla,* Encuentro, Madrid 1992, pp. 149-150.

[15] Una buena explicación de estos procesos desde una perspectiva clásica se puede encontrar en A. Millán Puelles, *Fundamentos de filosofía,* Rialp, Madrid 1999, pp. 93-188, y también en R. Lucas, *El hombre, espíritu encarnado,* cit., pp. 119 y ss. En este tipo de explicaciones, es importante no olvidar que las numerosas distinciones que se establecen separan elementos que, de hecho, operan de forma unitaria e integrada.

cepto abstracto. Es importante notar que *la abstracción se asemeja a la inducción, pero es distinta.* Esta última está pegada a la experiencia, mientras que la abstracción, como su mismo nombre indica, se separa de ella. Por eso, se debe usar con cuidado pues, de otro modo, se corre el riesgo de cambiar la realidad por una estructura teórica que existe solo en la mente. 2) El *juicio* es el momento de la verdad. Acontece cuando el sujeto relaciona sus conocimientos (o conceptos) mediante proposiciones y determina, comparándolos con la realidad, su verdad o su falsedad. El perro es blanco; la persona está sentada, son ejemplos de juicios simples en los que se asienta (o no) la verdad. 3) El *razonamiento* es el proceso por el cual establecemos relaciones complejas entre nuestros conocimientos y encadenamos deducciones que nos permiten avanzar y establecer nuevas verdades. El silogismo es una de las formas emblemáticas de razonamiento, pero la capacidad de pensar de la persona es muy superior a la del mero silogismo.

Uno de los resultados más espectaculares de la comprensión es la *ciencia* en todas sus versiones: científico-experimental, filosófica, social, matemática, etc.[16]. A veces se cae en el error de considerarla una simple construcción lógico-formal, pero, en realidad, es una actividad muy compleja que implica todas las facetas cognoscitivas de la persona: intuición, inducción, juicio, comprobación experimental, etc.

c) Tipos de conocimiento

Todas las personas tienen una actividad intelectual similar, pero, al mismo tiempo, *la inteligencia de cada persona es distinta.* La psicología ha establecido métodos y test para medir el

[16] Mariano Artigas ha realizado estudios innovadores sobre la ciencia experimental. Cfr., por ejemplo, M. ARTIGAS, *Filosofía de la ciencia experimental: la objetividad y la verdad en la ciencia* (2ª ed.), Eunsa, Pamplona 1997.

cociente intelectual (CI), pero la diferencia no solo afecta a la capacidad intelectual, sino a muchos otros aspectos. Hay personas muy dotadas para determinadas áreas que, sin embargo, son incapaces de realizar operaciones simples en otras. Algunas tienen gran capacidad de razonamiento y otras son muy intuitivas. Es decir, *hay diferentes tipos de inteligencia.*

La distinción principal y más habitual es la que se establece entre *la inteligencia teórica y la práctica.* La primera es principalmente contemplativa, la segunda, operativa, directora y creadora. «El intelecto especulativo, explica Maritain, conoce solo para conocer. Aspira a ver y solo a ver. La verdad, la aprehensión de lo que es, he aquí su única meta, su única vida. El intelecto práctico conoce en vista de la acción. Desde el principio, su objeto no es el ser que debe ser aprehendido, sino la actividad humana que hay que dirigir y las tareas humanas que hay que realizar. Se encuentra inmerso en la creatividad. Toda su vida consiste en modelar intelectualmente lo que será puesto en la existencia, juzgar acerca de los medios y los fines, dirigir o incluso gobernar nuestros poderes de ejecución»[17].

Pero, en realidad, no solo hay dos tipos de inteligencia, sino muchos: la inteligencia numérica y abstracta propia de los matemáticos, la inteligencia organizadora necesaria para la puesta en marcha de empresas y proyectos, la inteligencia teórica imprescindible para la comprensión y elaboración de doctrinas estructuradas, la inteligencia estética propia de los artistas, la masculina y la femenina, etc. Esta diversidad es, por otra parte, lógica, porque, como venimos insistiendo, la inteligencia no es una entidad autónoma y aislada, sino una propiedad del sujeto.

Por último, queremos remarcar que hay que *evitar el error de identificar actividad intelectual con razonamiento conceptual* porque este último es solo una parte (aunque importante) de la activi-

[17] J. MARITAIN, *La intuición creadora en el arte y en la poesía*, Palabra, Madrid 2005, p. 87. Cfr. también J. M. BURGOS, *La inteligencia ética*, cit., pp. 5-57.

dad cognoscitiva. Realizar razonamientos abstractos es un modo sofisticado de ejercitar la inteligencia, pero no el único y, probablemente, ni siquiera el mejor ni el más perfecto. La intuición, el conocimiento que de un golpe capta lo uno y lo múltiple, lo global y los detalles es mucho más perfecto. Además, esta identificación deja fuera de la actividad intelectual aquellos procesos en los que el razonamiento no supone la parte más significativa. Pero dibujar un cuadro o escribir una poesía, por ejemplo, son actividades plenamente intelectuales y, en algunas ocasiones, especialmente elevadas y creativas[18], y poco importa para ello que el razonamiento sea poco relevante porque la actividad intelectual no consiste solo en razonar, también se expresa y se manifiesta de modo sublime en la contemplación de la belleza o en la creación técnica y artística.

3. La verdad

a) ¿Qué es la verdad?

«¿Qué es la verdad?». La pregunta que hizo Pilato a Jesús en el Pretorio antes de la Pasión se la han formulado los hombres de todos los tiempos porque su respuesta resulta esencial. La verdad es nuestro punto de referencia y, si no existiera o no fuéramos capaces de conocerla, nos veríamos cuestionados en nuestras raíces más profundas. No sabríamos qué hacer ni cómo actuar. Pilato no esperó la respuesta de Jesús y se fue. Pero Cristo ya había contestado en otra ocasión: «Yo soy el camino, la verdad y la vida»[19]. La verdad era él mismo, una persona, aunque divina. Se trata de una respuesta que puede orientar la entera existencia pero, evidentemente, no es una respuesta filosófica, que es lo que aquí estamos buscando.

[18] Cfr. A. López Quintás, *Inteligencia creativa. El descubrimiento personal de los valores*, BAC, Madrid 2002.

[19] *Jn* 14, 6.

¿Qué es, pues, la verdad desde un punto de vista filosófico o antropológico? La definición más adecuada hasta el momento la ha dado la escolástica: la verdad es *la adecuación entre la mente y la realidad*[20]. Se da la verdad cuando la idea que nuestra inteligencia tiene de un aspecto de la realidad y ese aspecto de la realidad coinciden, o, en otras palabras, cuando nuestro conocimiento se adecua a lo que las cosas realmente son. Aristóteles lo explica con suma claridad: «Se ajusta a la verdad el que piensa que lo separado está separado y que lo junto está junto, y yerra aquel cuyo pensamiento está en contradicción con las cosas… Tú no eres blanco porque nosotros pensemos que verdaderamente eres blanco; sino que, porque tú eres blanco, nosotros, los que lo afirmamos, nos ajustamos a la verdad»[21]. Este es el núcleo de la cuestión de la verdad y el elemento clave para fundamentar la objetividad del conocimiento. El conocimiento humano es objetivo porque podemos conocer con verdad, es decir, podemos y llegamos realmente a saber cómo las cosas son.

Siendo esto esencialmente cierto, la simplicidad y belleza de esta definición escolástica no nos debe llevar a engaño. La verdad no es algo tan simple o, por lo menos, no lo es en muchas ocasiones. Si fuera tan evidente o directa, no plantearía los problemas que de hecho despierta. Bastaría con constatarla y asumirla. Pero sabemos que ese no es el caso. La verdad es, en muchas ocasiones, difícil de alcanzar y de establecer: es un *ideal* al que aspiramos. Por eso resulta necesario profundizar en esta cuestión para no quedarnos satisfechos con una solución que puede ser excesivamente sencilla.

---

[20] Cfr. Tomás de Aquino, *De Veritate*, q. 1, a. 1. Clásicamente se distingue también entre verdad ontológica (la verdad como realidad, ligada al trascendental *verum*) y la verdad lógica, la verdad como adecuación. Aquí nos referiremos solo a esta última porque es la que tiene relevancia antropológica. Para una profundización en esta cuestión cfr. J. Ratzinger, *Fe, verdad y tolerancia*, cit., y J. J. Sanguineti, *El conocimiento humano*, Palabra, Madrid 2005.

[21] Aristóteles, *Metafísica*, 105 1b 3-9.

b) La complejidad de la verdad

Podemos abordar este problema planteándonos la siguiente pregunta: ¿La verdad es única o no? La respuesta correcta parece ser la positiva. Si la realidad es única, la verdad también tiene que serlo: las cosas son de un modo determinado o no lo son. Por tanto, estaremos conociendo con verdad si las conocemos del modo concreto en el que son, que es único. La verdad, por tanto, es única.

Esta afirmación tan contundente es cierta en un sentido *ideal* pero debemos matizarla para no caer en un simplismo que puede ser contraproducente. Las cosas, para bien o para mal, no son tan sencillas, como refleja, de modo ciertamente exagerado, el conocido verso: «nada es verdad ni es mentira, todo es según el color del cristal con que se mira». ¿Qué significa esto desde un punto de vista filosófico? Significa que la verdad es una realidad compleja, y, en un determinado sentido, plural. Veámoslo con algo de detalle.

Ante todo es necesario profundizar en el concepto de realidad. De una manera instintiva, cuando aplicamos la definición escolástica, tendemos a imaginárnosla compuesta por *objetos físicos simples* que no plantean dificultades. Si aquí hay una mesa y me pregunto si hay o no hay una mesa, existe, evidentemente, una única respuesta verdadera: sí. No caben matices. Pero el problema es que la realidad no siempre es tan agradecida. Puede que ya no sea tan sencillo determinar su color exacto, aunque evidentemente tiene un color, su origen o su composición química. Y, si de una mesa pasamos a *realidades complejas,* como personas o teorías, la cuestión se enreda todavía más. ¿Es cierta la teoría de la gran unificación de las fuerzas físicas? ¿Es correcta la política exterior de los Estados Unidos?

Ante preguntas de tal envergadura no es posible hacer siempre afirmaciones categóricas y unívocas: es necesario deslindar y precisar. En palabras de Austin: «En la vida real en cuanto opuesta a las situaciones simples afrontadas en la teoría lógica, no puede responderse siempre de modo simple si un enunciado es verdadero o falso»[22]. Y es que la «realidad» no es una pared de color blanco que solo ofrece dos alternativas a la mente de modo que, si digo que es blanca, acierto y, si no, me equivoco. Es compleja y pluridimensional, y, en parte, similar a las características de Internet: un fluido de mundos con infinitas conexiones en el que no siempre resulta claro en qué nivel nos encontramos, y donde siempre se puede profundizar más activando un nuevo hipervínculo. Esto no elimina la objetividad pero sí se opone a un objetivismo simple.

Otro aspecto que hay que tener en cuenta al hablar de la verdad es la diferencia que plantean *los hechos y las acciones.* Los hechos son, en su esencia, irrefutables. Que el Real Madrid ganó la décima *Champions* es incontestable. Una verdad palmaria. Pero lo que ya no es tan claro es lo que tiene que *hacer* para ganar la siguiente. ¿Debe contratar defensas o delanteros? ¿Debe mantener al entrenador o sustituirlo? ¿Debe utilizar el rombo o el doble pivote en su esquema de juego? Responder bien a estas preguntas es complicado. Para empezar hay que saber de fútbol; pero, en realidad, esto no es lo crucial. Lo decisivo es darse cuenta de que, propiamente hablando, *no existe una única respuesta verdadera* porque puede haber muchos caminos que conduzcan al objetivo deseado. Lo mismo que sucede si nos preguntamos: ¿cómo se va a Santiago de Compostela desde Madrid? Tampoco hay una única respuesta verdadera, sino muchas.

Lo que está en juego aquí es *la diferencia entre verdad práctica y especulativa,* un asunto que ya planteó Tomás de Aquino y que, entre otros, fue desarrollado por Maritain: «Para el conocimiento especulativo, explica, la verdad es la adecuación o la conformidad del intelecto con el ser, con aquello que las cosas son. Pero ¿cómo podría ser así para el conocimiento práctico? Para el conocimiento práctico o creador no hay cosa preexis-

[22] J. L. Austin, *Cómo hacer cosas con palabras*, Paidós, Buenos Aires 1971, p. 189.

tente a la que el intelecto se pueda conformar. La cosa no existe todavía, hay que ponerla en existencia»[23].

Esta distinción afecta también a la *relación entre un principio y sus aplicaciones.* Los principios son únicos pero no así sus consecuencias. El mismo principio se puede llevar a la práctica de maneras diversas, lo cual no implica necesariamente que solo una sea la verdadera o correcta. Por ejemplo, dos católicos con las mismas creencias pueden considerar que deben actuar de modo diferente en determinadas circunstancias sociales o políticas, siendo ambas coherentes con sus creencias.

En resumen y para concluir: la verdad es única y consiste en la adecuación a la realidad. Esta adecuación es, en algunos casos, simple y, en otros, mucho más compleja, por lo que se presenta como un ideal a alcanzar. Por otro lado, esta caracterización se refiere solo a la verdad teórica, ya que la verdad práctica, que nos dice cómo hacer las cosas, puede ser plural.

c) Objeciones contra la verdad

Mantener una postura equilibrada sobre la verdad no siempre es sencillo y, de hecho, a lo largo de la historia no han faltado quienes se han opuesto a la noción de verdad desde diversos puntos de vista. Indicaremos algunos de modo sumarísimo.

El *escepticismo* es la postura que niega que se pueda conocer la verdad. El escepticismo total es una teoría fácilmente criticable puesto que resulta muy difícil negar las verdades sobre los hechos, especialmente sobre hechos elementales. Si alguien niega, por ejemplo, que no se puede conocer con verdad la existencia de determinados objetos materiales, es probable que

[23] J. MARITAIN, *L'intuition créatrice dans l'art et dans la poésie,* cit., p. 162. Cfr. TOMÁS DE AQUINO, *In VI Ethic.*, lect. 2, nn. 119-127; CAYETANO, *In I-II,* q. 57, a. 5, *Commentaria in Summam Theologiae, S. Thoma Aq.*, Leonina, Roma 1891, y G. A. MCCOOL, *From Unity to pluralism. The internal Evolution of Thomism,* Fordham University Press, New York 1992, p. 127.

empecemos a cuestionarnos el estado de su salud mental. Pero la cuestión es muy diferente si nos enfrentamos con un escepticismo más sutil y sofisticado que no niega la existencia de la verdad sobre hechos elementales pero rechaza la posibilidad de alcanzarla en cuestiones como el sentido de la vida humana, las verdades morales, la interpretación de la historia, etc.[24].

El escepticismo aplicado a las verdades religiosas y, en particular, a Dios se llama *agnosticismo.* El agnóstico se diferencia del ateo en que no niega la existencia de Dios, sino que afirma que no se puede saber si existe o no. Si esta afirmación se realiza con honestidad es una postura respetable, puesto que se trata de un tema no banal[25].

El *relativismo* es una modalidad del escepticismo que se aplica sobre todo a las verdades prácticas y éticas. En la actualidad existe un relativismo muy fuerte a nivel moral. No es infrecuente considerar la moral como algo meramente personal donde no cabe universalidad u objetividad: cada persona tendría derecho a actuar, sobre todo en el terreno de la sexualidad, según sus propias reglas éticas y de comportamiento. Se trata de una postura equivocada porque se opone a la noción de una naturaleza humana común a todos los hombres, que implica, a su vez, la existencia de unas reglas de comportamiento comunes.

d) La búsqueda de la verdad

El conocimiento de la verdad forma parte del proyecto que cada persona quiere forjar de sí mismo. Por eso nunca es algo neutro que implique solo a la inteligencia: es una *actividad*

---

[24] Una versión especialmente sofisticada del escepticismo es la de D. HUME, *Enquires concerning the human understanding and concerning the principles of moral*, cap. X, Clarendon Press, Oxford 1927.

[25] Una propuesta agnóstica (aunque casi rayana en el ateísmo) es el de J. A. MARINA, *Dictamen sobre Dios* (4ª ed.), Anagrama, Madrid 2002.

de la persona que requiere actitudes específicas para que se culmine con éxito: disposición de aprender, esfuerzo y perseverancia, atención, etc. Estas actitudes, que operan en todo proceso cognoscitivo, son especialmente necesarias cuando está en juego algo particularmente relevante[26].

Ante todo, para que la persona llegue a conocer realmente la verdad es necesario que *esté dispuesta a aceptarla libremente* pues, de otro modo, acabará interrumpiendo el proceso de conocimiento o deformándolo. Una verdad demasiado dura o que nos compromete es como la luz del sol que nos ciega. Instintivamente nos tapamos los ojos para protegernos o miramos para otro lado. «¿Por qué la verdad genera el odio?, se preguntaba san Agustín, ¿por qué el hombre que proclama la verdad viene a ser para ellos un enemigo, amando como aman la felicidad que no es más que el gozo de la verdad? No hay más respuesta que esta: (...) no quieren que nadie les engañe, pero quieren engañar. Por eso aman la verdad cuando se descubre y la odian cuando les descubre. La paga que ella les dará será descubrirlos contra su voluntad»[27].

Cuando la verdad resulte particularmente dura será necesario, por tanto, un ejercicio de autenticidad moral y de compromiso personal que lleve a no darse la vuelta y mirar para otro lado eludiendo la realidad. En otras ocasiones hará falta tiempo y un proceso lento y, si estamos acompañando a alguna persona en ese camino, hacerlo con comprensión. Otras veces, por el contrario, será necesario enfrentar a las personas con la realidad pues quizá solo ese ejercicio algo rudo puede sacarlas de su cobardía o de su despiste. Pero, en cualquier caso, *la verdad nunca puede imponerse* porque la dignidad de la persona im-

---

[26] Por otra parte, la búsqueda de la verdad es un proceso colectivo que solo puede tener lugar en el marco de una comunidad. Las reglas de esta búsqueda para el conocimiento científico han sido brillantemente expuestas por T. S. KUHN, *La estructura de las revoluciones científicas* (1962), FCE, Madrid 2005.

[27] S. AGUSTÍN, *Las confesiones*, libro X, 23. 24.

plica que solo puede ser asumida libremente. La verdad debe mostrarse en su esplendor para que la persona se dé cuenta de que le compensa asumirla porque ese es el camino correcto para orientar su vida y crecer como persona[28].

Un obstáculo frecuente en el proceso de búsqueda de la verdad son los *prejuicios* que podemos definir como convicciones erróneas e injustificadas que nos impiden acercarnos a la realidad de manera objetiva. El psicólogo Allport los definió como «una antipatía basada en una generalización defectuosa e inflexible dirigida a un grupo o individuo por ser miembro de ese grupo»[29].

Ahora bien, es importante no confundir prejuicio (en el sentido negativo que acabamos de definir) con pre-juicio (una visión previa o precomprensión de un determinado problema)[30]. Todos juzgamos lo nuevo a partir de saberes adquiridos, pero esto no perjudica necesariamente a la inteligencia. Al contrario, es una ayuda totalmente imprescindible. De otro modo, deberíamos partir siempre de cero, con lo cual nunca podríamos avanzar. La hermenéutica contemporánea (Heidegger y, sobre todo, Gadamer) y también la posmodernidad han insistido mucho en este punto remarcando, frente al racionalismo, que no es posible afrontar los problemas desde una perspectiva absolutamente fría, independiente y sin presupuestos, porque el hombre comprende siempre las cosas desde la particular tradición en la que se ha formado y desde las estructuras mentales que ha ido forjando a lo largo de su vida. «Mucho antes de que nos comprendamos a nosotros mismos en la reflexión, explica Gadamer, nos estamos comprendiendo ya de una manera autoevidente en la familia, la sociedad y el Estado en que vivimos. La lente de la subjetividad es un espejo deformante. La autorreflexión del individuo no es más

---

[28] Cfr. JUAN PABLO II, *Veritatis splendor.*

[29] Cfr. G. ALLPORT, *La naturaleza del prejuicio,* Eudeba, Buenos Aires 1971.

[30] La lengua inglesa distingue estos dos conceptos: *prejudice* y *prejudge.*

que una chispa de la corriente cerrada de la historia. *Por eso, los pre-juicios de un individuo son, mucho más que sus juicios, la realidad histórica de su ser*»[31]. En definitiva, el problema no lo plantea la presencia previa de estructuras y conocimientos, sino su posible deformación; es entonces cuando se convierten en auténticos prejuicios que obstaculizan el acceso a la verdad.

Para superar los prejuicios es importante poseer *espíritu crítico*, es decir, una mentalidad que nos lleve a profundizar y pasar por encima de opiniones consolidadas pero incorrectas o de ambientes de opinión que critican hechos, personas o instituciones sin fundamentar sus afirmaciones[32]. Pero también es importante tener una actitud *abierta* que nos permita captar los aspectos positivos que se encuentran en todas las doctrinas y actitudes. Una postura sistemáticamente cerrada y cautelosa ante lo nuevo o lo distinto perjudica el desarrollo personal, y conduce de modo quizá lento pero inexorable a una clausura ante el mundo exterior resultado del rechazo de toda información que pudiera alterar el propio sistema de creencias. Además, esta actitud impide radicalmente la eliminación del prejuicio porque toda información que lo debilite es rechazada antes de que pueda penetrar en el individuo ya que su sistema defensivo la identifica como una amenaza y la elimina.

[31] H. G. GADAMER, *Verdad y método*, Sígueme, Salamanca 2012, p. 344. Para una presentación sintética y eficaz de la hermenéutica, junto con una valoración de sus pretensiones ontológicas, cfr. F. CONESA y J. NUBIOLA, *Filosofía del lenguaje*, Herder, Barcelona 1999, pp. 215-260. Eugenio Trías ha señalado la gran importancia que tiene la religión en la determinación de ese *humus* de sentido en el que vivimos y desde el que pensamos, y ha criticado a la postmodernidad, que acepta la estructuración narrativa de la inteligencia pero no se atreve a reconocer que parte muy importante de esa narración depende de las «revelaciones» religiosas. Cfr. E. TRÍAS, *Pensar la religión*, Destino, Barcelona 1997, pp. 15-39. Para la posición de la postmodernidad cfr. J.-F. LYOTARD, *La condición postmoderna*, Cátedra, Madrid 2014.

[32] Una deformación del espíritu crítico, en el sentido en que aquí lo utilizamos, consistiría en una duda sistemática y preconcebida de todo, o en una actitud retorcida que busca siempre una razón última por detrás de lo que aparece.

Apertura, de todos modos, tampoco significa *ingenuidad* o indefensión. Existen doctrinas falsas y hay profesionales de la confusión ajena en beneficio propio. Por eso resulta necesaria una actitud atenta que lleve a distinguir lo verdadero de lo falso o de lo deforme y al hipócrita del equivocado. En esta difícil tarea siempre es útil contar con personas de confianza que nos puedan simplificar el trabajo.

Por último, en el camino de búsqueda de la verdad es especialmente importante nuestra *verdad personal* a la que también podemos llamar *vocación*[33]. Dentro de las múltiples verdades que existen en el mundo, algunas marcan nuestra orientación en algún aspecto esencial: la profesión, el matrimonio, una decisión de tipo religioso, etc. Es particularmente importante encontrarlas, aceptarlas y ponerlas por obra puesto que allí nos jugamos nuestro destino. Rechazar una vocación conocida puede suponer una rotura irreparable en el tejido de nuestra vida y una carga para el resto de nuestros días. Aceptarla puede ser, por el contrario, incoar un camino de plenitud. Y es aquí donde vuelve, aunque parecía haber quedado descartada de nuestra reflexión, la emblemática frase de Cristo: «Yo soy el camino, la verdad y la vida». La verdad, en su sentido más hondo, está ligada necesariamente a una visión global de la vida en la que destaca la dimensión religiosa (cfr. cap. 15.2). Y está también ligada a personas concretas porque nuestro itinerario existencial no está construido por objetos, sino por hombres o mujeres a los que amamos y que definen por ello nuestra vida. En el caso del cristianismo, ambas dimensiones coinciden.

[33] Cfr. J. Mouroux, *Sentido cristiano del hombre*, cit., pp. 178-182.

6. LA LIBERTAD

1. ¿Qué significa ser libre?

La libertad es palabra mágica que convoca los corazones. ¿Quién no siente una vibración interior cuando se la menciona? o ¿quién no se rebela interiormente ante la posibilidad –aunque sea solo pensada– de que el país en el que vive pueda ser sometido por una potencia extranjera? La libertad parece tocar el núcleo de la persona de un modo más decisivo que el de la inteligencia y por eso desentrañar su sentido profundo es una tarea ineludible para comprender al hombre de manera radical.

Pero ¿qué significa exactamente ser libre?, ¿cuál es el misterio humano que se esconde bajo esa palabra tan valorada? A primera vista no parece sencillo establecerlo ya que la fenomenología de la libertad es muy amplia. Libertad sugiere independencia, apertura, autonomía, capacidad de elección, poder, querer, amor, voluntad. Soy libre cuando elijo y cuando puedo elegir; soy libre porque mi voluntad lo es; por ser libre puedo amar y por ser libre soy responsable. Libertad es también apertura ante lo nuevo y falta de constricción: no estar ligado por vínculos ni por cadenas materiales, por supuesto, pero tampoco espirituales.

¿Qué es, pues, la libertad? ¿Cuál es lo accesorio y lo esencial en este marco tan amplio de posibilidades? ¿Cuál es el núcleo que nos puede permitir afirmar que en la libertad está la centralidad de lo humano[1]?

Una primera aproximación a la idea de la libertad nos la da la noción de *apertura*[2]. Ser libre es ser abierto y capaz de interaccionar con el mundo de una manera quasi-infinita en coherencia con la espiritualidad del hombre. Frente al fijismo de lo material, la persona está abierta a la multiplicidad de lo real (cfr. cap. 2.3). Incluso, como hemos visto, su cuerpo está preparado para esta posibilidad. Pero esta explicación, sin ser falsa, es demasiado genérica. No llega al fondo de la cuestión ni satisface nuestras expectativas. Nadie entrega su vida por una genérica apertura. Para comprender a fondo el enigma de la libertad resulta imprescindible ir más allá.

Un paso más lo proporciona la idea de *elección*. Libertad es elegir. Soy libre porque puedo elegir, de entre todas las posibilidades que se me presentan, la que deseo, la que quiero porque yo, como última instancia absoluta, lo establezco. ¿No está aquí la esencia de la libertad? A primera vista parecería que así es; libertad es ciertamente elegir y, a mayor capacidad de elección, mayor libertad. Además, dejo de ser libre justo cuando no puedo elegir, cuando alguien me impone sus opciones o me confina en un espacio cerrado del que no puedo salir. Pero, aunque pueda parecer sorprendente, la libertad no consiste fundamentalmente en elegir. Identificar libertad con elección supone aceptar implícitamente que se refiere *solo a*

---

[1] La valoración de la libertad ha ido creciendo en Occidente desde el Renacimiento pero el ápice de esta tendencia se sitúa, probablemente, en el Romanticismo, tematizado filosóficamente por la filosofía alemana idealista. Para Hegel, la libertad es «el principio más sublime de los nuevos tiempos», *Jenner Systemenwürfe*, F. Meiner, Hamburg 1987, III, pp. 262-264, citado por D. INNERARITY, *Hegel y el romanticismo*, Tecnos, Madrid 1993, p. 25.

[2] Cfr. A. MILLÁN-PUELLES, *La libre afirmación de nuestro ser*, Rialp, Madrid 1993.

las acciones y no a la persona en cuanto tal. Pero esto es un error, como ya señaló Max Scheler: «'libre' es originariamente un atributo de la persona, no de ciertos actos (como querer) ni del individuo. Las acciones de un hombre nunca pueden ser más libres que él mismo»[3].

La libertad, pues, es apertura, pero no solo; es elección, pero es más que elección. ¿Cuál es entonces el núcleo de la libertad? Karol Wojtyla lo ha señalado de modo certero y profundo: la libertad es, sobre todo y fundamentalmente, autodeterminación y, más precisamente, *autodeterminación de la persona a través de sus acciones.* La libertad es la capacidad que tiene la persona de disponer de sí misma y de decidir su destino a través de sus acciones. Este es el núcleo de la libertad, su estructura esencial[4].

---

[3] M. SCHELER, *Zur Phänomenologie und Metaphysik der Freiheit*, Obras, I, Francke, Berna 1957, p. 174.

[4] En la explicación de la libertad sigo fundamentalmente a K. WOJTYLA sobre todo en *Persona e atto,* aunque algunos desarrollos se pueden encontrar en otros textos, como *El hombre y su destino*, Palabra, Madrid 1998. De Finance se ha acercado a la idea de autodeterminación pero no la desarrolla sistemáticamente y acaba quedándose en el concepto de «indeterminación determinada» *(Ensayo sobre el obrar humano,* Gredos, Madrid 1966). Mouroux, sin embargo, sí ha captado el núcleo de la cuestión: «El libre albedrío no es más que un medio para la libertad: *poder elegir está al servicio de poder realizarse*» *(Sentido cristiano del hombre,* cit., p. 195 y, más en general, pp. 195-257). Isaiah Berlin mantiene una postura similar (aunque la desarrolla sobre todo en el ámbito político) a través de su elaboración de los «dos conceptos» de libertad. Por «libertad negativa» entiende que los hombres poseen un determinado ámbito en el que puedan hacer lo que quieran, es decir, que no están sometidos a coacción y por «libertad positiva» la capacidad del hombre y de los pueblos de autodirigirse y autogobernarse. Se trata de «la libertad que consiste en ser dueño de sí mismo y la libertad que consiste en que otros hombres no me impidan decidir como quiera». Estos dos aspectos tienen una cierta correspondencia con las dimensiones de autodeterminación y libertad de elección. Cfr. I. BERLIN, *Cuatro ensayos sobre la libertad*, cit., pp. 43-74 y 215-280. Sobre Wojtyla cfr. G. BENÉYTEZ, *La libertad en el pensamiento de Karol Wojtyla*, Universidad de Navarra 1991, I, pp. 89-176; R. BUTTIGLIONE, *El pensamiento de Karol Wojtyla*, cit., pp. 168 y ss. y J. M. BURGOS (ed.), *La filosofía personalista de Karol Wojtyla*, Palabra, Madrid 2007.

2. «Yo quiero algo»: la estructura esencial de la libertad

La estructura esencial de la libertad puede resumirse en la expresión: «yo quiero algo». Por la libertad, en primer lugar, elijo un objeto, un «algo» de los muchos que existen en el mundo. Pero ese «algo» no queda fuera de mí, sino que repercute sobre mi «yo» y lo modifica. Es más, en realidad, soy yo quien me modifico a mí mismo cuando realizo la acción de querer, cuando pongo en el mundo la acción «yo quiero». La libertad consta, pues, de elección y de autodeterminación y, al ser este último el aspecto más esencial, comenzaremos nuestro análisis por él[5].

a) La libertad como dependencia de sí: autodeterminación

a.1) Condiciones de la autodeterminación

Para comprender la autodeterminación resulta necesario partir de una serie de conceptos previos: el primero es el de *autoposesión*[6]. Autoposesión significa que la persona es dueña de sí, independiente y autónoma, y no está radicalmente a disposición de otro, sino de sí misma. La autoposesión da lugar al autodominio –entendido no en sentido psicológico sino estructural– y ambos, de manera conjunta, hacen

[5] Puede plantearse y de hecho se plantea la cuestión de si la voluntad y la libertad deben analizarse como entidades separadas o de modo unitario. En este texto, y siguiendo también a Wojtyla, no vamos a hacer un tratamiento diferenciado de la voluntad, sino que incluimos el dinamismo voluntario en el conjunto de la acción libre por el que la persona se autodetermina. La razón estriba en que el «quiero» de la voluntad se identifica en la práctica con el ejercicio de la libertad. En la persona no hay un querer voluntario que no sea libre. Por eso, una opción posible –y es la que nosotros hemos adoptado– es estudiar ambos aspectos unitariamente en el mecanismo de la autodeterminación electiva.

[6] «Persona es quien se posee a sí mismo» (K. WOJTYLA, *Persona y acción*, cit., p. 168).

posible la *intimidad:* yo soy mío, y por serlo y para poder serlo tengo un espacio propio en el que vivo y habito, y en el que decido de mi destino. Según Yepes, la intimidad es «un *espacio interior* que nadie puede poseer si uno no quiere, y en el cual yo estoy, de algún modo, a disposición de mí mismo. Soy independiente, autónomo, puedo entrar dentro de mí, y ahí nadie puede apresarme, ni quitarme la libertad. Se trata de un espacio interior inviolable, que puede definirse entonces como un *poseerse en el origen, ser dueño de uno mismo,* y, en consecuencia, de las propias manifestaciones y acciones»[7].

La *tortura* consiste precisamente en el intento de violar esa intimidad, de romper este autodominio y esta autoposesión para someter al hombre a otra voluntad, la del torturador. Pero esa autoposesión es tan radical que estrictamente hablando nunca puede romperse. Ya lo dijo Cervantes por boca de Don Quijote: «Bien sé que no hay hechizos en el mundo que puedan mover y forzar la voluntad, como algunos simples piensan; que es libre nuestro albedrío, y no hay yerba ni encanto que le fuerce»[8]. Pero sí que es posible, sin embargo, someter a la persona a tal grado de violencia que o bien no sea capaz de resistirla y ceda a los deseos del torturador o quebrante de tal modo su estructura psicológica que pierda, desde el punto de vista ejecutivo, el autodominio y la responsabilidad. Lo que se rompe entonces no es la estructura constitutiva por la cual la persona se autoposee, sino los niveles físicos o psicológicos mediante los cuales esa estructura se manifiesta y expresa.

---

[7] R. YEPES, *Fundamentos de antropología,* cit., p. 160.

[8] M. DE CERVANTES, *Don Quijote de la Mancha,* cap. XXII. Marías ha remarcado «la enérgica reivindicación cervantina de la *libertad*» (J. MARÍAS, *La educación sentimental,* cit., p. 129, y también *Cervantes clave española,* Círculo de Lectores, Barcelona 1994).

a.2) Características de la autodeterminación

Pues bien, es precisamente este dominio de la persona sobre sí misma el que hace posible la dimensión esencial de la libertad: la autodeterminación. «Todo 'querer' verdaderamente humano, indica Wojtyla, es precisamente autodeterminación (...) y presupone estructuralmente la autoposesión. En efecto, se puede decidir solo de lo que realmente se posee. Y puede decidir solo quien posee. El hombre decide de sí mediante la voluntad puesto que se posee a sí mismo»[9]. En este decidir sobre sí mismo consiste esencialmente la libertad pero esa decisión se activa en las acciones concretas. Cuando quiero algo, elijo una opción, pero lo que hago fundamentalmente es tomar una decisión sobre mí: ser profesor o periodista, trabajar, descansar, jugar, amar u odiar, son decisiones sobre el mundo pero son, sobre todo, decisiones sobre mí y sobre mi destino.

Una de las primeras consecuencias de entender la libertad como autodeterminación es que *impide entender la voluntad meramente como una facultad.* Una facultad es una determinada capacidad de acción y la voluntad lo es. Pero la voluntad libre no es solo eso, sino mucho más, es la capacidad que tiene la persona de autodeterminarse como consecuencia de su autodominio. No es, por tanto, una mera propiedad de los actos de la persona y ni siquiera de la persona en cuanto tal, sino un modo de ser. Otra consecuencia importante y a la vez sorprendente es que, en contra de la interpretación más habitual, la libertad no consiste en independencia sino en su contrario, en la dependencia, pero no de los objetos sino de sí mismo. *La persona es libre porque depende de sí misma* y depende de sí misma porque se autoposee. «En abstracto, la libertad es independencia, falta de dependencia. Pero, al contrario, la falta de depen-

[9] K. WOJTYLA, *Persona y acción*, cit., p. 168. Cfr. también en este sentido R. GUARDINI, *Persona e libertà. Saggi di fondazione sulla teoria pedagogica*, La Scuola, Brescia 1987, pp. 97 y ss.

dencia del 'yo' en la dinamización de un sujeto concreto equivale a la falta de libertad, a la falta de su fundamento real»[10].

Curiosamente, *el aspecto autorreferencial de la libertad, que es el principal, ha sido, sin embargo, el más descuidado.* «En la tradición filosófica y psicológica, este 'quiero' se ha examinado probablemente de manera excesiva desde el punto de vista del objeto externo, considerado por tanto de un modo excesivamente unilateral como 'quiero algo' y quizá no lo suficiente desde el punto de vista de la objetividad interna, como autodeterminación, como simple 'quiero'»[11].

La literatura a veces también ha seguido la misma tendencia, pero no siempre. *El Señor de los anillos*[12], por ejemplo, es un maravilloso canto a la libertad; también a la libertad autorreferencial. El anillo de Sauron, que simboliza y encarna el poder al que aspiran todos los seres, impone siempre una elección radical: por o contra el anillo. Pero todos saben que no están eligiendo simplemente un objeto, sino que se enfrentan a algo mucho más profundo: la decisión sobre su destino: las sombras de Mordor o la luz de Rivendel. Optar por la posesión del anillo es optar por la oscuridad, pero no solo por la externa, sino también por la interna porque supone pasarse al lado oscuro, decidir que a partir de ese momento no sólo se quiere vivir en la oscuridad, sino, de algún modo, ser también oscuridad. Y optar por la destrucción del anillo significa, al contrario, decidir que se quiere seguir en la luz, que se quiere ser verdadero luchando en el lado de la verdad a pesar de los sufrimientos o de las dificultades que ello pueda comportar.

Una última cuestión que conviene indicar es que *la capacidad de autodeterminación humana es limitada.* El hombre no

---

[10] K. WOJTYLA, *Persona y acción*, cit., p. 183.

[11] *Ibíd.*, p. 175.

[12] Cfr. J. R. R. TOLKIEN, *El Señor de los anillos*, Minotauro, Barcelona 2001.

puede rehacerse completamente a su voluntad porque la naturaleza humana no es modificable: no puedo volar, no puedo vivir doscientos años, no puedo dejar de ser hombre. Podría objetarse que estos límites no tienen su origen en la libertad, sino en la corporalidad, que es la que restringe las posibles opciones de mi voluntad. Pero esto no es completamente cierto. La corporeidad no es un peso para la libertad sino, al contrario, el medio imprescindible para que esta pueda expresarse. Nado, corro, pienso y vivo gracias a mi cuerpo, que es, por tanto, la condición de posibilidad de mi libertad. Otra cuestión es que mi estructura corporal sea limitada y me constriña a un abanico de posibilidades que no puedo traspasar; pero, sin ese cuerpo, la libertad simplemente no existiría. En definitiva, mi libertad es autodeterminación posibilitada por mi estructura personal (corpórea, psíquica y espiritual) y, al mismo tiempo, limitada por ella.

b) La libertad como independencia de los objetos: elección

b.1) El dinamismo voluntario-electivo

La autodeterminación se puede definir como la dimensión vertical de la libertad. El «quiero» vertido sobre uno mismo que profundiza y eleva mi ser es, en ese sentido, vertical. Ahora hemos de considerar el otro aspecto de la libertad que, por contraste, lo podemos identificar con la dimensión horizontal: quiero «algo», un objeto, cosa o persona que está delante de mí, enfrente y fuera. Es decir, la elección[13].

[13] Clásicamente, la libertad de elección se divide en: 1) libertad de *ejercicio* (hacer o no hacer: dominio sobre la acción en cuanto tal); 2) libertad de *especificación* (elegir esto o aquello: dominio sobre el objeto de la acción). En la libertad de ejercicio puede intuirse una referencia a la autodeterminación pero solo de carácter leve por cuanto realmente el sujeto, el yo, apenas aparece en esta clasificación que está centrada en la acción y en el objeto.

La dimensión electiva de la libertad, aunque es inseparable de la autodeterminación, tiene una estructura prácticamente opuesta. Ante todo, es siempre *intencional*, es decir, se ejercita sobre un objeto concreto. Siempre que elijo, elijo algo, no tiene sentido una elección sin objeto[14]. Además, aunque también es libre, lo es en un sentido muy diferente de la autodeterminación. La libertad de la autodeterminación consistía en la dependencia de sí; la libertad de la elección, por el contrario, consiste en la *independencia del objeto.* Soy libre porque ningún objeto, por muy elevado o hermoso que sea, me determina a elegirlo. Elijo lo que quiero. Wojtyla lo ha sintetizado de manera muy gráfica en una frase que refleja la experiencia interior que todos poseemos y que nos dice: «puedo, pero no estoy obligado». Ningún objeto me obliga a actuar.

Por contraposición, la efectiva elección de un objeto pone de relieve otra característica de la libertad: *su procedencia causal del yo.* Una elección implica la causación de una acción por la que el sujeto, libremente, se dirige hacia el objeto y se apropia de él de una u otra forma. Y solo si tenemos conciencia de que la acción se produce en nuestro interior, de que somos su origen porque la hemos causado nosotros, hablamos de una acción libre. Por eso resulta mucho más adecuado describir la acción voluntaria como *respuesta* a un bien que como mera *tendencia* a un valor porque, aunque esta segunda descripción refleja un aspecto real del dinamismo voluntario, pone en sordina el aspecto esencial: que se trata de una tendencia *libre,* es decir, causada por la voluntad y procedente del sujeto[15].

---

[14] Objeto se entiende aquí en sentido técnico, es decir, como realidad externa (ob-jectum) no en el sentido de cosa. Objeto es cualquier realidad que yo elijo.

[15] Por esta razón, Wojtyla indica que la descripción de la voluntad como «apetito racional» puede presentar problemas ya que «el término 'apetito' en nuestro sentido lingüístico parece indicar exclusivamente lo que 'sucede' en el hombre y que, por lo tanto, no está en la esfera de las decisiones conscientes. También por eso la expresión 'apetito racional' resulta bas-

El reverso de la causalidad es la *responsabilidad.* Soy responsable de mis acciones por el simple hecho de que son mías, porque yo las he puesto en la existencia. Sin mí no habrían surgido y por eso soy responsable: son *mis* acciones. Resulta claro así que no hay ningún hiato ni separación entre libertad y responsabilidad, sino que son dos caras de la misma moneda. Ser libre es hacer surgir acciones a partir del yo, y ser responsable es constatar que esas acciones han surgido de mi interior, es decir, que son mías[16].

b.2) El problema del determinismo

Curiosamente, y pesar de que la libertad de elección es un hecho que experimentamos todos los días, no han faltado quienes han negado su realidad por diversos motivos[17]. El *determinismo,* en concreto, *consiste en postular una primacía del objeto sobre el hombre.* Partiendo del hecho irrefutable de que siempre elegimos por algún motivo, algunos filósofos han concluido que el hombre estaría determinado por el motivo de la elección y, por tanto, no sería libre. La libertad sería mera apariencia: un autoengaño sin base real. Existen diversos tipos de determinismo según se considere una u otra causa como determinante de la voluntad: los condicionantes sociales, la base genética, la psicología, los impulsos del placer, etc., pero todos coinciden en el punto clave: la subordinación de la voluntad al objeto de elección[18]. Un ejemplo: si a mí me gustan los dulces,

---

tante extraña, casi como una contradicción interna, lo que no parece suceder en la expresión latina 'appetitus rationalis' por el carácter más neutro de 'appetitus'» *(Persona y acción,* cit., p. 193).

[16] Una cuestión diversa es la actitud *ética* que se adopte. A pesar de ser intrínsecamente responsable de mi actividad, puedo desentenderme de mis actos en la práctica convirtiéndome así en un sujeto *éticamente* irresponsable.

[17] Hume, por ejemplo, rechaza la idea de causalidad y con ello elimina automáticamente la libertad. Cfr. D. HUME, *Enquires concerning the human understanding and concerning the principles of moral,* cit., cap. VI-VIII.

[18] Un lúcido análisis de toda esta problemática lo realiza J. DE FINANCE, *Ensayo sobre el obrar humano,* Gredos, Madrid 1966, pp. 257-295.

y especialmente los turrones, estoy *determinado* por ellos. En realidad, no soy yo quien elijo a los turrones sino que, en cierto sentido, ellos me eligen a mí. Y la prueba experimental vendría dada por que cada vez que hay turrones los elijo. Se trata, evidentemente, de un ejemplo prosaico, pero lo podemos generalizar de una manera más consistente ampliándolo al principio del placer y del dolor. Un determinismo que se base en este principio establece que elegiré siempre aquello que me proporcione más placer y me ahorre más dolor.

El determinismo estuvo especialmente de moda en el siglo XIX y principios del XX pero ahora se trata más bien de una argumentación teórica defendida por pocos y con escaso peso social. Por eso solo apuntaremos las dos reflexiones que nos parecen más esenciales. El primer punto es que el determinismo tiene razón en una cuestión, que el objeto *condiciona* la libertad. Si no es Navidad y no hay turrones no puedo elegirlos, y si soy goloso y me ponen turrones delante es muy probable que me los acabe comiendo. El objeto condiciona la elección puesto que estoy inevitablemente influido por el abanico de posibilidades que me encuentro o al que soy capaz de acceder. Si volvemos a Tolkien, comprobamos que el anillo de Sauron y el poder que encarna determina y condiciona la vida de todos los seres de la Tierra Media. Frodo, el pequeño héroe, desearía vivamente no haberse encontrado nunca con el anillo, y el mago Saruman y la criatura Gollum, por el contrario, darían su vida por tenerlo en su poder. En cualquier caso, su vida queda marcada por la existencia del anillo, por su poder y por su atracción. Pero la cuestión es que, al afirmar esto, ni siquiera hemos tocado la esencia de la libertad. Esto es lo que el determinismo no ve y que, sin embargo, Tolkien refleja admirablemente.

El anillo puede atraer de una manera casi irresistible, pero en este *casi*, pequeño e imperceptible, es donde se juega la esencia de la libertad. Porque, por muy poderoso que sea el anillo, no lo es tanto como para forzar la libertad de nadie. Es cada uno quien decide al final y Tolkien parece que se complace en colocar a cada uno de sus personajes frente al anillo, a Gandalf y a Galadriel, al abuelo hobbit y a Boromir para obligarles a tomar esa decisión. Pero nadie es elegido por el anillo sino que cada uno de los personajes lo elige o lo rechaza mediante una acción propia que surge de las profundidades de su yo y en la que nadie les puede sustituir.

En definitiva, y volviendo a nuestro problema, el determinismo acierta en un hecho accidental, el condicionamiento de la voluntad, pero se equivoca en lo esencial al no darse cuenta de lo más importante, que *la acción voluntaria libre* procede de la persona porque ella la origina y la *causa.* En otras palabras, confunde la causa real con la condición[19] y, al eliminar la causalidad, cancela también de un solo golpe la responsabilidad y la moralidad. Isaiah Berlin ha visto este punto con especial lucidez. Si el determinismo fuera cierto, afirma, habría que cambiar radicalmente nuestra concepción del mundo tal como lo conocemos puesto que conceptos tan esenciales como justicia, libertad, moralidad, responsabilidad, etc., tendrían un sentido totalmente distinto del que se les concede habitualmente o, mejor dicho, no tendrían ninguno. Ahora bien, añade con mordacidad, «la manera de obrar que tienen, en realidad, los que lo defienden (el determinismo) y su reluctancia a enfrentarse con lo que en ese caso les costaría la unidad de teoría y práctica indican que por el momento no hay que tomar demasiado en serio a esta defensa teórica»[20].

c) La libertad como dependencia de sí a través de los objetos: decisión

Por último, debemos considerar cómo se dan de manera simultánea, imprescindible y unitaria la autodetermina-

[19] K. Wojtyla, *Persona y acción*, cit., p. 205.

[20] I. Berlin, *Cuatro ensayos sobre la libertad*, cit., p. 32.

ción y la elección en el momento clave de la libertad al que denominaremos *decisión*.

El proceso es el siguiente. Cuando yo decido realizar una determinada acción:

1) elijo una opción posible entre muchas otras (elección, dimensión intencional);

2) al elegir, dispongo de mí mismo en relación a esa opción concreta y me autodetermino en una dirección determinada.

Si, por ejemplo, decido algo tan simple como comer una manzana, estoy eligiendo una opción entre otras posibles. La primera de ella sería comer o no comer o bien comer una pera en vez de una manzana. Esta es la dimensión intencional-horizontal. Pero, aunque a primera vista no lo parezca, también estoy decidiendo sobre mí mismo. He elegido una manzana porque me gustan las manzanas y he decidido darme un capricho o porque me conviene por motivos intestinales o, simplemente, porque tenía hambre y es lo que me caía a mano. En cualquier caso, el hecho esencial es que decido sobre mí decidiendo sobre el objeto. Y lo mismo sucede en decisiones más trascendentes. Al elegir una profesión, opto entre el conjunto de trabajos posibles pero, simultáneamente, estoy disponiendo de mí mismo en relación al futuro y estableciendo lo que voy a ser: profesor, ingeniero o dibujante.

Por último, es importante advertir que la existencia de las dos dimensiones de la libertad no es accidental en el sentido de que, de hecho, existen, pero podrían no darse. *La libertad real, por el contrario, solo es posible gracias a la existencia simultánea de ambas* ya que cada una de ellas hace posible a la otra.

La autodeterminación es posible porque existe la libertad de elección, es decir, porque mi voluntad es independiente de los objetos. Si mi voluntad dependiera totalmente del objeto intencional no podría ejercitar mi autodominio. Si, volviendo a los ejemplos que hemos empleado, estuviera completamente determinado a comer peras, el ámbito de la comida estaría excluido de mi autodominio. Siempre tendría que comer peras, independientemente de mis deseos. De igual modo, si estuviera determinado a ser arquitecto, nunca podría determinar libremente mi futuro profesional. No podría decidir lo que yo quiero ser en el ámbito del trabajo. A su vez, la independencia de los objetos del querer es posible gracias a la autoposesión. Yo no dependo necesariamente de ningún objeto porque dependo fundamentalmente de mí. Al poseerme a mí mismo no soy poseído por nada, no dependo radicalmente de nada, soy independiente y, por eso, puedo elegir aquello que yo decido.

d) Sobre el objeto de la voluntad: las nociones de bien y valor

Vamos a hacer ahora una breve mención a las dos manifestaciones bajo las que se puede presentar el objeto de la voluntad: el bien y el valor. Clásicamente, la voluntad siempre se ha asociado al bien, incluso por su misma definición. «Bien es lo que todos apetecen», afirma Aristóteles[21]. Sin embargo, en los últimos siglos ha adquirido relevancia la noción de valor llegando incluso a desplazar a la de bien[22]. ¿Por qué ha ocurrido esto? La razón fundamental, en el aspecto que estamos considerando, es que el valor potencia el carácter personal y subjetivo del bien, algo que la noción tradicional ha dejado un poco en sordina.

El bien, desde la perspectiva clásica, es lo que conviene a los entes. Cumple así una función esencial en la ética: mostrar que existe un orden objetivo al que la persona se tiene que adaptar para poder perfeccionarse y actuar correctamente. Si

21 ARISTÓTELES, *Ética a Nicómaco*, Libro I, 1.

22 Un breve resumen histórico de la noción de valor lo ofrece B. MONDIN, *L'uomo: chi è? Elementi di antropología filosofica*, Massimo, Milano 1989, pp. 307-312.

la persona sigue ese orden hace el bien y, en caso contrario, obra mal. Esta perspectiva es perfectamente correcta pero, en ocasiones, se ha extremado su carácter objetivo y universal dando lugar a una serie de problemas. Ante todo, se deja poco espacio explícito a la *libertad* ya que da la impresión de que ese orden objetivo es el mismo para todos o, en otras palabras, que existe un bien que perfecciona a la persona *independientemente* de quien sea esa persona concreta y de su proyecto vital. Pero este planeamiento es inadecuado. En multitud de cuestiones, y no solo irrelevantes, no hay un bien objetivo que la persona tenga que conocer y descubrir, sino que es ella misma, a través de su libertad, la que lo determina. Hay personas, por ejemplo, que tienen una vocación profesional muy específica que, por decirlo de algún modo, está esperando ser descubierta y aceptada, pero, en muchos otros casos, esto no es así. La profesión que se escoge es el resultado de multitud de opciones de muy diverso tipo que se van tomando a lo largo de la vida. El segundo aspecto negativo de esta posición es que tampoco explicita la relación vital de lo conveniente con la *subjetividad* de la persona, con el yo. El bien puede aparecer como algo que se impone desde fuera, como un orden que el sujeto tiene que aceptar y asimilar, le guste o no, pero que no surge de su interior ni le involucra vital y afectivamente.

Pues bien, la noción de valor se asienta y generaliza precisamente por su capacidad de responder a estos problemas. Veámoslo con algo de detalle. Ante todo, el valor se puede definir como un bien específico en cuanto asumido por una persona determinada en su universo vital y afectivo[23]. Y, desarrollando esta definición, tenemos los siguientes puntos:

a) Los valores son bienes específicos que tienen una relación directa con la vida de las personas: la familia, la

[23] Cfr. R. Yepes, *Fundamentos de antropología*, cit., pp. 136 y ss., F. Russo, *La persona humana*, cit., pp. 89-97 y J. Barraca, *La clave de los valores*, Unión Editorial, Madrid 2000.

educación, la seguridad, el amor, la belleza, la ecología, etc.

b) Están asumidos por la persona que considera que le benefician y constituyen algo valioso para su existencia[24].

c) Implican a la afectividad; se sienten como propios y su pérdida o consecución afectan al universo vital del sujeto.

d) Son criterios de acción. Nos movemos y esforzamos para conseguir los valores que consideramos relevantes en nuestra vida.

e) Varían de persona a persona. No todos tenemos los mismos gustos ni deseamos las mismas cosas ni tenemos la misma cultura. Cada persona se construye el universo de sus valores teniendo en cuenta muchos parámetros: la educación recibida, lo que está vigente en la sociedad, las experiencias personales y la huella que han dejado en nosotros, etc.

Los valores, así descritos, responden a los problemas que planteaba una visión excesivamente objetivista del bien: están abiertos a la libertad e implican personalmente al sujeto. Pero ahora, volviendo el calcetín del revés, podríamos plantearnos si esta descripción no presenta a su vez una serie de problemas y, en concreto, si no deja demasiado espacio al subjetivismo y al *relativismo.* Al fin y al cabo, si cada persona se construye su conjunto de valores, ¿no puede incluir los que desee basándose únicamente en sus preferencias? En la medida en que hemos definido al valor como un bien, esto no es posible; los valores son realidades (objetos, situaciones, personas, etc.) éticamente correctas[25]. Lo que sí es posible es que por deformación o por

---

[24] «Para que haya valor es preciso que sea reconocido y apreciado por el sujeto» (J. DE FINANCE, *Ensayo sobre el obrar humano,* cit., p. 83). Este autor propone una relación entre valor y bien similar a la que aquí se expone.

[25] En este sentido, precisa López Quintás que «*los valores son relacionales* pero *no meramente relativos.* Un valor es *relativo* al hombre si este decide lo

interés se generalicen actitudes o costumbres a las que se les llama valores y que, en realidad, son contravalores: la libertad entendida como un valor absoluto, la sexualidad considerada como mero instrumento de placer, etc. En estos casos es cuando la noción de bien muestra toda su utilidad puesto que recuerda que la persona tiene una naturaleza específica no manipulable que le impone unas líneas generales de actuación ética que no están completamente al arbitrio de su voluntad. Bien y valor, por tanto, son dos nociones que se complementan ya que ponen de relieve aspectos diversos de los motivos que impulsan al hombre en su búsqueda de la felicidad.

3. La autorrealización de la persona a través de su libertad

Hasta ahora hemos visto la libertad en su esencia, en su estructura antropológica. Pero la libertad no es solo esencia, tiene un marco concreto de realización y unas condiciones personales que la favorecen o la entorpecen. Si estoy en la cárcel, mi libertad esencial no cambia, pero soy menos libre: necesito espacio, aire, luz, sol y, por tanto, ansío la libertad. Si soy drogadicto tampoco dejo de ser libre pero de hecho dependo de una droga; mi libertad está erosionada, carcomida y soy menos libre. Si soy eficiente o virtuoso, por el contrario, puedo hacer más cosas, llegar a más, lo cual implica que, de algún modo, mi libertad crece. En definitiva, mi libertad afecta a mi vida y las condiciones en las que vivo afectan a mi libertad. Estos son los aspectos que debemos considerar para completar

que es valioso o anodino. Un valor es *relacional* si su modo de ser consiste en impulsar la acción del hombre hacia una meta elevada» (A. LÓPEZ QUINTÁS, *Inteligencia creativa*, cit., p. 453). Sobre la jerarquización de los valores cfr. *ibíd.*, pp. 450-458.

[26] Sigo aquí fundamentalmente a R. YEPES, *Fundamentos de antropología*, cit., pp. 169 y ss. Cfr. también A. LÓPEZ QUINTÁS, *El amor humano*, cit., pp. 105-127.

nuestra exposición de este tema[26]. Comenzaremos analizando cómo las decisiones que adopto día a día configuran mi personalidad y mi proyecto vital y lo haremos, en primer lugar, desde una perspectiva global a la que hemos denominado existencial para después referirnos al aspecto específicamente ético.

a) La autorrealización existencial

La libertad, al ser disposición de nosotros mismos –autodeterminación–, nos va modificando a lo largo de nuestra existencia, o, dicho de otro modo, nos modificamos a nosotros mismos a través de la libertad. Como dice S. Gregorio de Nisa, «cada uno de nosotros se hace por propia decisión... y somos en cierta forma nuestros propios padres, puesto que nos hacemos a nosotros tal cual deseamos»[27].

Ante todo, las elecciones conforman nuestra *identidad personal:* elegimos una profesión u otra, nos empeñamos en una u otra tarea, viajamos a este o aquel país, trabajamos con esfuerzo o no lo hacemos. Todo esto conforma poco a poco lo que somos a partir de dos elementos: lo que somos al nacer y lo que recibimos del ambiente, y el *proyecto de vida* que hemos elaborado y que constituye nuestro punto de referencia en la toma de decisiones. Somos algo, pero queremos ser más y ser distintos y ese es el camino que recorremos gracias a la libertad.

Las elecciones conforman también nuestro *ámbito vital:* la profesión configura nuestro entorno de trabajo y nuestras relaciones sociales; la ciudad (y el país) en la que vivimos también nos afecta en múltiples cuestiones (desplazamientos, cansancio, posibilidades de progresar o, por el contrario, limitaciones a nuestras capacidades); el grupo de amigos es esencial en nuestra vida y lo elegimos nosotros, al igual que la familia

[27] S. GREGORIO DE NISA, *Vita Moysis*, PG XLIV, 327b.

que hemos creado o en la que vivimos. Todo este cúmulo de circunstancias depende, al menos en cierta medida, de las decisiones que tomamos y estas, una vez adoptadas, condicionan a su vez las decisiones futuras porque configuran nuestro marco de relaciones: si me he casado y soy padre soy distinto de como era antes y las decisiones que tome en el futuro estarán condicionadas por este hecho. De igual manera, depende de mí elegir profesión pero esa decisión me condicionará. La libertad crea así el *carácter narrativo de la existencia*, es decir, el hecho de que para comprender a una persona es preciso saber su pasado porque el hombre no es algo meramente dado y fáctico, sino una biografía y una historia que se ha forjado a base de decisiones[28]. Esto significa, desde otro punto de vista, que no se puede identificar decisión y compromiso con limitación de posibilidades. *La esencia del compromiso no es la limitación de la libertad sino el posicionamiento vital:* cierra unos caminos, pero abre otros[29]. Si decido casarme, por ejemplo, y me comprometo en la creación de una familia, me impongo, evidentemente, una serie de limitaciones pero también creo un nuevo ámbito de libertad y de desarrollo que quien no ha tomado esa decisión no posee.

Elegir, por otro lado, significa *apostar, correr un riesgo.* Nadie me asegura que mis elecciones sean adecuadas o correctas, o que lleven de hecho a la meta prefijada. Por eso, el despliegue existencial de la libertad está siempre ligado a la felicidad

[28] «Como nos orientamos necesariamente hacia el bien, determinamos nuestro lugar en relación a él y con ello determinamos la dirección de nuestras vidas, tenemos que entender ineludiblemente nuestras vidas de forma narrativa, como una búsqueda. Pero podríamos partir tal vez desde otra idea: como tenemos que determinar nuestro lugar en relación al bien, no podemos dejar de orientarnos hacia él, y por ello hemos de ver nuestra vida como una historia» (Ch. TAYLOR, *Sources of the Self*, Cambridge University Press, Cambridge 1990, pp. 51-52).

[29] «El hombre se hace día a día por su libertad; pero *la libertad de ayer pesa sobre la libertad de hoy*, y esta prefigura y modifica la de mañana» (J. MOUROUX, *Sentido cristiano del hombre*, cit., p. 212).

o a la frustración en la medida en que me acerco o me alejo de mi proyecto vital: tengo la casa que quiero o no la tengo; me he casado con la persona adecuada o me he equivocado y ahora me encuentro en una situación dramática; quiero ascender profesionalmente y lo consigo o bien no soy capaz. Aquí está la parte dramática de la vida, el riesgo y la inevitabilidad de la libertad que los existencialistas remarcaron con tanta fuerza. Soy libre aunque no lo quiera y estoy condenado a elegir porque mi destino depende de unas decisiones que inexorablemente tengo que tomar ya que no decidir es también una decisión.

Sin embargo, en la vida cotidiana, este carácter dramático no resulta tan frecuente. Al contrario, nuestra vida puede ser, incluso más de lo que desearíamos, vulgar y anodina, corriente. Pero que la rutina tenga un sentido o se haga odiosa depende, sobre todo, de la existencia de un proyecto vital definido (meta, ideal, vocación) que oriente y dé sentido a las elecciones diarias. Si tengo claro lo que quiero ser, si mi vida tiene un proyecto y un sentido (al menos a grandes rasgos), mis decisiones cotidianas serán los pasos del camino que me conduzcan a esa meta. Por el contrario, la falta de un proyecto de vida puede dar a la existencia un tinte triste y vacío, desesperanzado. Elijo porque no me queda otra opción, porque hay que seguir adelante hacia un destino que desconozco y que puede que ni siquiera me interese.

Esta falta de sentido último afecta cada vez con más fuerza a los hombres de nuestro tiempo y conduce a una *paradoja:* la coexistencia de un ámbito vital muy perfecto y desarrollado –buenas condiciones de trabajo y económicas, casas amplias y acogedoras, relaciones sociales satisfactorias (al menos a nivel superficial), etc.– con la carencia de un proyecto vital con una dimensión *última*, es decir, trascendente. El resultado es que muchas personas saben perfectamente qué hacer con su vida de cada día y a dónde quieren llegar profesional y quizá humanamente pero no saben cuál es el sentido último de su existencia, es decir, para qué viven de manera *radical.* Y esta carencia, a corto o a largo plazo, acaba minando y debilitando el impulso que les mueve pues se actúa y se vive, quizá de manera extremadamente eficaz, pero con una insatisfacción profunda de fondo. Aquí se encuentra un elemento importante para comprender el aumento de los problemas emocionales o de algunas depresiones[30]. La solución pasa necesariamente a través de un reforzamiento del sentido religioso ya que la razón última de la vida solo se encuentra en una referencia trascendente (cfr. cap. 15.1).

b) La autorrealización ética

Dentro del despliegue existencial de la libertad hay una parte especialmente importante que es la *dimensión moral.* El hombre, al actuar, se plantea el dilema de la elección entre el bien y el mal, y esa decisión, por el carácter autorreferencial de la libertad, recae también sobre el sujeto. Al elegir el bien o el mal, no solo actúa bien o mal, sino que el hombre *se hace bueno o malo,* modifica su ser moral mediante el ejercicio de la libertad[31].

Ante todo modifica su ser a través de *acciones concretas.* Si elijo robar sabiendo que no debo hacerlo, actúo contra mi conciencia y, por lo tanto, hago el mal. Pero el mal no queda fuera de mí como si fuera meramente externo –el robo (dimensión horizontal-intencional de la libertad)–, sino que entra a formar parte de mí, haciéndome, de algún modo, malo (dimensión vertical de la libertad). Lógicamente, no me hago

[30] «Alrededor del 20% de las neurosis están condicionadas y causadas por un sentimiento de carencia de sentido, que yo denomino el vacío existencial» (V. FRANKL, *Psicoanálisis y existencialismo,* FCE, México 1987, p. 32; cfr. también V. FRANKL, *Ante el vacío existencial,* Herder, Barcelona 1997).

[31] Este tema corresponde, fundamentalmente, a la ética por lo que aquí solo lo esbozamos.

malo de modo absoluto; puedo anular esa decisión, devolver lo robado, pedir perdón y, entonces, la libertad actúa en mí de modo contrario, deshaciendo la deformación que había forjado en mí mismo.

Pero ¿qué sucede cuando tomo muchas decisiones en una misma dirección? Lo que ocurre es que me autodetermino de manera *estable* para actuar en un determinado sentido, bueno o malo, es decir, desarrollo lo que clásicamente se denomina *virtudes* (hábitos operativos buenos) o *vicios* (hábitos operativos malos)[32]. Si en vez de robar una vez lo hago de manera habitual me convierto en ladrón y eso significa que mi estructura ética se deforma establemente (vicio) de manera que tiendo a robar de manera «natural»[33]. ¿Se pierde aquí la libertad? En sentido estricto, no. El ladrón roba porque quiere, pero tiene, por decirlo de algún modo, una *libertad deformada o disminuida* que le impulsa a obrar mal y que le dificulta obrar bien. Hay una pérdida de libertad ligada a una disminución del dominio de sí, lo que normalmente se conoce como ser «esclavo de las pasiones». Una persona que actúa mal de manera habitual acaba disminuyendo el control de sí mismo y siendo «esclavo» de aquello que desea.

---

[32] Cfr. TOMÁS DE AQUINO, *S. Th.*, I-II, q. 55, a. 3. Abbà y McIntyre, entre otros, han realizado recientemente contribuciones importantes a la teoría de las virtudes. Cfr., en particular, G. ABBÀ, *Lex et virtus. Studi sull'evoluzione della dottrina morale di san Tommaso d'Aquino*, LAS, Roma 1983, G. ABBÀ, *Felicità, vita buona e virtù. Saggi di filosofia morale*, LAS, Roma 1989 donde se aporta, además, abundante bibliografía sobre el debate en curso entre la ética del deber y la ética de las virtudes, y A. MCINTYRE, *Tras la virtud*, Crítica, Barcelona 1987.

[33] El carácter autodeterminativo de las virtudes lo explica la tradición filosófica indicando que constituyen como una «segunda naturaleza» que se superpone a la naturaleza básica de la persona y la impulsan a actuar en una dirección determinada ya que, como es sabido, la naturaleza es el principio de operaciones. Un preciso y precioso análisis de algunas virtudes se puede encontrar en J. PIEPER, *Las virtudes fundamentales* (2ª ed.), Rialp, Madrid 1980.

También aquí podemos recurrir a Tolkien. El anillo mágico constituye el punto de inflexión de la libertad. Si no cedo a su atracción, mantengo mi autodominio y mi capacidad de decisión intactos. En cambio, si cedo y me rindo a su poder, acabo siendo esclavo del anillo y, por tanto, de Sauron. A partir de entonces, el anillo (es decir, Sauron) me dictará lo que debo hacer. Teóricamente siempre tengo la posibilidad de rebelarme, pero en la práctica cada vez será más difícil porque la permanencia en el lado oscuro me debilita y me esclaviza. La criatura Gollum representa quizá el ejemplo por excelencia. Cuando Gollum encontró al anillo pudo decidir y lo hizo: optó por el anillo. Pero, poco a poco, el anillo consumió su voluntad y su ser hasta que la vida de Gollum se identificó con la búsqueda y posesión del anillo: «mi vida, mi tesoro».

Algo similar, aunque de modo especular, sucede cuando una persona desarrolla una virtud. Si ayudo habitualmente a los demás me convierto en una persona solidaria y entonces me resulta más fácil actuar con generosidad porque mi ser se encuentra orientado ya en esa dirección. Al igual que en el caso anterior no hay pérdida de libertad. Siempre se actúa porque se quiere. Aquí, al contrario, se debe hablar más bien de un desarrollo y perfeccionamiento de la libertad que me lleva a disponer de mí mismo de tal modo que me perfecciono éticamente y ayudo a los demás de modo constante y habitual[34].

4. Las condiciones sociales de la libertad

La libertad es una realidad eminentemente personal, pero como no somos islas perdidas ni náufragos sin relaciones, tiene

[34] «Los hábitos son sobreelevaciones intrínsecas de la espontaneidad viva, desarrollos vitales que hacen mejor al alma en un orden dado y que la llenan de una savia activa: *turgentia ubera animae,* como los denomina Juan de Santo Tomás» (J. MARITAIN, *Art et scolastique,* Oeuvres Complètes, vol. I, p. 628).

una importante vertiente social. Alguno de esos aspectos, como los sistemas de gobierno, corresponden fundamentalmente a la teoría política, pero otros tocan, si no de lleno, al menos de manera relevante, a la antropología: ¿Cuáles son las condiciones sociales adecuadas para poder decir que soy realmente libre? ¿Qué sucede cuando mi libertad choca con la del vecino? ¿Se debe admitir cualquier decisión libre por el hecho de proceder de una persona? Son cuestiones clave que afrontaremos agrupándolas en dos grandes temas: las condiciones sociales que se requieren para ejercitar de manera digna y adecuada la libertad y los problemas principales que ese ejercicio comporta[35].

a) Condiciones sociales para el ejercicio de la libertad

a.1) Capacidad de ejercitar las libertades fundamentales

En primer lugar, la sociedad *debe permitir el ejercicio* de la libertad en sus diferentes dimensiones: expresión, desplazamiento, educación, libertad religiosa[36], etc. Solo si la ley permite que las personas puedan decidir libremente en estos aspectos fundamentales se está en una sociedad libre. En las sociedades democráticas actuales, el derecho a ejercitar estas libertades está recogido en las Constituciones y leyes de la sociedad. Y la ONU, como es sabido, hizo en el año 1948 una Declaración que recoge los derechos fundamentales del hombre; derechos que debe asumir cualquier ordenamiento jurídico que legisle teniendo en cuenta la dignidad de la persona.

---

[35] Volveremos sobre este tema desde otra perspectiva en el cap. 13.

[36] Los principios esenciales de la libertad religiosa se encuentran formulados ya por Locke quien afirma: «la tolerancia hacia los que disienten de otros en religión es algo tan conforme al Evangelio y a la religión que resulta monstruoso que haya hombres ciegos a tanta luz» (J. LOCKE, *Lettera sulla tolleranza*, La Nuova Italia, Firenze 1971, p. 8). Sobre la libertad religiosa como distinta de la comprensión antigua de la tolerancia entendida como mal menor cfr. A. de FUENMAYOR, *La libertad religiosa*, Eunsa, Pamplona 1974.

Si el sistema de gobierno no permite el ejercicio de estas libertades, entonces se trata de un gobierno tiránico de los que existen múltiples modalidades[37]. En algunos casos puede tener su origen en una acumulación de poder por parte de una persona o de un grupo (oligarquía); puede tener como fundamento un valor abstracto que se considera más relevante que las personas individuales: la religión en el caso de la teocracia, la revolución proletaria en el comunismo, la nación en las sociedades nacionalistas, etc. En cualquier caso, se trata de regímenes con una reglamentación jurídica injusta que limita o impide el ejercicio de los derechos y libertades personales, y justifica, por tanto, que los ciudadanos intenten cambiarla o eliminarla. En los casos extremos –tiranía exacerbada, invasión de un país–, esa lucha puede y debe usar todos los instrumentos posibles: movimientos de liberación o incluso la guerra.

a.2) El ejercicio de la libertad debe ser realmente posible

Pero para que exista libertad real no basta con que esté jurídicamente garantizada; *es necesario que se pueda ejercitar de hecho* y no esté limitada en la práctica. Esa limitación puede tener múltiples causas. Una de ellas puede ser simplemente *la carencia de medios materiales*. Por ejemplo, en un país muy pobre, la libertad de desplazamiento puede ser una mera utopía y estar muy limitada en la práctica si no hay medios para desplazarse o son tan rudimentarios que cualquier viaje está lleno de dificultades y obstáculos. Pero también, y es una segunda posibilidad, puede suceder que un gobierno use la restricción de medios materiales para coartar de forma solapada la libertad. Por un lado, puede afirmar ante sus ciudadanos, ante los gobiernos de otros países o ante los medios de comunicación que en su país hay un amplio sistema de libertades expresado

[37] A pesar del tiempo transcurrido, siguen siendo útiles e instructivas las descripciones aristotélicas de la tiranía y de las otras formas de gobierno. Cfr. ARISTÓTELES, *Política*, especialmente lib. 3-5.

en las leyes generales, pero luego impedir prácticamente el ejercicio real de esas libertades mediante procedimientos administrativos o dificultades de otro tipo que el ciudadano de a pie no puede superar. Por ejemplo, en muchos países comunistas, se afirmaba la libertad de desplazamiento a nivel de ley estatal pero luego se exigían pases o permisos especiales para ir a determinadas zonas que se concedían solo a quien interesaba. Y algo similar sucede hoy en bastantes países islámicos. Se afirma teóricamente la libertad de religión pero luego no se dan permisos para construir nuevas iglesias, se retrasa –incluso durante décadas– la posibilidad de reparar las ya existentes, se prohíben las conversiones[38], etc. La libertad queda entonces reducida a un mero espejismo.

Otro medio de impedir la libertad es limitar la capacidad de desarrollo de las personas contrarias al régimen que detenta el poder. Esta fue la actitud que adoptó Inglaterra durante su ocupación multisecular de Irlanda. La enseñanza superior estuvo reservada durante siglos solo a los protestantes y existía una única universidad para todo el país que era confesionalmente protestante: el *Trinity College*. Esto significaba en la práctica que los católicos, a menos que decidieran rechazar públicamente su religión, estaban condenados prácticamente al analfabetismo. Y, evidentemente, desde una condición social ignorante y analfabeta resulta muy difícil por no decir imposible ejercitar con eficacia los propios derechos y libertades.

b) El problema del control social de la libertad

La segunda cuestión que queríamos afrontar es el control social de la libertad. Y en primer lugar podemos plantearnos la necesidad de esta regulación. ¿No sería lo mejor que

[38] Cfr. C. LOURIEUX, *Cristianos en tierras del Islam*, Palabra, Madrid 2002.

cada uno actuara de acuerdo con sus convicciones? Este es el núcleo del ideal anarquista pero se trata de una utopía irrealizable y no solo por la maldad del corazón humano que daría la razón a Hobbes (*homo homini lupus*) frente a Rousseau. Hay muchos motivos y de mucho calado que imponen una regulación de la libertad. Veamos los más importantes.

1) *El mal uso de la libertad.* Hay personas que ejercitan su libertad de manera errónea: robando, asesinando, evadiendo impuestos, etc., y obligan a la sociedad a establecer mecanismos que lo impidan y lo desalienten. Estos medios pueden llegar incluso a la limitación de la libertad porque, aunque es un bien esencial, no es un bien absoluto. Como dijo Isaiah Berlin, «la libertad de los lobos frecuentemente ha significado la muerte de las ovejas»[39].

2) *Las elecciones personales pueden chocar.* En cualquier sociedad es inevitable que se produzcan enfrentamientos entre los deseos e intereses de personas diversas por lo que resulta imprescindible establecer una autoridad superior con capacidad para dirimir la cuestión y decidir. La existencia de un enfrentamiento, por otro lado, no implica necesariamente que una de las partes esté equivocada o actúe de mala fe. Ambas pueden mantener posiciones correctas y honradas pero enfrentadas. Un grupo de personas, por ejemplo, puede pensar que lo correcto y conveniente es talar un bosque para obtener madera y producir riqueza y trabajo en un determinado pueblo mientras que otro grupo puede oponerse por motivos ecológicos. Ambas posturas pueden ser razonables pero solo una de ellas es posible.

---

[39] I. Berlin, *Cuatro ensayos sobre la libertad*, cit., p. 53.

[40] El liberalismo ha insistido en este punto. Rawls, por ejemplo, afirma que «la pluralidad de personas distintas con sistemas de fines independientes es un rasgo esencial de las sociedades humanas» (J. Rawls, *Teoría de la justicia*, FCE, México 1978, p. 47), pero recalca tanto la autonomía y la independencia de las personas que la sociedad parece semejante a haber «naufragado en una isla desierta con un grupo de individuos a los que no conozco y que tampoco se conocen entre sí» (A. McIntyre, *Tras la virtud*, cit., p. 307).

3) *La pluralidad de costumbres y mentalidades*[40]. También se pueden producir enfrentamientos y divergencias por cuestiones más profundas: costumbres, visión de la vida ligados a la pertenencia a nacionalidades o religiones diferentes, etc. Resulta entonces imprescindible armonizar las libertades para que sea posible la vida en común.

4) Por último, el ejercicio correcto de la libertad puede chocar o *enfrentarse con otros valores esenciales:* la seguridad, la justicia, la tolerancia, etc. Entonces puede ser necesario limitarla para salvaguardarlos. En una situación de guerra, por ejemplo, se limitan automáticamente determinadas libertades, y actualmente se han planteado, y en algunos casos adoptado, medidas similares frente al terrorismo.

Todos estos problemas son constantes sociales que se repiten a lo largo de la historia por lo que el hombre ha intentado darles respuesta elaborando complejas estructuras sociales o sistemas de gobierno cada vez más sofisticados. Veamos ahora brevemente tres posibilidades fundamentales de afrontar la regulación de la libertad[41].

b.1) El permisivismo: exceso de libertad social

En las sociedades actuales, la libertad se valora mucho. Pero esta actitud resulta, en ocasiones, desproporcionada y conduce a lo que se denomina *permisivismo:* la tendencia a permitir cualquier tipo de conducta siempre que provenga de una decisión libre. El permisivismo parte de unos presupuestos correctos: la valoración de la libertad y el respeto a la pluralidad y a las decisiones de los demás pero tiene poco en cuenta tanto que las personas pueden emplear mal la libertad como que, en determinadas circunstancias, la libertad necesita ser orientada para que sus decisiones sean constructivas para el conjunto de la sociedad.

---

[41] El estudio detallado de esta cuestión corresponde a la filosofía política.

A veces, por ejemplo, resulta imprescindible prohibir y cortar determinados comportamientos (actos xenófobos y violentos, robos, etc.), y no hacerlo es un acto de cobardía y de inhibición. En algunos casos será fácil tomar esas medidas porque se trata de actitudes impopulares pero, en otras ocasiones, cuando se sepa que la medida va a contar con una fuerte oposición social o política, puede resultar fácil inhibirse para no crearse problemas o no desgastarse políticamente. Esto es lo que sucede en algunos países, por ejemplo, con una cuestión tan trascendental como la educación. Como resulta difícil defender un tipo de educación que comporte autoridad, existencia de reglas de comportamiento, exigencia académica, etc., se acaba adoptando una actitud pasiva e inhibitoria cuyo resultado inevitable es la caída del nivel de educación, el desprestigio de la autoridad, el aumento de la violencia en las aulas, etc.

b.2) El autoritarismo: la represión de la libertad

La opción contraria al permisivismo es el autoritarismo, que se caracteriza por privilegiar el principio de autoridad frente al de libertad. Lo importante para este sistema de gobierno es que la sociedad actúe de la forma establecida aunque sea bajo presión u coacción. El autoritarismo, en otras palabras, desconfía de la libertad (del súbdito, claro) y la limita y determina desde arriba las líneas de comportamiento sociales.

Existen diversos tipos de autoritarismo que van desde los sistemas paternalistas a los regímenes dictatoriales y represivos. El autoritarismo en cuanto tal se suele conformar con la obediencia del ciudadano. El *totalitarismo,* su versión más extrema, pretende, además, lograr la conformidad interna con las medidas impuestas por el dictador porque quiere evitar cualquier posibilidad de oposición o derrocamiento. El modo más eficaz de conseguirlo es lograr la identificación mental de los súbditos, es decir, que consideren que su sistema de gobierno es el adecuado. Y, por eso, en los regímenes totalitarios se suele conceder tanta importancia a la educación y el adoctrinamiento.

El *paternalismo*, que Kant consideraba algo exageradamente «el mayor despotismo imaginable», es, por así decir, la versión *light* del autoritarismo y consiste en limitar la capacidad de autodeterminación de la persona por considerarla menor de edad y, por tanto, incapaz de decidir su destino. Por ser la versión más suave del autoritarismo es compatible con la existencia de ámbitos restringidos de libertad que la autoridad «concede» generosamente siempre que no se traspasen determinadas reglas que ella mismo ha establecido. El paternalismo es incompatible, por el contrario, con el autogobierno responsable y maduro de una sociedad.

Todos estos sistemas parten de un principio verdadero (la necesidad social de la autoridad) pero son esencialmente injustos porque las personas tienen el derecho fundamental de vivir en libertad y la sociedad debe intentar restringirla lo menos posible. Algunos, de todos modos, se han planteado la viabilidad de un autoritarismo moderado. ¿No podría ser válido un autoritarismo en el que algunas personas rectas, sabias e interesadas en el bien común, rigieran los destinos de los demás? Puede parecer lógico, en efecto, a primera vista, que las personas sabias y rectas dirijan los destinos de los menos sabios –y ya lo propuso Platón en *La República*–, pero este planteamiento no resiste un análisis mínimamente profundo[42]. Porque, ¿quién determina cuáles son las personas sabias y rectas? es decir, ¿quién decide quién decide? Además: ¿quién determina lo que es justo para una sociedad? y ¿quién determina qué decisión se debe adoptar en aquellas cuestiones, que son la mayoría, en la que hay muchas decisiones correctas o posi-

[42] Dahl denomina «tutela» a este modo de gobierno y plantea con lucidez las aporías con las que se enfrenta. Cfr. R. DAHL, *La democracia. Una guía para los ciudadanos*, Taurus, Madrid 1999, pp. 81 y ss.

[43] Recordemos aquí la multiplicidad de la verdad práctica.

bles[43]? Y todo esto sin contar con la posibilidad de la corrupción porque, como señaló Lord Acton, «el poder tiende a corromper y el poder absoluto corrompe absolutamente»[44]. ¿Qué pasa, entonces, si una de las supuestas personas justas deja de serlo?

Desgraciadamente, la historia ha proporcionado demasiados ejemplos de las terribles situaciones a las que se puede llegar mediante el ejercicio descontrolado del principio de autoridad; por eso, las sociedades occidentales se han esforzado en desarrollar un sistema político que conjugue de una manera mucho más armónica la libertad y la autoridad: son los sistemas democráticos[45].

b.3) Libertad y autoridad: los sistemas democráticos

Los sistemas democráticos occidentales intentan conjugar los principios de libertad y autoridad sobre la base de la igualdad y dignidad de todas las personas. El principio de autoridad se establece en las leyes fundamentales como la Constitución mediante la afirmación de un conjunto de valores inviolables que son promovidos y defendidos por los Estados, que castigan también, si es necesario, su incumplimiento. Y, sobre esta base, se da un amplio margen al ejercicio de la libertad personal en sus diversas facetas: expresión, asociación, elección de las autoridades políticas, participa-

[44] Cfr. Lord ACTON, *Ensayos sobre la libertad y el poder*, Unión Editorial, Madrid 1999.

[45] La contribución de la Ilustración a la elaboración formal de los sistemas democráticas en su formato actual la refleja bien M. KRIELE, *Liberación e Ilustración*, Herder, Barcelona 1982, pp. 42-70.

[46] La democracia, tal como la entendemos actualmente, se ha desarrollado fundamentalmente en los siglos XIX y XX, aunque sobre la base de la experiencia política de los siglos anteriores e inspirada (de lejos) en la democracia griega. Las características principales de nuestras democracias las explica bien R. DAHL, *La democracia. Una guía para los ciudadanos*, cit.; cfr. también J. MARITAIN, *El hombre y el Estado*, Encuentro, Madrid 1997.

ción activa en el conjunto de decisiones que afectan a la sociedad, etc.[46].

Coherentemente con este planteamiento las democracias se caracterizan por una valoración alta del pluralismo y por una actitud tolerante ante la multiplicidad de opciones posibles. Esta actitud es esencialmente positiva, pero tiene como contrapartida el peligro de una deriva relativista, es decir, de que acabe considerándose válida cualquier postura ética; es más, que solo se consideren aceptable las posiciones de quienes admiten cualquier tipo de valores y se tilde de antidemocrático a quien sostiene posiciones éticas sólidas[47]. Esta posibilidad es un problema real de nuestras democracias pero es importante advertir que no responde al verdadero ideal de este sistema de gobierno sino a una deformación de sus planteamientos originales[48]. Las democracias occidentales no han sido concebidas como un mero sistema de elaboración de consensos sin referencia a ninguna premisa ética, sino como un modo de respetar conjuntamente la libertades y derechos de las personas y de los pueblos. Por eso afirman y defienden una serie de principios inviolables (que se enuncian en las leyes fundamentales del Estado) que respetan, en líneas generales, la dignidad y los derechos de la persona[49].

---

[47] Este problema ha sido advertido y criticado en diversas ocasiones por Juan Pablo II. Cfr., por ejemplo, Enc. *Centesimus annus*, n. 46, y *Evangelium vitae*, n. 70.

[48] Cfr. J. Maritain, *Cristianismo y democracia*, Palabra, Madrid 2001.

[49] Sobre este complejo e importante tema que aquí solo apuntamos se puede consultar D. Bell, *Las contradicciones culturales del capitalismo*, Alianza, Madrid 1996; P. L. Berger, *Los límites de la cohesión social: conflictos y mediaciones en las sociedades pluralistas*, Círculo de Lectores, Barcelona 1999; Ch. Taylor, *Ética de la autenticidad*, Paidós, Madrid 1994, y J. Rawls, *El liberalismo político*, Crítica, Barcelona 2005.

7. EL YO PERSONAL

Cuando llamamos al portal de nuestra casa y una voz familiar pregunta ¿quién es? probablemente habremos respondido muchas veces simplemente: yo. En cierto sentido, esta respuesta es totalmente superflua. Todos somos un yo. Pero, desde otra perspectiva, es la respuesta más correcta y radical a una voz conocida y familiar porque con ella hago referencia a lo más profundo de mi ser, a mi raíz ontológica y a mi identidad personal. Tocamos aquí el núcleo central y último de la persona, la realidad a la que llamamos «yo». Hemos visto que somos cuerpo, libertad, inteligencia, pero con ninguno de esos aspectos nos hemos podido identificar completamente porque en ninguno de ellos late lo más esencial de la persona. Aparece solo de modo oculto, como presupuesto y fundamento, porque cuando hablamos del cuerpo o de la libertad lo que en realidad estamos pensando es: «*Yo* soy corporal», «*yo* soy libre». Y ese yo, núcleo último con el que realmente nos identificamos, es el que debemos considerar a continuación.

1. La conciencia y el inconsciente

a) Un breve recorrido histórico

El camino que nos lleva hasta el yo es la conciencia entendida como subjetividad. Y el hecho de que la filosofía no haya captado este aspecto con la necesaria profundidad hasta épocas recientes ha tenido como consecuencia que tampoco se haya ocupado del yo en cuanto tal[1]. La filosofía clásica y, particularmente, la medieval se ocuparon de la conciencia fundamentalmente desde el punto de vista de la acción y de su moralidad. Para que una acción tuviera calificación moral era necesaria la advertencia por parte del sujeto y la reflexión se enfocó principalmente desde esta perspectiva: la conciencia como advertencia de la acción, como darse cuenta de que estoy actuando y de que esa acción es voluntaria. La escolástica estaba centrada en el objeto y, por eso mismo, le resultó generalmente muy difícil ser consciente del sujeto y de su interioridad.

La reflexión sistemática sobre la conciencia en cuanto tal es obra propiamente de la modernidad y se puede considerar a Descartes como su iniciador[2]. El *cogito*, «pienso, luego existo», se sitúa ya en la perspectiva propia de la conciencia, es decir, en el interior del sujeto. «Yo, sujeto, pienso», es la afirmación implícita en la tesis cartesiana que consagraba a la conciencia como primera categoría filosófica. El descubrimiento cartesiano tuvo una repercusión trascendental y llenó un hueco que la filosofía precedente no había sabido colmar. Sin embargo, pronto se vio frustrado y desbordado por su falta de anclaje ontológico. La conciencia de Descartes pendía en el aire, no estaba radicada en el ser y, por eso, con el paso de los siglos y los desarrollos y elaboraciones de diversos pensadores (Kant y Hegel principalmente) acabó convirtiéndose ella misma en el ser, en el absoluto. La conciencia pasó de ser una

[1] «El yo, comenta Ebner, es un descubrimiento tardío del espíritu humano que reflexiona sobre sí y se revela a sí mismo como la idea. La filosofía antigua no sabía todavía nada de él. Porque fue por el espíritu del cristianismo –que es tanto como decir por la dimensión religiosa– por lo que por primera vez despertó el hombre a la conciencia de sí» (F. EBNER, *La palabra y las realidades espirituales*, Caparrós, Madrid 1995, p. 25).

[2] No se trata, de todos modos, de un descubrimiento absoluto. Basta recordar el pensamiento de S. Agustín con su visión profunda del interior del hombre.

propiedad de la persona, a ser conciencia pura en el racionalismo y, posteriormente, en Hegel, autoconciencia absoluta, el sujeto por excelencia en la evolución de lo real[3].

Esta posición, sin embargo, comenzó a debilitarse a partir del siglo XIX. La reivindicación del individuo por parte de Kierkegaard inició la crisis del sistema hegeliano y los descubrimientos científicos sobre diversas estructuras inconscientes, obligaron a una revisión drástica y a la baja de la noción de conciencia. Darwin postuló que existían mecanismos no controlados que determinaban algo tan esencial como la evolución de las especies y, consecuentemente, del hombre. Y Freud mostró a su vez, oponiéndose en esto frontalmente al racionalismo, cómo dentro del hombre existían estructuras inconscientes que el yo solo controlaba de manera deficiente o nula y que, sin embargo, influían de modo relevante en su personalidad. Por último, otros investigadores mostraron cómo la sociedad también intervenía de manera consistente, pero a través de mecanismos oscuros, en la formación de la identidad de la persona.

En resumen, la modernidad descubrió la conciencia y la subjetividad aunque, al no encadenarla a la persona, abrió la vía para el idealismo. A su vez, el siglo XIX puso de manifiesto la existencia del inconsciente, hecho humillante para el idealismo y el racionalismo, y con ello estableció las bases de la postura vigente sobre la persona: el hombre no es un ser autotransparente frente a su propia inteligencia, sino un sujeto carnal, pulsional y oscuro, con una conciencia de sí solo parcial[4].

---

[3] Pero, como ha recordado Millán Puelles, «para un ser que no consiste en ser conciencia es imposible la conciencia adecuada. La subjetividad no trasparece íntegra a sí misma porque su propia esencia se lo impide, no por virtud de algún obstáculo añadido» (A. MILLÁN PUELLES, *La estructura de la subjetividad*, cit., p. 151).

[4] Un análisis más detallado de esta evolución lo ofrece J. VICENTE y J. CHOZA, *Filosofía del hombre*, cit., pp. 305-316.

b) Las dimensiones de la conciencia[5]

b.1) La conciencia como *ser consciente de*

El sentido más evidente y más directo de conciencia es el de *ser consciente.* Cuando actúo, por ejemplo, soy consciente de que estoy actuando; no realizo una acción de modo irreflexivo y oscuro sino que, al ponerla en acto, de un modo misterioso me doy cuenta de que estoy poniendo esa acción, de que está surgiendo de mi interior y de que está allí existiendo. En cierto sentido, como dice Wojtyla, esta dimensión de la conciencia es como poner los objetos (las acciones, las experiencias, las vivencias) en la luz; la conciencia los ilumina y puedo verlos y decir: están ahí, están sucediendo y yo soy consciente de ello.

Es importante advertir, de todos modos, que la conciencia entendida de este modo *ni es intencional ni es cognoscitiva.* Es decir, en sentido estricto, la conciencia no conoce el objeto (esto es misión de la inteligencia), sino que lo que hace es iluminarlo para que la persona se dé cuenta de lo que está conociendo, experimentando o viviendo. Dicho de otro modo, puedo llorar o reír, gozar o sufrir, conocer o querer, pero la conciencia no hace nada de eso. Su misión primera y fundamental es permitirme darme cuenta de que río o de que lloro, de que estoy conociendo o de que estoy amando, es decir, permitirme ser consciente de mi propia vida.

b.2) La conciencia como lugar de la subjetividad

La conciencia como «ser consciente de» es el aspecto que consideró principalmente la filosofía medieval. La con-

[5] Sigo aquí fundamentalmente a K. Wojtyla, *Persona y acción,* cit., pp. 61-109.

ciencia del acto. Soy consciente de que actúo y por eso, entre otras cosas, soy moralmente responsable. Pero esta dimensión, aun siendo importante, no es la fundamental. El papel esencial de la conciencia consiste en constituir *el lugar del yo y de la subjetividad.* ¿Qué significa esto exactamente? Significa que somos personas no solo porque seamos conscientes de nuestra actividad, sino por algo mucho más profundo que posibilita ese darse cuenta, por la existencia de un espacio interior en el que vivimos y habitamos, en el que introducimos y arraigamos nuestras experiencias, del que surgen nuestros sentimientos, nuestros amores y nuestros odios y al que vuelven una vez mezclados y enfrentados con el mundo. Ese espacio interior es como el escenario de nuestra vida de donde proceden y a donde retornan los fenómenos psíquicos particulares, es el lugar antropológico de la subjetividad y es, por eso mismo, la puerta filosófica del yo que no puede existir si no es amparado y acogido por la subjetividad. Y la existencia de este espacio es posible gracias a que la segunda dimensión de la conciencia consiste «en formar *la experiencia vivida,* lo que permite al hombre experimentar de modo particular la propia subjetividad»[6].

La conciencia tiene, pues, dos dimensiones. Una por la que nos damos cuenta de nuestros actos y, otra, la más fundamental, por la que los vivimos interiormente. Ambas se implican mutuamente en la existencia real, por lo que puede ser difícil distinguirlas, pero un análisis atento nos muestra con claridad la línea sutil que las separa como sucede cuando, al contemplar un paisaje, somos conscientes (1) de que estamos contemplándolo y (2) vivimos interiormente esa contemplación.

[6] K. Wojtyla, *Persona y acción,* cit., p. 86.

b.3) Otras características de la conciencia

La conciencia, pese a su importancia, y aquí es donde de nuevo se produce el escándalo de los idealistas, *no es inalterable o constante.* Hay momentos en los que desaparece por completo (sueño, pérdida de conciencia por golpes o debilidad, etc.) y otros en los que puede aumentar o disminuir (somnolencia, ebriedad o cansancio). No es siempre clara y lúcida. «La claridad de la conciencia, indica Jaspers, exige que tenga claramente ante mí lo que pienso, lo que sé y lo que quiero, lo que hago, lo que siento, mi vivencia, la vinculación a mi yo, y que se mantenga en conexión por el recuerdo»[7]. Pero esto no siempre sucede. Además *tampoco es homogénea.* No tengo conciencia de todo del mismo modo y con la misma intensidad. Hay un punto central en el que se focaliza su haz de luz y que, por eso, lo vivo con particular intensidad pero hay también un campo o atmósfera alrededor de ese núcleo del que tenemos conciencia de un modo mucho menos intenso porque queda desenfocado y como a oscuras (la «sombra» de C. G. Jung).

Puede ser interesante señalar, por último, que algunos autores han hablado de una tercera dimensión de la conciencia, la del autoconocimiento o conocimiento de la conciencia en torno a sí misma. Pero, en realidad, aquí no estamos propiamente frente a una dimensión de la conciencia, sino frente a una actividad del intelecto. Cuando el sujeto se conoce a sí mismo (y esto es el autoconocimiento) realiza una actividad intelectual que no depende directamente de la conciencia porque ya hemos dicho que esta no es ni cognoscitiva ni intencional. A su vez, la conciencia de esa actividad, de ese autoconocimiento, se reduce a las dos dimensiones que ya hemos descrito: ser consciente de ese autoconocimiento y vivirlo.

---

[7] K. Jaspers, *Psicopatología general*, cit., p. 159.

c) El inconsciente

c.1) Existencia y descubrimiento del inconsciente

El inconsciente, aunque pueda parecer un contrasentido, es ante todo un *dato de experiencia.* Puede parecer un contrasentido porque: ¿cómo se puede tener experiencia, es decir, conciencia, de algo que es inconsciente? Pero esta dificultad se supera rápidamente si tenemos en cuenta que no todos nuestros conocimientos tienen que tener una base directa, algunos los podemos deducir con certeza de hechos probados. Y esto es lo que pasa con el inconsciente; hay numerosos hechos de experiencia que nos manifiestan con claridad su existencia aunque de manera indirecta. La creación artística es uno de ellos. El artista puede trabajar con denuedo para «crear en la belleza», como diría Maritain, pero para ello necesita un impulso decisivo pero incontrolable: la inspiración, que se oculta en las profundidades del espíritu y surge y se manifiesta de modo inesperado. Y esto significa que existe dentro de nosotros una dimensión de naturaleza psíquica que escapa al menos parcialmente al dominio de nuestra conciencia. Los fenómenos de hipnosis apuntan en la misma dirección. Un sujeto hipnotizado puede realizar acciones que luego no recuerde llegando incluso –cuando ha vuelto al estado consciente– a cumplir órdenes que se le impartieron durante el estado de hipnosis sin darse cuenta de ello.

Pero para mostrar la existencia del inconsciente no hace falta recurrir a experiencias especiales. Hay situaciones corrientes en las que este se pone de manifiesto. El nacimiento de una idea o la comprensión de un problema son algunos ejemplos. Podemos dar vueltas a las cosas, reflexionar y pensar sin llegar a comprender una situación hasta que de pronto, sin que controlemos ese proceso de una manera precisa, lo entendemos o surge una idea que ilumina una determinada cuestión. La idea es, evidentemente, consciente, pero no lo es el proceso interior que la ha producido. De igual modo, los sueños también nos hablan de una actividad inconsciente, y la actividad de la memoria, como buscar un nombre que no recordamos, es claramente el tentativo de iluminar un fondo oscuro en el que se halla depositado nuestro saber y nuestra identidad. De ahí que Jung haya llamado a la memoria «una facultad de reproducción de los contenidos inconscientes»[8]. En definitiva, todos estos ejemplos, y otros que se podrían añadir, sirven para asentar un hecho: la existencia de una dimensión psíquica inconsciente.

El *descubrimiento científico* del inconsciente corresponde fundamentalmente a Freud. El hombre siempre ha sabido o intuido que existen en su interior zonas oscuras y poco accesibles, pero Freud fue el primero que analizó científica y clínicamente esta cuestión llegando a elaborar una teoría detallada que de modo sumarísimo se puede describir del siguiente modo[9].

El inconsciente freudiano se caracteriza por ser una dimensión *psíquica* (no motora, vegetativa, etc.) no consciente de la persona que contiene, fundamentalmente, su energía pulsional-sexual reprimida. Todos los impulsos rechazados por el yo-consciente de la persona se acumulan en el inconsciente y allí aguardan, presionando al sujeto, hasta que son liberados de uno u otro modo. Una de las formas de liberación se produce cuando, por las razones que sean, el sujeto suprime la censura que el super-yo impone al yo y, entonces, los impulsos reprimidos salen a la luz y se ejecutan. Si esto no sucede buscan salida por medios indirectos como, por ejemplo, a través de los sueños. El sujeto intenta actualizar y descargar en su actividad no consciente aquello que no puede hacer conscientemente. De ahí que Freud desarrollase su teoría de la interpretación de los sue-

---

[8] C. J. JUNG, *Los complejos y el inconsciente*, Alianza, Madrid 1969, p. 116.

[9] Una valoración de las tesis de Freud en J. M. BURGOS, *Historia de la psicología*, Palabra, Madrid 2015, pp. 231 y ss.

ños como un medio de acceso al inconsciente. Por último, cuando esos impulsos reprimidos no encuentran ningún tipo de salida es cuando se producen las patologías que el psicoanálisis intenta curar accediendo al inconsciente del sujeto primero para conocerlas y después para neutralizarlas.

La teoría freudiana sobre el inconsciente (al igual que el conjunto de su pensamiento) tuvo una gran acogida pero también numerosos críticos tanto dentro del psicoanálisis (los neofreudianos) como fuera. Los neo-freudianos, como Adler, Horney, Fromm y otros, mantuvieron la tesis central pero intentaron reducir la importancia de la dimensión sexual en la formación de los contenidos del inconsciente[10]. Para Freud, esta dimensión era prácticamente la única importante, lo cual parecía claramente excesivo por lo que sus discípulos se esforzaron tanto en disminuir su importancia como en incorporar otros elementos: las relaciones sociales, la lucha por la propia identidad, etc. Jung fue otro autor que también asumió los elementos centrales de la doctrina freudiana del inconsciente pero se esforzó en quitarle su carácter eminentemente negativo y en incorporar la influencia de la colectividad. Para Jung, el inconsciente no es únicamente el resultado de la evolución y de las frustraciones personales del sujeto, sino que en su formación interviene también todo lo que recibe, de manera inconsciente, de su entorno social.

Estas contribuciones, y otras que les han sucedido, han ido modificando poco a poco la noción freudiana de inconsciente. De su tesis inicial ha quedado lo principal: su existencia

[10] Otros autores, como Frankl y Maritain, han hablado de la existencia de un *inconsciente espiritual*, es decir, de una dimensión inconsciente del hombre en la que tienen cabida actividades relacionadas con la espiritualidad: conocimiento, experiencias subjetivas, etc. Aunque la idea es correcta, quizá la expresión es poco adecuada pues parece contradictoria ya que lo espiritual se caracteriza por la autoconciencia. Cfr., por ejemplo, J. MARITAIN, *La intuición creadora en el arte y en la poesía*, cit., cap. III, y V. FRANKL, *El hombre en busca de sentido último*, Paidós, Barcelona 1999, pp. 39-48.

y su influencia en la vida consciente del sujeto. Pero el concepto general ha cambiado de manera que, como afirma Myers, «muchos investigadores no consideran, hoy, al inconsciente como aquella región donde se agitan pasiones y censuras represoras, sino como un sistema donde se procesa información sin que nos demos cuenta de ello»[11].

c.2) Descripción topográfica del inconsciente

Desde un punto de vista descriptivo podemos considerar las siguientes dimensiones o estratos en el inconsciente[12].

— *Subconsciente:* lo comprenden todos los aspectos de la realidad de los que nos damos apenas cuenta por estar centrados en otras cuestiones, pero que, volviendo sobre ellos podemos fácilmente identificar. Por ejemplo, si paseamos ensimismados en nuestros pensamientos podemos «no darnos cuenta» de lo que hacemos, pero, si resulta necesario, podemos volver sobre ese paseo y relatar o recordar muchas cosas que hemos hecho casi sin prestarles atención. Esta dimensión del inconsciente se puede identificar con la de conciencia baja o poco clara a la que hemos aludido anteriormente y, por lo que se refiere a sus contenidos, está constituida en buena medida por procesos que realizamos de manera automatizada. Hay muchos procesos, en efecto, que los realizamos inicialmente de manera plenamente consciente, como dar un paseo por un sitio desconocido, pero, si ese proceso se repite, nuestra psique es capaz de automatizarlo y realizarlo de manera casi mecánica con lo que ahorramos esfuerzo y podemos emplear la mente en otras actividades.

---

[11] D. G. MYERS, *Psicología,* Editorial Médica Panamericana, Buenos Aires 1990, p. 471.

[12] Cfr. C. J. JUNG, *Los complejos y el inconsciente,* cit., pp. 89 y ss. La nomenclatura a veces varía. Kaplan y Sadock, por ejemplo, designan estos tres niveles con otros nombres: preconsciente, inconsciente e inconsciente profundo (cfr. H. I. KAPLAN, B. I. SADOCK, *Tratado de psiquiatría, I,* Salvat Medicina, Barcelona 1992, pp. 356-357).

— *Preconsciente:* lo constituyen todos los procesos o contenidos psíquicos que habitualmente existen de manera inconsciente y que solo con un gran esfuerzo o mediante procedimientos sofisticados (terapias, hipnosis) se pueden elevar a la conciencia como, por ejemplo, recuerdos olvidados hace tiempo que se despiertan por algún acontecimiento imprevisto e intenso o mediante hipnosis.

— *Inconsciente profundo:* lo constituye la actividad psíquica de la persona que nunca sale a la superficie y que, por tanto, solo conocemos de modo indirecto.

c.3) Los contenidos del inconsciente

J. Vicente y J. Choza han distinguido hasta cinco actividades distintas del inconsciente: vegetativa, motora, perceptiva, afectiva y lingüística[13]. El inconsciente vegetativo, por ejemplo, estaría constituido por la actividad psíquica no consciente de la persona involucrada en el control de los procesos vegetativos. En esa misma línea, el inconsciente perceptivo estaría formado por los procesos no conscientes (que son muchos) que intervienen en la actividad cognoscitiva humana: mecanismos de percepción automatizados, procesos de selección y de procesamiento de información no controlados, etc.

Esta clasificación resulta interesante porque permite darse cuenta de la amplitud del inconsciente humano pero no vamos a analizarla con detalle. Para los objetivos de este texto resulta suficiente darse cuenta de que prácticamente la totalidad de la vida y de la acción humana es una mezcla de aspectos

[13] Cfr. J. Vicente y J. Choza, *Filosofía del hombre,* cit., pp. 317 y ss. Por lo que respecta a las funciones del inconsciente, Wojtyla señala las siguientes: 1) muestra de manera más adecuada la potencialidad interior del sujeto; 2) ayuda a comprender la continuidad y cohesión interior del sujeto; 3) la continua relación entre conciencia e inconsciente nos indica el sometimiento del hombre al tiempo y la existencia de una historia interior; 4) delinea jerárquicamente las potencialidades del hombre (cfr. *Persona y acción*, cit., pp. 156-158).

conscientes e inconscientes. La persona es dueña de sí a través de la conciencia pero esta siempre actúa acompañada de una sombra necesaria y elusiva. Necesaria porque sin el inconsciente la mente humana no podría liberarse de multitud de tareas repetitivas y triviales que la condenaría al fracaso y a la rotura psíquica, y elusiva porque lo que se escapa a nuestra conciencia es siempre misterioso y oculto. Freud comparó la mente humana a un iceberg en el que lo que aparecía (la conciencia) era una pequeña parte del conjunto de la psique (el iceberg completo del que, como es conocido, su mayor parte queda oculto bajo el agua). Se trata de una imagen evidentemente exagerada pero que refleja una gran verdad. Por debajo de la luz de la conciencia, hay una actividad psíquica relevante e influyente que no se puede ni despreciar ni ignorar.

2. El yo como núcleo último de la persona

La conciencia, decíamos, es la que abre el camino al yo a través de la subjetividad. En ese espacio interior es donde radica el centro de nuestra persona: el yo sustancial, la raíz de nuestro ser, el punto de convergencia de nuestra vida.

a) Propiedades del yo

No es fácil definir al yo del que, sin embargo, tenemos una experiencia cotidiana y esencial ya que somos nosotros mismos. ¿Qué hay más radical que el yo? ¿Qué más profundo o decisivo? Por el yo somos sujetos y entramos en la categoría de los seres espirituales que trascienden a la caducidad de las cosas, pero aferrar su esencia y sus características es tarea harto difícil[14].

[14] Algunas sugerencias en E. MOUNIER, *Traité du caractère*, cit., pp. 483-619 y en R. VERA, *Ontología y gnoseología del yo personal*, FUE, Madrid 2011.

La primera propiedad que se puede asignar al yo es la *autoconciencia*. El yo se caracteriza por ser consciente de sí mismo, lo cual le permite vivir su propia vida. Las experiencias, los sucesos, las acciones no son algo que sucede en el exterior sino en el propio yo, que toma por ello conciencia de sí y las asume.

Otra propiedad esencial del yo es la *autoposesión*. El yo personal se posee a sí mismo. El espacio de la autoconciencia es *su* espacio, del que es dueño y señor y al que nadie puede acceder desde fuera en sentido radical. Por eso, decir yo es decir también *intimidad*. A su vez, en dependencia de la posesión encontramos el *autodominio*, del que ya tratamos al hablar de la libertad. Por ser dueño de mí, puedo disponer de mí y decidir mi destino tanto desde un punto de vista moral como existencial.

b) Funciones personales del yo

La descripción anterior podría quizá llevar a la conclusión de que el yo es como una especie de entidad autónoma que subsiste por sí misma, pero esto sería una equivocación. El yo no es un punto aislado en el espacio ontológico; es personal o, en otros términos, es el yo de una persona, y solo tiene sentido como tal. Un «yo puro», independiente y autónomo se asimilaría a la autoconciencia absoluta hegeliana pero tal realidad es una abstracción, una mera idea. Lo que existe es el yo de una persona concreta que posee un cuerpo, una mente, unos sentimientos y es libre. Y, aunque el yo es en cierto sentido toda la persona: «Yo soy mi cuerpo y mis manos y mis sentimientos», también se distingue de ellos con claridad. Mis manos son mías, son parte de mí, pero no son mi yo, sino una parte de mi ser situada bajo su influjo. Por eso tiene sentido plantearse cuáles son las funciones personales del yo, o, dicho, de otro modo, cuál es la función del yo en el conjunto de la actividad personal[15].

1) *Fuente de actividad:* el yo es la fuente más radical de la actividad de la persona, algo que se pone especialmente de manifiesto en las acciones libres. Soy yo quien actúo y quien decido libremente qué es lo que quiero hacer y qué quiero ser. Cuando, por el contrario, el yo duda, la persona también se paraliza.

2) *Unicidad:* la persona humana está compuesta por muchos elementos y el centro que los unifica es el yo. Mis manos, mis pies, mis sentimientos, mis acciones, mi inteligencia responden y están coordinadas e integradas por una dimensión última central y única: el yo.

3) *Permanencia en el tiempo:* la persona es siempre la misma, aunque el tiempo le afecte y pueda cambiar de forma radical como el barco de Teseo. Pero hay un elemento central que no cambia, sino que permanece, el yo. «Mas he aquí que ha tiempo que mi infancia murió no obstante que yo vivo»[16], afirma san Agustín expresando una experiencia general.

4) *Ser sujeto:* gracias al yo también somos sujetos. Al tener una actividad unificada y unitaria, y al ser, mediante el yo, dueño de mí mismo y responsable de mis acciones, tomo conciencia de mí como una entidad diversa del mundo y enfrentada a él. Yo soy sujeto frente al mundo que es objeto *(ob-jectum)*, es decir, que está frente a mí como algo radicalmente distinto y exterior aunque pueda tratarse de otro sujeto, de otro yo.

---

[15] Esta clasificación la tomamos básicamente de K. Jaspers, *Psicopatología general*, cit., pp. 139-148. Su origen es más bien psicopatológico pues lo que Jaspers busca en esta obra es determinar patologías específicas, pero no por eso deja de ser interesante. Se puede consultar también un trabajo posterior: K. Jaspers, *Filosofía*, vol. I, Revista de Occidente, Puerto Rico 1958, pp. 419-447.

[16] S. Agustín, *Confesiones*, I, 6.

5) *Personalidad e identidad:* yo soy sujeto, permanezco en el tiempo, soy fuente de actividad, etc., pero las soy de un modo concreto y único. No hay otra persona ni otro yo idéntico al mío. Soy un ser único porque lo es mi subjetividad y porque lo son todas las decisiones que he tomado acerca de mí.

c) Eclipse y subsistencia del yo. La persona como realidad radical

El yo es central en la subsistencia e identidad de la persona. Las cosas pasan, las acciones desaparecen, el cuerpo envejece pero yo permanezco. Soy *el mismo* que tuvo 5, 20 o 40 años aunque *no soy lo mismo.* Y este hecho nos acerca a un problema clave que ha sido ya tratado al hablar de la persona pero sobre el que interesa retornar desde una perspectiva distinta: la cuestión de la sustancialidad, es decir: cómo es posible que exista un núcleo inmune a los cambios en los seres humanos y cuál es ese núcleo.

La cuestión puede plantearse inicialmente en los siguientes términos: ¿Hay un yo que sea el sujeto o el propietario de la vida, es decir, de todos los actos y pasiones, o más bien, el yo o la propia individualidad no es más que la trabazón o ligazón interna de todas las vivencias? Después de lo que hemos dicho sobre el yo, la respuesta resulta evidente. El yo no es un conjunto particularmente intenso de vivencias, como podrían sostener algunos antisustancialistas como Hume, sino mucho más: es su propietario, el lugar en el que existen y en el que tienen sentido. Y es, por ello, una raíz de la subsistencia: las vivencias pasan, pero el sujeto, el yo, permanece.

La metafísica clásica ha usado dos categorías para expresar este hecho: la de *sustancia* (lo que es en sí y no en otro) y la de *suppositum* (lo que está debajo). Ambas reflejan muy bien la permanencia ante los cambios pero presentan un problema: son poco adecuadas para expresar la subjetividad. «La expresión *suppositum*, indica Wojtyla, sirve para definir el sujeto de modo completamente objetivo, abstrayendo el aspecto de la experiencia vivida y, en particular, la experiencia vivida de la subjetividad en la que el sujeto es dado a sí mismo como 'yo'»[17]. Y algo similar, como vimos en su momento, le ocurre a la definición de Boecio que emplea el concepto de sustancia[18]. Definir a la persona como sustancia individual de naturaleza racional es verdadero pero también lo es que en ningún de los elementos de esa definición se pone de relieve que la persona posee un yo y una subjetividad.

Topamos de este modo con el denominado problema de la sustancialidad: ¿el yo es o no una sustancia? No lo vamos a abordar con detalle porque excede a los objetivos de un manual pero tampoco se puede eludir apresuradamente. Y la cuestión esencial que hay que plantearse es qué entendemos exactamente por sustancia. Si la concebimos como un sustrato pasivo que permanece en los cambios resulta muy difícil contemplar en ese sustrato una identidad personal. Por eso resulta básico, como indican J. Vicente y J. Choza, darse cuenta de que «la sustancialidad del yo no debe ser entendida tanto como sustrato sino como subsistencia. Como se ha afirmado repetidamente desde la metafísica clásica, el constitutivo formal de la sustancia no es el subyacer, sino el subsistir. Que el ser vivo, en general, y el hombre, en particular, sean sustancias no significaría, pues, tanto que hay un sustrato inalterable como que los seres vivos son subsistentes.

[17] K. Wojtyla, *Persona y acción*, cit., p. 89.

[18] «Si no hubiera en la sustancia aristotélica nada más que independencia en el ser entonces habría poca controversia sobre la substancialidad de las personas; prácticamente todo el mundo afirmaría que las personas son substancias. La controversia surge porque la substancia aristotélica da la impresión de ser incurablemente 'cosmológica', hostil a la subjetividad personal» (J. F. Crosby, *The selfhood of the human person*, The Catholic University of America Press, Washington 1996). Vid. en un sentido similar L. Stefanini, *Personalismo sociale* (2ª ed.), Studium, Roma 1979, p. 46.

Que el ser vivo sea siempre *el mismo* no significa que sea siempre *lo mismo*»[19].

Llegados a este punto podría parecer que el problema que nos habíamos planteado ha sido resuelto. La permanencia de la identidad de la persona debe achacarse al yo, que, a su vez, la funda en su carácter substancial entendido no tanto como un sustrato inalterable, sino como realidad capaz de subsistir.

Sin embargo, esta explicación deja un importante cabo suelto: ¿qué pasa cuando el yo se eclipsa? Porque en realidad, y por muy paradójico que pueda parecer, el yo, al igual que la conciencia, no son realidades permanentes: pueden debilitarse, eclipsarse, enfermar y desaparecer. La hipnosis, por ejemplo, supone generalmente un cierto debilitamiento del yo y algunas enfermedades psicológicas (por ejemplo, la esquizofrenia) producen complejísimos trastornos cuyo rasgo común es que el yo no puede disponer de modo armónico de sí mismo. Pero, por encima de ellas, hay un proceso mucho más normal y cotidiano que lo hace desaparecer: el sueño. Aproximadamente, una tercera parte de nuestra vida transcurre sin que el yo esté activado y sea consciente de sí. La pregunta que surge entonces de modo natural es la siguiente: ¿Cómo puede ser responsable el yo de la subsistencia del sujeto si él mismo no subsiste?

La única respuesta posible es que, aunque el yo es una realidad central para la persona y el principal responsable de su permanencia e identidad, *existe todavía una realidad más radical que el yo: la misma persona*. Cuando el yo se oculta y desaparece, la persona sigue subsistiendo. Cuando pierdo el conocimiento, cuando duermo, en las fases embrionarias de mi vida o en las terminales cuando puedo perder el dominio sobre mí, sigo siendo una y la misma persona. Y esto significa que la persona es más radical que el yo, que es la realidad radical y úl-

[19] J. VICENTE y J. CHOZA, *Filosofía del hombre*, cit., p. 425.

tima desde un punto de vista antropológico[20]. Esto es algo que, por otra parte, tampoco debería sorprendernos ya que el yo, como hemos visto, solo tiene sentido en la persona. No es un absoluto que subsiste en sí mismo, sino una propiedad del ser personal por el que este toma conciencia de sí en su mundo subjetivo y único.

d) La búsqueda de la identidad personal

El yo es el centro de la persona y es por eso también el lugar radical de la identidad, de *mi* identidad[21]. La identidad es lo que soy en concreto, como persona específica y única. Todos los hombres y mujeres tenemos las mismas características esenciales pero, al mismo tiempo, todos somos distintos y esa especificidad es lo que constituye nuestra identidad. Somos únicos por nuestro carácter, por nuestras cualidades, por nuestros objetivos, por nuestros sueños, por la capacidad o incapacidad de relación, por nuestra sensibilidad, por nuestra edad, por nuestro sexo o por nuestra inteligencia. Cada persona es un mundo único, insondable y maravilloso, forjado segundo a segundo, a lo largo de años, de décadas y, al final, de toda una vida.

Al principio, la diferenciación entre las personas es escasa y, de hecho, es fácil comprobar que todos los niños pequeños se parecen; entre los jóvenes también hay muchas similitudes de carácter pero luego las personas se hacen cada vez más distintas y sus mundos interiores, más fuertes y peculiares. La identidad personal es, por eso, una realidad y un proceso, algo dado y algo por conseguir, un punto de llegada y un objetivo

[20] «El yo es la actualización propia y retrorreferencial de quien es ya persona en su realidad, aun antes de ser consciente. Reparemos en que las actualizaciones mediante el yo son discontinuas, carentes del engarce biográfico-narrativo que tienen los actos para su agente personal, que se hace patente como un yo» (U. Ferrer, *¿Qué significa ser persona?*, cit., p. 180).

[21] Cfr. B. Moreno, *Psicología de la personalidad. Procesos*, Thomson-Paraninfo, Madrid 2007, cap. 8: «La identidad personal».

siempre en el horizonte. Por el hecho de ser persona tengo siempre una identidad, lo que soy ahora, en este momento, y que es el resultado de mi vida pasada. Pero como soy un ser temporal, distendido en el tiempo, futurizo, como diría Julián Marías, mi identidad es siempre cambiante porque el tiempo no se detiene y pone frente a mí nuevos obstáculos y nuevas situaciones[22].

Hay momentos en la vida en los que nuestra identidad se encuentra firme y estabilizada. Sabemos quiénes somos, cómo somos y lo que queremos. Son, generalmente, tiempos de bonanza interior, de serenidad: los años de la madurez, algunos años de la infancia o una vejez asumida. Y hay otras épocas, por el contrario, en los que la identidad se encuentra cuestionada, en crisis: no sabemos lo que somos o no sabemos lo que queremos ser. La persona se enfrenta con cambios radicales que la dejan desconcertada y perpleja y la obligan a tomar decisiones importantes. Un momento clave es la adolescencia pero hay también otras épocas de la vida en las que la identi-

[22] Algunos autores distinguen en este contexto tres niveles de profundidad en el yo: sujeto, yo y *self*. «El sujeto como sistema construye el modelo de yo adecuado (Yo *ad hoc*) para cada situación o contexto. El sujeto es descriptible según los yoes que construye, es decir, según sus actuaciones. La identidad del sujeto, el *self*, es la imagen que los demás y él mismo se forman a partir del yo que se construye para cada situación» (C. CASTILLA DEL PINO, *Teoría de los sentimientos*, cit., p. 347). Esta descripción, si no se exaspera, nos parece que describe bien algunos datos de experiencia. Por un lado, que podemos actuar de maneras bastante diversas según los contextos y las personas con los que nos relacionamos *casi* como si fuéramos personas diversas y también que la imagen que tenemos de nosotros mismos (y que los otros tienen de nosotros) procede del conjunto de todos esos yoes que activamos según las diversas situaciones. Esta teoría, sin embargo, sería inválida si no se admite la existencia de un yo profundo, único y último (sujeto en la terminología de Castilla del Pino) que es el responsable de todos los yoes superficiales (yoes para Castilla del Pino) que construimos y de acuerdo con los cuales actuamos según las circunstancias (trabajo, familia, relaciones sentimentales, deporte, etc.). Ese yo, por otra parte, no desaparece cuando se activan los yoes superficiales ya que estos en el fondo no son más que una modulación específica del yo profundo en una circunstancia determinada.

dad es particularmente cuestionada o sufre cambios profundos. El momento inicial, la infancia, como han mostrado, entre otros, Freud, Erikson[23] y Piaget, es particularmente importante porque en esos años se forma la identidad básica de la persona que luego será difícil cambiar. Pero también hay modificaciones muy relevantes en fases posteriores. El período en torno a los 40 años es particularmente significativo porque supone el cambio de pendiente en el horizonte de la existencia[24]. El final de la vida ya se ve, de manera lejana pero real: por eso lleva consigo un profundo examen y valoración de todo lo hecho anteriormente y también impregna de una particular trascendencia a las decisiones que se adopten porque ya no se podrán revocar como en la juventud. Y algo similar ocurre con el período último, que tan brillantemente ha tratado Guardini[25]. La vejez no es simplemente el cambio de vertiente de la vida; la vejez significa el fin y por eso afecta de manera radical a la identidad del sujeto, reforzándola si se ve como la consumación de la vida o, por el contrario, quebrándola y fragmentándola si no se acepta el final[26].

La vida humana aparece así como una compleja mezcla de presente y futuro, estabilidad y acción, intimidad y relación con los demás, éxito y fracaso, felicidad y frustración. Son temas centrales que no se pueden soslayar en un estudio de antropología y a los que dedicaremos nuestra atención una vez llegados al final del estudio estructural de la persona.

---

[23] Cfr. E. ERIKSON *Childhood and society*, Norton, New York 1950.

[24] Los estudios de Levinson desde su perspectiva del ciclo vital han contribuido de manera notable al conocimiento de este período. Se puede ver una buena síntesis de su postura en D. J. LEVINSON y W. E. GOODEN, *El ciclo vital*, en H. I. KAPLAN, B. I. SADOCK, *Tratado de psiquiatría, I*, cit., pp. 1-13.

[25] Cfr. R. GUARDINI, *Las etapas de la vida* (3ª ed.), Palabra, Madrid 2000.

[26] La temporalidad la afrontamos de manera directa en el cap. 15.

TERCERA PARTE

ÁMBITOS DEL OBRAR HUMANO

La estructura del ser personal nos ha mostrado el esqueleto esencial de la persona, los elementos que la componen y las relaciones y dependencias que guardan entre sí. Pero la persona no es meramente estructura, es dinamismo y actividad, es acción. La persona obra y, mediante su acción, crea un mundo insospechado que transforma la entidad de las cosas. Ciudades, autopistas, cultivos, instrumentos, tecnología, arte, ciencia es el resultado del obrar del hombre que se manifiesta y se expresa en multitud de ámbitos. Además, la acción no es solo producto exterior, transformación del mundo, es también manifestación, expresión y modificación de la misma persona que la ejecuta. Es, pues, una realidad multiforme y variada, fascinante y poderosa.

Este es el tema que vamos a abordar a continuación. En primer lugar analizaremos la acción en cuanto tal y su relación con la persona. Después exploraremos dos ámbitos específicos: el lenguaje y el trabajo. Se trata, ciertamente, de una selección muy limitada pero inevitable, dados los límites de espacio[1]. De todos modos hemos procurado estudiar dos temas que nos parecen especialmente importantes y que, por otra parte, sirven de indicador y de referencia para desarrollos similares que se pueden hacer de otros tipos de actividad.

---

[1] También nos ha parecido más interesante tratar dos temas con algo de detalle que muchas cuestiones sin profundidad.

Una última cuestión: el hecho de que tratemos de la acción en una parte distinta de la que corresponde a la estructura de la persona no quiere decir que no sea una dimensión esencial del hombre. La persona no es un ser estático que, una vez constituido como tal, actúa o no como realidad opcional. Muy al contrario, es un ser intrínsecamente activo y dinámico que se manifiesta primordialmente en la acción hasta el punto de que puede decirse que la acción es la misma persona manifestándose, modificándose, desplegándose y expresándose. ¿Por qué, entonces, no la hemos incluido en la Parte II que describe precisamente la estructura esencial de la persona? La razón es fundamentalmente pedagógica. No es posible hablar de todo al mismo tiempo y, aunque la acción es intrínseca a la persona, cabe distinguir entre algunos aspectos más estáticos y otros más específicamente dinámicos. Los primeros los hemos recogido en la II Parte del libro y los más específicamente dinámicos los vamos afrontar en esta III Parte[2].

[2] De todos modos hay una presencia importante del dinamismo personal en la II Parte a través de la consideración de la tendencialidad y, sobre todo, de la libertad.

8. LA ACCIÓN

1. La estructura de la acción

a) Persona y acción

En el hombre existen muchos dinamismos –reacciones instintivas, pulsiones vegetativas, tendencias– pero ninguno de ellos concuerda con lo que propiamente denominamos acción. La acción no se refiere a ningún dinamismo parcial, sino a la actividad de toda la persona en cuanto tal, al desplegarse dinámico y unitario del hombre[1]. «Yo actúo», en esta frase

[1] Wojtyla distingue estos fenómenos apelando a dos experiencias diversas: «algo sucede en el hombre» y «el hombre actúa». Solo en este segundo caso estamos hablando propiamente de una acción (cfr. K. Wojtyla, *Persona y acción*, cit., p. 113 y ss.). Esta obra resulta básica para un replanteamiento adecuado tanto de la relación entre la persona y la acción como de la misma concepción de la acción por las novedades que aporta sobre la perspectiva clásica. Esta ha tendido a estudiar la acción como una actualización externa de un sujeto ya constituido. «El objetivo de nuestro estudio, titulado *Persona y acción*, afirma Wojtyla, es invertir esa relación. No se trata de una disertación sobre la acción en la que se presupone a la persona. Hemos seguido una línea distinta de experiencia y de entendimiento. Para nosotros, la acción *revela* a la persona, y miramos a la persona a través de su acción. (...) La acción nos ofrece el mejor acceso para penetrar en la esencia intrínseca de la persona y nos permite conseguir el mayor grado posible de conocimiento de la persona. Experi-

queda radicada la esencia de la acción humana tal como queremos considerarla aquí. Yo, como persona, despliego mis potencialidades y entro en contacto con el mundo y con mí mismo a través del misterio de la acción humana.

¿Cuál es la esencia de este hecho? No es fácil responder a esta pregunta porque, como todas las realidades humanas radicales se resisten tenazmente a la descripción y más aún a la definición, pero sí podemos decir que un elemento clave y definitorio es la *causalidad* (cfr. cap. 6.2.b). Lo que distingue radicalmente la acción humana de cualquier otro dinamismo que puede tener lugar en el interior del hombre es que el sujeto es la causa libre de la acción. «Yo actúo» significa que yo, sujeto, pongo libremente una acción en el mundo. Sin mí, esa acción no existiría mientras que, por el contrario, mi determinación voluntaria supone una modificación del ser del mundo que sigue a su «puesta en la existencia», como diría Maritain.

Establecida la esencia más radical de la acción podemos pasar a preguntarnos por las razones de nuestra actividad. ¿Por qué actuamos? ¿Por qué nos sumergimos en un dinamismo a veces incluso desenfrenado y voraz? Primeramente, lo hacemos por *necesidad.* No podemos no actuar porque la estructura de nuestro ser es dinámica. Somos movimiento y estamos obligados a actuar hasta el punto de que, como sabemos, las omisiones son también un modo específico de actuar que consiste en la decisión de no hacer nada. Pero la actividad humana no es, evidentemente, un mecanismo necio fin para sí mismo, sino el que nos permite lograr nuestra plenitud, nuestra autorrealización, lo que intuimos en nuestro interior que debemos ser pero todavía no hemos conseguido. Desde este punto de vista, *las razones del actuar se multiplican tanto como los aspectos de la naturaleza humana con los que se puede corresponder.*

---

mentamos al hombre en cuanto es persona, y estamos convencidos de ello porque realiza acciones» *(Ibíd.*, p. 42). Una perspectiva similar la ofrece también la obra clásica de M. Blondel, *L'action*, Paris 1893.

Puedo actuar para alcanzar aquello que no soy y que creo que debo ser, para probarme a mí mismo, para crear o para destruir, para poseer o para regalar, para transformar el mundo o la sociedad o para realizar este tipo particular de actividad que consiste en el reposo y en la quietud. En cualquier caso busco una cierta plenitud, un objetivo, un anhelo, algo que antes no poseía y que considero que me conviene desde algún punto de vista. Este es el muelle esencial que dispara el fascinante mecanismo de la acción humana.

b) La dimensión objetiva y subjetiva de la acción

La estructura de la acción humana es altamente compleja hasta el punto de que existe toda una rama de la filosofía, la *teoría de la acción*, que se dedica a estudiarla. Aquí nos limitaremos a describir las dos dimensiones más esenciales que podemos descubrir en su interior y que tienen su correspondencia con las dos dimensiones de la libertad que hemos estudiado en su momento[2].

La primera de ella, la dimensión *objetiva*, surge al contemplar la trascendencia de la persona sobre su acción y se corresponde, fundamentalmente, con la dimensión intencional de la libertad. Al actuar buscamos nuestra propia plenitud pero a través de algo que no se identifica exactamente con nosotros ya que no somos nuestras acciones. «Yo actúo» significa que yo causo la acción, que la produzco o la genero; y esto implica, a su vez, que es distinta de mí. Me acompaña inseparablemente pero no se identifica conmigo. Bajo este

[2] No consideraremos, por ejemplo, la intencionalidad, el alcance de la acción, la finalidad, la motivación, la voluntariedad, etc. Algunas de ellas se abordan en la ética. Algunas referencias útiles son: J. DE FINANCE, *Ensayo sobre el obrar humano*, cit.; G. E. M. ANSCOMBE, *Intención*, Paidós, Barcelona 1991; M. BLONDEL, *La acción*, BAC, Madrid 1966, y L. POLO, *Ética. Hacia una versión moderna de los temas clásicos*, Unión Editorial, pp. 169-196.

aspecto, la acción aparece como un producto, como un hecho objetivable, como una realidad distinta de mi ser y, precisamente, por eso, con la capacidad de interferir y modificar el mundo en el que surge. Un obrero que construye un edificio, por ejemplo, está actuando, pero su acción se distingue de él. En el momento en el que construye transforma el mundo que le rodea pero puede dejar de hacerlo; entonces, él sigue siendo el mismo y la acción queda objetivada en la tarea que ha realizado. Por eso, desde esta perspectiva, la acción es fundamentalmente *transitiva* ya que no permanece en el sujeto, sino que se transfiere al mundo y a sus objetos (o personas).

La dimensión objetiva de la acción muestra, además, la primacía de la persona sobre su obrar (el clásico *operari sequitur esse)*. La acción es esencial, pero la persona lo es más y tiene una prioridad ontológica. Si la acción desaparece o se acaba, la persona sigue permaneciendo. Es importante, sin embargo, no entender esta prioridad en el sentido de una irreal «estaticidad» de la persona. No cabe una persona que no actúe desde las primeras fases de su constitución pero en esa actuación hay una prioridad ontológica del sujeto-persona.

Pero la acción no es solo objetiva, tiene también una dimensión *subjetiva*. El «yo actúo», al igual que veíamos en el «yo quiero» de la voluntad, supone un sujeto que ejerce la acción pero que, al mismo tiempo, es modificado por ella porque la acción, al fin y al cabo, nunca se separa de la persona. No existe «el construir», sino «alguien que construye», ni «el correr», sino «alguien que corre» y que al construir y al correr se cansa, se fatiga, se fortalece o se perfecciona. Esto quiere decir, desde otra perspectiva, que la acción, como fácilmente puede intuirse, nunca sale completamente del interior de la persona porque es la misma persona modificándose, activándose y desarrollándose. Y significa también que la acción modifica el mundo pero modifica, sobre todo, a la persona porque revierte sobre su interior cambiándola en uno u otro sentido. Esta cualidad de la acción por la que revierte sobre la persona que la realiza se denomina dimensión subjetiva y se corresponde con la dimensión autodeterminativa de la voluntad.

Desde este punto de vista, y a diferencia de lo que antes sucedía, la acción es *intransitiva* porque permanece en el sujeto. Y esto –es importante remarcarlo por lo que se dirá a continuación– sucede *en todas las acciones humanas.* Incluso en actividades tan aparentemente materiales como la construcción u otras tareas manuales o mecánicas nunca se puede prescindir del hecho de que estamos ante un *sujeto* actuando, es decir, que ese dinamismo que modifica la materia es el resultado de una subjetividad que se despliega y que inevitablemente es modificada a su vez por esa actividad. De modo más concreto: la persona que construye se cansa, se realiza o se frustra, consigue sus objetivos o fracasa, disfruta o se deprime.

Por último, hay que añadir que la acción completa y real no es ni subjetiva ni objetiva, ni transitiva ni intransitiva sino que posee simultáneamente las dos cualidades al igual que sucedía con la libertad. El «yo actúo» implica un sujeto que realiza una acción que cambia al mundo pero que también cambia al propio sujeto. En palabras de Wojtyla: «las acciones, que son el efecto de la operatividad de la persona, unen en sí la exterioridad y la interioridad, la transitividad y la intransitividad. Cada acción contiene en sí cierta orientación intencional, se dirige hacia determinados objetos o conjuntos de objetos, se dirige más allá de la persona. Al mismo tiempo, la acción, en virtud de la autodeterminación, penetra en el sujeto, en el 'yo', que es su objeto primero y esencial. De este modo, en la acción humana se dan al mismo tiempo la transitividad y la intransitividad»[3].

[3] K. WOJTYLA, *Persona y acción*, cit., p. 177.

c) Unidad, complejidad e integración

Junto al carácter subjetivo y objetivo es posible indicar, además, otras características de la acción. Por un lado es *unitaria*, es decir, se corresponde con la globalidad de la persona y es una acción de la persona en cuanto tal. No actúa la inteligencia, la voluntad o los sentidos, sino el hombre o la mujer como seres unitarios e individuales[4]. Pero este mismo hecho pone de relieve otra cualidad: la *complejidad*. El hombre es un ser unitario pero es al mismo tiempo complejo y por eso la acción también lo es. El hombre es un yo que causa una acción pero al hacerlo tiene que activar numerosos mecanismos y dimensiones de manera coordinada y complementaria y esto no siempre resulta sencillo ni fácil. Requiere un empeño vital por parte del sujeto. Requiere la tarea de la *integración*[5].

La integración implica, fundamentalmente, la necesidad de que el sujeto incluya de manera correcta en su acto de autodeterminación los diversos aspectos de la estructura de la persona: cuerpo, psique y voluntad. Y esta tarea tiene, a su vez, dos dimensiones: una psicológica y otra moral. La *integración psicológica* implica el logro de una coordinación interna que permita al sujeto hacer lo que realmente desea y del modo que lo desea. Si desea conducir, por ejemplo, necesita un período de aprendizaje –que afecta tanto al aspecto motor e intelectual– para ser capaz de hacerlo de una manera coordinada y eficaz, y lo mismo sucede con el resto de actividades. Una integración psicológica adecuada y suficiente es el resultado del aprendizaje de toda una vida, es to-

---

[4] El yo juega también aquí un papel esencial (cfr. cap. 7.2.b).

[5] «No tiene sentido proseguir la lucha secular entre las diversas vertientes y potencias de nuestro ser: vida y espíritu, voluntad y razón, sentimiento y entendimiento, sensibilidad e inteligencia... Tampoco resulta beneficioso conceder a unas la primacía exclusiva sobre las otras. Lo decisivo es aprender a integrar sus campos de energía mediante la fuerza del amor, entendido como la voluntad firme de crear formas elevadas de unidad» (A. LÓPEZ QUINTÁS, *Inteligencia creativa*, cit., p. 417 y, más en general, pp. 417-438).

talmente necesaria para una vida normal y su carencia puede dar lugar a patologías de diverso grado.

También es necesaria una *integración moral* para que la persona se estructure internamente de modo que le resulte fácil realizar buenas acciones (concepto clásico de *virtud*). Esta coordinación y armonización no siempre es sencilla porque las diferentes capacidades humanas, al tener un cierto grado de autonomía, pueden oponerse entre sí o intentar bloquear las decisiones del yo. Aunque sepa, por ejemplo, que una acción es incorrecta, un impulso pasional me puede arrastrar a realizarla[6]. Y, en sentido contrario, diferentes mecanismos internos –el cansancio, la soberbia o el orgullo– me pueden impedir que realice acciones que pienso que debería hacer. Tanto la integración psicológica como la moral son tarea de toda la vida y nunca están definitivamente conseguidas porque siempre aparecen nuevos comportamientos que debemos aprender y controlar, dificultades que antes no existían, etc.

2. Los ámbitos del obrar

a) La tripartición clásica y sus límites

Podemos preguntarnos ahora si es posible *clasificar* u ordenar de alguna manera los ámbitos de acción. Si así fuera, estaríamos ante un instrumento utilísimo para comprender al hombre ya que nos diría muchísimo sobre lo que es y sobre lo que aspira. La tradición clásica lo hizo y dividió la acción humana en tres grandes tipos: hacer, obrar y contemplar[7].

[6] Lo cual no implica que deje de ser una acción del yo, sino que este decide dejarse arrastrar. Lo expresa de manera perfecta un anuncio de una marca de licores: «déjate llevar por los sentidos».

[7] Esta clasificación se puede obtener, por ejemplo, del libro X de la *Ética a Nicómaco*, donde Aristóteles asigna el puesto máximo de la actividad humana a la contemplación y coloca en segundo lugar a la virtud ética. A

Veamos el contenido y las características de cada uno de ellos.

1) El hacer o producir *(facere, poiesis)* lo constituyen las acciones en las que el sujeto realiza algo como fabricar objetos, instrumentos, utensilios, etc. Son acciones fundamentalmente transitivas porque la persona está centrada en el objeto externo en el que empieza y finaliza la acción. La acción sale del sujeto y modifica el mundo mediante la realización de un objeto.

2) El obrar moral *(agere, praxis)* lo constituyen las acciones en las que el sujeto se implica personalmente en la acción y corresponde, por tanto, a las acciones virtuosas o viciosas, es decir, a las acciones de tipo ético. A diferencia de las anteriores, no son completamente transitivas, sino que tienen también una dimensión intransitiva que afectan de un modo u otro al sujeto: al hacer una obra buena, en efecto, no solo realizo una acción externa, sino que me hago bueno en algún modo.

3) La contemplación *(theoria)*, por último, es la actividad propia del intelecto y es la acción más bella y más perfecta porque no busca nada fuera de sí. Mientras que las demás acciones se realizan por algo distinto de ellas (trabajo para construir una casa, construyo una casa para vivir, etc.), la contemplación no busca nada fuera de sí misma: contemplo para contemplar. Por eso, es completamente intransitiva ya que permanece totalmente en el interior del sujeto.

¿Qué valoración se puede dar de esta división? Fundamentalmente, que tiene algunos elementos realmente valiosos pero también que presenta problemas importantes. Por lo que respecta a los aspectos positivos parece claro que capta de manera lúcida tres áreas o ámbitos del obrar que realmente se distinguen y de los que podemos llegar a tener una cierta expe-

---

este hay que añadir la tercera dimensión: el producir. Para una sucinta pero clara exposición de esta tripartición véase A. Rodríguez Luño, *Ética general*, Eunsa, Pamplona 1991, pp. 148-151.

riencia personal: trabajar duramente en algo material, realizar una buena acción, contemplar una puesta de sol o rezar con devoción. Y también resulta una aportación decisiva, y lo ha sido históricamente, la distinción que establece entre los aspectos transitivos e intransitivos de la acción. Pero esto no obsta para que se puedan indicar también limitaciones significativas. La primera y principal es que, aunque a primera vista pueda parecer lo contrario, *esta clasificación no describe acciones reales sino aspectos formales presentes en cada acción.* En realidad no existen acciones solamente transitivas ni solamente intransitivas sino que, en toda acción (se trate de poner ladrillos o de «contemplar») hay una dimensión transitiva u objetiva y otra intransitiva o subjetiva. Toda acción es realizada por un sujeto que modifica siempre su intimidad al realizarla (más o menos es otra cuestión) y que, de igual modo, busca un objetivo mediante su realización (también en la contemplación). Todo lo cual significa, como indica Rodríguez Luño, que aunque la distinción entre «obrar» y «hacer» contiene elementos válidos solo puede aceptarse si se entiende «no como una distinción entre dos géneros de acciones completamente independientes, sino como una distinción de aspectos formales que pueden ser poseídos por una misma acción»[8].

Tampoco resulta procedente, por otra parte, separar drásticamente los aspectos técnicos (hacer) de los morales (obrar) ya que en las acciones humanas reales no se da esa separación. El obrero que construye una valla está realizando simultáneamente una tarea humana y técnica con la que contribuye al bienestar de los demás hombres y lo mismo sucede con cualquier otra acción. No tiene sentido distinguir acciones meramente técnicas o productivas y otras morales, ante todo porque no existen y, a posteriori, porque esta distinción acaba planteando gravísimos problemas cuando se intenta reunificar la técnica con la moral. Sucede aquí algo parecido a lo que hemos comentado

[8] A. Rodríguez Luño, *Ética general*, cit., p. 149.

anteriormente sobre los ámbitos de acción. Cabe distinguir, por supuesto, entre los aspectos técnicos y morales de una acción pero solo desde un punto de vista formal no como acciones distintas.

En realidad, y quizá es algo que no se ha tenido suficientemente en cuenta por los que han aceptado esta clasificación, esta división de origen aristotélico está muy ligada a las circunstancias sociales y culturales de la época griega y romana (y, en parte, de la medieval que la retomó) y eso explica en parte los problemas que supone su utilización de manera no crítica (cfr. cap. 10.1). La distinción entre hacer y obrar, por ejemplo, tiene su origen en la estructura social griega que encomendaba las tareas pesadas y materiales a los esclavos mientras que reservaba la actividad política y de ocio para los hombres libres[9]. Se entiende así que fuese considerada la actividad inferior y transitiva ya que consistía en la producción de objetos por seres que no eran considerados personas. Y algo similar ocurre con la supravaloración de la contemplación o de la especulación. Por un lado, Aristóteles estaba condicionado por su visión de los dioses. Al no poseer el concepto de amor, los dioses aristotélicos no podían actuar, ya que eso hubiera significado que buscaban algo de lo que carecían y que, por lo tanto, eran imperfectos, es decir, no-dioses. Consecuentemente, Aristóteles concluyó que el obrar *(agere)* no podía ser la acción más perfecta ya que los dioses no la realizan[10]. A esto se añade, además, su intelectualismo. Como para Aristóteles la facultad más perfecta es la inteligencia, el acto más perfecto, que corresponde al ejercicio de la facultad más perfecta, es precisamente la especulación o contemplación.

Que los problemas que planteaba esta distinción no fuesen advertidos suficientemente por los pensadores cristianos medievales que la asumieron y formalizaron también puede es-

[9] Cfr. ARISTÓTELES, *Política*, III, 4-5.
[10] Cfr. ARISTÓTELES, *Ética a Nicómaco*, X, 7, 1178b.

tar ligado en parte a condiciones sociales y culturales consistentes, en este caso, en que la mayor parte de ellos pertenecían a órdenes religiosas. Al no estar implicados en trabajos profesionales (entonces en formación), la distinción entre técnica y moral no planteaba excesivas dificultades y, menos aún, la primacía de la contemplación[11]. Esta, por el contrario, concordaba con el ideal religioso de separación del mundo y de las cosas mundanas para concentrarse en «lo único importante», y resultaba, por tanto, el tipo de actividad más perfecta de acuerdo con la tradición aristotélica aunque ligeramente modificada ya que Aristóteles propugnaba una contemplación casi exclusivamente intelectual, algo incompatible con el cristianismo[12].

b) Las mil caras de la acción humana

Los problemas que acabamos de indicar imponen inevitablemente un abandono de la tripartición clásica (aunque sin renunciar a sus elementos imperecederos) y nos obliga a preguntarnos si es posible establecer hoy en día una clasificación

[11] No entramos aquí en la compleja pero interesante cuestión de la primacía de la contemplación desde un punto de vista ascético, sino en su identificación con una actividad religiosa de apartamiento del mundo. Como es sabido, la espiritualidad del siglo XX, y en particular Escrivá de Balaguer, ha propuesto una contemplación en medio de las actividades humanas.

[12] Una confirmación de los problemas que plantea esta tripartición la encontramos en la relativa esterilidad de la tradición clásica (aristotélico-tomista) en el análisis de la acción humana. Esta tradición ha realizado profundos análisis estructurales de la acción y de su moralidad (la *Summa Theologiae* de santo Tomás es pionera es este terreno), pero la acción como manifestación y expresión de la persona ha sido raramente abordada, algo que resulta fácil de comprobar si se buscan en esa tradición estudios sobre el trabajo, la estética, el arte o la cultura. Ninguna de estas actividades puede adscribirse directamente a ninguna de las categorías antes señaladas y eso puede explicar, en parte, su ausencia.

[13] Hannah Arendt, en *La condición humana*, clasifica el obrar humano en labor, trabajo y acción pero, aunque sus análisis son sugerentes, nos pa-

del obrar humano distinta y mejor[13]. Nuestra opinión es negativa. La tremenda complejidad del mundo moderno ha multiplicado de forma tan impresionante los diversos tipos de acciones que intentar encuadrarlas en categorías cerradas parece una tarea vana e imposible. Eso no significa que se deba renunciar al estudio de la acción, al contrario, se debe aumentar el esfuerzo por comprender la actividad del hombre pero respetando la identidad diversa y diferenciada de cada uno de sus actos, algo que, de todos modos, no es privativo de nuestra época, sino que ha sido siempre privilegio de la humanidad como nos recuerda este precioso texto de la Biblia:

> «Todo tiene su momento
> y hay un tiempo para cada cosa bajo el cielo:
> tiempo de nacer y tiempo de morir, tiempo de plantar y tiempo de arrancar lo plantado,
> tiempo de matar y tiempo de curar,
> tiempo de derruir y tiempo de construir,
> tiempo de llorar y tiempo de reír,
> tiempo de llevar luto y tiempo de bailar,
> tiempo de tirar piedras y tiempo de recoger piedras,
> tiempo de abrazar y tiempo de dejarse de abrazos,
> tiempo de buscar y tiempo de perderse,
> tiempo de guardar y tiempo de desechar,
> tiempo de rasgar y tiempo de coser,
> tiempo de callar y tiempo de hablar,
> tiempo de amar y tiempo de odiar,
> tiempo de guerra y tiempo de paz»[14].

Cada una de estas acciones merece un estudio distinto y diverso porque cada una influye de modo distinto en el hom-

rece que cae en el mismo error que aquí se comenta: cosificar en tipos de acción puros aspectos que realmente existen pero solo como modalidades de acciones concretas.

[14] *Qohélet* 3, 1-8.

bre y en el mundo. No es lo mismo guerrear que hacer política, nacer o morir, amar u odiar. Cada uno de estos actos exige un tratamiento específico que capte la esencia que lo constituye y que dé razón del peso que tiene en la vida y en la historia de los hombres. Cualquier otro planteamiento nos parece que supone una reducción injustificada del multiforme y espléndido mundo de la acción humana[15].

[15] Una ampliación de la cuestión en J. M. BURGOS, *Praxis personalista y el personalismo como praxis*, en J. M. BURGOS, *Reconstruir la persona. Ensayos personalistas*, Palabra, Madrid 2009, pp. 97-133.

9. EL LENGUAJE

El primer ámbito de la acción que vamos a considerar es el lenguaje, el habla. Ya desde Aristóteles se le ha considerado como una de las características esenciales del ser humano pero, en el siglo XX, el denominado «giro lingüístico» de la filosofía ha realzado de una manera espectacular esta dimensión del ser y de la actividad del hombre[1]. La filosofía analítica de origen anglosajón (con nombres como Peirce, Wittgenstein, Austin, Searle o Grice) ha elaborado penetrantes análisis de las estructuras lingüísticas, del acto de habla y de la conversación. Y, desde el punto de vista de la denominada «filosofía continental», también se ha revalorizado profundamente –incluso casi exageradamente– la importancia del lenguaje en el filosofar. En ese sentido, Appel, principal representante de la pragmática trascendental de filiación kantiana, ha indicado que «el cambio fundamental de la relación entre lenguaje y filosofía, que distingue al siglo XX de los anteriores, consiste en que el lenguaje deja de ser tratado como un *objeto* de la filosofía y por primera vez se tiene en cuenta como *condición de posibilidad* de la filosofía»[2]. En

[1] Una excelente visión del estado de la reflexión actual sobre el lenguaje la ofrecen F. CONESA y J. NUBIOLA, *Filosofía del lenguaje,* cit.

[2] K. O. APPEL, *Die idee der Sprache in der Tradition des Humanismus von Dante bis Vico,* Boubier, Bonn 1975, p. 22 (citado por J. VICENTE y J. CHOZA, *Filosofía del hombre,* cit., p. 261).

una línea similar, aunque paralela, la hermenéutica ha insistido en la importancia de la comprensión lingüística de la realidad pero hasta el punto de transformar la filosofía del lenguaje prácticamente en una ontología. «El lenguaje es la casa del ser», dice Heidegger[3] y, de modo aún más radical, afirma Gadamer: «El ser que puede ser comprendido, es lenguaje»[4].

Estas posiciones, que resultan claramente excesivas y que hoy pueden haber perdido parte de su fuerza inicial, nos hablan, sin embargo, de la radical importancia del lenguaje en la vida humana y nos hacen comprender que no estamos ante un mero *instrumento* que el hombre puede tomar y dejar como quien usa una herramienta, sino ante una realidad que se identifica con nuestro propio ser, que nos modifica y en la cual vivimos. El lenguaje nos precede y nos influye, determina nuestro modo de ver el mundo y nuestro pensamiento, modula nuestras relaciones con los demás y con nosotros mismos además de tener una cierta vida propia e independiente: las lenguas, en efecto, de modo misterioso pero real, crean sus propias leyes y subsisten por sí mismas como resultado de una tarea colectiva imposible de trazar en sus detalles.

En un libro de estas características, resulta evidentemente imposible abordar un estudio ni siquiera introductorio de las múltiples cuestiones que plantea el lenguaje y por eso nos vamos a limitar a tres aspectos de particular relieve para la antropología: la diferencia entre el lenguaje animal y el humano, la relación entre lenguaje y pensamiento y uno de los puntos más novedosos en la teoría del lenguaje que nos sitúa en el ámbito de la pragmática y conecta con la estructuración que estamos dando a esta antropología: su comprensión como acción humana[5].

---

[3] M. HEIDEGGER, *Carta sobre el humanismo*, Taurus, Madrid 1970, p. 7.

[4] H. G. GADAMER, «Hombre y lenguaje», en *Verdad y método*, cit., p. 149.

[5] Sobre la relación entre lenguaje, pensamiento y palabra vid. el interesante estudio de E. GILSON, *Lingüística y filosofía. Ensayo sobre las constantes filosóficas del lenguaje*, Gredos, Madrid 1969, especialmente pp. 59-92 y 128-161.

1. Lenguaje animal y lenguaje humano

Como acabamos de comentar, resulta un tópico decir que el lenguaje es uno de los rasgos específicos del hombre pero, ante esta manida afirmación, cabe oponer un hecho no menos manifiesto y contrario: la existencia de un cierto grado de comunicación entre los animales que, en el caso de algunas especies superiores –chimpancés, delfines, etc.–, puede llegar a ser relativamente compleja hasta adquirir rasgos similares a un lenguaje. Pero ¿el sistema de comunicación animal es realmente un lenguaje? o, dicho de otro modo, ¿cuál es la diferencia, si es que existe, con el lenguaje humano[6]?

a) Los experimentos con chimpancés

El intento de comparar –y de asimilar en algunos casos– lenguaje humano y lenguaje animal no ha sido meramente teórico sino que algunos investigadores han hecho experimentos muy espectaculares con chimpancés para intentar llegar al fondo de la cuestión, y, más en concreto, para intentar determinar si, mediante adiestramiento, un animal podía aprender un lenguaje humano. Si estos experimentos hubieran tenido éxito, es decir, si los chimpancés hubieran sido capaces de comunicarse de modo similar a los hombres hubiera caído la barrera infranqueable que distingue al lenguaje humano del de los animales y, posiblemente también, la que separa a los animales de los hombres. Los resultados de los numerosos experimentos que se han realizado en esta línea, sin embargo, han sido más bien negativos[7].

[6] Afrontar esta cuestión resulta importante no solo porque nos va a permitir darnos cuenta una vez más de la irreductibilidad de la persona al mundo animal sino porque nos conmina a definir en qué consiste la especificidad del lenguaje humano.

[7] En este epígrafe y en el siguiente seguimos, fundamentalmente, a. J. Beltrán, *Para comprender la psicología*, cit., pp. 200 y ss.

En uno de los primeros experimentos que se realizaron, los Kellog criaron a su hijo Donald juntamente con un chimpancé llamado Gua tratándolos de manera exactamente igual. Donald, evidentemente, aprendió a hablar inglés con el tiempo mientras que Gua nunca produjo sonidos humanos y, aunque podía responder adecuadamente a unas 20 palabras, su comportamiento nunca superó el de un perro bien adiestrado. Este resultado podía interpretarse, lógicamente, como una confirmación de la incapacidad animal para el lenguaje, pero también se podía pensar que los chimpancés no podían hablar no porque no fueran capaces de ello, sino porque su aparato fonético no se lo permitía. Para superar este posible obstáculo, otra familia de investigadores, los Gardner adiestraron a un chimpancé hembra llamado Washoe para que aprendiera el lenguaje de los sordomudos. Los resultados obtenidos fueron en cierto sentido espectaculares ya que Washoe logró establecer numerosas pautas de comunicación con cierto nivel de sofisticación pero parece que nunca llegó a realizar ninguna construcción sintáctica auténtica. Algo similar ocurrió con el chimpancé Sarah entrenado por Premack. Mediante un minucioso proceso de aprendizaje adquirió un vocabulario de unos 60 nombres, 20 verbos y otras 30 palabras incluyendo adverbios y adjetivos que usaba de manera correcta. Pero tampoco fue capaz de superar un punto clave: realizar una construcción sintáctica *nueva*, es decir, que no hubiera aprendido previamente (algo que, sin embargo, realiza con toda facilidad un niño) lo cual planteaba la cuestión crucial de si entendía realmente lo que decía o su lenguaje no era más que el fruto de un complejo proceso de aprendizaje mediante condicionamiento.

El resultado de estos y otros experimentos, en definitiva, fue negativo respecto a la posibilidad de identificar lenguaje animal y lenguaje humano porque, si bien algunos chimpancés realizaron progresos espectaculares, esta «espectacularidad» era tal en cuanto que se trataba de animales ya que nunca fueron más allá de las primeras fases elementales del habla que un niño aprende de modo natural y sin ningún esfuerzo ni enseñanza. Y esto confirmaba, en otras palabras, que la separación radical entre lenguaje humano y «lenguaje» o comunicación animal seguía intacta.

b) Características del lenguaje humano

Que el lenguaje humano no es asimilable al animal en el fondo es algo fácil de comprender y aceptar puesto que no es más que una consecuencia de la radical diferencia entre hombres y animales. Karl Jaspers lo ha explicado con claridad: «Gritar, silbar, soplar o graznar no son lenguajes y la imitación atronadora del ruido de la naturaleza se parece tan poco al verdadero lenguaje como la repetición del sonido por parte del papagayo. El lenguaje aparece cuando realizo mi intención sobre el objeto y el significado en el sonido que oigo o emito. *Dirigirse significativamente por medio de la voz a un objeto distante: he ahí el fenómeno fundamental del lenguaje.* Gracias al lenguaje, los sonidos dejan de ser sonidos para convertirse en fonemas. La organización de imágenes sonoras es el arte del lenguaje, el cual creó en tiempos inmemoriales, conforme se iba desarrollando el hombre, una realidad cuya transformación ha dado vida a las lenguas de todas las épocas de la historia. El lenguaje es la producción de fonemas creada al hablar que tiene lugar en la comunidad humana. En palabras de Humboldt, es 'un mundo que el espíritu debe interponer mediante el secreto trabajo de su fuerza entre sí mismo y los objetos'»[8].

Pero ¿qué es exactamente lo que distingue el lenguaje humano y el lenguaje animal? Algunas de las principales diferencias son las siguientes:

[8] K. JASPERS, *Lo trágico. El lenguaje*, Librería Agora, Málaga 1995, pp. 112-113 (cursiva nuestra).

— *Productividad y creatividad:* el lenguaje humano es *un sistema abierto* que puede producir potencialmente un número infinito de palabras y construcciones, algunas de ellas totalmente originales. «Solo el lenguaje, nos recuerda Steiner, no conoce finalidad conceptual o proyectiva. Somos libres para decir cualquier cosa, sobre todo o sobre nada. Ningún imperativo gramatical profundo, si es que puede demostrarse que exista alguno, abroga la anárquica ubicuidad del discurso posible»[9]. Los lenguajes animales, por el contrario, tienden a formar un sistema cerrado con un repertorio de elementos fijo y limitado.

— *Estructura dual:* todos los lenguajes humanos están organizados al menos en dos niveles[10]. Por ejemplo, si yo digo «mañana hará sol» podemos observar que esta frase está formada por tres palabras cada una de las cuales tiene un significado, pero también podemos decir que está formada por 13 letras (o unidades fonológicas) que no tienen en sí ningún significado. Pues es precisamente esta doble estructura, que no se da en los lenguajes animales y que, evidentemente, está ligada con la capacidad intelectual humana, la que permite que los lenguajes humanos tengan una potencialidad infinita puesto que con un pequeño número de sonidos no significativos (del orden de 50) se pueden componer un número indefinido de palabras y un número también indefinido de combinaciones y, por tanto, de significados[11].

— *Referencia simbólica convencional:* la mayor parte de las palabras tienen una relación convencional con lo que signifi-

[9] G. Steiner, *Presencias reales*, Destino, Barcelona 1991, p. 72.

[10] La estructura real puede ser mucho más compleja y las gramáticas (de estados finitos, de estructura de frase, transformacionales u otras) son las encargadas de desentrañarla.

[11] Se trata, como es fácil observar, de una estructura en parte similar a la del lenguaje musical que permite expresar cualquier canción mediante combinaciones de sonidos individuales.

[12] Convencional no es equivalente a arbitraria ya que cada palabra tiene una historia detrás que la liga, por diversas razones, a su significado.

can[12]. Al «objeto mesa», por ejemplo, en vez de denominarlo «mesa» lo podríamos llamar de cualquier otro modo y así sucede de hecho en otros idiomas. Esto contribuye también a la productividad del lenguaje puesto que, si cada palabra tuviera que tener un relación directa con lo que significa se limitaría notablemente su número.

— *Desplazamiento:* los hombres podemos hablar de sucesos u objetos remotos en el tiempo y en el espacio. Parece que prácticamente ningún animal, excepto quizá las abejas, puede hacerlo.

— *Formación y transmisión cultural:* el lenguaje humano, a diferencia del animal, se forma y se transmite de generación en generación, hasta el punto de que solo tiene sentido como tarea colectiva. Ningún lenguaje es el producto de una sola persona ni de una generación y menos aún las lenguas importantes que tienen historias milenarias. En cierto sentido, el lenguaje se configura como una realidad externa al hombre individual (es su dimensión objetiva), que le precede y en la cual se introduce cuando nace y adquiere poco a poco a lo largo de años mediante un complejo proceso de aprendizaje, en parte sumamente misterioso[13]. Los lenguajes animales nada tienen que ver con este complejo proceso.

---

[13] Cómo el niño aprende a hablar es una cuestión que ha sido ampliamente debatida por la psicología pero que aún sigue abierta por su complejidad ya que afecta a cuestiones tan profundas y variadas como la estructura de la inteligencia y del lenguaje, la evolución psicológica del niño, etc. Es especialmente conocido en este sentido el debate que mantuvieron Skinner y Chomsky. El primero sostenía que el niño aprendía a hablar, fundamentalmente, mediante un aprendizaje de tipo conductista mientras que el segundo insistió en que en el niño poseía unas estructuras internas innatas que le capacitaban para comprender el lenguaje (la llamada teoría innatista). Sobre toda esa cuestión cfr. R. BAYÉS, *Chomsky o Skinner. La génesis del lenguaje,* Herder, Barcelona 1977.

2. Pensamiento y lenguaje

La segunda cuestión que vamos a abordar, y sobre la que se ha discutido ampliamente desde campos tan diversos como la psicología, la lingüística o la filosofía, es la relación entre lenguaje y pensamiento o inteligencia. ¿Qué es anterior y primario, el lenguaje o el pensamiento? Expondremos brevemente las principales posturas para indicar, al final de todo, la que nos parece más equilibrada y correcta.

a) El pensamiento depende del lenguaje: determinismo y relativismo lingüístico

Algunos psicólogos, entre los que se encuentran Sapir y Whorf, han mantenido la tesis de que el pensamiento depende del lenguaje, postura a la que se ha denominado determinismo lingüístico. Sapir mantuvo inicialmente una posición moderada indicando que el lenguaje influía en el pensamiento, pero Whorf radicalizó esa postura afirmando que todos los niveles altos de pensamiento proceden del lenguaje[14]. Una derivación del determinismo es el denominado relativismo lingüístico, que afirma que lenguajes diferentes conducen a visiones del mundo diferentes.

El relativismo lingüístico se basa en que el lenguaje es previo a los individuos. El niño, cuando nace, se introduce en un mundo cultural que le precede y que está configurado por estructuras lingüísticas específicas que no solo influyen, sino que estructuran su modo de pensar de un modo específico. En este sentido se puede observar, por ejemplo, que los anglosajones no solo tienen una fonética diferente de los hispanohablantes, sino que su estructura gramatical es diversa, sus térmi-

[14] Cfr. B. L. WHORF, *Lenguaje, pensamiento y realidad*, Barral, Barcelona 1971.

nos de referencia lingüísticos son distintos y también, por tanto, su mundo conceptual ya que las palabras determinan los conceptos. Además, y a un nivel más elevado, se puede observar también que las categorías esenciales de su mundo cultural están mediadas por una tradición literaria diversa que plantea unos modelos culturales y de comprensión del mundo diferentes. No es lo mismo que el punto de referencia cultural de una nación sea la *Divina Comedia* de Dante, las obras de Shakespeare o *El Quijote* de Cervantes. Que los estudiantes de esas naciones se familiaricen e identifiquen con cada uno de esos referentes literarios marca su modo de comprender el mundo, de valorarlo y de situarse ante él.

El *determinismo*, en definitiva, basado en estos hechos, afirma que las estructuras lingüísticas determinan los mecanismos de pensamiento, es decir, que el lenguaje prima sobre el pensamiento, y el *relativismo* saca como consecuencia que, puesto que hay lenguajes diversos, la estructura mental de las personas es diversa y depende del mundo lingüístico en el que habita.

b) La identidad entre pensamiento y lenguaje: J. B. Watson

J. B. Watson es quien ha mantenido la tesis más extravagante en este complejo problema sosteniendo la identidad entre lenguaje y pensamiento, y definiendo este último como un lenguaje que nos dirigimos a nosotros mismos. Se trata de una posición extrema, elaborada en el contexto del conductismo de principios del siglo XX, y motivada por el deseo de hacer de la psicología una ciencia exacta como las ciencias experimentales que llevó a los conductistas a eliminar de la psicología todos los aspectos internos anímicos no controlables. Dentro de esta línea, Watson identificó pensamiento y lenguaje y acabó por reducir este último a una serie de comportamientos motóricos y fisiológicos controlables.

Esta tesis, aunque haya podido aportar algún elemento interesante a la cuestión que estudiamos, es evidentemente errónea puesto que resulta patente que hay una disociación entre lenguaje y pensamiento. Sucede, por ejemplo, con relativa facilidad que nos resulte difícil expresar verbalmente una idea sobre la que, sin embargo, no albergamos ninguna duda, lo cual indica claramente que estamos ante realidades diferentes. Además, según esta teoría se llegaría al absurdo de que alguien que fuera incapaz de hablar por motivos fisiológicos (los sordomudos, por ejemplo) no podría pensar.

c) El lenguaje depende del pensamiento

El representante esencial de esta postura es Piaget a quien sus investigaciones de psicología evolutiva le llevaron a la conclusión de que las estructuras intelectuales eran previas y más radicales que las lingüísticas. Esto se advierte, por ejemplo, en el niño, quien desarrolla primero sus capacidades intelectuales y va adaptando posteriormente su nivel lingüístico a su nivel intelectual. También se observa lo mismo en los procesos expresivos. Primero pensamos, tenemos la idea, y después intentamos expresarla con mayor o menor éxito. Además, para Piaget, la estructura de nuestros procesos mentales y lingüísticos es diferente y se salda con la primacía de los primeros. Nuestra mente puede contener simultáneamente numerosos pensamientos con una estructura global y multiforme compuesta por numerosas ideas interconectadas. Pero solo una de ellas, y de forma progresiva, puede transmitirse verbalmente. No podemos hablar más que de una sola cosa y progresivamente mientras que la inteligencia es mucho más rápida y multiforme. Por eso, a veces algunas personas especialmente inteligentes tienen dificultades de expresión porque no logran hacer fluir con una cadencia verbalmente adecuada el poderoso flujo de su pensamiento.

Para Piaget, en definitiva, la inteligencia es una estructura mucho más profunda que el lenguaje. Un sordomudo que no haya hablado nunca no por ello deja de tener inteligencia ni capacidad de razonar mientras que es impensable un lenguaje coherente sin inteligencia.

d) Primacía relativa del pensamiento

¿Cuál de estas tres posturas responde a la realidad de las cosas? Desde nuestra perspectiva pensamos que la postura adecuada la constituye una síntesis de la tercera y de la primera pero manteniendo la primacía del intelecto. En otras palabras, Piaget tenía razón en lo esencial pero infravaloró la influencia del lenguaje en los procesos cognoscitivos.

La inteligencia, por las razones ya mencionadas, es superior y primaria con respecto al lenguaje pero este influye de una manera muy notable en la estructura intelectual de las personas. Influye desde el mismo nacimiento marcando la orientación intelectual del sujeto porque, si bien el relativismo cultural en su versión extrema no es cierto, sí lo es en una versión moderada. Nos introducimos en el mundo a través de un lenguaje que actúa como *un filtro de acceso a la realidad.* Una lengua culta y rica obliga a la inteligencia a un desarrollo sofisticado; una lengua esencial y arcaica obtura en cierta medida sus resortes. Las palabras son como la maquinaria de nuestro pensamiento y, si esa maquinaria es defectuosa o tosca, el pensamiento se verá limitado, aunque seguirá teniendo existencia propia. Si no logro objetivar mi conocimiento en palabras, mi mente se retrasará o se detendrá porque, si bien los conceptos proceden inicialmente de las cosas y se formulan en palabras, también sucede el proceso inverso: las palabras me ayudan a establecer los conceptos, a delimitar sus contornos y a establecer su fisonomía, y las frases y el lenguaje me obligan a determinar las relaciones que existen entre ellos[15].

Además, *las palabras* designan la realidad y, en ese sentido, *son una vía de conocimiento distinta de la experiencia.* Son experiencia verbal acumulada por las generaciones previas a la que yo accedo a través del lenguaje. Si, por ejemplo, leo la palabra «enjambrar» y, al desconocer su significado, lo busco en el diccionario descubriré que el mundo de las abejas y de los enjambres contiene posibilidades que yo no había pensado ni imaginado y que abren ante mí un nuevo espacio de realidad. Un espacio que yo personalmente no he vivido pero en el que puedo introducirme gracias a la experiencia de mis antecesores que la han fijado lingüísticamente. Además, estos espacios de realidad no son puntuales porque el diccionario es un sistema autorreferencial. No me ofrece solo conexiones aisladas con la realidad, sino una concepción de la vida estructurada lingüísticamente, «la» concepción de la vida de la sociedad en la que habito, que he asimilado en sus formas más elementales en la infancia y en sus formas más sofisticadas a lo largo de mi proceso de socialización (cfr. cap. 13.2).

Todo esto se manifiesta con especial claridad cuando aprendemos con soltura un nuevo idioma. Aparece entonces ante nosotros un mundo nuevo –también autorreferente– más sutil o más tosco, con otro orden de prioridades, con otra sensibilidad ante lo real, poético o rígido, urbano o campesino, con distinta tradición literaria y cultural y con estructuras sintácticas distintas, aunque no forzadamente de carácter semántico. De ahí las dificultades de la traducción.

La cuestión clave, y es aquí donde se equivocan los deterministas y relativistas lingüísticos, es que, siendo esto muy impor-

[15] «Los resultados de la filosofía son el descubrimiento de algún que otro simple sinsentido y de los chichones que el entendimiento se ha hecho al chocar con los límites del lenguaje. Estos, los chichones, nos hacen reconocer el valor de ese descubrimiento» (L. WITTGENSTEIN, *Investigaciones filosóficas*, cit., n. 119).

tante, no es lo esencial. Lo principal es la inteligencia de la persona. Sin ella, el proceso de mediación con lo real que efectúa el lenguaje no tendría ningún sentido. Y la inteligencia es esencialmente idéntica entre todos los hombres. Por eso, aunque los lenguajes sean muy distintos entre sí, las personas, de hecho, podemos comunicarnos, transmitirnos experiencias y conocimientos, traducir las obras literarias de una a otra lengua[16].

En definitiva y como conclusión: hay una primacía esencial y temporal de la inteligencia en relación al lenguaje pero este, a su vez, influye de muchas maneras y muy importantes en la formación de la mente y en el desarrollo de la inteligencia.

3. El lenguaje como acción

a) Hacer cosas con palabras

Considerar el lenguaje como acción no es algo obvio y de hecho se trata de una perspectiva muy reciente incluso para la filosofía del lenguaje que, en su relativamente corta vida, se ha centrado en otras cuestiones como el significado (la relación de las palabras con las cosas) o la relación entre pensamiento y lenguaje. Pero el lenguaje es, fundamentalmente, *un modo de relación interpersonal*, las lenguas son sistemas de comu-

[16] Hay dos modos básicos de explicar este fenómeno. Las teorías formalistas, como el generativismo chomskyano, defienden la existencia de una capacidad innata, entendida como Gramática Universal, que permite a la persona adquirir el lenguaje de forma limitada, similar en todas las lenguas pero con realizaciones superficiales distintas. Los modelos funcionalistas (como el de Greenberg) parten de la base de que la lengua es un acto de comunicación y, como las necesidades de comunicación son básicamente iguales para los seres humanos, todas tienen que coincidir en algunos rasgos esenciales. Las variaciones proceden de las diferentes experiencias de tipo físico, cultural o social y no tanto de apriorismos innatos. Cfr. R. MAIRAL, y J. GIL, *En torno a los universales lingüísticos*, Cambridge-Akal, Madrid 2004; J. J. ACERO, *Filosofía del Lenguaje I. Semántica*, Trotta-CSIC, Madrid 2007 y V. J. COOK, y M. NEWSON, *Chomsky's Universal Grammar*, Blackwell, Oxford 1996.

nicación, modos de interrelación lingüísticos que permiten a los sujetos intercambiar sus experiencias, sus afectos y sus conocimientos. Solo en este preciso marco es posible comprender a fondo qué significa el lenguaje y cómo y por qué tiene determinadas reglas y estructuras[17].

Este olvido, afortunadamente, ha ido dejando paso en épocas recientes a una sugerente y rica consideración filosófica del lenguaje como acción gracias, sobre todo, a un profundo cambio de mentalidad de la filosofía analítica que algunos han llegado a calificar de «revolución»[18]. Como es sabido, este cambio de mentalidad tiene un remoto antecedente en el denominado segundo Wittgenstein. El primer Wittgenstein fue atrapado por los cantos de sirena del formalismo lógico y en el *Tractatus* puso su granito de arena en la búsqueda infructuosa del Santo Grial lingüístico: un lenguaje preciso y formal en el que todo fuera riguroso y preciso y cada palabra tuviera un solo significado. Sin embargo, en su segunda época, la de las *Investigaciones filosóficas*, rompió con ese camino que se había demostrado decididamente falso y estéril al no advertir un hecho esencial: el lenguaje es un sistema de comunicación *entre personas*, no un procedimiento lógico para definir unívocamente conceptos o significados. Wittgenstein tuvo el mérito de admitir errores en su primera perspectiva[19], con lo que desacreditó la vía del cientificismo aplicado a la lingüística, pero la gran importancia de este texto radica en que supuso el pistoletazo de salida para la reflexión filosófica sobre el lenguaje real –es decir, conversacional–, fundamentalmente a través de dos hechos: la constatación de que el lenguaje es un hecho colec-

[17] «Si se considera que el hombre es un ser dialógico comunitario, no un ser ocluido en sí, se advierte que el lenguaje figura entre los momentos que integran el proceso de constitución de la realidad personal humana» (A. LÓPEZ QUINTÁS, *Estrategia del lenguaje y manipulación del hombre* (3ª ed.), Narcea, Madrid 1984, p. 140).

[18] Cfr. J. NUBIOLA, *La revolución pragmatista de la filosofía analítica*, Eunsa, Pamplona 1996.

[19] Cfr. L. WITTGENSTEIN, *Investigaciones filosóficas*, cit., introducción.

tivo, no privado, y de que funciona mediante sistemas de reglas compartidas que se pueden asimilar a los juegos deportivos y a los que denominó reglas de lenguaje.

Wittgenstein, de todos modos, solo inició el camino. Los desarrollos fundamentales se deben a otros autores que han elaborado lo que se considera la moderna pragmática lingüística. *La pragmática se caracteriza, fundamentalmente, por que se interesa por el uso del lenguaje* y no por su significado, como hace la semántica. Lo que le importa a la pragmática es cómo se emplean las palabras. Y aunque esto depende evidentemente de lo que significan, la aportación principal de la pragmática moderna consiste en indicar que esta relación no es ni unidireccional (del significado al uso) ni trivial. Lo que afirma, en otros términos, es que no existe una separación estricta entre pragmática y semántica ya que el significado de las palabras depende en buena medida de su *uso*[20]. Esta afirmación puede parecer en principio sorprendente e incluso antirrealista pero no lo es y un ejemplo bastará para indicar lo que queremos decir. La frase: «Qué tonto eres» intercalada en el flujo de una conversación no tiene en ningún modo un significado único. Si, por ejemplo, se dice con enojo puede suponer una grave ofensa pero, si se la dice una chica a un chico que le ha hecho una broma, lo más probable es que sea, por el contrario, una muestra de agrado y diversión. ¿Quiere esto decir que la palabra «tonto» no tiene ningún significado preciso? Ciertamente, no, lo tiene; pero solo adquiere su determinación última en el contexto conversacional o dialógico que es donde el lenguaje realmente vive y tiene sentido[21]. Para el tema que nos ocupa,

[20] Un planteamiento similar, aunque desde otra perspectiva, es el de A. López Quintás, *Estrategia del lenguaje y manipulación del hombre*, cit., pp. 162 y ss.

[21] «Cuando alguien me dice la palabra 'cubo', por ejemplo, yo sé lo que significa. ¿Pero puede venirme a las mientes el *empleo* completo de la palabra, cuando la *entiendo* así? Sí, pero por otro lado, ¿no está el significado de la palabra determinado también por este empleo?» (L. Wittgenstein, *Investigaciones filosóficas*, cit., n. 139).

esto significa que, sin que se pueda prescindir de la semántica y sin que esta se pueda confundir con la pragmática, el estudio del lenguaje solo puede ser acabado y comprensible si se realiza en el marco de la acción comunicativa.

b) Principales representantes del pragmatismo lingüístico: Austin, Searle, Grice

J. L. Austin ha sido el primer filósofo del lenguaje que se ha enfrentado seriamente con la cuestión de la acción. Su principal intuición ha sido que el lenguaje no es meramente descriptivo sino también realizativo, es decir, que, al hablar, no solamente describimos cosas, sino que también las hacemos[22]. Por ejemplo, en frases como «te pido disculpas» o «yo te bautizo en el nombre del Padre y del Hijo y del Espíritu Santo» no se está describiendo una situación real, lo que se está haciendo es modificarla. Estamos ante acciones lingüísticas en las que «hago cosas» mediante el lenguaje. A raíz y como desarrollo de este descubrimiento, Austin elaboró su clasificación de los elementos del acto lingüístico. El acto *locutivo* es el que realizamos por el hecho de decir algo (emitimos sonidos y secuencias de palabras con un significado). El acto *ilocutivo* es lo que hacemos por el hecho de decir algo; con una determinada secuencia de palabras, por ejemplo, puedo perdonar, aconsejar, sugerir, ordenar, etc. Por último, el acto *perlocutivo* es el que se realiza por haber dicho algo y se refiere, fundamentalmente, a las consecuencias. Ordenar, por ejemplo, sería un acto ilocutivo mientras que persuadir sería perlocutivo porque se refiere a los efectos sobre el sujeto.

---

[22] Cfr. J. L. AUSTIN, *Cómo hacer cosas con palabras*, cit. Para un desarrollo más amplio del pensamiento de estos autores vid. F. CONESA y J. NUBIOLA, *Filosofía del lenguaje*, cit., pp. 173 y ss. donde se ofrece, además, abundante bibliografía.

John Searle, discípulo de Austin, siguió el camino marcado por su maestro desarrollando la teoría de los actos de habla. «Hablar un lenguaje, explica, consiste en realizar actos de habla, actos tales como hacer enunciados, dar órdenes, plantear preguntas, hacer promesas, etc., y, más abstractamente, actos tales como referir o predicar, y, en segundo lugar, que esos actos son en general posibles gracias a, y se realizan con, ciertas reglas para el uso de los elementos lingüísticos»[23]. Una de las principales aportaciones de Searle ha sido su clasificación de los actos de habla que supone una aportación importante a la cuestión de las *funciones del lenguaje.* Su clasificación es la siguiente[24]:

— actos representativos: convencer al oyente de que algo es de un determinado modo,

— actos directivos: intentar que el oyente haga algo: ordenar, sugerir,

— actos compromisorios: comprometer al hablante en una conducta futura,

— actos expresivos: expresar el estado psicológico del hablante: agradecer, disculpar, felicitar,

— actos declarativos: modificar una situación creando una nueva: «cesar», «dimitir», «casar», etc.

Por último hay que mencionar los estudios de H. P. Grice, que suponen un paso más en esta línea de investigación y conducen hacia lo que se podría denominar *filosofía de la conversación*[25]. Grice ha estudiado con detalle la influencia de la intención del hablante en el contenido y significado del lenguaje y, además, ha profundizado de manera especialmente novedosa en el análisis de las reglas que los hablantes mantie-

---

[23] J. R. SEARLE, *Actos de habla. Ensayo de filosofía del lenguaje,* Cátedra, Madrid 1980, p. 31.

[24] Cfr. V. MUÑIZ, *Introducción a la filosofía del lenguaje,* I, Antrophos, Barcelona 1989.

[25] Sus trabajos principales están recogidos en *Studies in the Way of Words,* Harvard Univ. Press, Cambridge 1989.

nen de manera implícita o explícita en cualquier conversación y que resultan esenciales para que el lenguaje pueda funcionar como tal y tenga sentido. En este punto son especialmente interesantes sus investigaciones sobre el principio de cooperación, las presuposiciones implícitas en la conversación, las implicaturas conversacionales, etc.

10. EL TRABAJO

El trabajo es, en nuestra sociedad, una realidad tan obvia por esencial, que nos puede resultar difícil profundizar en su contenido y desentrañar las resonancias antropológicas que posee. Por eso vamos a comenzar el estudio de este tema con una aproximación histórica que, además de proporcionarnos una información muy interesante, nos va a permitir introducirnos en la densidad antropológica que se esconde debajo de esta palabra. Una vez concluida esta aproximación, será mucho más fácil analizar filosóficamente el concepto de trabajo.

1. Aproximación histórica a la idea de trabajo

a) El Mundo Antiguo

El Mundo Antiguo (Mesopotamia, India, Egipto, Grecia, Roma) tenía una visión del trabajo radicalmente distinta de la que poseemos actualmente. En primer lugar, el concepto de trabajo en cuanto tal no existía y, el concepto más cercano, el de actividad manual, era infravalorado y despreciado. Se consideraba fundamentalmente una carga oprobiosa, una necesidad que imponía la naturaleza y, por eso, propia de las clases sociales inferiores, cuando no de los esclavos. Un texto del Antiguo Egipto en el que se describe la actividad de un alfarero resulta bastante significativo al respecto. «El alfarero se baña en arcilla y vive como una bestia, anda más sucio de barro que un puerco. Sus vestidos están endurecidos por la arcilla y su cinturón no es más que un trapo sucio. El aire tórrido que sale del horno le quema la cara. Amasa la arcilla con sus manos y pies, y se extenúa con esta labor. Toda su casa está manchada de la tierra y su piso está deforme»[1]. Esta visión del trabajo manual llevó en la práctica a una signficativa identificación entre trabajo y esclavitud, por una parte, y actividades contemplativas u ociosas y hombres libres, por otra. Trabajar era lo propio de los esclavos hasta el punto de que se ha podido afirmar que, en la Antigüedad, «el gran núcleo de las relaciones laborales se verificó a través de la institución jurídica de la esclavitud»[2].

Como era de esperar, la formalización teórica de este planteamiento se encuentra principalmente en los griegos: Hesíodo, Platón y, sobre todo, Aristóteles. Fue este último, como hemos visto en el capítulo de la acción, quien elaboró la tripartición clásica del obrar humano: contemplación, obrar y hacer o producción. El trabajo forma parte de la tercera categoría, lo que significa que es una actividad transitiva e imperfecta, es decir, que tiene su fin fuera de ella misma y, por tanto, un valor instrumental. Vale solo y en la medida en que sirve para conseguir un objetivo determinado. Y así resulta naturalmente asociado a la esclavitud. El esclavo es un mero instrumento del amo por lo que resulta lógico que realice las tareas instrumentales dejando libre al amo (el hombre libre) para las actividades específicamente humanas: la contemplación intelectual y la po-

---

[1] Citado por A. J. CARRO, *Historia social del trabajo* (8ª ed.), Bosch, Barcelona 1992, p. 85. La descripción del trabajo en las diversas culturas antiguas se recoge en las pp. 75-121. Como nota curiosa se puede indicar que ya en el Antiguo Egipto se recomendaba a los hijos que se hicieran funcionarios (cfr. *ibíd.*, pp. 84-85).

[2] *Ibíd.*, p. 19.

lítica, fundamentalmente[3]. Aristóteles es muy claro en este sentido y afirma sin ambages, por ejemplo, que si la naturaleza no hubiese querido que hubiera esclavos habría hecho que las lanzaderas funcionasen solas. Como esto no es así resulta que deben existir unos seres, los esclavos, que están destinados por naturaleza para hacer funcionar las lanzaderas de modo que los hombres libres (liberados del trabajo) se puedan dedicar a las ocupaciones realmente dignas y naturales para ellos.

b) El Medievo y los primeros siglos de cristianismo

El cristianismo supuso una revolución en este planteamiento por muchos motivos[4]. En primer lugar y, ante todo, porque Jesucristo fue un trabajador manual, lo cual añadía una contradicción más a las muchas que suponía el cristianismo para la mentalidad antigua. El que se presentaba como Salvador del mundo se había dedicado precisamente a los trabajos que los grandes de ese mundo despreciaban. Y, lógicamente, a medida que el cristianismo se fue imponiendo, comenzó a surgir una concepción muy diversa del trabajo. En primer lugar dejó de ser considerado como algo inferior o despreciable convirtiéndose, por el contrario, en algo que todos debían realizar. La admonición de S. Pablo en este sentido es paradigmática: «el que no quiera trabajar que no coma»[5]. Pero, además, el trabajo encontró un nuevo sentido y valor al integrarse en la dimensión religiosa propia del cristianismo. Mediante el esfuerzo y los sacrificios que impone todo trabajo, el hombre puede purificarse, liberarse de las culpas y unirse a

---

[3] Cfr. ARISTÓTELES, *Política* 1331 b12, pero se puede encontrar esta idea en muchos otros lugares.

[4] Cfr. L. BONILLA, *Breve historia de la técnica y del trabajo*, Istmo, Madrid 1975, pp. 135-145.

[5] S. PABLO, *Segunda Carta a los Tesalonicenses* 3, 10; cfr. también *Primera Carta a los Tesalonicenses*, 4, 9-12.

los sufrimientos de Cristo colaborando así en una actividad redentora y liberadora, en la epopeya cristiana de salvación de la humanidad. El trabajo, es cierto, oprime y es una carga pesada, pero esa carga se puede volver liberación si se adopta una actitud ascética adecuada que lo integre en los misterios del cristianismo.

Este conjunto de factores constituyen los puntos clave de la «revolución» cristiana sobre el trabajo. En palabra de E. Borne, el trabajo, «al adquirir un valor religioso, entra en la vida humana, sirve para poner en una vida personal valores de sacrificio y de desprendimiento; el agricultor, el obrero tienen sus fines personales y no son ya meros instrumentos animados; el trabajo no sirve ya exclusivamente para dispensar de las inquietudes de la existencia a algunos predestinados a la vida especulativa o heroica; tiene un sentido interior y se asienta sobre una vida interior»[6]. Pero, junto a estos aspectos positivos, es inevitable observar que el cristianismo de la Edad Media no logró valorar el trabajo de modo pleno. La principal limitación consistió en no percatarse «del valor del trabajo como obra»[7], es decir, en *no advertir el valor del trabajo por sí mismo*, sino solamente como medio para lograr otros objetivos; en otras palabras, en no superar de manera radical la concepción griega del trabajo como realidad instrumental y, por lo tanto, secundaria.

El Medievo, por tanto, mantuvo –aunque ligeramente modificada– la tripartición aristotélica acerca de la acción humana y aquí se encuentra su principal limitación en relación al trabajo. En la tripartición medieval, el primer puesto lo sigue detentando la contemplación aunque ahora, a diferencia de la griega, ya no es meramente intelectual, sino amorosa[8]; es una contemplación religiosa de Dios que, en principio, está al al-

---

[6] E. Borne, *El trabajo y el hombre*, Desclée, Buenos Aires 1945, p. 38.
[7] *Ibíd.*, p. 39.
[8] Cfr. Tomás de Aquino, *S. Th.*, II-II, q. 180.

cance de cualquier cristiano aunque los religiosos puedan acceder más fácilmente a ella. Después sigue el obrar moral y, finalmente, la actividad manual o técnica, el trabajo, que ya no arrastra con ella el estigma de la antigüedad pero cuyo valor sigue siendo meramente instrumental. La postura de santo Tomás es paradigmática en este sentido. Cuando se plantea si la actividad manual tiene valor, Tomás responde muy positivamente y da estas cuatro razones. Sirve para: 1) eliminar los vicios; 2) adquirir virtudes; 3) evitar el ocio y 4) dar limosna[9]. Se trata, evidentemente, de elementos positivos pero brilla por su ausencia cualquier mención al valor del trabajo en sí mismo.

¿Por qué la Edad Media no llegó a captar todas las potencialidades del trabajo? Ante todo hubo una deficiente interpretación del cristianismo. El Medievo se centró en la conocida maldición acerca del trabajo que se encuentra en el Génesis: «maldito sea el suelo por tu causa: con fatiga sacarás de él el alimento todos los días de tu vida. Espinas y abrojos te producirá y comerás la hierba del campo. Con el sudor de tu rostro comerás el pan, hasta que vuelvas al suelo, porque de él fuiste tomado»[10]. Pero no advirtió con la suficiente claridad que *no se trataba de una maldición sobre el trabajo en cuanto tal.* La maldición consistía en el esfuerzo y el sudor que, a partir de ese momento, supondría trabajar porque, de hecho, el hombre, en el paraíso terrenal y, por tanto, antes de cualquier caída, había sido llamado al trabajo: debía cultivar y custodiar el jardín del Edén[11] y se le había confiado la tarea de poner un nombre a todos los seres vivientes[12].

¿Por qué prevaleció la interpretación deficiente de la Biblia en vez de la interpretación integral? No es fácil hacer afirmaciones taxativas pero se pueden apuntar al menos dos razo-

[9] *Ibíd.*, II-II, q. 187, a. 2.
[10] *Génesis* 3, 17-19.
[11] *Génesis* 2, 15.
[12] *Génesis* 2, 19-20.

nes. Por un lado, el excesivo peso intelectual y social del estamento eclesiástico y religioso al que le resultaba difícil, por razones obvias, tener una comprensión profunda del valor del trabajo como obra. Además hay que contar con las condiciones sociales y culturales específicas de la época. En la Edad Media, los trabajos ligados a lo que hoy denominamos clase media eran prácticamente inexistentes y solo se podían encontrar algunos artesanos y comerciantes (aparte de los campesinos y labradores) con una actividad muy limitada y socialmente poco reconocida frente, por ejemplo, a la de los nobles y los guerreros. En este contexto resultaba muy difícil darse cuenta del valor intrínseco del trabajo que ahora nos puede resultar patente[13].

c) La « invención» moderna del trabajo

Este planteamiento cambia con la llegada de la Modernidad, y lo hace con tal radicalidad que se ha llegado a hablar de la «invención» del trabajo o, de un modo más moderado, de la aparición de la moderna idea de trabajo[14]. Las razones profundas de este cambio se encuadran en la transformación general que se produce en Occidente durante esos siglos, pero, si nos centramos específicamente en el trabajo, podemos indicar al menos las siguientes: las nuevas invenciones y los grandes descubrimientos, en especial el de América, la formación de la ciencia moderna, la aparición del individuo y la Reforma protestante. Unzueta ha ilustrado con claridad la influencia de algunos de esos factores. «Los grandes descubri-

[13] Del mismo modo cabe una cierta comprensión de la actitud antigua ante el trabajo manual si se toma conciencia de la dureza y rudeza que le caracterizaba en esas épocas.

[14] Cfr. D. MÈDA, *El trabajo. Un valor en peligro de extinción*, Gedisa, Barcelona 1998, pp. 50-75, y F. DÍEZ, *Utilidad, deseo y virtud. La formación de la idea moderna del trabajo*, Península, Barcelona 2001.

mientos de ultramar lo transformaron todo: se amasaron inmensas fortunas, se desarrolló el comercio a gran escala, se produjeron modificaciones en la naturaleza del Estado, de la economía y de la sociedad y se sentaron las bases de la ciencia moderna. También se estableció una nueva relación hombre-cosmos no cerrada, de modo que en adelante la naturaleza se mostrará como esfera de estudio y dominio, exploración y explotación. Este cambio de mentalidad impulsó notablemente los descubrimientos e inventos científico-tecnológicos, así como un concepto de trabajo sustentado en esa idea de dominio, control y victoria sobre la naturaleza. En estas circunstancias se trastoca la primacía aristotélica de la acción sobre el trabajo, de modo que la obra humana *(opere)* sobre la naturaleza impone en adelante su superioridad sobre la acción»[15].

Este cambio de mentalidad se puede detectar en muchos autores pero, probablemente, los más significativos son Bacon y Descartes. Francis Bacon es el representante paradigmático del cambio de mentalidad en relación a la ciencia. Ya no se trata de buscar la ciencia para contemplar las esencias, sino para dominar el mundo; la ciencia es poder[16]. Y la misma idea aparece en Descartes. «Pero tan pronto como adquirí algunas nociones generales de física (...), esas nociones me han enseñado que es posible llegar a conocimientos muy útiles para la vida y que, en lugar de la filosofía especulativa enseñada en las escuelas, es posible encontrar una práctica por medio de la cual, conociendo la fuerza y las acciones del fuego, del agua, del aire, de los astros, de los cielos y de todos los demás cuerpos que nos rodean tan distintamente como conocemos los oficios varios de nuestros artesanos, podríamos aprovecharlos del mismo modo en todos los usos apro-

[15] I. UNZUETA, *La crisis de la «sociedad del trabajo» (De Marx a la escuela de Francfort)*, Servicio editorial, Universidad del País Vasco, Bilbao 2002, p. 33.

[16] Cfr. F. BACON, *Del progreso y fomento de los conocimientos* y *La nueva Atlántida.*

piados, y de esa suerte convertirnos como en dueños y poseedores de la naturaleza»[17].

Es fácil advertir cómo late en estos textos la nueva concepción del individuo propia del Humanismo, el giro antropocéntrico característico del Renacimiento. El hombre es cada vez más consciente de su poder, de su fuerza y de su creatividad y está decidido a explorar esas capacidades y llevarlas hasta sus últimas consecuencias. Y esto va a acabar suponiendo un cambio de mentalidad radical en relación al trabajo porque se intuye ya toda la fuerza del inmenso poder de la «obra», justo lo que el Medievo no había podido captar.

Por su parte, la Reforma protestante, bajo el impulso de Lutero y Calvino, supuso una relativa mundanización de la Iglesia, y esta secularización tuvo un efecto similar al del «descubrimiento» del individuo: dirigir la mirada al trabajo en sí, a lo que supone como realidad en cuanto tal, no como instrumento para conseguir otros bienes. Max Weber, en su famosa obra *La ética protestante y el espíritu del capitalismo*, ha estudiado con profundidad esta cuestión poniendo de relieve la aportación del protestantismo a una consideración positiva intrínseca del trabajo. «Lo absolutamente nuevo era considerar que el más noble contenido de la propia conducta moral consistía justamente en sentir como un deber el cumplimiento de la tarea profesional en el mundo. Tal era la consecuencia inevitable del sentido, por así decirlo, sagrado del trabajo, y lo que engendró el concepto ético-religioso de profesión *(Beruf)*: concepto que traduce el dogma común a todas las confesiones protestantes, opuesto a la distinción que la ética católica hacía de las normas evangélicas en *praecepta* y *consilia* y que como único modo de vida grato a Dios reconoce no la superación de la moralidad terrena por medio de la ascesis monástica, sino precisamente el cumplimiento en el mundo de los deberes

[17] R. DESCARTES, *Discurso del método*, Alianza, Madrid 1979, pp. 117-118.

que a cada cual impone la posición que ocupa en la vida, y que por lo mismo se convierte para él en 'profesión'»[18].

Es, pues, este complejo conjunto de factores el que da inicio a la concepción moderna del trabajo. El hombre, mediante su trabajo y gracias a la técnica y a la ciencia, cada vez más poderosas y eficaces, comienza a ser capaz de transformar el mundo, crear riqueza y modificar la realidad. El trabajo comienza a ser así algo importante y valioso, un elemento básico de la estructura social, un valor que las sociedades deben cuidar, fomentar y preservar. Se considera generalmente a Adam Smith el punto de referencia de esta transformación y a su obra, *Investigación de la naturaleza y las causas de la riqueza de las naciones* (1776), la primera formulación explícita y consciente de esta nueva realidad. El trabajo ha dejado de ser una maldición pesada, un simple medio para conseguir virtudes o eliminar vicios, y empieza a mostrar sus potencialidades: es un factor de enriquecimiento, un medio de conseguir tiempo, un vínculo social y también una mercancía que se puede vender y comprar.

d) La sociedad del trabajo

La nueva visión del trabajo, sin embargo, tardó en imponerse hasta el punto de que, todavía en la *Encyclopédie* de Diderot y D'Alambert, el trabajo se define como «la ocupación cotidiana a la que el hombre por necesidad está condenado y a la

[18] M. Weber, *La ética protestante y el espíritu del capitalismo*, Península, Barcelona 1993, pp. 88-90. El concepto de *Beruf* es de difícil traducción porque en alemán significa tanto profesión como vocación, problema que indica explícitamente el mismo Weber (cfr. *ibíd.*, p. 81 y ss.). Para una valoración general de la tesis de Weber, que incluye muchos más elementos de los que aquí se indican, vid. J. M. Burgos, *Max Weber e l'etica del capitalismo. Storia di una controversia e nuove prospettive*, «Acta Philosophica», 5 (1996), pp. 197-220, donde se puede encontrar, además, abundante bibliografía.

que debe su salud, su subsistencia, su serenidad, su buen juicio y, quizá, su virtud»[19]. De hecho, solo en el siglo XIX se llegará a elaborar una concepción del trabajo similar a la actual. Esta visión moderna definitiva surge, por un lado, del imparable desarrollo de la ciencia y de la técnica que, si en los siglos XVII y XVIII, mostraba atisbos de lo que podría suponer en la actividad humana y en la transformación del mundo, en el siglo XIX se presenta ya como una realidad palpable, evidente y asombrosa. Los nuevos y numerosos inventos permiten realizar acciones impensables hasta ese momento, la capacidad humana de transformar la realidad se eleva hasta cotas insospechadas, se multiplican los niveles de producción de bienes y de riqueza, etc. Esas inmensas posibilidades se configuran, además, como el medio fundamental para que el individuo despliegue sus posibilidades por lo que el trabajo asume nuevos valores que van más allá de lo que Smith había indicado y formalizado. El trabajo se convierte en una actividad personal creadora, en un medio para el desarrollo de la libertad individual y en la actividad clave para la autorrealización de la persona. Alcanza así su momento de mayor esplendor. Es glorificado públicamente y se configura como la *estructura social esencial* dando lugar a lo que se ha llamado las *sociedades del trabajo*.

El concepto de glorificación es claro. El trabajo es ensalzado y valorado como uno, si no el mayor, de los bienes fundamentales por todos los estamentos sociales y desde las posturas ideológicas más dispares (liberales, socialistas utópicos, marxistas, Hegel, etc.)[20]. Y se habla de sociedades del tra-

[19] *Encyclopédie*, artículo «Travail», tomo XVII, col. 567b, 1765; citado por D. MÈDA, *El trabajo*, cit., p. 75.

[20] «El trabajo es el arte práctico de la felicidad, mientras que la filosofía es su ciencia especulativa. Es el remedio de las pasiones, o mejor dicho es él mismo una pasión que hace las veces de todas las demás; incluye los intereses más preciosos de la vida, la familia, la ciudad, la patria» (A. DE LABORDE, *De l'esprit d'association dans tous les intérêts de la communauté*, Paris 1818, pp. 3-4; citado por D. MÈDA, *El trabajo*, cit., p. 93).

bajo porque esta actividad ha llegado a tener tanta importancia que constituye el núcleo esencial en torno al cual se articula y constituye la trama colectiva. Más en concreto, esto supone al menos lo siguiente: «1) el trabajo permite el aprendizaje de la vida social y la constitución de las identidades (nos enseña las obligaciones propias de la vida en común); 2) es la medida de los intercambios sociales (es la norma social y el principio básico del mecanismo de contribución/retribución sobre el que descansa el vínculo social); 3) permite a todo el mundo tener una utilidad social (cada uno contribuye a la vida social adecuando sus capacidades a las necesidades sociales) y 4) es un ámbito de encuentros y de cooperación diferente de los ámbitos no públicos como la familia o la pareja»[21].

Actualmente, y para concluir esta panorámica, los observadores sociales indican que parece estar invirtiéndose o modificándose la relación sociedad-trabajo en la dirección de una pérdida de importancia de este último. Se habla de una crisis de las sociedades del trabajo y algunos autores han llegado a hablar de fin del trabajo[22]. Aunque tal actitud parece claramente falsa y desproporcionada, eso no significa que efectivamente estén apareciendo problemas que pueden adquirir, si no se adoptan las medidas adecuadas, cada vez mayor entidad. Uno de ellos, indicado por Mèda, procede del crecimiento desproporcionado del trabajo en el conjunto de la actividad del hombre que hace que desaparezcan o queden drásticamente reducidas otras actividades (estéticas, solidarias, etc.) que también son muy importantes. La solución que propugna esta autora consiste en no «extender la forma del trabajo a cuantas más actividades, sino, por el contrario, en reducir el peso del trabajo y permitir que puedan desarrollarse aquellas

[21] Cfr. D. Mèda, *El trabajo,* cit., p. 135. Aunque Mèda recoge esta síntesis no se identifica con ella.

[22] Algunas referencias en F. Díez, *Utilidad, deseo y virtud,* pp. 9 y ss.

actividades radicalmente ajenas a las lógicas del trabajo»[23]. Un segundo problema lo ha descrito Sennett con gran brillantez y está ligado a la *forma* que adopta el trabajo en el nuevo capitalismo[24]. En el mundo actual, flexible y globalizado, se impone cada vez más un trabajo a corto plazo, sujeto a una gran movilidad, sin claras referencias organizativas, extremadamente flexible, etc., que, si bien puede suponer la respuesta adecuada a los retos económicos, repercute gravemente sobre el trabajador porque le impone un grado de ductilidad interior y de desarraigo que solo pocas personas pueden adoptar sin que afecte a su carácter, a su estabilidad interior y a su vida familiar.

2. El trabajo como acción

El análisis histórico que acabamos de realizar nos ha permitido introducirnos en la poliédrica realidad del trabajo y también nos ha proporcionado algunas claves para elaborar un análisis filosófico detallado. Aquí, lógicamente, solo podemos apuntar algunas cuestiones de manera breve y hemos decidido centrarnos en la consideración del trabajo como acción.

Desde esta perspectiva, el trabajo aparece fundamentalmente como un *tipo específico* de acción que no puede catalogarse según la tripartición clásica porque quedaría automática-

[23] *Ibíd.*, p. 238 y en un sentido similar S. Zamagni, *Organizzazione del lavoro, uso del tempo e prospettive*, en F. Alacevich, S. Zamagni y A. Grillo, *Tempo del lavoro e senso della festa*, San Paolo, Milano 1999. De todos modos, aunque Mèda tiene razón en este punto, su crítica al concepto actual de trabajo (sobre todo en los capp. 6 y 7) es excesivamente negativa. La vuelta a los valores contemplativos de la antigüedad frente a la presunta dinámica exclusivamente mercantilista y productiva del trabajo actual resulta, además de parcial, utópica en el sentido negativo del término en cuanto que ya hemos visto lo que conllevaba: la esclavitud de muchos para la contemplación de pocos.

[24] Cfr. R. Sennett, *La corrosión del carácter. Las consecuencias personales del trabajo en el nuevo capitalismo*, Anagrama, Madrid 2001.

mente incluido en la categoría del hacer y reducido, por tanto, a una mera actividad transitiva e instrumental. Pero, como la historia del concepto del trabajo nos ha mostrado con claridad, ese planteamiento es insuficiente y erróneo. Es necesario, pues, optar por un análisis personalista de la acción que permita contemplarlo en toda su riqueza y profundidad y sin reduccionismos.

Esto significa, en primer lugar, que debemos considerarlo una actividad que realiza toda la persona y que afecta a *toda la persona*, no solo a alguna de sus facultades o dimensiones[25]. En el trabajo, el hombre se involucra de manera plena; no solo mira hacia el exterior, hacia la obra o el producto, sino que mira también hacia el interior, hacia sí mismo. El trabajo –cada día lo contemplamos de manera más palmaria– deja una marca profundísima en el mundo pero también deja una marca profunda en el hombre. Y la manera adecuada para poder analizar este hecho es distinguir una dimensión subjetiva y otra objetiva, o, en otros términos, aplicar la distinción entre el aspecto subjetivo y objetivo de la acción al hecho concreto de trabajar[26].

[25] Melendo ha propuesto la siguiente definición del trabajo: «conjunto de actividades humanas esforzadas, necesarias con carácter de medio y técnicamente cualificables, por las que los hombres: 1) transforman la naturaleza en beneficio propio, 2) prestan un servicio reconocido a la sociedad, y 3) se perfeccionan en cuanto personas» (T. MELENDO, *La dignidad del trabajo*, Rialp, Madrid 1992, p. 104 y también pp.102-131).

[26] Así como el cristianismo estuvo presente en dos fases de la evolución del concepto de trabajo, no lo ha hecho en los dos últimos siglos por lo que no existe una filosofía de la praxis y del trabajo desde una perspectiva cristiana (cfr. R. BUTTIGLIONE, *L'uomo e il lavoro. Riflessioni sull'enciclica «Laborem excercens»*, CSEO, Bologna 1984, pp. 85 y ss) que ha contribuido a la actual disociación entre trabajo y religión. En las últimas décadas, la Iglesia ha procurado invertir esta tendencia desde diferentes ámbitos (doctrinas de conciliación entre trabajo y religión como la de Escrivá de Balaguer, Concilio Vaticano II, etc.). En este sentido ha sido particularmente importante la aportación de Juan Pablo II a través de la encíclica *Laborem excercens* donde se encuentra, por ejemplo, una presentación sistemática del trabajo en términos de trabajo subjetivo y objetivo. Una interesante ampliación de esta posi-

a) La dimensión objetiva

La dimensión objetiva del trabajo refleja básicamente su carácter productivo y transitivo, lo que incluye no solo los posibles resultados materiales (productos, bienes) sino también los culturales. La dimensión objetiva incluye, en definitiva, todo aquello que el trabajo crea y objetiva fuera del interior de la persona.

En el recorrido histórico que hemos realizado ya hemos tenido ocasión de observar algunas de estas objetivaciones por lo que ahora nos limitaremos a apuntarlas. El trabajo, en primer lugar, *transforma el mundo* gracias especialmente a la técnica y, más recientemente, a su forma más moderna: la tecnología[27]. El hombre despliega de manera cada vez más fascinante y poderosa una capacidad inmensa de humanización, transformación y dominio del mundo que conlleva, como contrapartida, una capacidad similar de destrucción y aniquilación[28]. Una segunda dimensión objetiva del trabajo es su capacidad de *producción de riqueza y bienestar* que se ha ido multiplicando (también gracias a la técnica) con el paso de los siglos y que actualmente alcance límites antiguamente insospechados. Y, por último, está su *capacidad de configuración social*. El trabajo no solo es importante para la sociedad por los bienes que produce, sino que es el elemento principal en torno al cual se constituye la sociedad y las personas se posicionan unas en relación a otras[29].

---

ción la ha aportado R. CORAZÓN, *Fundamentos para una filosofía del trabajo*, Servicio de Publicaciones de la Universidad de Navarra, Pamplona 1999.

27 «La técnica es la reforma que el hombre impone a la naturaleza» (J. ORTEGA Y GASSET, *Meditación sobre la técnica*, cit., p. 23). En esta obra, Ortega hace un análisis muy interesante tanto de las características esenciales de la técnica como de las diferentes modalidades que adopta según las culturas.

28 De aquí surge la cuestión clave de la ecología. Cfr. J. BALLESTEROS, *Ecologismo personalista*, Tecnos, Madrid 1995.

29 Como veremos más adelante, el estatus predominante en nuestras sociedades es el de la profesión (cfr. cap. 13.3).

b) La dimensión subjetiva

La dimensión subjetiva del trabajo surge del carácter autorreferencial que tienen todas las acciones. Como sabemos, toda acción, por el hecho de ser libre, revierte necesariamente sobre el sujeto que la realiza, y, por lo tanto, también ocurre esto en el trabajo. Al trabajar, el hombre no solo modifica la naturaleza o la sociedad, sino que se modifica a sí mismo. «El trabajo es un bien del hombre –es un bien de su humanidad– porque mediante el trabajo el hombre *no transforma solo la naturaleza* adaptándola a las propias necesidades, sino que *se realiza a sí mismo como hombre* y, en un cierto sentido, 'se hace más hombre'»[30].

¿De qué modos específicos el hombre se realiza a sí mismo mediante el trabajo? El análisis histórico también nos da alguna información al respecto. Por un lado está el descubrimiento de los siglos XIX y XX: el trabajo como *ejercicio de libertad y de creatividad*, como medio de autorrealización. Al producir y al crear, el hombre se autorrealiza porque despliega y ejecuta sus posibilidades y sus capacidades, es decir, lleva a término de modo satisfactorio lo que hemos denominado autorrealización existencial (cfr. cap. 6.3). Además, el trabajo presenta dimensiones *morales* y de forja de la personalidad. En los complejos dinamismos que presupone e implica, el hombre forja su carácter, desarrolla virtudes y aptitudes específicas, aprende a convivir y a cooperar con los demás, contribuye al bienestar de la sociedad, etc. Un trabajo bien realizado contribuye, por tanto, a la segunda dimensión por la que la persona se autorrealiza a través de la libertad: la ética.

Josemaría Escrivá ha sintetizado de manera brillante los aspectos subjetivos y objetivos del trabajo en un importante texto en el que se incluyen, además, otras dimensiones que se pueden activar desde una perspectiva religiosa. «El trabajo, in-

[30] JUAN PABLO II, *Laborem exercens*, n. 9.

dica este autor, todo trabajo, es testimonio de la dignidad del hombre, de su dominio sobre la creación. Es ocasión de desarrollo de la propia personalidad. Es vínculo de unión con los demás seres, fuente de recursos para sostener a la propia familia; medio de contribuir a la mejora de la sociedad en la que se vive, y al progreso de toda la Humanidad. Para un cristiano, estas perspectivas se alargan y se amplían. Porque el trabajo aparece como participación en la obra creadora de Dios (...) y, al haber sido asumido por Cristo, el trabajo se nos presenta como realidad redimida y redentora, no solo es el ámbito en el que el hombre vive, sino medio y camino de santidad, realidad santificable y santificadora»[31].

Por último, y para concluir, daremos dos indicaciones sobre la relación entre la dimensión subjetiva y objetiva del trabajo. La primera consiste en afirmar *la primacía de la dimensión subjetiva sobre la objetiva* que, fundamentalmente, es un correlato de la primacía del hombre sobre sus obras. Por muy importantes y asombrosas que puedan ser las objetivaciones que adopta el trabajo, el sujeto del que surgen y que las ha llevado a cabo es siempre más importante. Karol Wojtyla ha reflejado bellamente esta prioridad en una poesía titulada *Cantera de piedra.*

«Escucha el ritmo constante de los martillos, tan conocido,
yo lo proyecto en los hombres, para probar la fuerza de cada golpe.
Escucha. Una descarga eléctrica corta el río de piedra,
y en mí crece un pensamiento de día en día,
que toda la grandeza del trabajo está dentro del hombre»[32].

---

[31] J. Escrivá, *Es Cristo que pasa,* Rialp, Madrid 1991, n. 47. Sobre la visión del trabajo de este autor cfr. J. L. Illanes, *La santificación del trabajo,* Palabra, Madrid 2002.

[32] K. Wojtyla, *Opere letterarie. Poesie e drammi,* Libreria Editrice Vaticana, Roma 1993, p. 128 (el texto castellano corresponde a nuestra traducción de la versión italiana).

Pero eso no significa, y es la segunda cuestión, que la dimensión objetiva no sea importante ni que sea meramente material. En la obra realizada, en el fruto del trabajo está el hombre: el esfuerzo de su mente y de sus brazos, sus ilusiones, sus creencias y sus esperanzas. Por eso es muy importante establecer una relación adecuada y armónica entre el hombre y los aspectos objetivos de su trabajo ya que, de no lograrse, las consecuencias para la persona serían desastrosas. Marx captó con lucidez la existencia de este problema en la terrible situación del proletariado de la época de la Revolución industrial y lo denominó *alienación*. Pero este mismo problema bajo diferentes perspectivas, como las que señala Sennett en su estudio sobre el capitalismo moderno, está siempre al acecho y debe ser resuelto adecuadamente[33].

[33] No abordamos aquí la existencia de distintos tipos de trabajo o, dicho en términos negativos, la dificultad que supone que hoy el trabajo se identifique solo con las «tareas realizadas dentro del actual marco jurídico y económico y remuneradas por la sociedad» (D. MÈDA, *El trabajo*, cit., p. 114), concepción que deja fuera actividades tan importantes como algunas tareas solidarias o el trabajo en el hogar. Alguna indicación sobre este problema se puede encontrar en J. M. BURGOS, *Trabajo en la familia y en la empresa: un análisis desde la persona*, en D. MELÉ (ed.), *Empresa y vida familiar*, IESE, Barcelona 1995, pp. 75-82. Sobre el sentido de la fiesta y del tiempo libre tanto en sí mismos como en relación al trabajo remitimos a J. PIEPER, *Una teoría de la fiesta*, Rialp, Madrid 1974, y *El ocio y la vida intelectual*, Rialp, Madrid 1998. También hay sugerencias interesantes y bibliografía en F. ALACEVICH, S. ZAMAGNI y A. GRILLO, *Tempo del lavoro e senso della festa*, cit.

CUARTA PARTE

LOS OTROS

Los ámbitos del obrar humano nos han mostrado al hombre en interacción con el mundo: intentando comprenderlo o transformarlo, modificarlo o dominarlo. Y también nos han mostrado al hombre dominado, modelado o modificado por el mundo. Pero en esas consideraciones no hemos afrontado de modo directo una cuestión radical: la existencia de otras personas y su relación con ellas. Porque, es un hecho evidente, el hombre no existe solo, ni siquiera existe rodeado solamente de cosas. Existe, existimos, rodeados de personas, de «otros», en un increíble universo de seres personales con los que establecemos una multiplicidad inagotable de relaciones: de amor y de odio, de indiferencia o de entrega, de comprensión o de rechazo, de acogida, de ayuda, de admiración o de estupor.

Además, y es fundamental resaltarlo, la existencia de las demás personas y mi relación con ellas no es algo accesorio u opcional, ni siquiera simplemente perfectivo, sino que forma parte intrínseca de nuestro ser. *Como personas somos seres en relación.* No tenemos sentido ni somos comprensibles fuera del marco de las relaciones personales. Biológicamente somos el producto de una relación interpersonal, la de nuestros padres y también, desde el punto de vista de nuestra constitución psicológica, somos el resultado de un flujo innumerable de interacciones personales. Nuestro modo de ser, lo que somos hoy de hecho y lo que seremos mañana, es inseparable del marco de las relaciones interpersonales –familia, amigos, sociedad[1]– en el que nos hemos formado y en el que continuamos viviendo.

Este es el mundo que debemos explorar a continuación en sus múltiples facetas, y comenzaremos por la estructura más elemental: la relación persona-persona.

[1] Tanto la familia como la sociedad pueden ser consideradas desde un punto de vista estructural, es decir, como realidades no-personales pero esa consideración no tiene cabida en un trabajo antropológico. Por eso, en este texto nos centraremos principalmente el estudio de la relación de la persona *individual* con la familia y con la sociedad.

11. LAS RELACIONES INTERPERSONALES

1. Persona y personas

a) «No es bueno que el hombre esté solo»

El texto que probablemente muestra de un modo más patente, hermoso y preciso la necesidad humana de relación se encuentra en las primeras páginas del Génesis:

«Entonces dijo el Señor Dios:

—No es bueno que el hombre esté solo; voy a hacerle una ayuda adecuada a él.

El Señor Dios formó de la tierra todos los animales del campo y todas las aves del cielo, y los llevó ante el hombre para ver cómo los llamaba, de modo que cada ser vivo tuviera el nombre que él le hubiera impuesto. Y el hombre puso nombre a todos los ganados, a las aves del cielo y a todas las fieras del campo; pero para él no encontró una ayuda adecuada. Entonces, el Señor Dios infundió un profundo sueño al hombre y este se durmió; tomó luego una de sus costillas y cerró el hueco con carne. Y el Señor Dios, de la costilla que había tomado del hombre, formó una mujer y la presentó al hombre. Entonces dijo el hombre:

—Esta sí es hueso de mis huesos y carne de mi carne. Se llamará mujer porque del varón fue hecha.

Por eso, dejará el hombre a su padre y a su madre y se unirá a su mujer y serán una sola carne»[1].

Este texto, pleno de significado antropológico, muestra al menos las siguientes realidades:

a.1) La insuficiencia del obrar

Adán (el hombre) se encuentra rodeado de cosas y animales y tiene incluso una tarea importante por realizar: dar nombre a lo creado, es decir, conocer y poseer a todo lo existente ya que, como es sabido, «el nombre se coloca en torno a las cosas como un velo o como una cadena»[2]. Pero esa tarea, por apasionante que parezca, acaba resultando insuficiente, insatisfactoria. Adán-hombre la realiza pero no le satisface porque hay algo esencial que no encuentra en ese mundo tan variado («no encontró ayuda adecuada para él») y cuya carencia implica la soledad.

Encontramos aquí una de las constantes de la existencia humana: la tensión entre el obrar, con la realización personal y el dominio que lleva consigo, y su insuficiencia como meta radical de las aspiraciones humanas. Las cosas nunca satisfacen plenamente al hombre porque no responden a las necesidades más elevadas de su interior. Y esa insatisfacción o inquietud es quizá algo que se pone especialmente de relieve en nuestra época urbana y tecnológica en la que se confrontan una desmesurada capacidad de posesión junto a un empobrecimiento de las relaciones personales.

---

[1] *Gn* 2, 18-24. Un análisis muy profundo del mensaje antropológico y teológico de los capítulos iniciales del Génesis lo realiza K. Wojtyla, *Hombre y mujer lo creó*, Cristiandad, Madrid 2001. Su visión general de la interpersonalidad lo ofrece S. Lozano, *La interpersonalidad en K. Wojtyla*, Edicep, Valencia 2016.

[2] Cfr. K. Jaspers, *Lo trágico. El lenguaje*, cit., p. 158.

a.2) La necesidad del otro

La soledad solo desaparece con la aparición del otro. Eva aparece ante Adán como algo radicalmente distinto de todo lo que había previamente contemplado; no es una cosa ni un animal, sino otra persona, es decir, otro yo: «hueso de mis huesos y carne de mi carne». Es similar a él y eso implica que Adán puede compartir con ella su vida. No está, no estamos solos. Existe frente a mí un interlocutor, otro «yo» con quien establecer un diálogo, con quien articular la relación «yo-tú» que libera al hombre del monólogo ontológico y le coloca en una relación existencial[3].

El segundo tema que nos ofrece este texto de la Biblia solo ha sido abordado por la filosofía en épocas recientes. Aparece inicialmente con Kierkegaard pero se afianza y desarrolla con los filósofos del diálogo. «Hasta entonces, explica Lorda, el espíritu humano venía definido especialmente por su relación con objetos: relación de conocimiento (el objeto ante la conciencia) y de voluntad (el objeto como bien querido). La aportación de Kierkegaard pone en primer término la relación con un ser personal, Dios. El espíritu humano se define mucho más por sus relaciones personales que por sus relaciones con objetos. Tras el inmenso monólogo hegeliano del Espíritu Absoluto, iban a surgir las filosofías del diálogo»[4]. Posteriormente, mediante trabajos como los de Nédoncelle y Lévinas, se ha profundizado mucho en la importancia y trascendencia de las relaciones intersubjetivas hasta el punto de que este último, en *Totalidad e infinito*, y quizá de modo excesivamente unilateral, ha llegado incluso a intentar repensar de manera global la filosofía partiendo de la relación con el otro.

---

3 Cfr. M. Buber, *Yo y tú*, cit., y J. J. Pérez-Soba, *La pregunta por la persona. La respuesta de la interpersonalidad*, Facultad de Teología S. Dámaso, Madrid 2004.

4 J. L. Lorda, *Antropología*, cit., p. 30; Sobre la filosofía dialógica cfr. A. López Quintás, *El poder del diálogo y del encuentro* (2ª ed.), BAC, Madrid 1997, y también P. Laín Entralgo, *Teoría y realidad del otro*, Alianza, Madrid 1983.

a.3) El «otro» como hombre y como mujer

Pero Eva no es solamente una persona, es una mujer. La admiración de Adán es también admiración ante alguien igual que él y al mismo tiempo profundamente distinto. Es la admiración eterna del hombre por la mujer en su primera manifestación y es también la constatación primordial de que, en realidad, no existe «la persona humana» en abstracto, sino dos tipos distintos de personas humanas: el hombre y la mujer[5] que, además, están marcados desde el origen por un destino común corporal y existencial: «Por eso, dejará el hombre a su padre y a su madre y se unirá a su mujer y serán una sola carne».

También este hecho, evidente de por sí, es, sin embargo, relativamente nuevo desde un punto de vista filosófico. La antropología se ha centrado durante muchos siglos en el estudio exclusivo del «hombre» en cuanto tal olvidando la diferencia entre los dos tipos de «personas humanas». Solo a partir del romanticismo se ha empezado a afrontar esa riqueza de la diversidad junto con sus múltiples implicaciones[6].

b) Niveles y tipos de relación interpersonal

La relación «yo-tú» es especialmente rica y difícil de clasificar porque las personas pueden activar en ella una gama prácticamente infinita de registros. Por eso resulta imprescindible una selección a la hora de afrontar su estudio. En este texto nos

[5] Cfr., p. ej. G. P. DI NICOLA, *Uguaglianza e differenza. La reciprocità uomo-donna*, Città Nuova, Roma 1989, y B. CASTILLA, *Persona femenina, persona masculina*, Rialp, Madrid 1996.

[6] El personalismo es una de las filosofías que más ha desarrollado este punto. Por ejemplo, la *Antropología metafísica* de Julián Marías es uno de los primeros textos sistemáticos de «antropología dual», es decir, en los que se trata directamente y de modo amplio la diferencia hombre-mujer.

vamos a centrar en cuatro tipos que nos parecen especialmente significativos: 1) la relación instrumental; 2) la actitud benevolente; 3) la amistad y 4) el amor[7]. En este último, a su vez, distinguiremos cuatro tipos: 1) el amor como acto genérico; 2) el amor propio; 3) el amor al prójimo y 4) el que se recoge en la expresión «te quiero». Trataremos ahora muy brevemente las dos primeras relaciones interpersonales y nos extenderemos después, en los epígrafes siguientes, en la amistad y en el amor.

1) *Relación instrumental:* Este tipo de relación tiene lugar cuando el otro nos sirve fundamentalmente para conseguir un servicio o lograr un objetivo. Por ejemplo, si voy a una farmacia a comprar unas medicinas, mi relación con el farmacéutico será de tipo instrumental porque no me interesa la persona en cuanto tal sino lo que puedo conseguir en la farmacia. Este tipo de relación es frecuente, necesaria y posible aunque, evidentemente, es la más superficial. De todos modos, conviene señalar que, aunque mi interés en estos casos resida, fundamentalmente, en el objetivo que quiero conseguir no me autoriza, sin embargo, a tratar al otro de modo meramente instrumental. Tengo que respetarle y valorarle. Las normas sociales de educación tienen, en parte, esta función. Me obligan a darme cuenta de que el servicio no me la va a prestar un ser sin rostro sino «otro alguien» al que debo respetar.

2) *Actitud benevolente:* es un nivel de relación personal más elevado que se puede describir como una actitud positiva pero no excesivamente comprometida con un grupo de personas con el que tenemos un trato más habitual pero sin que nos liguen relaciones especialmente fuertes. Es, por ejemplo, el tipo de relación que podemos tener con compañeros del tra-

[7] Laín Entralgo denomina simpatía social a lo que aquí denominamos actitud benevolente. También enumera otras relaciones interpersonales similares a las que trataremos en estas páginas: camaradería (actitud amistosa), tertulia, projimidad (equivalente al amor al prójimo) y enamoramiento (cfr. P. LAÍN ENTRALGO, *Sobre la amistad*, Espasa-Calpe, Madrid 1986, p. 156).

bajo, con conocidos, con personas que frecuentamos de manera habitual en un bar, en una tienda, etc. La frecuencia de trato en este caso inhibe la relación instrumental que solo es posible en sentido estricto con desconocidos pero no llega al punto de implicar una vinculación relevante. De hecho, si esas personas desaparecen de nuestro entorno vital, este solo resulta afectado de manera muy superficial.

2. La amistad

a) Descripción general

La amistad es una de las relaciones interpersonales más importantes. Necesitamos tener amigos, personas con quien compartir nuestra vida, que se preocupen por nosotros y nos quieran. Y esta necesidad, y la belleza y el valor que esconde, es algo que los hombres, y también los filósofos, han valorado desde siempre. Aristóteles, por ejemplo, que ha sido frecuentemente tildado de intelectualista, es uno de los filósofos que más la ha valorado. La amistad, afirma, «es una de las necesidades más apremiantes de la vida; nadie aceptaría estar sin amigos, aun cuando poseyera todos los demás bienes. Cuanto más rico es uno y más poder y más autoridad ejerce, tanto más experimenta la necesidad de tener amigos en torno suyo»[8]. Y Cicerón, en *De la amistad*, comenta: «No sé si, con excepción de la sabiduría, los dioses inmortales han otorgado al hombre algo mejor que ella»[9].

---

[8] ARISTÓTELES, *Ética a Nicómaco*, Libro VIII, 1. Aristóteles dedica una atención enorme al tema de la amistad. En la *Ética a Nicómaco*, en concreto, dos libros completos: el VIII y el IX.

[9] CICERÓN, *De la amistad*, VI. Una elaborada retrospectiva histórica de la amistad en la que se especifica la aportación del cristianismo y la posición de los principales filósofos sobre el tema la proporciona P. LAÍN ENTRALGO, *Sobre la amistad*, cit., pp. 29-153.

Pero ¿qué es exactamente la amistad? ¿Cuáles son las características de esta relación interpersonal que la hacen tan valiosa? En una primera aproximación puede describirse como una relación especialmente profunda entre dos personas que comporta las siguientes características:

— Una *comunicación* fluida de los proyectos, intereses, sentimientos, etc., es decir, de la vida.

— Querer el *bien del otro por el otro* no porque su amistad me proporcione servicios, compañía o cualquier otro tipo de utilidad, sino por su bien. Esto significa, en otras palabras, que la amistad es un *bien en sí mismo* (un *bonum honestum),* algo que vale por sí y que no se debe buscar con otro fin ni instrumentalizar en vista de otro objetivo. Esta actitud supondría degradarla y depreciarla.

— Exige *reciprocidad.* No se puede ser amigo de alguien que no lo desea porque resulta imposible compartir. En esto, la amistad se diferencia del *amor* que, aunque puede ser más profundo, no necesita la correspondencia como se pone de relieve en los casos de amor no correspondido.

Por último, es importante señalar que *la amistad no es un término totalmente unívoco.* Existen muchos niveles y modalidades y es especialmente importante distinguir dos:

1) Por un lado está la *actitud amistosa.* Reúne los rasgos que acabamos de indicar pero solo en un nivel superficial, por lo que se asemeja a lo que antes hemos denominado actitud benevolente. Este tipo de relación es posible mantenerla con bastantes personas que son, en realidad, conocidos o compañeros más que auténticos amigos ya que no compartimos con ellos nuestra intimidad.

2) Esto sucede solamente en la *amistad en sentido estricto* en la que ponemos en juego nuestra subjetividad y nuestra intimidad de modo profundo y que, por eso mismo, solo es posible mantener con pocas personas. Veamos con un poco más de detalle cuales son sus características.

b) Condiciones y características de la verdadera amistad

Algunos de los rasgos que definen a una amistad profunda y auténtica son los siguientes.

La verdadera amista implica *amar al amigo tal como es*, es decir, con sus defectos y límites. Esta es una piedra de toque importante para comprobar la existencia de una verdadera amistad ya que, si nos desinteresamos de una persona cuando descubrimos sus limitaciones (o ella se desinteresa de nosotros), es una prueba clara de que lo que realmente existía era una cierta simpatía o compatibilidad de trato, pero nada más.

La amistad, a diferencia de la benevolencia, supone *responsabilidad* por el otro. La vida del amigo es nuestra vida y, por tanto, somos responsables de lo que le sucede, sea bueno o malo. Si se alegra debemos alegrarnos con él, si sufre, sufrir con él y, en cualquier caso, estar disponibles para ayudarle aunque requiera esfuerzo y sacrificio.

Una amistad verdadera surge del *compañerismo* y, por eso, «no se da sin cultivar la atención hacia el amigo y sin darle tiempo. Una de las razones por la que esto es así es que *la amistad no empieza a crecer hasta que abrimos el mundo interior* al que empieza a ser nuestro amigo. Esto es un acto perfectamente localizado en el tiempo, sobre todo, si se trata de una persona introvertida que tiene una alta consideración de lo que significa dejar entrar a alguien en su intimidad, o en su casa, y compartir las experiencias interiores. Si esta apertura no se llega a dar, porque no se quiere o porque no se sabe, la amistad nunca deja de ser superficial y se deja entonces de creer en ella»[10].

La amistad también tiene sus *condiciones* y entre ellas está la *afinidad*, es decir, una cierta similitud y comunidad de

[10] R. YEPES, *Fundamentos de antropología*, cit., p. 208.

intereses y gustos. Para compartir la vida hace falta una cierta semejanza de aficiones, caracteres, nivel social y cultural, inteligencia. De todos modos, afinidad no significa igualdad (hay algo de mito en la idea de las almas gemelas) porque la diferencia no solo se puede amar, sino que puede resultar enriquecedora y complementaria[11]. Además, la amistad puede saltar por encima de cualquier diferencia porque lo que cuenta sobre todo es la persona en cuanto tal, independientemente de sus condiciones.

La relación *hombre-mujer* introduce un elemento diferenciador y al mismo tiempo perturbador en la amistad[12]. Por un lado, se diversifica según se dé entre hombres o entre mujeres. «Los factores centrales de la amistad femenina son la ayuda mutua y el apoyo emocional (...) mientras que los hombres ponen más atención en la participación conjunta en alguna experiencia determinada. También es importante la semejanza de valores como requisito previo para la amistad entre las mujeres; en los hombres, por el contrario, son más importantes los intereses comunes. Las experiencias no verbales de afecto son, por último, más frecuentes entre las amigas que entre los amigos»[13].

Por otro, está la amistad intersexual, la amistad entre el hombre y la mujer. Según Marías, este tipo de amistad se centra de modo especial en las personas porque el otro cobra un relieve especial al ser una encarnación del misterio de la masculinidad o de la feminidad. En esta relación resulta menos necesario «hacer algo» ya que hay un especial placer en la cercanía y en la mera presencia. El hombre y la mujer no necesitan mirar en una dirección, les basta mirarse. Por eso, esta

---

[11] Se pueden poner muchos ejemplos en esta línea: líder y seguidor, callado y hablador, inquieto y tranquilo, etc.

[12] Cfr. J. MARÍAS, *La mujer y su sombra,* cit., pp. 129-155.

[13] F. REQUENA, *Amigos y redes sociales. Elementos para una sociología de la amistad,* CIS, Madrid 1994, p. 64.

amistad puede poseer una fuerza especial que, sin embargo, también está afectada con frecuencia por una mayor inestabilidad. Por un lado, los códigos de comunicación se complican. No siempre entendemos los motivos de las actitudes de los del sexo contrario. Además, determinados hechos: un plantón, una falta de cariño o de atención no tienen igual valor si los realiza un hombre o una mujer. Por último, y sobre todo, en una amistad intersexual profunda siempre está al acecho la posibilidad del amor.

La amistad, por otro lado y como cualquier realidad humana, también tiene *ciclos.* De la misma manera que nace puede desaparecer si no se le dedica tiempo, atención y cuidado. Incluso a veces hechos materiales externos como un cambio de domicilio, de ciudad o de lugar de trabajo pueden dar al traste con una amistad si no se hace el esfuerzo de alimentarla y de renovarla[14].

3. El amor

Lo primero que se impone al hablar del amor es *una discriminación de sus significados.* Esta palabra siempre ha significado muchas cosas por la riqueza de relaciones que encierra[15], pero hoy especialmente podemos haber llegado a un grado de confusión extremo a causa de la inflación de sucedáneos amorosos a la que estamos sometidos. Para comprobarlo, consideremos, por ejemplo, estas cuatro frases: querer un helado, te-

[14] La cultura también influye en la amistad. Hay algunas reflexiones interesantes en este sentido junto con indicaciones sobre la orientación de las investigaciones más recientes en J. CUCÓ, *La amistad. Perspectiva antropológica,* Icaria, Barcelona 1995.

[15] Una buena muestra de los numerosos significados y matices que puede tener la palabra amor y de las variaciones que adopta según las lenguas lo ofrece J. PIEPER, *El amor* en *Las virtudes fundamentales,* Rialp, Madrid 1990, pp. 417-434.

ner amor propio, hacer el amor, estar enamorado. Todas utilizan la palabra amor (o querer) pero cada una de ellas posee unas implicaciones antropológicas muy distintas. Para intentar evitar esta dificultad vamos a distinguir cuatro significados fundamentales que estudiaremos por separado: 1) el amor como acto genérico de la voluntad que desea el bien; 2) el amor propio; 3) el amor al prójimo; 4) la experiencia que podemos encerrar en las palabras: «Te quiero».

a) El amor como acto genérico de la voluntad

Una primera manera de entender el amor es concebirlo como el acto genérico de la voluntad que se dirige hacia cualquier tipo de bien. Tomás de Aquino tiene un texto muy claro en este sentido: «Todo el que obra, obra por un fin. El fin es el bien que cada uno ama y desea por lo que resulta manifiesto que todo agente obra cualquier acción por algún tipo de amor»[16]. Esta definición tiene la gran ventaja de la precisión, además de su vinculación a la experiencia ya que coincide con el uso genérico en el lenguaje de la palabra «amor». Sin embargo, tiene un inconveniente importante: su excesiva generalidad. Según esta definición, querer comprarse un coche o estar enamorado serían simplemente dos modalidades distintas de amor pero todos somos plenamente conscientes de que estamos hablando de experiencias humanas radicalmente distintas. Quizá la clave del problema estriba en que esta definición no distingue adecuadamente entre la relación persona-objeto y la relación persona-persona. Ahora bien, solo en este último ámbito es donde se puede emplear de manera adecuada y

[16] TOMÁS DE AQUINO, *S. Th.*, I-II, q. 28, a. 6 y también *ibíd.*, q. 26, a. 2: «El primer movimiento del apetito hacia lo apetecible se llama amor». Es clásica también la distinción entre el amor de concupiscencia y el de amistad o benevolencia: el primero se busca por algo distinto de sí y el segundo por sí mismo. Cfr. *ibíd.*, q. 26, a. 4.

plena la palabra amor. Por eso, de esta definición retendremos la relación del amor con la voluntad y su tendencia hacia el bien, pero, en lo que sigue, restringiremos el uso de esta palabra a las relaciones interpersonales. El amor, por tanto y en una primera aproximación, lo podemos definir como querer el bien de otra persona[17].

b) El amor propio

La primera persona con la que nos relacionamos somos, evidentemente, nosotros mismos y esta relación da lugar al primer tipo de amor que vamos a considerar: el amor de sí mismo o amor propio. ¿Cuáles son sus características?

Lo primero que hay que decir es que, en contra de su imagen tradicional, el amor propio es *esencialmente bueno* por muchos motivos. En primer lugar, cada uno de nosotros somos seres dignos y valiosos ya que somos personas. No son personas solo los otros, también nosotros lo somos y, en consecuencia, somos dignos de ser amados. Sería claramente absurdo amar a los demás y no hacerlo con uno mismo como si nos diferenciáramos radicalmente y fuéramos otra cosa. Tenemos, por tanto, que cuidarnos y preocuparnos de nosotros mismos. Además, aunque somos responsables de los demás, lo somos principalmente de nosotros mismos porque nuestra capacidad de autodeterminación se limita a nuestro ser. Podemos decidir lo que nosotros queremos ser no lo que quieren ser los demás. Por eso estamos obligados a prestar*nos* una atención especial ya que somos la persona en quien más podemos influir y a quien más podemos ayudar.

[17] Santo Tomás también fue consciente de este hecho y nos ofrece en otro texto una definición más adecuada de lo que significa verdaderamente el amor: «Amar es desear el bien a alguien» *(S. Th.*, I-II, q. 26, a. 4). Esta definición, sin embargo, no la usa de modo sistemático.

Además, el amor propio no solamente es bueno, sino totalmente *necesario* porque es el *motor* de toda nuestra actividad. En cualquier tipo de actuación (hacer deporte, estudiar, maquillarse) buscamos de un modo u otro nuestro bien hasta el punto de que, si no nos quisiéramos, no actuaríamos. No haríamos nada. Esto es lo que sucede, en parte, en los casos de depresión. La persona se vuelve indiferente hacia sí misma (o incluso se desprecia por la importante disminución de su autoestima) y deja de actuar porque nada le interesa ni le merece la pena el esfuerzo. Por el contrario, el amor propio entendido como autoestima o valoración de sí es un muelle imprescindible de la acción. Un muelle que, cuanto más poderoso sea, más empuja a la persona a la conquista de metas importantes a nivel personal o profesional. Esto es algo tan cierto que, incluso en el caso de que me esté esforzando por ayudar a los demás, siempre está presente el amor de mí, la búsqueda de mi bien. Cuando alguien se sacrifica por otro no puede prescindir de la búsqueda de su bien personal porque sería ilógico esforzarse por los demás y traicionarse a uno mismo. «El que ama, dice santo Tomás, sale de sí en la medida en que quiere el bien del amigo y obra. Pero no quiere el bien del amigo más que el suyo, por lo que no se sigue que quiera a los demás más que a él»[18]. Y Cristo, como es conocido, pone el amor propio como criterio del amor a los demás: «Amarás al prójimo como a ti mismo»[19].

¿Por qué entonces tiene el amor propio tan mala fama o, en otras palabras, por qué se suele identificar con el egoísmo? Porque el hombre posee una especial facilidad para centrarse en uno mismo, en el propio mundo y en las propias actividades, aislándose y olvidándose de las personas que le rodean. En otras palabras, *amarse demasiado es demasiado fácil* y de ahí, por ejemplo, que en la terminología ascética se empleen habitualmente expresiones como «olvidarse del propio

---

[18] TOMÁS DE AQUINO, *S. Th.*, I-II, q. 28, a. 3, ad 3.
[19] *Mt* 22, 39.

yo»; «negarse a sí mismo», cuyo auténtico significado es el de impulsar a las personas a salir de un reconcentramiento egoísta en los propios intereses. Llegamos así al núcleo de una de las estructuras antropológicas más profundas y en cierto modo paradójicas de la persona. El amor de sí necesita, para realizarse plenamente, el olvido de sí, porque solo si amamos a los demás de manera profunda y sacrificada nos amamos realmente a nosotros mismos[20]. En otras palabras, *amarse demasiado en el sentido de estar centrado en la propia vida es amarse poco* porque, en frase brillante del Concilio Vaticano II, «el hombre no puede encontrar su propia plenitud si no es en la entrega sincera de sí mismo a los demás»[21], o, en versos de Machado:

> «Moneda que está en la mano
> quizá se deba guardar,
> la monedita del alma
> se pierde si no se da»[22].

Solo podemos afirmarnos plenamente a nosotros mismos afirmando al mismo tiempo al otro mientras que la cerrazón frente al prójimo conduce al empequeñecimiento y a la infidelidad. Acabamos, como dice Altolaguirre, siendo «dueños de sí, dueños de nada»[23].

---

[20] Esta es la perspectiva adecuada para entender el famoso texto de S. Agustín: «Dos amores fundaron dos ciudades: el amor propio hasta el desprecio de Dios, la terrena; y el amor de Dios hasta el desprecio de sí mismo, la celestial. La primera se gloría en sí misma, y la segunda en Dios» (S. AGUSTÍN, *La ciudad de Dios*, XIV, 28). El amor propio y el amor de Dios no son realidades contrapuestas pero, a nivel ascético, siempre conviene insistir en el denominado «olvido de sí».

[21] Constitución Pastoral *«Gaudium et spes»*, n. 24. Esta idea está radicada en la experiencia de cada hombre pero ha sido subrayada especialmente por el mensaje y la vida de Cristo: «Nadie tiene amor más grande que el que da la vida por sus amigos».

[22] A. MACHADO, en *Poesías completas*, Espasa-Calpe, Madrid 1963, p. 59.

[23] «Era dueño de sí, dueño de nada. / Como no era de Dios ni de los hombres, / nunca jinete fue de la blancura / ni nadador ni águila» (M. ALTOLAGUIRRE, *El egoísta*, en *Antología de los poetas del 27*, Espasa-Calpe, Madrid 1983, p. 397).

c) El amor al prójimo (al otro)

El amor de sí nos lleva de la mano al amor al otro pero este puede adquirir modalidades muy diversas. La primera que vamos a considerar es lo que hemos denominado «amor al prójimo» y que podemos definir como la voluntad de querer el bien de las personas que nos rodean[24]. Por prójimo entendemos aquí el conjunto de personas con las que nos relacionamos sin que medie un vínculo especial. Prójimo es el «próximo», el que está cercano y es persona. Con eso basta. Y por amor al otro entendemos una voluntad de trascendencia por parte del sujeto. La persona sale hacia fuera, deja el yo para relacionarse con los demás con el objetivo de lograr *su* bien aunque eso significa que alcanzará también el suyo.

¿Qué implica más exactamente este amor?

El amor al otro implica, ante todo, su *afirmación*, el asentimiento ante su existencia. Amar, según Pieper, equivale a decir: «¡Es bueno que tú existas!»[25]. Pero no se trata de una afirmación meramente verbal, la afirmación del amor es existencial y por eso lleva implícito un *cuidado* y un *compromiso* con la persona que se ama. Hay que proteger al otro, valorarlo, atenderlo, custodiarlo en la medida en la que lo necesite. Lo cual significa a su vez compromiso y sacrificio. La parábola del buen samaritano, el ejemplo por excelencia del amor al prójimo, es muy clara en este sentido[26]. De todos aquellos que han manifestado teóricamente su amor al prójimo (el sacerdote, el levita) solo hay uno que lo pone realmente de manifiesto: el samaritano, que se sacrifica y renuncia de hecho a sus planes, a su tiempo y a su dinero en pro del bien de otra persona necesitada a la que no conoce. De este modo, la pará-

[24] Una concepción similar se encuentra en U. FERRER, *¿Qué significa ser persona?*, cit., pp. 205 y ss.

[25] J. PIEPER, *El amor*, cit., p. 436.

[26] *Lc* 10, 25-37.

bola muestra también que el amor es imposible sin el don, sin desprenderse de algo propio, que quizá luego recobremos transformado, pero que inicialmente significa una renuncia y una desposesión.

Pero el amor no es solo sacrificio, es también *unión*. Amar al prójimo supone *admitirlo* en nuestro entorno y aceptarlo haciéndose cargo de quien es, de lo que es y, por tanto, de lo que necesita. Se ama también cuando se acoge: físicamente, ofreciendo un lugar donde vivir, o moralmente, haciendo partícipe al otro de nuestro mundo, sin excluirlo ni relegarlo. Y amar al otro es también celebrar su existencia mediante la fiesta y el regalo: ese objeto material que damos como prenda de nuestra amistad, de nuestra alegría ante su existencia. Pero como lo material solo tiene sentido en el contexto de lo personal resulta, como indica santo Tomás, que «el amor es el regalo esencial. Todo lo demás que se nos da sin merecerlo se convierte en regalo en virtud del amor»[27].

El amor al otro tal como lo estamos considerando aquí es *cercano a la amistad y a la benevolencia pero no se identifica* con ellos. Coincide con la amistad en la búsqueda del bienestar del otro pero se distingue en que, generalmente, a los amigos se les quiere de manera más profunda y, sobre todo, en que no se dirige a personas con las que tenemos una relación especial. Podemos amar a los enfermos, a los necesitados, a los compañeros, pero no son personas esenciales en nuestra vida. Pueden desaparecer de nuestra existencia y nuestro mundo interior no se conmociona. La amistad, por el contrario, no tiene sentido fuera de la intimidad y del conocimiento. De la benevolencia le separa sobre todo el grado de implicación. El amor implica grandes sacrificios si es necesario mientras que la benevolencia no va más allá de una actitud general positiva.

[27] Tomás de Aquino, *S. Th.*, I, q. 38, a. 2.

d) «Te quiero»

El amor al prójimo se dirige a los demás, pero no de forma específica. Hay, sin embargo, un grupo de personas, generalmente muy reducido, con el que establecemos una relación *especialísima y única* que nos permite decirle: «Te quiero», con todo lo que ello significa y conlleva. Es el nivel más elevado del amor y generalmente se limita a: 1) alguna amistad particularmente profunda; 2) las relaciones familiares, sobre todo entre padres, hijos y hermanos; 3) el amor entre el hombre y la mujer. Este modalidad del amor reúne todas las cualidades del amor al prójimo en un grado especialmente elevado pero, además, posee unos rasgos exclusivos y peculiares. Veamos cuáles son.

Es *tremendamente desprendido.* Por la persona que se ama de verdad se está dispuesto a dar todo, incluso la vida: bien de golpe o poco a poco, en una entrega diaria y cotidiana como la madre que piensa en sus hijos día y noche o el marido que vela constantemente a su mujer enferma. Pero, paradójica y simultáneamente, es un amor *tremendamente necesitante.* Las personas que se aman desean estar juntas porque se necesitan. Hace falta la presencia: verse, oírse, acariciarse, rozarse. Y la ausencia supone el mayor dolor aunque no elimina el amor, sino que lo refuerza si este es verdadero.

Además, las personas a las que amamos realmente son *irremplazables,* insustituibles; es como si hubiera un hueco en el corazón que es solo suyo y que nadie más puede colmar. Por eso su desaparición constituye una *tragedia* en el sentido estricto del término, es decir, una desgracia que no tiene solución. La muerte de una madre, de un padre es irreparable. Nadie puede sustituirles. Nadie nos amará con el amor con que ellos nos amaban; por eso solo cabe llorar su pérdida, admirados, como dice san Agustín, por la indiferencia del mundo ante su desaparición. «Me maravillaba que la gente siguiera viviendo, muerto mi amigo, como si nunca tuviera que morir; y más me maravillaba que, muerto aquel a quien tanto había querido, siguiera yo viviendo. Bien dijo el poeta Horacio de su amigo que era la mitad de su alma, porque yo sentí también, como Ovidio, que mi alma y la suya no eran más que una en dos cuerpos, y por eso me producía tedio vivir, porque no quería vivir a medias, y a la vez temía quizá mi propia muerte para que no muriese del todo aquel a quien yo tanto amaba»[28]. Solo el tiempo, a veces más tenaz que el amor, nos retorna a la vida, pero a las personas que se ha amado de verdad no se las olvida.

Los que amamos son, además, parte de nuestra *identidad*, están dentro de nosotros, somos ellos en alguna medida. Por eso se es tan feliz en su presencia y la ruptura o la desaparición puede resultar tan dolorosa ya que significa romper con una parte de uno mismo. Los padres están en nuestros genes y en nuestra alma, los amigos en nuestra vida y el amor conyugal es el núcleo de la existencia. El amor, por otro lado, es parte *esencial de la felicidad*. Nadie puede ser feliz sin amar y ser amado como nos recuerdan infinidad de poesías y canciones. Pero, curiosamente, el amor es un don ya que a nadie se le puede pedir y menos exigir que nos ame así.

El amor conlleva también *sufrimiento*. Debemos renunciar en parte a lo personal para ser capaces de adentrarnos en las vidas de otros y, cuando ya nos hemos introducidos por ese camino, nos duele la separación, la enfermedad o la desgracia de aquel que amamos, o su desamor, porque el amor también nos hace *vulnerables*. Si amamos no gestionamos la vida de modo solitario, sino en compañía y renunciando a las barreras y a la separación, al aislamiento. Dependemos de otros y por eso podemos ser atacados y heridos ya que no controlamos todas las compuertas de nuestra existencia. La única alternativa válida es cerrarse y no amar para evitar ser débiles. Pero esto supone optar también por la sequedad y la tristeza, por una especie de suicidio sentimental. Por eso, los poetas de todos los siglos siempre han optado por el dolor del amor antes que por la tranquilidad de una

[28] S. AGUSTÍN, *Las confesiones*, Palabra, Madrid 1992, p. 49.

existencia rutinaria. «Más vale trocar placer por dolor que estar sin amor», nos dice Juan del Encina en sus famosos versos.

El *Cantar de los Cantares* es, probablemente, uno los textos en los que más se ha exaltado *la fuerza del amor*. «El amor es fuerte como la muerte (...) Son sus dardos saetas encendidas, son llamas de Yahvé. Las aguas copiosas no podrán extinguirlo, ni arrastrarlo los ríos. Si alguien ofreciera por el amor toda su hacienda sería despreciado»[29]. El amor es terriblemente fuerte porque en él radica la esencia de la persona, es la fuerza de su núcleo existencial: el corazón. Por eso puede superar barreras que para quien no ama son infranqueables y puede acometer empresas que solo tienen sentido bajo su impulso. Pero, al mismo tiempo, es una realidad personal y, por lo tanto, también tiene sus *límites*. Requiere cuidado y atención, y si no lo recibe puede morir, consumido quizá no por grandes males sino por la rutina de lo cotidiano, por el acostumbramiento a lo maravilloso.

4. El enamoramiento

Vamos a considerar, por último, el amor entre el hombre y la mujer, el «amor» por antonomasia, el referente indiscutible de las palabras «te quiero». En primer lugar, y en este capítulo, vamos a considerar el proceso del enamoramiento, ese extraño y fascinante mecanismo que liga de manera extraordinaria a un hombre y a una mujer. En el siguiente capítulo daremos un paso más viendo cómo ese amor se puede estabilizar en el matrimonio y cómo da frutos y se hace social a través de la constitución de una familia[30].

---

[29] *Cantar de los Cantares* 8, 6-7.

[30] Sobre toda esta cuestión cfr. K. Wojtyla, *Amor y responsabilidad*, cit., pp. 92-171; A. López Quintás, *El secreto de una vida lograda* (2ª ed.), Palabra, Madrid 2003, J. J. Pérez-Soba, *El amor: introducción a un misterio*, BAC, Madrid 2011 y J. Noriega, *El destino del eros. Perspectivas de moral sexual*, Palabra, Madrid 2005. También tiene consideraciones luminosas V. Frankl, *Psicoanálisis y existencialismo*, cit.

a) El proceso de enamoramiento

El amor entre el hombre y la mujer surge de un hecho primario: *la atracción y la complementariedad.* El hombre y la mujer se atraen, se gustan, se necesitan y se complementan no solo desde un punto de vista biológico-sexual, sino mucho más profundamente, como personas, es decir, emocional, psicológica y espiritualmente. Esto hace que las relaciones entre los dos sexos siempre estén teñidas de un colorido distinto al que marca las relaciones entre hombres y mujeres por separado. Ese matiz peculiar no tiene habitualmente una relevancia muy significativa. Sin embargo, hay algunas ocasiones, pocas, en las que salta una chispa especial entre un hombre y una mujer, un destello que parece indicar que esa persona es alguien trascendental en nuestra vida. Ese destello, esa química, si se desarrolla de un modo específico, conduce el enamoramiento, al proceso por el cual un hombre y una mujer se convierten en seres decisivos e irremplazables para el resto de la vida. Veamos cuáles son las características de este proceso[31].

Ante todo, el enamoramiento es algo que *sucede,* lo que significa que está ligado fundamentalmente al corazón y no a la voluntad. Enamorarse no es una decisión ni una elección, sino un proceso, algo que acontece, a veces incluso en contra de la propia voluntad. No se decide enamorarse de una persona, sino que un hombre o una mujer se destacan de manera inconfundible en medio de las encrucijadas del mundo y surge el amor. Eso no significa que la voluntad no tenga un papel en este proceso pero es siempre secundario. Podemos, por ejemplo, prever que nos vamos a enamorar y evitar la relación; también podemos intentar conquistar a otra persona y enamorarla, pero el núcleo del proceso, la esencia del enamoramiento, no está en la voluntad ni en la inteligencia, sino en el

[31] Cfr. R. BUTTIGLIONE, *La persona y la familia,* Palabra, Madrid 1999, pp. 69 y ss.

corazón, es una cuestión *afectivo-sentimental*, es uno de los tipos de sentimiento-espiritual que hemos considerado (cfr. cap. 4).

En el enamoramiento atrae la persona del otro como hombre y como mujer, pero en su *globalidad*, no solo en su aspecto sexual. Julián Marías ha distinguido con acierto entre lo sexuado (lo masculino o femenino en todos sus aspectos) y lo sexual (lo más específicamente físico y genital)[32]. Pues bien, el enamoramiento real solo es posible cuando el hombre o la mujer, junto a la atracción propiamente sexual, que es imprescindible, se siente atraído por el otro en su globalidad, es decir, por su personalidad, su risa, su aspecto, su carácter, su mirada, su inteligencia, etc., aunque todo ello matizado por una tonalidad sexuada. El hombre se enamora de la mirada femenina, de su personalidad y de su gracia y la mujer, por el contrario, se enamora de la persona del hombre en su masculinidad.

Pero enamorarse no equivale a atraerse. El enamoramiento va mucho más allá. Implica que, poco a poco, la persona del otro comienza a resultar esencial en la vida. Cada uno de los detalles de su existencia, que pueden ser incluso irrelevantes para otras personas, adquieren un valor trascendental: el modo de andar, de mirar, lo que hace en un determinado momento, lo que piensa, lo que desea. Y, gradualmente, se da el paso trascendental: el sujeto empieza a darse cuenta de que dejar de ser uno, *para ser yo-con*, es decir, nosotros[33]. Comienza a surgir un nuevo núcleo de vida que antes no existía hecho de símbolos, sobreentendidos, aniversarios, lugares privilegiados. Un mundo por el momento exclusivamente privado al que solo tienen acceso los enamorados pero que va creciendo de forma absorbente y expansiva. El amor borra los contornos

[32] Cfr. J. MARÍAS, *Antropología metafísica*, cit., pp. 120 ss.

[33] «La reciprocidad nos obliga a considerar el amor del hombre y la mujer no tanto como el amor del uno *para con* el otro, sino como algo que existe *entre* ellos. (...). Sugiere que el amor no está *en* la mujer ni *en* el hombre –porque de ser así habría dos amores–, sino que es único, *algo que los ata*» (K. WOJTYLA, *Amor y responsabilidad*, cit., pp. 104-105).

de los demás y agranda el rostro de quien se ama, que se hace omnipresente y enorme hasta ocupar todo el tiempo y el espacio

El amor adquiere así su carácter central, decisivo y arrebatador, su fuerza terrible y hermosa, casi divina, que modela la realidad y decide el destino de los hombres porque, a partir de ese momento, la vida solo tiene sentido en presencia y junto a la persona amada. Fernando de Rojas ha recreado en *La Celestina* esta experiencia de forma memorable. Cuando Calixto, el protagonista de la novela, descubre a Melibea, su vida queda alterada para siempre porque advierte que en esa mujer está su felicidad y su destino hasta el punto que afirma ante quien lo quiera oír que prefiere la belleza de Melibea a la felicidad del cielo. Y, cuando su criado, alarmado ante sus afirmaciones, le pregunta «¿Tú no eres cristiano?, Calixto responde: ¿Yo? Melibeo soy y a Melibea adoro y en Melibea creo y a Melibea amo»[34].

¿Qué significan estas expresiones tan fuertes? Para Marías significa el descubrimiento del *amor personal* en la literatura occidental[35], es decir, el descubrimiento de que existe una experiencia por la que un hombre y una mujer se reconocen como absolutamente únicos e insustituibles el uno para el otro y, por tanto, ligados para siempre. Esta es la culminación del amor, su tendencia a la *permanencia:* «hasta que la muerte nos separe». Si el amor es real, si no es un espejismo de mis sentidos o de mi inteligencia, si el otro o la otra existen realmente y son únicos y mi vida no tiene sentido más que junto a ellos, lo lógico es desear su presencia para siempre, una presencia que es similar a la eternidad porque el tiempo pasa deprisa junto a la persona amada porque se vive la plenitud de la felicidad. «Te querré siempre porque eres mi amor», aun en la vejez o en la enfermedad, ya que siempre serás la misma persona con la que he ligado mi vida.

[34] F. de Rojas, *La Celestina*, Edaf, Madrid 1991, p. 83.

[35] Cfr. J. Marías, *La educación sentimental*, cit., pp. 84 ss.

b) Algunas reflexiones

El proceso de enamoramiento que acabamos de describir sucintamente es, sin embargo, muy complicado y rico y admite muchísimas modalidades y situaciones. Apuntaremos brevemente algunas de ellas.

Ante todo *no siempre es lineal ni completo,* lo que da lugar a situaciones muy diversas y también a múltiples fenómenos de inestabilidad: amores no correspondidos, amores incoados y abandonados, traiciones, olvidos, confusiones emocionales, etc. Es el complejo, multiforme y misterioso mundo del amor que el hombre está siempre intentando conocer y dominar pero sin lograrlo nunca de manera definitiva.

Un tipo de situación especialmente importante, y que se da hoy con mucha frecuencia debido al exceso de sentimentalismo que impregna nuestra sociedad, son los *falsos enamoramientos* que se pueden producir por múltiples motivos. En algunas ocasiones, la causa estriba en que se *identifica erróneamente a la persona con una (o alguna) de sus características.* Una cualidad (la belleza, la inteligencia, etc.) puede deslumbrar tanto que ofusque e impida ver de manera objetiva la personalidad de quien se está (o se cree estar) enamorado. Si, por ejemplo, una mujer es muy bella, se le perdonará quizá su mala educación, su rudeza o sus caprichos y un hombre podrá pensar quizá que está enamorado de ella cuando, en realidad, está deslumbrado por su belleza. Ahora bien, si esa relación continúa y culmina en una vida en común, el fracaso está prácticamente asegurado cuando el hombre se dé de bruces con la verdadera personalidad de su mujer.

También se puede producir un falso enamoramiento por *falta de profundidad en la relación.* El hombre (o la mujer) tiene un flechazo momentáneo y (supuestamente) se enamora pero, a los pocos días, a las semanas, al mes, ese flechazo desaparece sin dejar rastro. ¿Qué ha sucedido? Evidentemente no estamos ante un caso de enamoramiento, sino ante una atracción fuerte que no ha llegado a las capas profundas del sujeto. Que este lo viva como tal puede ser debido a múltiples factores: la inmadurez propia del adolescente que ni se conoce a sí mismo ni lo que es el amor o, más simplemente, a una desvalorización de la palabra «amor» que se acaba empleando para designar cualquier tipo de atracción fuerte entre un hombre o una mujer.

Otro fenómeno diverso relacionado con el enamoramiento tiene lugar cuando alguien se *enamora auténticamente de la persona equivocada* porque no nos corresponde, porque está casada o comprometida o por otras razones, etc. Estas situaciones son inevitablemente dolorosas (y a veces trágicas) pero no siempre se pueden achacar a inmadurez o irresponsabilidad por parte de nadie porque, como hemos dicho, el amor no depende completamente de la voluntad. Por eso, alguien puede enamorarse de otra persona aunque no quiera y, de igual modo, le puede resultar imposible dejar de amar a alguien, aunque sepa que se trata de una relación imposible o equivocada[36].

Por último, el *amor admite grados y modalidades*. Se puede estar más o menos enamorado de una persona pero sin que se advierta que debemos ligarnos a ella de por vida porque resulta insustituible. Además, como cualquier realidad humana, está influido por la cultura y la historia[37]. La relación amorosa entre el hombre y la mujer depende inevitablemente de la concepción que cada uno tiene del otro. Y si bien el amor personal que aquí hemos descrito puede probablemente encontrarse en cualquier cultura, es el amor por excelencia de la cultura occidental y cristiana que asigna un valor altísimo e igual a cada persona sea hombre o mujer. Solo desde estas premisas tiene sentido ligarse de por vida y de manera exclusiva a un hombre o a una mujer en un proyecto de vida común.

[36] Cervantes ofrece en *El Quijote* una amplia gama de amores no correspondidos.

[37] Cfr. J. Marías, *La educación sentimental*, cit., donde se analizan algunas de las modalidades que ha adoptado el amor en Occidente: cortés, institucional, romántico, etc.

12. LA FAMILIA

1. La fundación de la familia: noviazgo y matrimonio

a) El noviazgo

Cuando un hombre y una mujer son conscientes de que se encuentran enamorados de manera plena y radical se abre ante ellos el interrogante sobre su futuro. Las características internas del enamoramiento: compartir la vida, tendencia a la permanencia, complementariedad sexual, necesidad vital de la otra persona, posibilidad de tener hijos y formar una familia, etc.[1], abogan de manera natural por una vida en común y por un proyecto de vida, pero ese proyecto no surge por sí solo, es un camino largo, duradero y no siempre sencillo que, en primer lugar, se debe decidir emprender –«sí, quiero»– y luego mantener a pesar de las dificultades: «hasta que la muerte nos separe». El noviazgo es precisamente el período en el que un hombre y una mujer están valorando y madurando la posibilidad y la conveniencia de tomar esta decisión y transformar el amor en un proyecto conjunto de vida común, es decir, en pasar de una fase cognoscitivo-afectiva a un momento en el que mediante su libertad dispondrán de sí mutuamente para el futuro.

---

[1] Cfr. X. M. Domínguez Prieto, *Antropología de la familia. Persona, matrimonio y familia,* BAC, Madrid 2007 y F. D'Agostino, *Filosofía de la familia,* Rialp, Madrid 2006.

En ese período, el hombre y la mujer deben, ante todo, constatar la realidad de su amor porque ya hemos visto que este terreno es fácilmente accesible a los espejismos. Hay que asegurarse de que el amor por la otra persona es una realidad, es decir, que se le quiere tal como es, con sus virtudes y cualidades, pero también con sus limitaciones, evitando el grave error de amar, en vez de una persona real y concreta, un sentimiento o una persona inexistente producto de una imaginación inmadura. Y esta comprobación necesita tiempo y conocimiento mutuo porque no se van a compartir unas horas, sino la vida. Por tanto, es necesario un conocimiento profundo del otro: carácter, aficiones, historia, convicciones morales y religiosas, familia, aspiraciones, etc., que permita estar razonablemente seguros de que se va a poder compartir la vida[2]. El conocimiento debe incluir también la convicción de que la otra persona es capaz de asumir los compromisos que conlleva la vida en común: tener hijos y educarlos, altura moral, convicciones profundas, etc. Porque, aunque dos personas estén realmente enamoradas, una de ellas puede ser incapaz –por carácter, por mentalidad o por otras razones– de asumir los compromisos y obligaciones que conlleva el matrimonio. Dar el paso hacia una relación conyugal en estas condiciones supondría, con bastantes posibilidades, el inicio de una pequeña o gran tragedia.

[2] Puesto que el noviazgo no implica todavía una decisión de compartir la vida, excluye una entrega corpórea (sexual) total. «*Es nefasto en la vida humana realizar gestos que no expresan aquello de lo que son signo.* Las relaciones sexuales conmueven el ánimo precisamente porque remiten a un acontecimiento de la mayor importancia: *el entreveramiento comprometido de dos personas.* Si no existe tal compromiso y tal entreveramiento, el gesto sexual se reduce a mero ayuntamiento corpóreo, que, visto a solas, carece de sentido, y por eso resulta literalmente 'insensato', absurdo» (A. LÓPEZ QUINTÁS, *El amor humano*, cit., p. 212).

b) El matrimonio

Cuando el proceso de maduración del amor se considera completado, llega el momento trascendental de la decisión matrimonial, una decisión preñada de contenido antropológico y que comprende al menos las siguientes dimensiones:

b.1) Dimensión interpersonal

El matrimonio es *ante todo el compromiso personal de un hombre y una mujer de formar una comunidad de vida* que reúne las siguientes características. Es un *compromiso de por vida* puesto que lo que se busca precisamente es compartir la existencia con una persona concreta. Por lo tanto, mientras esa persona viva, nuestra existencia estará ligada a ella. Además es un compromiso que se fundamenta en la idea de una *entrega plena.* Los esposos se entregan mutuamente la vida como hombre y como mujer y de aquí surgen otras características del matrimonio[3]. Ante todo es excluyente desde el punto de vista personal, es decir, *solo es posible realizarlo con una persona* puesto que no se puede compartir plenamente la vida con varios hombres o mujeres a la vez. Pero también *exige la exclusividad de la relación sexual* plena por varias razones[4]. En primer lugar, porque los esposos se entregan mutuamente su sexualidad en vista a la configuración de una familia. El hombre se compromete con la mujer para que esta sea capaz de desarrollar su potencialidad de madre y, de modo similar, la mujer da al hombre su feminidad para que este desarrolle también su potencial paternidad. Esta relación no puede generalizarse sin romper la intimidad personal en la que se funda. Pero, además, se exige exclusividad sexual porque el acto

[3] Entrega plena no significa entrega absoluta, los esposos se entregan completamente solo en la dimensión conyugal pues de otro modo el matrimonio ahogaría a la persona. Cfr. P. J. Viladrich, *Agonía del matrimonio legal. Una introducción a los elementos conceptuales básicos del matrimonio,* Eunsa, Pamplona 1984, pp. 88-89.

[4] Cfr. K. Wojtyla, *Amor y responsabilidad,* cit., pp. 255 y ss.

sexual solo tiene sentido en el marco de una unión personal plena ya que, como hemos visto, el cuerpo no es un instrumento de la persona, sino la misma persona en su dimensión corporal. Los cuerpos que se unen plenamente solo pueden ser reflejo y confirmación de personas plenamente unidas. Por eso, sustraer la sexualidad de la relación matrimonial y ejercerla con otras personas supone una traición a la relación personal que se vive entre el hombre y la mujer y así se vive subjetivamente cuando ese hecho se da en una pareja.

b.2) Dimensión social

Aunque el matrimonio es esencialmente una relación interpersonal, posee también una dimensión social. Nuestra cultura, quizá de modo especial a partir del romanticismo, ha insistido mucho en el aspecto personal frente al institucional-social, lo que ha servido para revalorizar todos sus aspectos afectivos e interpersonales. Pero es importante no caer ahora en el extremo opuesto y resaltar tanto este aspecto que la dimensión social quede anulada o se vuelva públicamente invisible porque esto, a la larga, acaba también perjudicando al matrimonio, que se convierte en una institución privada y sin relevancia social[5].

El matrimonio, como acto en el que dos personas se casan y como la comunidad de vida que surge de él, es una realidad social fundamentalmente por dos razones. En primer lugar, por el hecho elemental de que los novios, por mucho que el amor pueda durante un determinado período aislarlos del

[5] Las parejas de hecho constituyen uno de los intentos más recientes de anular o limitar al máximo la dimensión social del matrimonio reduciéndolo a su aspecto interpersonal. Pero la intrínseca inestabilidad y dificultad de esta relación se pone de manifiesto en que la sociedad acaba al final regulando (mediante las Leyes de parejas de hecho) lo que inicialmente se caracterizaba precisamente por su rechazo esencial de toda regulación jurídica. Cfr. en este sentido R. NAVARRO-VALLS, *Matrimonio y derecho*, Tecnos, Madrid 1995, pp. 66 y ss.

resto del mundo, *provienen de un determinado entorno social y van a vivir posteriormente en otro entorno social* que va a influir de una manera muy importante en su vida. En *Rebecca*, de Hitcocht, este problema se plantea de manera directa y dramática. Un hombre y una mujer se enamoran en un hotel en el que viven como sujetos independientes y aislados (momentáneamente) de su entorno social y de su pasado. Pero, cuando ese enamoramiento se transforma en boda, es decir, en vida en común, inevitablemente se produce la confrontación con el contexto social del que provienen y en el que deben vivir. Y, en el caso concreto que Hitcocht nos propone, esto significa que, si la joven Rebecca, americana y guapa pero poco culta y refinada, quiere que su matrimonio con su noble inglés no fracase, tendrá que ser capaz de asumir su papel social de dama inglesa y superar, además, el profundo influjo que dejó el anterior matrimonio de su marido en su entorno personal.

Pero el matrimonio no tiene una dimensión social únicamente porque se dé en el contexto de una sociedad, sino por una razón mucho más profunda: supone *la creación del elemento clave de la sociedad:* la familia. El matrimonio es la semilla de la familia y la familia es la estructura esencial de la sociedad. Por eso, el matrimonio, aunque es un acto fundamentalmente personal, es, al mismo tiempo, esencialmente social por lo que, en condiciones normales, la boda se realiza siempre en ese contexto. No tiene sentido casarse solo. La boda se realiza en presencia de los padres, de los amigos y del conjunto de la sociedad en la que se vive; es pública y conocida y está regulada jurídicamente, porque tanto los que se casan como la sociedad quieren poner de relieve (y regular) la formación de un nuevo núcleo social que se desarrollará más tarde como familia con la aparición de los hijos, que son los nuevos miembros de la sociedad[6].

[6] Una brillante síntesis de los aspectos jurídicos esenciales del matrimonio y de su evolución en la sociedad occidental la ofrece R. NAVARRO-VALLS, *Matrimonio y derecho,* cit. Se puede ver también P. J. VILADRICH, *Agonía del matrimonio legal,* cit., especialmente, cap. III-V.

b.3) Dimensión religiosa

El matrimonio tiene, por último, una dimensión religiosa[7]. En este caso, no se trata de una dimensión esencial ya que este aspecto no se pone directamente en juego en la relación entre el hombre y la mujer pero estará necesariamente presente si los novios son creyentes ya que están tomando, probablemente, la decisión más trascendental de su vida. Por tanto, y así ocurre de hecho habitualmente en la mayoría de las sociedades, esta dimensión no podrá faltar en el momento en el que la sociedad asiste al nacimiento de un nuevo núcleo de vida y los novios consolidan su futuro conjunto como hombre y como mujer.

La boda aúna, desde *una vertiente festiva,* estas tres dimensiones en casi todas las culturas[8]. Es, ante todo, la fiesta del amor y de la alegría entre el hombre y la mujer, el misterio de la masculinidad y la feminidad que se entrelazan una vez más en una pareja única entre los millones de parejas que han poblado y poblarán la historia. Es también la fiesta de la sociedad porque la rueda de la vida continúa. Del amor que se sella entre el hombre y la mujer surgirán los nuevos hijos que labrarán los campos, construirán las casas, trabajarán y dirigirán las empresas y cuidarán a sus mayores cuando comiencen a envejecer. Y, para un hecho tan trascendental, se requiere la bendición de Dios pues no tiene sentido emprender una empresa tan importante en su ausencia o en su contra. La boda cristiana, por ejemplo, es una magnífica muestra de la conjunción de esas tres realidades en el marco de una celebración eminentemente festiva.

c) El fracaso del proyecto matrimonial

El proyecto matrimonial no siempre se consolida. En ocasiones, la relación conyugal se deteriora hasta hacer muy

---

[7] Cfr. ARISTÓTELES, *Economía*, III, 2.

[8] Cfr. J. CARRERAS, *Las bodas: sexo, fiesta y derecho*, Rialp, Madrid 1994.

difícil y a veces imposible no solo la consecución de objetivos comunes, sino la misma vida en común. Tienen lugar entonces auténticas tragedias porque el desmoronamiento del proyecto existencial del sujeto le afecta en sus mismas raíces. El matrimonio y la familia pueden ser la fuente de felicidad más importante pero, precisamente, por eso, su desaparición o fractura conlleva sufrimientos terribles.

¿Cuáles son las salidas posibles ante esta situación? La más simple es la separación, en principio, temporal, y si no surte efecto, definitiva. Hombre y mujer se separan temporalmente para que la distancia calme las tensiones, serene las posturas y ayude a reflexionar y a reconstruir la relación. Pero si esa medida no surte los efectos adecuados, entonces solo cabe optar por la separación definitiva. La separación, en cuanto tal, lleva implícita la decisión de no construir un proyecto de vida similar con otro hombre u otra mujer porque se tomó una decisión irrevocable que debe permanecer mientras la persona con la que se estableció esa decisión siga existiendo. Se trata de una decisión coherente con la realidad del matrimonio pero dura, por lo que puede resultar muy difícil de mantener sin el apoyo de fuertes motivaciones morales y religiosas.

Otra posible salida, desde hace tiempo admitida por las legislaciones de muchos países, es el divorcio que significa la ruptura total con el vínculo anterior y que implica, por tanto, la posibilidad explícita de construir uno nuevo. Esta posibilidad puede parecer más razonable y lógica, pero es muy importante darse cuenta de que la asunción del divorcio cambia de manera profunda la realidad intrínseca del matrimonio. Constituir un proyecto de vida en el que un hombre y una mujer se entregan plenamente de por vida para formar una familia es un tipo de relación personal. Constituir un proyecto de vida en el que un hombre y una mujer establecen vivir en común siempre que su relación sea correcta y durante el tiempo que lo sea es una relación diversa porque la implicación de cada miembro del matrimonio es menor y, por eso, la estabilidad de la relación es mucho más frágil. En el primer caso hay una entrega total, en el segundo, una entrega parcial puesto que las personas dejan siempre abierta una puerta de salida por si surgen dificultades. Y el problema es que esa puerta, con mucha más facilidad de lo debido, puede acabar convirtiéndose en un auténtico boquete que se utilice con increíble frivolidad como muestran las estadísticas de tantos países.

Pero hay que recalcar que, aunque el divorcio suponga una salida a un grave problema, en sí mismo es un mal: la constatación de un fracaso y habitualmente la inauguración de una tragedia, especialmente si ese matrimonio ha tenido hijos[9]. El hijo es el fruto de la fusión corporal del padre y la madre, por lo que la ruptura le afecta de modo radical. En él permanecerán unidos vitalmente dos mundos que se separan y toman caminos diferentes y normalmente incompatibles, por lo que la tensión está permanentemente asegurada. Por otro lado, la ruptura es también profundamente traumática para la pareja ya que es imposible separar de manera indolora el tejido que se ha ido tramando a lo largo de años de vida en común. Las separaciones amistosas suceden con mucha más frecuencia en las películas que en la realidad. Todo este conjunto de males implica que la sociedad (y los gobiernos) debe esforzarse por promover la estabilidad familiar y, consecuentemente, el matrimonio ya que es el que garantiza de manera más clara tanto el bien de las personas como de la sociedad.

2. La comunidad humana esencial

La familia nace en el matrimonio como proyecto, como fundación, pero se constituye con plenitud con la aparición

[9] Los problemas prácticamente irresolubles que crea el divorcio se encuentran expuestos con bastante claridad en I. THÉRY, *Le démariage. Justice et vie privée*, Odile Jacob, Paris 1993, especialmente, cap. III.

del hijo. Este marca el paso de «pareja» o «matrimonio» a familia creando una realidad nueva que modifica para siempre la relación anterior entre el hombre y la mujer[10].

a) La familia se constituye en plenitud con los hijos

El nacimiento del hijo supone la culminación del proyecto de amor del hombre y la mujer porque es el amor hecho vida y encarnado para siempre en una persona, como ha reflejado de manera bellísima Miguel Hernández.

> «Fundidos para siempre en el hijo quedamos:
> fundidos como anhelan nuestras ansias voraces:
> en un ramo de tiempo, de sangre, los dos ramos,
> en un haz de caricias, de pelo, los dos haces»[11].

Y de esa culminación y fructificación del amor nace la familia.

Nace, en primer lugar, mediante el despliegue, desarrollo y transformación del entramado completo de *relaciones interpersonales* que la constituye. El hombre deja de ser simplemente marido para ser, además, padre y, de igual modo, la mujer deja de ser únicamente esposa para ser, además, madre.

---

[10] En este apartado analizamos la familia desde un punto de vista esencial. Algunas indicaciones sobre sus variaciones históricas y cómo deben interpretarse se pueden encontrar en J. M. Burgos, *Diagnóstico sobre la familia*, Palabra, Madrid 2004; M. A. Bel Bravo, *La familia en la historia*, Encuentro, Madrid 2000; S. del Campo, *La «nueva» familia española*, Eudema, Madrid 1991; G. Campanini, *Realtà e problemi della famiglia contemporánea. Compendio di sociologia della famiglia*, Paoline, Milano 1989, y D. Herlihy, *La famiglia nel medioevo*, Laterza, Bari 1994.

[11] Miguel Hernández, «Hijo de la luz y de la sombra», en *Obra poética completa*, Alianza, Madrid 1990, pp. 439-440. El nacimiento del hijo muestra, además, la superioridad del matrimonio sobre otros proyectos del hombre porque estos pueden producir cosas o estructuras –quizá espectaculares– pero solo el matrimonio es capaz de «producir» personas.

Y, lógicamente, son padre y madre en referencia a una persona radicalmente nueva que es el hijo y que vivirá la filiación. Paternidad, maternidad, filiación, esta es la meta a la que aspiraban confusamente el hombre y la mujer en la fase de enamoramiento y a la que se llega con la aparición del hijo. Una meta que supone un cambio radical en sus vidas y que se manifiesta, por ejemplo, en que en el interior de la familia el hombre y la mujer pasarán poco a poco de ser llamados por su nombre propio (reflejo de la identidad personal) a ser llamados papá y mamá: su nueva identidad. Y no solo por los hijos sino también a veces por el marido o la mujer («dile a tu padre que...») prueba de que ese cambio supone no solo la creación de nuevas relaciones (paternidad, maternidad, filiación), sino una modificación de las existentes (las de pareja).

En segundo lugar, la familia nace como *realidad social.* Ese entramado de relaciones se constituye socialmente como un nuevo núcleo social, como una nueva comunidad, o, como es también habitual decirlo, una nueva célula esencial de la sociedad[12].

b) Características esenciales de la familia

Veamos ahora cuáles son las principales características de la familia:

1) Es el lugar del origen de la vida y, por tanto, de perpetuación de la sociedad.

2) Es la *primera comunidad interpersonal* para el hijo: todo hombre establece su relación con el mundo y con la sociedad a través de una familia y es, por tanto, el lugar donde forma su *identidad.*

[12] Se suele distinguir entre comunidades de *adscripción* (las que constituyen las personas con sus actos libres) y de *pertenencia* (en las que se participa sin que medie una decisión libre e incluso sin saberlo, como la nación). La familia es una comunidad mixta que reúne elementos de ambas.

3) Es la *primera comunidad intersexual.* Los dos sexos se relacionan en la sociedad, fundamentalmente, a través de la familia. En primer lugar, el marido y la mujer, luego, los hijos con el padre y con la madre y, por último, los hermanos con las hermanas si los hay.

4) Es también la *primera comunidad intergeneracional.* Los padres crean la generación siguiente (que constituye el futuro) y los abuelos suponen la conexión con la generación del pasado. También aquí podemos acudir, para captarlo con más profundidad, a unos versos de Miguel Hernández.

> «No te quiero a ti sola, te quiero en tu ascendencia
> y en cuanto de tu vientre descenderá mañana.
> Porque la especie humana me han dado por herencia
> la familia del hijo será la especie humana.
>
> Con el amor a cuestas, dormidos y despiertos,
> seguiremos besándonos en el hijo profundo.
> Besándonos tú y yo se besan nuestros muertos,
> se besan los primeros pobladores del mundo»[13].

5) Es el lugar donde se establecen y habitan las relaciones humanas más esenciales: el amor de pareja; la paternidad, la maternidad, la filiación y la fraternidad de modo que se le puede llamar con razón el *centro afectivo de la persona.* Estas relaciones, por otra parte, son fines en sí mismas, a diferencia de lo que sucede en otras comunidades. No se buscan para lograr otros objetivos, sino como últimos fines de la existencia que no requieren un más allá.

6) La familia desarrolla, además y por último, otras *funciones sociales:* económicas, educativas, socialización primaria y secundaria, ayuda a personas con discapacidades, etc., que va-

---

[13] MIGUEL HERNÁNDEZ, «Hijo de la luz y de la sombra», en *Obra poética completa,* cit., p. 440.

rían con las culturas y las épocas pero que son siempre muy importantes[14].

Por todas estas razones se puede afirmar de manera nítida que la familia es la célula o estructura esencial de la sociedad y que de su buen funcionamiento depende de manera muy significativa el funcionamiento global del entramado social[15].

3. La formación del sujeto

Acabamos de ver la importancia de la familia considerada estructuralmente. Ahora vamos a detenernos en la relación familia-persona que analizaremos desde dos perspectivas: la *fase inicial*, en la que el sujeto nace y se forja como persona, y *la relación familia-persona adulta*. Comenzaremos por la primera y distinguiremos varios niveles pues solo así resulta posible describir la importancia tan trascendental que tiene la familia en la formación del sujeto.

a) Constitución biológica

La familia interviene, ante todo, proporcionando al sujeto lo necesario para que satisfaga sus necesidades vitales. Se trata, ciertamente, de un nivel básico pero esencial. El niño recibe especialmente en los primeros años de vida en la familia, y gracias a una dedicación de tiempo muy importante por parte de los padres, cosas tan elementales pero tan imprescindibles como, ante todo, la misma vida y, después, la alimenta-

[14] Cfr. T. Parsons, *La estructura social de la familia*, en AA.VV., *La familia*, Península, Barcelona 1974, pp. 31-65; A. Michel, *Sociología de la familia y del matrimonio*, Península, Barcelona 1974, pp. 63-72, y especialmente P. P. Donati, P. di Nicola, *Lineamenti di sociología della famiglia. Un approccio relazionale all'indagine sociologica*, La Nuova Italia Scientifica, Roma 1991, pp. 43-58.

[15] Cfr. P. Donati, *La familia como raíz de la sociedad*, BAC, Madrid 2013.

ción, el vestido, cuidados en caso de enfermedad, un lugar donde habitar, etc.

Que se trate de necesidades biológicas podría llevar a pensar que, en este nivel, el hombre actúa de modo similar a los animales pero esto no es completamente correcto. Como ya hemos comentado, en la persona prácticamente no hay nada puramente biológico, de modo que lo que los padres ofrecen a sus hijos tiene siempre una mediación cultural (cfr. cap. 3.4). Un niño no se alimenta como lo hace un animal, ni duerme de la misma manera, ni habita en un lugar parecido. En cualquiera de esos casos hay una mediación social, intelectual y cultural, lo que nos conduce al segundo nivel de influencia de la familia en el sujeto.

b) Socialización primaria

La segunda dimensión a través de la cual la familia influye de manera significativa en la persona es el denominado proceso de socialización primaria, que consiste en proporcionar a la persona las claves básicas para que pueda integrarse en una determinada sociedad. Estas claves son esencialmente las siguientes: las habilidades primarias: andar, comer, desplazarse, orientarse, etc.; conocimientos básicos de lugares, personas, objetos, etc.; el lenguaje; las normas básicas de relación social (educación, importancia de compartir, respeto al otro, agradecimiento, etc.)[16].

Este proceso es muy importante, ante todo, porque se trata de habilidades tan esenciales que un sujeto sería práctica-

[16] La socialización primaria tiene su límite en la formación del concepto de rol que solo se puede adquirir en la sociedad (cfr. cap. 13.3). En la familia, rol y persona son inseparables (la madre y el padre son una persona específica e insustituible), mientras que en la sociedad no ocurre así; un determinado rol social lo ejercen de hecho personas distintas e intercambiables (no nos interesa *quién* conduce el autobús, sino que sepa conducirlo).

mente incapaz de vivir si no las poseyera. De hecho, un niño sin ninguna ayuda exterior perecería con toda seguridad. Pero además la socialización primaria es crucial porque configura la estructura de la persona de un modo casi físico ya que en esta época de la vida la persona es como una plastilina moldeable que, en buena medida, tomará una forma u otra según lo que encuentre a su alrededor. Una de las razones de esta maleabilidad es que el cerebro del niño que nace todavía se está formando, y dependiendo de los impulsos que reciba, se hará más o menos rico. Aunque el número de neuronas de la persona no aumenta en los primeros años, lo que sí sucede es que las neuronas crecen y se ramifican (proceso de arborización) y el resultado final depende de la influencia del ambiente. A mayor número de entradas externas mayor arborización y mayor riqueza personal. Por eso, y a modo de ejemplo, aunque todos los niños nacen con la capacidad de discriminar todos los sonidos vocálicos (percepción fonémica universal), hacia los dos años ya han perdido la capacidad de reconocer sonidos que no han escuchado en la lengua de su entorno[17].

En definitiva, aunque la persona tiene una importante capacidad de disposición de sí mismo y puede modificar el legado que la constituye, hay elementos clave que ya le marcan un camino determinado desde su infancia.

c) Formación de la identidad

Por identidad entendemos aquí no solo la personalidad (el carácter), sino una estructura más profunda del sujeto que significa lo que es, cómo se ve y cómo ve al mundo (cfr. cap. 7.2). La familia influye de manera profunda en esta dimensión al menos desde dos perspectivas.

[17] Cfr. H. I. Kaplan, B. I. Sadock, *Sinopsis de Psiquiatría*, Ed. Médica Panamericana, Madrid 2000, p. 20.

c.1) Actitud general ante el mundo

El niño ve el mundo a través de la familia porque en los primeros años mundo y familia se identifican y, más adelante, accede al exterior a través de su entorno familiar. Por eso, si se encuentra rodeado de amor y de cariño, considerará el mundo un lugar positivo y acogedor y adoptará ante él una actitud abierta y constructiva que irá calando en su personalidad y será muy relevante en el futuro para todas sus decisiones. Esta mentalidad, evidentemente, no se transmite al niño de manera nocional, sino a través de las actitudes, sensaciones y vivencias que el niño percibe a su alrededor: caricias, atención, amor, tranquilidad, cariño, orden, etc.[18].

En esta actitud juega un papel significativo el sentimiento religioso de los padres porque a través de él pueden llegar al niño nociones importantes que refuercen (o debiliten) su actitud abierta ante el mundo. Por ejemplo, si al niño se le enseña que hay un Dios que le ha creado por amor, le protege y le quiere, concluirá que el mundo es esencialmente amigo pues está dirigido y gobernado por ese ser amable y fuerte.

c.2) Estructura personal

El niño forja también en los primeros años las bases de su personalidad, y también aquí la actitud de los padres (y de los hermanos, aunque en menor medida) es determinante, pues el niño es un ser intrínsecamente necesitado de orientación y ayuda y la calidad, adecuación y constancia con que se le proporcione será fundamental en su evolución[19]. El objetivo

---

[18] Cfr. V. Maioli, *Padres e hijos. La relación que nos constituye,* Encuentro, Madrid 2006 y R. Vera, *La relación paterno-filial. Análisis desde el personalismo,* "Quién" 4 (2016), 89-113.

[19] Se han hecho diversos estudios para intentar establecer las fases más importantes en la evolución de la identidad del sujeto. Algunos de los más conocidos son los de Freud y Eriksson. Un resumen de las posiciones de

final es que, al final de la adolescencia, posea una personalidad estable, es decir, segura, con criterios propios de actuación, comprensiva y con un nivel adecuado de autoestima. Y esto solo es posible, en primer lugar, con la constante y adecuada atención de los padres que orienten y formen al niño de manera que este vaya corrigiendo poco a poco sus defectos, superando sus problemas y dificultades y fortaleciendo sus cualidades.

Esta tarea no es sencilla y junto a sólidos criterios de actuación requiere una dedicación diaria y constante en el tiempo puesto que las personas solo modificamos nuestra personalidad poco a poco y con dificultad[20]. Además requiere también *una dedicación específica tanto del padre como de la madre* puesto que ambos juegan papeles distintos en la educación de los hijos[21].

La madre es el *principio de la seguridad.* Es, ante todo, quien nos protege física y afectivamente, nos da lo que necesitamos y nos hace ver de manera especial que el mundo es amigo. Es, también, la representante por excelencia del amor incondicionado, el amor que está siempre y en cualquier circunstancia disponible para nuestras necesidades. Independientemente de lo que hagamos o de cómo nos comportemos sabemos que en la madre siempre vamos a encontrar refugio y afecto. Por ello se puede decir que constituye también el

---

estos autores y un tratamiento general sistemático y desarrollado se puede encontrar en K. STASSEN y R. A. THOMPSON, *Psicología del desarrollo: infancia y adolescencia*, Editorial Médica Panamericana, Madrid 1998.

[20] Aunque no es un tema que se deba tratar en esta sede conviene hacer notar que el esfuerzo de los padres y de la familia por forjar personas debe ser no solo protegido y facilitado por la sociedad, sino adecuadamente recompensado por los beneficios que la reporta.

[21] Cfr. R. BUTTIGLIONE, *La persona y la familia,* cit., pp. 119 y ss. Buttiglione ha profundizado específicamente en este punto partiendo de elementos del psicoanálisis de Freud pero adaptándolos a sus categorías personalistas. También es interesante P. J. CORDES, *El eclipse del padre,* Palabra, Madrid 2003, pp. 57-79.

punto de referencia existencial por antonomasia de la persona, aquel que nos radica en el ser no solo porque es quien de una manera más directa nos lo ha dado, sino porque su persistencia afectiva nos arraiga en el mundo y da sentido emocional a nuestra existencia.

La misión del padre es, en parte, diversa y consiste en hacer presente el *principio de la realidad*. El padre debe enseñar al hijo que el mundo tiene sus leyes y que los demás tienen sus derechos y su subjetividad, es decir, que no todo está disponible; que el mundo no es una mera extensión de los deseos que nos concede la madre. Por eso, «un hombre sin padre, dice Buttiglione, tiende a considerar que el mundo puede transformarse según sus deseos, sin que sea necesario ningún esfuerzo por su parte. Además tenderá a apropiarse de las cosas buenas de la vida sin tener en cuenta el derecho análogo de los demás hombres. No podrá recibir ningún regalo, porque no pedirá nada a nadie, sino que se comportará como si todo le perteneciese desde el principio. En tal caso podría cometer las mayores injusticias, sin darse cuenta ni siquiera de que las comete»[22]. Esa dureza y consistencia del mundo no debe entenderse necesariamente como un límite que el padre impone al hijo; muchas veces será, al contrario, un estímulo imprescindible para el desarrollo. El mundo, en efecto, ofrece un sinfín de posibilidades que nunca se alcanzarían si se permanece en el protector regazo materno y es misión del padre adentrar al niño en ese mundo y en sus riquezas, aunque esto suponga afrontar riesgos[23].

---

[22] R. Buttiglione, *La persona y la familia*, cit., p. 129.

[23] Las persistentes (y justas) críticas del feminismo al antiguo patriarcado y los profundos cambios que se han dado en la estructura familiar están llevando últimamente al extremo opuesto: una crisis de la figura paterna que hace que el padre no sepa exactamente cuál es su papel en la familia. Una de las consecuencias negativas de esta situación es que la educación de los hijos puede resultar desequilibrada e incompleta. Un valioso análisis de toda esta problemática lo ofrece P. J. Cordes, *El eclipse del padre*, cit. Cfr. también A. Polaino, *¿Hay algún hombre en casa?*, Desclee de Brouwer, Bilbao 2010.

Es importante remarcar, de todos modos, que *estos roles del padre y la madre no son exclusivos ni excluyentes,* sino más bien el punto focal o convergente de las actitudes paternas o maternas. De hecho, tanto el padre como la madre pueden desarrollar las funciones del otro: el padre, por ejemplo, tiene también una importante capacidad protectora y la madre puede impulsar al hijo a enfrentarse con el mundo. Por otra parte, esta distribución tampoco implica que la madre quiera a los hijos más que el padre (o viceversa) sino que, simplemente, da una orientación distinta a un amor igualmente radical. Cuando un niño se sube a un tobogán en un parque, la madre puede empezar a gritar «bájate inmediatamente de ahí» porque su sensibilidad ante el peligro le lleva a activar su instinto de protección. El padre, por el contrario, puede animar al niño a deslizarse por el tobogán llegando incluso a enseñarle (con escándalo de la madre) modalidades más arriesgadas de la convencional pero también con un objetivo amoroso, aunque distinto: que desarrolle sus músculos y su personalidad y sea fuerte y ágil. Es el mismo amor que se manifiesta en dos modalidades distintas y complementarias.

Por último, Buttiglione ha indicado con agudeza que el *sentimiento religioso* de los padres puede ser especialmente importante cuando el niño alcanza la fase de su evolución en la que reivindica su independencia. Que en este momento los padres no constituyan el centro último de la existencia, sino que exista un Ser por encima de ellos que gobierne a todos, puede ayudar al hijo a asimilar el difícil proceso que supone descubrir los límites de los padres y determinar la actitud que se debe adoptar en esa nueva situación. Si todo el sentido lo proporcionaban los padres, cuando el adolescente descubre que son limitados y frágiles puede llegar a la conclusión de que, en realidad, no existe un sentido último, sino una feliz vivencia infantil que desaparece cuando se alcanza la madurez y la lucidez ante la existencia. Pero si, por el contrario, el adolescente sabe que también sus padres están sometidos a un sentido más alto, el descubrimiento de sus límites no tiene por qué suponer ningún trauma irreparable en su itinerario vital, aunque no le libre de las dificultades de la adolescencia[24].

4. El lugar de la existencia

La gran importancia de la familia en la vida adulta de las personas se pone de manifiesto al menos en los siguientes ámbitos.

a) El lugar de las raíces

La familia es el lugar de las raíces personales. Gracias a ellos sabemos quiénes somos, de dónde venimos y cuál es nuestra conexión con el resto de la humanidad de la que evidentemente nos sentimos solidarios. Las raíces familiares se reflejan de una manera clara en nuestro nombre, que es nuestra identidad social. El nombre propio indica nuestra identidad radical, nuestro yo, que es único en el mundo, pero a renglón seguido nuestros apellidos indican nuestro origen y nuestra procedencia: las raíces del yo. Antiguamente tenía mucha importancia la estirpe, el linaje, es decir, los antepasados que nos precedieron durante muchas generaciones. Hoy, en las sociedades modernas, esto ha variado e importan fundamentalmente las generaciones más cercanas: padres y abuelos.

Podemos descubrir la importancia de los orígenes, por contraste, en la compasión que suscita el huérfano que se ca-

[24] Cordes ha remarcado, por el contrario, cómo la figura paterna influye en la concepción de Dios (Padre) hasta el punto de que puede llegar a bloquear el sentimiento religioso si la figura paterna no responde a las expectativas del hijo (*El eclipse del padre*, cit., especialmente, pp. 113 y ss.). Sobre esta cuestión son especialmente interesantes las reflexiones de Kierkegaard en *Temor y temblor* sobre Abraham.

racteriza por carecer de algo esencial. El huérfano, evidentemente, puede desarrollar con plenitud su existencia pero siempre con un límite y con una carencia frente a la situación ideal: la presencia de los padres y del origen. Y los esfuerzos que algunas personas que desconocen a su padre o a su madre hacen para encontrarlos y localizarlos –aunque al final solo puedan decir «ya sé quién es mi padre»– nos hablan igualmente de la importancia de las raíces.

La familia, generalmente, nos arraiga también no solo a nivel personal, sino territorial y cultural. A través de ella nos asentamos en un territorio y en una cultura determinada que será para siempre nuestra tierra o nuestro país[25]. Por eso la familia es también, de algún modo, el lugar al que pertenecemos y al que siempre podemos volver.

b) El centro afectivo

Como nos recuerdan habitualmente y con razón las canciones y las películas, lo más importante en la vida es querer y ser querido. Pero donde eso sucede de manera radical es en la familia. Por eso es sin duda el centro afectivo más importante de la persona.

En primer lugar es el ámbito en el que *somos queridos* de manera radical e *incondicional.* Se nos quiere por ser quienes somos, independientemente de la edad, condiciones, salud o cualidades y esto es algo que para toda persona resulta de un valor inapreciable. De hecho, aunque el hombre es, ciertamente, un ser único e irrepetible, esto solo se pone de manifiesto de modo existencial en el entorno familiar; especialmente en acontecimientos tan trascendentales como la vida y la muerte. «El nacimiento de un hombre es extraordinario e

[25] Cfr. A. BERNAL (ed.), *La familia como ámbito educativo*, ICF, Pamplona 2005.

irrepetible y, a la vez y de nuevo, personal y comunitario. Pero más allá de esta dimensión, más allá de los confines de la familia, este hecho pierde ese carácter y se convierte en un dato estadístico, tema de objetivaciones de distinto género, hasta llegar al mero *registro*, que utiliza la estadística. *La familia es el lugar en el que todo hombre se revela en su unicidad e irrepetibilidad*»[26].

Al mismo tiempo y simultáneamente, la familia es el lugar donde *amamos* de manera más decisiva, donde desarrollamos al máximo nuestra capacidad de amor, entrega y donación y donde están los seres que dan sentido a nuestra vida.

c) Familia y trabajo

La relación entre familia y trabajo también es muy profunda aunque en este aspecto se ha producido una fuerte evolución. En la denominada familia tradicional europea que estuvo vigente cuando predominaba una cultura rural, llegaron a coincidir familia y trabajo profesional. Los artesanos, los pequeños comerciantes, los agricultores, etc., trabajaban en el lugar en el que vivían y enseñaban ellos mismos el oficio a sus hijos. Con el proceso social que trajo consigo la urbanización y la industrialización, esta relación se fracturó y se debilitó[27]. Aun así, todavía sigue existiendo una importante relación entre familia y trabajo.

Ante todo persiste lo que podríamos denominar «trabajo de construcción del hogar» que abarca todas las tareas necesarias para que el sistema-familia funcione adecuadamente. Este trabajo implica, por un lado, un conjunto de ta-

[26] K. Wojtyla, *La familia como «communio personarum»*, en *El don del amor. Escritos sobre la familia*, Palabra, Madrid 2000, p. 228.

[27] La evolución de esta relación entre familia y trabajo se encuentra particularmente bien descrita en C. Hall, *Dolce casa*, en P. Ariès, G. Duby (eds.), *La vita privata. IV. L'ottocento*, Laterza, Roma-Bari 1988, pp. 55-61.

reas más bien instrumentales: orden y decoración de la casa, alimentación, vestuario, etc., y, por otro, una serie de tareas más personales relacionadas con el cuidado y educación de los hijos y el adecuado mantenimiento de las relaciones de pareja. Este conjunto de actividades supone un trabajo muy importante y debe ser mucho más valorado por la sociedad de lo que lo es actualmente.

Por otra parte, y dejando de lado el hecho de que el número e importancia de las empresas familiares todavía sigue siendo consistente, no hay que olvidar la importancia que tiene la familia como motor del trabajo profesional. En muchas personas –independientemente de si tienen un aprecio genuino por su profesión–, la necesidad de conseguir los medios económicos suficientes para que el sistema-familia funcione adecuadamente es a veces el impulso más fuerte para alcanzar determinadas metas o cotas de trabajo.

d) El lugar de la muerte

La familia, por último, es también en cierto sentido el «lugar» de la muerte, es decir, el espacio afectivo adecuado en el que todo hombre debe morir[28]. Si la familia es tan importante y si en la familia se encuentran las personas más importantes para el sujeto, resulta lógico que esas personas le acompañen en el momento más decisivo de la existencia, aquel en el que se parte para un más allá conocido quizá por la fe pero oscuro desde el punto de vista existencial (cfr. cap. 14. 2-3). En ese momento definitivo, que el hombre, de todos modos, atraviesa solo, es muy importante que la persona se encuentre rodeada de sus seres queridos para que le ayuden a pasar ese trance siempre amargo y le atiendan en esos momentos especialmente difíciles. Pero, además, el hombre debe estar ro-

[28] Cfr. R. BUTTIGLIONE, *La persona y la familia*, cit., pp. 133-165.

deado por su familia porque lo que le rodea al morir es un signo de lo que ha sido su vida. Si encuentra soledad puede llevarse al otro lado una sensación de fracaso y desolación mientras que, por el contrario, si encuentra amor se verá rodeado de una sensación de plenitud. No siempre será posible que el hombre muera físicamente en su casa familiar, pero, afectivamente, siempre debe morir en familia, es decir, rodeado y querido por los suyos.

13. LA PERSONA EN LA SOCIEDAD

Las personas se relacionan con otras personas (cap. 11) y forman núcleos familiares (cap. 12), pero todo ello lo hacen en el contexto y en el marco de una realidad difusa, envolvente pero siempre presente y necesaria: la sociedad. Ahora es el momento de indagar esta cuestión: la relación e influencia que la sociedad tiene sobre la persona. Lo haremos desde dos perspectivas. En primer lugar estableceremos el marco global de las relaciones persona-sociedad; después, en los epígrafes siguientes veremos tres modos concretos en los que la sociedad influye en la persona: el proceso de socialización, las estructuras sociales y la tradición.

1. Modelos de relación social

Que el hombre es naturalmente social es algo manifiesto y ha sido puesto de relieve desde muy antiguo comenzando por Aristóteles. La vida del hombre fuera de una sociedad, la que sea, no tiene sentido ni es pensable más que como caso excepcional o extremo. No es, por tanto, un asunto en el que valga la pena insistir. Lo que realmente interesa es determinar *cuál es la relación adecuada* entre persona y sociedad, es decir, el modo antropológico y social correcto mediante el que el hombre da y recibe de la sociedad exactamente lo que debe dar y recibir. Como es fácil de adivinar se trata de una cuestión muy compleja a la que, por otra parte, no es posible dar una respuesta totalmente independiente de la historia ni del contexto cultural. Por eso, vamos a colocarnos en nuestro específico contexto, la sociedad occidental de los siglos XX y XXI y, en ese marco, vamos a describir sumariamente tres modelos especialmente importantes de relación hombre-sociedad: el colectivismo, el individualismo y el personalismo[1].

a) El colectivismo

El colectivismo es uno de los grandes modelos que ha imperado en la reciente historia europea con resultados funestos. Su tesis principal es la primacía de la sociedad sobre el individuo. A partir de diferentes bases teóricas (organicismo, hegelianismo, etc.), los diferentes tipos de colectivismo (marxismo, nazismo, fascismo) mantienen la tesis básica y principal de que el individuo debe estar al servicio de la sociedad porque esta es la entidad realmente importante y trascendente frente a la precariedad del individuo.

Dentro de este marco global, el colectivismo tiene además las siguientes características: 1) propone valores ideales a

---

[1] Cfr. J. MARITAIN, *Humanismo integral*, cit. Un debate reciente y muy importante sobre esta cuestión es el que ha enfrentado, principalmente en Estados Unidos, a los liberales y a los comunitaristas. Este debate ha aportando un importante cúmulo de reflexiones sobre las relaciones entre la persona y la sociedad siendo, quizá, su principal límite dificultar una vía integradora capaz de acoger los elementos valiosos que se sostienen desde ambas posiciones. Un espléndido análisis de esta discusión se encuentra en S. MULHALL y A. SWIFT, *El individuo frente a la comunidad. El debate entre liberales y comunitaristas*, Temas de Hoy, Madrid 1996.

los individuos que componen la sociedad: la primacía de la raza, la revolución del proletariado, la conquista de un Imperio, etc.; 2) apela al altruismo y al sacrificio para la consecución y realización de esos valores; es decir, tiene una dimensión moral e incluso «religiosa»: la conquista de determinado objetivo como medio de salvación del país o de la sociedad[2]; 3) se propone a la persona que sustituya su pequeñez individual por la identificación con un proyecto colectivo. «Tú, como individuo, no eres más que un ente anónimo igual a muchos otros, pero idealmente te puedes hacer tan grande como el proyecto al que te entregas».

A partir de estas propuestas, el colectivismo logró la movilización de enormes masas humanas pero los importantísimos errores antropológicos que lo caracterizan acabaron transformando esas energías en una masa informe de tragedias y dolor: la Segunda Guerra Mundial, las dictaduras marxistas, algunas de las cuales todavía perviven, etc.

Uno de los problemas básicos que plantea el colectivismo es que la entrega radical de la persona con el valor colectivo que se le propone implica que, si este es inmoral, se pervierte y degrada automáticamente, desperdiciando sus energías vitales en un objetivo injusto. Pero, además y sobre todo, aunque los valores que proponga la colectividad sean correctos, la persona no se puede poner de manera completa a su servicio porque es ella el valor supremo (cfr. cap. 1.3). Cualquier otro planteamiento acaba convirtiendo al sujeto en un mero instrumento que se puede utilizar según convenga a los intereses de la colectividad[3].

---

[2] Para las características «religiosas» del marxismo cfr. J. MARITAIN, *Humanismo integral*, cit., pp. 64 y ss.

[3] Esto es lo que sucede con cierta frecuencia en el nacionalismo que, siendo un valor legítimo, tiende a convertirse en la regla social última que rige todos los demás valores, incluyendo los derechos y la vida de las personas. Cfr. E. GELLNER, *Naciones y nacionalismo,* Alianza, Madrid 2008 y A. CRUZ, *El nacionalismo. Una ideología,* Tecnos, Madrid 2005.

b) El individualismo

El segundo gran modelo occidental de relación persona-sociedad es el individualismo, que propone la tesis opuesta al colectivismo. Para el individualismo, el hombre debe estar fundamentalmente al servicio de sí mismo y de sus intereses y no de la sociedad; esta es, a lo más, un instrumento del que aprovecharse en beneficio propio. Un ejemplo *extremo* de individualismo lo encontramos en las primeras fases de la Revolución industrial que tuvo lugar en Inglaterra en el paso del siglo XIX al XX y que es también la época paradigmática del capitalismo salvaje, cuyas leyes económicas tenían por objetivo primordial el enriquecimiento, independientemente de las consecuencias sociales que de él se derivasen.

Desarrollando de forma muy esquemática las características básicas del individualismo se pueden indicar las siguientes: 1) se basa en la autonomía, independencia, capacidad y valor del sujeto individual; 2) estimula a la persona a la laboriosidad e iniciativa, a solventar sus dificultades de manera autónoma y a desarrollar al máximo sus capacidades para alcanzar el máximo bienestar; 3) tiende a separar de forma abrupta la esfera privada y la esfera pública, evitando en la medida de lo posible las interferencias que coarten la libertad o la autonomía individual[4].

Frente al colectivismo, el individualismo tiene de positivo que valora a la persona por encima de la sociedad y le impulsa a desarrollar sus cualidades con esfuerzo e iniciativa para que reviertan en beneficio propio. Para el individualismo, el hombre no es una parte informe de la colectividad sino, al contrario, un ser independiente y autónomo. Donde el individualismo falla es en su tendencia hacia la *insolidaridad y el egoísmo.*

[4] «El individuo no ha de rendir cuentas de sus actos a la sociedad siempre que estos afecten únicamente a sus intereses personales» (J. STUART MILL, *On liberty*, World's Classics Edition, p. 115).

«Si por egoísmo entendemos la actitud de no dar cuando se puede dar, el individualismo es una conducta que no comparte, que no dialoga ni acepta ayudar, ni realizar tareas comunes, porque considera que *el hombre es autosuficiente, y no necesita de los demás.* Ambas cosas no son exactamente lo mismo, pero en ambos casos el resultado es que *cada uno tiene que arreglárselas por sí mismo, solo.* Una mentalidad individualista puede incurrir fácilmente en egoísmo sin sentir ningún remordimiento»[5]. Por esta razón, el individualismo produce también una cierta *desarticulación social* porque entiende la sociedad principalmente como un medio de conseguir beneficios que interesa solo y exclusivamente en la medida en que los proporciona, no como un medio en el que habitar y convivir con los demás[6].

Las sociedades occidentales actuales tienen unos rasgos individualistas acusados pero tampoco faltan las actitudes solidarias. Junto a una búsqueda intensa del beneficio personal hay controles sociales y personales que contrarrestan esa ten-

---

[5] R. YEPES, *Fundamentos de antropología,* cit., p. 261. Cfr. también A. DE TOCQUEVILLE, *De la democracia en América,* Aguilar, Madrid 1990, cap. 22-24.

[6] Este es uno de los problemas que los comunitaristas, con razón, advierten en la postura liberal (que no se puede identificar, sin más, con el individualismo). Rawls, por ejemplo, considera que la sociedad se debe basar fundamentalmente en la justicia y la libertad, lo que implica que se debe ocupar sobre todo de preservar básicamente la capacidad autónoma de elección de los sujetos independientemente de cuál sea su concepción del bien y, en todo caso, establecer reglas para armonizar los bienes discrepantes. Pero para los comunitaristas, esta postura es insatisfactoria y plantea importantes problemas. Por un lado pretende que los sujetos se desvinculen si hace falta de su concepción del bien, pero sobre todo considera la sociedad algo secundario en la que los sujetos participan solo cuando ya están completamente individualizados y solo para lograr ponerse de acuerdo sobre lo que les conviene. No tiene en cuenta ni que la sociedad forma parte de la identidad del individuo ni que este busca en la sociedad valores más elevados que los de su propia conveniencia. Rawls ha expuesto su postura fundamentalmente en *Teoría de la justicia,* y la crítica comunitarista se encuentra, entre otros, en M. SANDEL, *Liberalism and the Limits of the Justice,* Cambridge University Press, Cambridge 1982; A. MCINTYRE, *Tres versiones rivales de la ética,* cit., y CH. TAYLOR, *Sources of self,* cit. Para una visión de conjunto del problema cfr. S. MULHALL y A. SWIFT, *El individuo frente a la comunidad,* cit.

dencia y personas e instituciones privadas y públicas que buscan la difusión social del bienestar: la Seguridad Social, las ONG, etc.

c) El personalismo

El personalismo comunitario es el tercer modelo posible de relación persona-sociedad y surgió como una alternativa al colectivismo y al individualismo, fundamentalmente, en el período de entreguerras[7]. El personalismo (en su versión política) buscó ofrecer una opción práctica que permitiera evitar los errores de las otras posturas y recoger algunos de sus elementos positivos. Su influencia política ha sido importante y ha quedado recogida en las Constituciones de diversos Estados europeos[8].

Sus premisas fundamentales son las siguientes:

1) *Primacía social de la persona.* Se trata del principio básico del personalismo aplicado a la relación persona-sociedad. Si la persona es el ser digno y valioso por excelencia, esto significa, ante todo, que la sociedad está al servicio de la persona y no al revés, es decir, que el Estado con todos sus organismos, las empresas y las demás instituciones sociales, alcanzan su sentido en la medida en que sirven de un modo o de otro al bien de la persona, que es quien tiene el rango ontológico más elevado. Esto significa también que la persona tiene unos derechos inviolables que el Estado no puede nunca traspasar porque significaría violar su dignidad y alterar el orden adecuado de las cosas que va de la persona a la sociedad.

---

[7] Por personalismo comunitario entendemos aquí la propuesta de relación persona-sociedad elaborada por el personalismo. El nombre procede de Maritain y las primeras formulaciones de Mounier. Aquí se expone una síntesis personal muy elemental. Cfr. J. N. MORTENSEN, *The common good. An Introduction to Personalism,* Boedal, Frederikvaerk 2014.

[8] Cfr. R. PAPINI (coord.), *La idea personalista en las Constituciones Nacionales,* Fundación Humanismo y Democracia, Madrid 1982.

2) *Deber de solidaridad por parte de la persona.* La primacía social de la persona se compensa con otro principio antropológico: la necesidad de darse a los demás para lograr la plenitud personal. Ya hemos analizado esta cuestión desde el punto de vista de las relaciones interpersonales (cfr. cap. 11.3). En su vertiente social, este principio impone la obligación moral a cada hombre y a cada mujer de esforzarse para aportar su contribución a la sociedad y lograr así un incremento del bien común. Este deber puede llegar a ser en ocasiones muy grave hasta el punto de imponer a las personas sacrificios onerosos en situaciones excepcionales de emergencia o de crisis social, pero esta exigencia nunca puede cobrarse a costa de los derechos fundamentales de la persona y especialmente de su dignidad. Si esto ocurriera significaría que la sociedad se estaría imponiendo por encima de la persona, dando al traste con el orden adecuado que debe privilegiar siempre al sujeto.

Veamos ahora brevemente y para concluir cómo con este planteamiento se pueden superar los problemas del colectivismo y del individualismo y recoger parte de sus elementos positivos.

Del colectivismo se rechaza su visión reductiva de la persona al afirmar que esta prevalece siempre sobre cualquier idea abstracta (Nación, raza, revolución del proletariado, etc.) pero al mismo tiempo se recoge la idea de que los elementos altruistas y las ideas colectivas sirven para aunar y compactar a la sociedad. El deber de solidaridad social, en efecto, impone el deber de construir la sociedad y de dedicar a ello buena parte de sus ilusiones, recursos y esfuerzos.

Y, por lo que respecta al individualismo, sucede algo similar. Se recogen parte de sus elementos positivos: la primacía del individuo sobre la sociedad y la intuición de que las estructuras sociales deben revertir, sobre todo, a favor de las personas concretas e individuales pero se rechaza su dimensión insolidaria cercana al egoísmo. La persona no puede enrocarse en su habilidad e independencia para olvidarse de los débiles, de los necesitados, de los infelices o, simplemente, de las personas que nos rodean y con las que convivimos.

2. El proceso de socialización

Una vez establecido el marco general de las relaciones persona-sociedad, vamos a explicitar algunos de los mecanismos específicos de interacción entre ambos. Comenzaremos por el denominado proceso de socialización[9].

a) Definición y características

Cuando alguien que no ha utilizado nunca el Metro necesita emplearlo por primera vez debe aprender un conjunto de conocimientos y prácticas: qué es una parada de metro, dónde se compran los billetes, cómo se pasan por la máquina controladora, qué es una línea de metro y cómo se pasa de una a otra, qué frecuencia tienen los trenes, etc. Al principio le costará un cierto esfuerzo ejecutar los comportamientos previstos pero poco a poco irá asimilándolos e integrándolos hasta que, con el paso del tiempo, se manejará por el interior de los túneles de manera casi automática. Pues bien, este proceso que realizamos para saber manejarnos en situaciones nuevas también tenemos que realizarlo con el *conjunto de la sociedad* y se le denomina socialización. La socialización, dice Guy Rocher, es «el proceso por cuyo medio la persona humana aprende e interioriza, en el transcurso de su vida, los elementos socioculturales de su medio ambiente, los integra a la estructura de su personalidad, bajo la influencia de experien-

[9] Este proceso ha sido identificado y estudiado especialmente por los sociólogos. Cfr. A. LUCAS, *Sociología. El estudio de la realidad social,* Eunsa, Pamplona 2011, pp. 319-339 y J. MORALES y L. V. ABAD, *Introducción a la sociología,* Tecnos, Madrid 1997 (2ª ed.), pp. 63-110.

cias y de agentes sociales significativos, y se adapta así al entorno social en cuyo seno debe vivir»[10].

A partir del nacimiento y durante un largo número de años, la persona no está en condiciones de relacionarse con la sociedad de un modo eficaz y autónomo porque esta consiste en un entramado de relaciones, conocimientos, prácticas, costumbres, etc., muy complejo que se ha forjado a lo largo de siglos y que solo se pueden conocer, controlar y dominar con un esfuerzo de años y con la ayuda de otras personas que nos introduzcan en ese mundo y nos guíen por sus intrincados vericuetos. El conjunto de conocimientos que se aprenden, los modos en que se realiza y los agentes sociales que influyen en esa tarea constituyen los elementos esenciales del proceso de socialización.

Los *conocimientos* que la persona adquiere le permiten relacionarse de manera adecuada en el contexto social. Esto significa que sabe a qué atenerse en cada situación, es decir, cómo tiene que actuar y qué debe o puede esperar de los demás. Sabe, por ejemplo, si su lugar está o no con un determinado grupo de personas, cuáles son las instituciones sociales básicas del área en que el vive (comercios, correos, policía, bancos, etc.), conoce los referentes culturales básicos (lengua, historia, geografía, costumbres), etc. Y, a la inversa, los demás también saben qué esperar de él porque, al haber asimilado todos esos conocimientos y costumbres, reacciona de una manera similar a los demás miembros de la sociedad. Si, por ejemplo, se inicia una conversación, responde de manera inteligible y educada según las costumbres que rigen la conversación. Si entra a comprar en una tienda, sigue las reglas vigentes del comercio (modo de compra, empleo del dinero, etc.).

Planteado de esta manera quizá podría pensarse que la socialización consiste en el sometimiento a un número enorme

[10] G. ROCHER, *Introducción a la sociología general*, Herder, Barcelona 1979.

e inagotable de reglas sociales que oprimirían al sujeto, pero sería una visión un poco superficial. La persona nace con unas potencialidades de desarrollo (conocimientos, habilidades, etc.) que solo puede conseguir en la sociedad y, por lo tanto, para ella resulta natural y deseable relacionarse con el conjunto social para adquirirlas y desplegarlas. Por eso, buena parte de las normas y costumbres sociales no solo se acogen con agrado sino que *se internalizan*, es decir, se integran interiormente hasta tal punto que pasan a formar parte de la identidad del sujeto. El idioma es un ejemplo patente. Nadie se siente obligado a hablar su idioma materno sino que, por el contrario, forma parte de su identidad hasta tal punto que normalmente no se está dispuesto a renunciar a él. La socialización, por tanto, es un proceso natural y espontáneo aunque, como cualquier realidad, puede estar sujeto a excesos o producirse de modo inadecuado.

b) Mecanismos de socialización

Los *mecanismos* fundamentales de socialización son los siguientes[11]:

1) *Imitación.* Los niños pequeños tienen una tendencia innata a la imitación, a hacer lo que hacen los mayores. De este modo desarrollan habilidades y adquieren conocimientos. Podría pensarse que se trata de un fenómeno instintivo pero ya hemos visto que el hombre nunca actúa sin poner en juego su inteligencia de un modo o de otro. Esto se puede comprobar, por ejemplo, en que los niños no imitan todo ni lo hacen de la misma manera e incluso a veces pueden optar por la acti-

[11] La socialización se produce básicamente en la etapa de formación del sujeto aunque nunca deja de ser necesaria. Como la sociedad cambia, el sujeto tiene que adaptarse constantemente. Hay algunas indicaciones interesantes en J. BELTRÁN, *Para comprender la psicología*, cit., pp. 361 y ss.

tud contraria, la del rechazo. Un caso extremo de la imitación es la *identificación* que se da cuando el niño no solo busca copiar determinas acciones o comportamientos, sino que se identifica de manera muy profunda con una figura (padre, madre, hermano) y busca parecerse lo más posible a ella. La imitación, por otra parte, no se limita solo al período infantil. También tiene una vigencia enorme en la adolescencia (la moda es un ejemplo evidente) e incluso en las etapas adultas.

2) El *aprendizaje motivado* es otro de los mecanismos centrales de la socialización. Consiste en impulsar al niño mediante premios y castigos para que vaya asimilando poco a poco conocimientos o reglas sociales. Este proceso (con diferentes variantes: regalos, notas, etc.) se mantiene vigente y operativo durante todo el proceso educativo.

3) Un tercer mecanismo de socialización es la *respuesta del «otro»* a nuestros comportamientos. Las reacciones de los demás ante lo que hacemos modifican nuestra conducta y marcan la orientación de nuestra personalidad. Si en un entorno social me comporto de una determinada manera y noto que la gente me mira de forma extraña y se sorprende de mi actuación, intentaré averiguar qué he hecho mal y modificar mi comportamiento para que no vuelva a suceder.

c) Principales agentes de socialización

Las principales estructuras sociales que influyen en el proceso de socialización o, en terminología sociológica, los principales agentes de socialización, son los siguientes:

1) La *familia*, como ya hemos visto, es uno de los principales agentes de socialización, sobre todo, en lo que se denomina socialización primaria, es decir, en la adquisición de los contenidos sociales más elementales y básicos: orientación, conocimientos esenciales, primeras habilidades, relaciones sociales básicas, lenguaje, etc. (cfr. cap. 12.3.b). La im-

portancia de la familia, además, reside no solo en la trascendencia de los contenidos que transfiere al sujeto, sino en la gran *eficacia* con que se transfieren por la relevancia afectiva que tiene para la persona. Todo lo que sucede en la familia es especialmente importante y por eso se graban también con especial fuerza las costumbres y conocimientos que proceden del entorno familiar.

2) El segundo factor que interviene en la socialización es el *grupo de amigos* al que técnicamente se le denomina *grupo de pares o iguales*. Su importancia radica en que es el primer contacto de la persona con el entorno social fuera de la burbuja protectora de la familia[12]. En el grupo de amigos, la persona ya no es alguien «especial», al que se valora por ser quien es independientemente de sus cualidades, sino un igual entre otros por lo que su posición en el grupo dependerá de las capacidades y habilidades que demuestre. El grupo de pares supone, pues, un primer enfrentamiento con la realidad, el primer encuentro con un mundo en el que hay que manejarse sin las protecciones familiares que, si estuvieran siempre presentes, supondrían un obstáculo al desarrollo personal.

3) La *escuela* es otro factor esencial de socialización. En primer lugar, desde un punto de vista *cognoscitivo* porque solo en el colegio se puede adquirir con solvencia el cúmulo enorme de conocimientos necesario para integrarse de manera eficaz en la sociedad. Pero en la escuela, además, se aprenden también *valores y actitudes:* el orden, el sentido de la disciplina, la exigencia de rigor en el quehacer científico, la mayor o menor importancia que se concede al éxito profesional, el compañerismo, etc. Estos valores serán claves posteriormente en la configuración de la actitud social de la persona.

4) Los *medios de comunicación*, finalmente, tienen un peso cada vez mayor en la modelización de las costumbres y de las mentalidades. Influyen *explícitamente* a través de los progra-

[12] Cfr. F. REQUENA, *Amigos y redes sociales*, cit., especialmente pp. 86-110.

mas culturales, informativos, documentales, etc., pero su influencia más determinante la logran de modo indirecto a través de la proposición (o rechazo) de costumbres o modelos de vida mediante la publicidad, películas, telenovelas, tertulias u otros tipos de programas. Los medios de comunicación coinciden así con el grupo de amigos en que no buscan la socialización expresa del sujeto, es decir, no se plantean como misión explícita la formación de la persona, aunque de hecho lo hacen. Por el contrario, la familia y la escuela son agentes sociales explícitos ya que buscan expresamente que el sujeto se comporte de una determinada manera.

3. Las estructuras sociales

Cuando la persona ya es adulta y está socializada continúa interaccionando con el medio social, aunque de otro modo, a través de lo que se denominan estructuras sociales[13]. Veremos ahora tres modos en los que se produce esta interacción.

a) Estatus y funciones

El sujeto actúa en la sociedad de muchas maneras pero algunas son mucho más importantes que otras. No es lo mismo comprar una chuchería en una tienda que ejercer una profesión o ser estudiante. En el primer caso estamos ante ac-

[13] El concepto de estructura social fue introducido por H. Spencer que le dio una orientación organicista. Las líneas de investigación posteriores más importantes han sido las de H. Radcliffe-Brown (*Estructura y función en la sociedad primitiva*, Planeta-Agostini, Barcelona 1986); el estructuralismo de Lévy-Strauss (*Antropología estructural*, Eudeba, Buenos Aires 1976) y el funcionalismo de Parsons (*La estructura de la acción social*, Guadarrama, Madrid 1968). Una valoración de estas teorías, en A. LUCAS, *Sociología*, cit., parte II: «Las teorías sociales» y J. MORALES y L. V. ABAD, *Introducción a la sociología*, cit., pp. 79 y ss.

ciones irrelevantes socialmente; en los otros se trata de comportamientos significativos por lo que la sociedad los regula y los determina. De aquí es de donde surge la noción de *estatus* que se puede describir en una primera aproximación como el modo relevante de ser miembro de una sociedad: policía, obrero, estudiante, político, etc.

¿Por qué surgen estas categorizaciones sociales? Las razones son múltiples pero podemos indicar fundamentalmente dos. Por un lado, la sociedad necesita que se cumplan determinadas tareas y, para lograrlo, desarrolla posiciones sociales específicas: panadero, agricultor, comerciante, etc. Pero, además, necesita tener identificados a los miembros de su grupo para saber cómo actuar frente a ellos y lo que puede o no esperar de esas personas. Esta doble necesidad es la que acaba configurando lo que sociológicamente se denomina *estatus*, es decir, *posiciones sociales estables, determinadas y conocidas*. Los estatus se definen en la práctica por las *funciones* (o roles) que tienen asociados, es decir, por el *conjunto de comportamientos característicos que la persona que posee ese estatus debe cumplir y la sociedad espera que cumpla*[14]. De un policía se espera que defienda el orden público, que persiga a los ladrones, que sea honesto y disciplinado, etc. Del futbolista que divierta al público, gane dinero y meta goles. Del estudiante que asista a clases y estudie, etc.

La importancia personal del *estatus* es muy grande[15]. Ante todo resulta *socialmente necesario* tener un estatus definido ya que, en caso contrario, se produce un desajuste que puede «expulsar» al sujeto de su entorno. Si, por ejemplo, una persona de 35 años no tiene una profesión definida se convierte automáticamente en un sujeto atípico que se sitúa al margen de los cauces sociales habituales y que tendrá problemas de in-

[14] Linton fue el primero que usó el término rol (o función) para referirse a las tareas asociadas a un estatus. Cfr. R. LINTON, *Cultura y personalidad*, FCE, México 1945.

[15] No afrontamos aquí su relevancia para la articulación de la sociedad puesto que se trata más bien de un tema de sociología o de filosofía social.

tegración. El estatus, por otra parte, determina notablemente la vida de las personas porque *configura de manera nítida sus modos de comportamiento*[16]. Si soy oficinista tendré que levantarme a las 7 de la mañana, ir a la empresa, trabajar siguiendo una serie de normas, etc. Si soy ama de casa tendré que seguir otra serie de pautas de comportamiento distintas pero también muy definidas, etc. Y, como esas pautas de conducta se cumplen durante muchos años, acaban radicándose de manera tan fuerte que afectan a la personalidad y a la actitud general ante la vida. Es muy distinto ser oficinista, militar, comerciante o artista puesto que cada uno afronta la existencia con parámetros sociales, objetivos y actitudes muy diferentes. El estatus, además, afecta también *al grado de realización de la persona y, por tanto, a su felicidad.* Si se desempeñan funciones acordes con lo que se considera que son las capacidades personales, la persona se sentirá satisfecha mientras que, en caso contrario, se sentirá frustrada e infeliz[17].

b) Los grupos

Junto al estatus, la persona influye en la sociedad y es influida por ella mediante su participación en *estructuras sociales específicas.* Las dos más importantes son los grupos y las instituciones.

Un grupo social es una asociación de personas con las siguientes características: hay interacción recíproca entre ellos

[16] Esta configuración comienza ya en el período de formación profesional en el que el sujeto desarrolla un conjunto especial de habilidades y hábitos y prescinde de otros.

[17] La mayoría de los ejemplos de estatus que hemos puesto se refieren a *profesiones* porque es el estatus *dominante* en nuestra sociedad pero esto no es siempre así necesariamente y varía con las culturas. La profesión, además, es un estatus *adquirido* pero hay otros como la edad, el sexo y la raza, que son *independientes de las elecciones personales* y que también configuran de manera relevante nuestra identidad social.

(los médicos en general no forman un grupo); tienen conciencia de grupo (nosotros y los demás); existen objetivos, valores y actividades compartidas (la gente de un vagón de tren, por ejemplo, no forma un grupo); tienen una estabilidad y duración consistente que depende de los objetivos que se persiguen y, por último, están identificados socialmente. A su vez es posible distinguir dos clases de grupos. Los *primarios* (fundamentalmente familia, amigos y vecindario) se caracterizan por que las relaciones entre las personas que los constituyen son personales, directas, no formales y tienen un marcado carácter afectivo. Los *secundarios* se caracterizan, por el contrario, por que las relaciones entre sus miembros son anónimas e impersonales, tienen una fuerte organización formal, un elevado número de miembros y se participa en el grupo no por las personas que lo forman, sino para conseguir una serie de objetivos. Ejemplos de grupos formales son las asociaciones profesionales, los grupos de trabajo en empresas, etc.

La influencia de los grupos en la persona es notable desde muchos puntos de vista. Los primarios (y especialmente la familia) crean el *marco afectivo* imprescindible para que la persona se sienta querida, acogida y valorada. Los secundarios establecen parte de los *cuadros de valores* que la persona desea rechazar o alcanzar por lo que se constituyen en referentes vitales imprescindibles. Una persona se puede proponer como objetivo entrar en un determinado club o asociación o ser un deportista de élite y el resultado de sus esfuerzos configurará su grado de realización personal y social. Si logra sus metas, se sentirá satisfecho y realizado mientras que, si no lo consigue, puede correr el peligro de caer en la frustración. Además es importante tener presente que toda persona necesita pertenecer a algún grupo porque, al ser los elementos primarios del tejido social, constituyen las vías primeras para integrarse en la sociedad. Si una persona no pertenece a ningún grupo se quedará irremisiblemente aislada y sufrirá un proceso de desarraigo.

c) Las instituciones

Toda sociedad tiene una serie de necesidades básicas que no pueden ser satisfechas por personas individuales que actúen aisladamente. Ni siquiera los estatus con sus funciones asociadas pueden resolver estos problemas. Para alimentar a una ciudad, por ejemplo, no basta con que haya comerciantes; hacen falta agricultores, transportistas, distribuidores y comerciantes, y todos deben estar adecuadamente coordinados entre sí. Solo entonces es posible que una persona que habite en esa ciudad pueda adquirir cada día lo necesario para vivir. Pues bien, a los complejos entramados de relaciones que la sociedad crea para satisfacer esas necesidades se les denomina precisamente instituciones que, por lo tanto, se pueden definir como *sistemas organizados de comportamiento recurrentes, estables y socialmente aceptados que tienen como objetivo resolver necesidades sociales específicas.*

Las instituciones, como hemos dicho, surgen alrededor de cada necesidad básica de la sociedad y, de acuerdo con el sociólogo polaco Malinowski, estas se pueden agrupar fundamentalmente en cuatro áreas: económicas, de control social, es decir, de regulación técnica y moral de la conducta humana, educativas y de organización política que implica, fundamentalmente, determinar quién detenta el poder y cómo se ejecuta.

¿Cómo afecta la existencia de las instituciones a la persona individual? Ante todo, le *facilitan su vida en sociedad* puesto que a través de ellas recibe lo que necesita para satisfacer sus necesidades: educación, alimentación, justicia, etc. Por otro lado, como las instituciones sociales son estables y permanentes, aportan a los individuos *seguridad y estabilidad* y la tranquilidad de saber cuáles son los modos de comportamiento socialmente aceptados. Este último dato quizá podría parecer que procede de una actitud demasiado sumisa o rutinaria pero pensemos por un momento en que las reglas de comportamiento social cambiasen de forma repentina e incontrolada. El caos social y los perjuicios para cada uno de nosotros serían inmensos.

Lo que sí es cierto es que la existencia de las instituciones implica una adaptación por parte del individuo. La persona no establece las instituciones sino que las encuentra ya dadas y por ello se ve en la necesidad de *adaptarse a ellas y asumirlas.* Como este ajuste se produce básicamente en el proceso de socialización, el ciudadano tiende a ver esas instituciones como algo propio de su cultura y no como una estructura impuesta. Pero ¿qué sucede si la sociedad está regida por instituciones obsoletas o injustas? Evidentemente es posible o incluso probable que los ciudadanos de un país se encuentren con estructuras inadecuadas o injustas porque estas no son más que un producto de la actividad humana, un modo complejo de articulación de las relaciones interpersonales, que inevitablemente es mejorable y falible. En esos casos pueden (y deben) plantearse luchar para modificarlas. Ahora bien, el esfuerzo y energía que se debe dedicar a lograr ese cambio solo se puede determinar en cada contexto específico pues las situaciones que se pueden dar son variadísimas. Lo que sí hay que tener presente en cualquier caso es que esa obligación debe compaginarse con el hecho de que el hombre individual es muy débil frente a las instituciones y, por lo tanto, debe medir sus fuerzas antes de lanzarse a una lucha desigual que podría perjudicarle gravemente.

4. La tradición

El último punto que vamos a tratar es la relación del hombre con la tradición, que podemos definir de manera general como *el conjunto de conocimientos, costumbres, modos de vida, creencias, hechos, etc., transmitidos por las generaciones anteriores.* La época moderna ha sido en general dura con la tradición quizá por ignorancia, por soberbia, y, sin duda, influida por la larga sombra del racionalismo. De hecho, existe hoy una cierta tendencia a infravalorar el pasado y a pensar que podemos prescindir de él en buena medida. De todos modos, esta actitud está cambiando algo y cada vez somos más conscientes de que la persona solo puede vivir y progresar de manera plena en el contexto de una tradición[18].

a) Elementos de la tradición

¿Qué es lo que aporta la tradición o, de otro modo, cuáles son los elementos que la componen y nos conectan con el pasado? La tradición ofrece, en primer lugar, *el contacto vivo y útil con los orígenes*, con lo que fue antes de nosotros pero continúa viviendo de algún modo. La tradición surge de la vida que ya ha pasado pero no completamente porque ha sido relevante para las personas que nos precedieron y, por eso, se ha depositado en las junturas de la sociedad y se transmite de generación en generación bien de modo misterioso a través de la conciencia colectiva o bien de modo explícito, en las costumbres, en las tradiciones orales, en los escritos, en los monumentos. Desde el punto de vista de los orígenes, la tradición nos dice quiénes somos y de dónde venimos, quiénes fueron nuestros antepasados y cuál fue su lugar en la historia y en el conjunto de las naciones. Saber esto nos permite poder hacer las cuentas con nuestro pasado y de esta manera crear unas bases sólidas para construir el futuro.

[18] La hermenéutica, y especialmente Gadamer, ha insistido en este punto por lo que se refiere al conocimiento remarcando la imposibilidad de partir de cero en cualquier acto cognoscitivo. Siempre hay una precomprensión previa que está influida por la tradición en la que se vive. MacIntyre ha desarrollado esta idea analizando cómo las diversas tradiciones influyen en la comprensión de los problemas morales e incluso en la misma concepción de lo que es la razón ética. Cfr. A. MCINTYRE, *Tres versiones rivales de la ética*, cit.

La tradición ofrece también un cúmulo inmenso de *conocimientos acumulados* tanto en los escritos como en otros soportes culturales. Los libros son, evidentemente, un lugar privilegiado de transmisión de la cultura pero los conocimientos se transmiten de muchos otros modos. A través de las costumbres, es decir, de modos concretos de realizar determinadas tareas. A través de aparatos técnicos. Basta pensar en la sabiduría e información que se acumulan físicamente en un ordenador o en una televisión y que, si se pudieran pasar a hombres de épocas anteriores, les harían avanzar de manera espectacular. También se transmiten conocimientos en los sistemas organizativos de la sociedad. Nuestro actual sistema democrático, por ejemplo, supone la decantanción del esfuerzo de infinidad de hombres durante muchos siglos por lograr un sistema de gobierno eficaz y justo.

De la tradición recibimos también un conjunto de *costumbres* y modos de hacer específicos que determinan la personalidad concreta de las regiones y de los países. Se puede bailar de muchos modos, se puede cocinar de muchos modos, se pueden tener muchos tipos de relaciones interpersonales y hay modos muy diversos de divertirse pero, en nuestra ciudad, en nuestro país, hay un modo específico y concreto que se ha forjado durante generaciones y que hace que sea *nuestro* modo de beber, de vivir, de bailar o de relacionarse, un modo único que nos separa del resto del mundo, nos hace distintos y nos confiere nuestra personalidad.

b) Posibles actitudes ante la tradición

Ya hemos apuntado que la época moderna ha adoptado una actitud generalmente negativa ante la tradición a la que se puede denomimar *progresismo*[19]. Quizá excesivamente influida

[19] El término no implica aquí ninguna connotación política.

por los espectaculares avances técnicos y científicos de nuestra época hemos tendido a banalizar lo anterior, a quitarle valor y a pensar con ingenuidad y despego que solo era precioso lo reciente, lo actual, lo moderno. Se trata, evidentemente, de una actitud injusta, empobrecedora y equivocada por su incapacidad de valorar lo ajeno y de penetrar en otros esquemas de pensamiento distintos de aquel en que se vive. La actitud opuesta –también equivocada pero más propia de épocas pasadas– es el *tradicionalismo,* que se podría definir como la desconfianza sistemática ante la novedad. Así como el progresismo desconfía de lo antiguo, el tradicionalismo desconfía de lo nuevo y se ciñe de manera obsesiva a todo lo que tuvo valor en un tiempo pasado basándose en el hecho de que ya ha sido puesto a prueba por innumerables generaciones y por ello no debe ser cambiado.

Ninguna de estas dos posturas hace realmente justicia a la tradición porque ambas son excesivamente radicales. El tradicionalismo acierta al valorar el pasado pero al aferrarse a ese mundo de manera obsesiva pierde su parte de razón porque la historia humana es imparable y lo que fue válido un día o en una época puede no serlo en la siguiente. El hombre está siempre en lucha con la caducidad y con el tiempo y debe adaptarse continuamente a los cambios que se producen o que él mismo crea. Este es el punto en el que acierta el progresismo pero su error consiste en creer que el hombre cambia radicalmente, que tenemos muy poco que ver con los que nos precedieron o que somos infinitamente superiores a ellos. Es cierto que podemos ser distintos, especialmente en épocas en las que el tiempo parece acelerarse, pero siempre les debemos mucho a los que nos precedieron y podemos aprender mucho de ellos. Por eso, la actitud adecuada ante la tradición debe compaginar el amor al pasado con el amor al futuro, el respeto a lo antiguo con el reto de la novedad. «La esencial mudanza de la historia, explica Jaspers, exige recordar el valor incomparable de lo antiguo, realizar creativamente lo actual, y vivir de verdad en el presente bajo los puntos de referencia y los criterios de lo que en otro tiempo fue grande»[20].

Debemos amar y respetar los propios orígenes del mismo modo que amamos y respetamos a nuestros padres. Ante todo, porque procedemos de ellos. Les debemos el ser como pueblo o como nación y eso ya es una deuda imposible de pagar. Pero la tradición, además, nos ofrece conocimiento y nos distingue ante el resto de la humanidad. Rechazar o despreciar ese conocimiento sería absurdo e inmaduro; significaría tener que volver a empezar a construir en vez de edificar sobre lo ya levantado, sería una simpleza imperdonable. Y rechazar las costumbres específicas de nuestra tradición es, en cierto sentido, como rechazar la propia identidad, algo que solo se puede lograr con desgarramiento y con dolor.

De todos modos, la tradición tampoco se puede asumir como un lastre que condicione inevitablemente el futuro. La libertad personal y la libertad social están por encima de cualquier tradición, y deben incluso enfrentarse con ella en la medida en que esto sea justo y conveniente. Porque, evidentemente, que algo proceda del pasado no quiere decir que sea bueno o válido. Puede haber tradiciones ignominiosas que justifiquen una ruptura radical o, más simplemente, tradiciones anticuadas o rústicas que pueden (o quizá deben) morir al enfrentarse con modos más fuertes, enérgicos o sofisticados de realizar tareas parecidas. La relación con la tradición es, por eso, siempre un equilibrio difícil entre el respeto y la novedad, entre la veneración por lo antiguo y la pasión por lo nuevo. Ese equilibrio, por otra parte, no está definido de modo preciso, es una línea que depende en cierta medida de quienes sean los actores sociales que la establezcan.

[20] K. JASPERS, *Lo trágico. El lenguaje*, cit., p. 184.

QUINTA PARTE

EL DESTINO DE LA PERSONA

Hemos estudiado ya a la persona desde muchas perspectivas: su ser y su estructura interna (Parte I y II), su obrar (Parte III) y el modo en que se relaciona con los demás (Parte IV). Nos queda ahora por afrontar la cuestión más decisiva y última a la que hemos denominado el destino de la persona. ¿Cuál es realmente el sentido último de la vida del hombre? ¿Qué sucede al morir: desaparecemos o permanecemos? ¿Adónde va la persona que muere? ¿Existe un más allá? ¿Qué lugar ocupa Dios en la vida del hombre? Son preguntas que todo hombre se plantea porque deciden la orientación general y última de la existencia. Podemos vivir el día a día fijándonos metas parciales, concretas, que nos sirven para períodos cortos de tiempo, pero las preguntas radicales están ahí y en algún momento aparecen con su fuerza devastadora exigiendo respuestas.

El objetivo de esta quinta y última parte es explorar lo que puede (y lo que no puede) decir la filosofía sobre el destino definitivo de la persona. Y vamos a introducirnos en esta cuestión a través del estudio de la temporalidad porque es precisamente el tiempo o, mejor dicho, el final del tiempo humano el que hace que surjan buena parte de las preguntas sobre el sentido radical de la vida.

14. TIEMPO, MUERTE E INMORTALIDAD

1. El tiempo

a) El carácter temporal de la vida humana

La primera consideración que se debe hacer sobre el tiempo es su carácter esencial en la vida humana. El hombre es, constitutivamente, un ser temporal: habita en el tiempo y se mueve en el marco y en el horizonte de la temporalidad. Nuestra existencia, sin una referencia temporal, sería completamente diversa[1]. La filosofía ha ido tomando cada vez más conciencia de este hecho[2], pero no siempre ha sido así y se han dado con cierta frecuencia dos errores. El primero ha consistido en pensar al hombre como un ser fundamentalmente estático e introducir el tiempo desde fuera, como algo que existe pero cuya importancia es accidental. El hombre sería, de algún modo, como un muñeco mecánico, al que, si se le da cuerda, se mueve pero cuya estructura no cambia esen-

[1] Lo cual no significa, como veremos más adelante, que se agote en la temporalidad.

[2] En particular, el siglo XX ha insistido mucho en la temporalidad como rasgo esencial de la persona. Cfr., por ejemplo, M. HEIDEGGER, *Ser y tiempo*, Trotta, Madrid 2013.

cialmente por estar parado o en movimiento. El segundo error es limitar la influencia del tiempo a la corporalidad, es decir, entender la temporalidad como un proceso fundamentalmente biológico y corporal: el cambio y modificación de nuestro organismo que lleva al envejecimiento y, finalmente, a la muerte. Pero, siendo esto cierto, evidentemente, el tiempo o, más bien, la temporalidad del ser humano es mucho más que eso, es un *modo de ser*, su modo específico de estar en el mundo, y afecta, por tanto, a todas sus dimensiones: cuerpo, psique y espíritu[3].

¿Qué significa esto más concretamente?

Significa, en primer lugar, que *la persona es un ser sucesivo.* No estamos dados de manera definitiva en un momento y para siempre, sino que somos seres en movimiento, que vivimos de un pasado que ya no somos mientras pensamos y actuamos en vista de un futuro que seremos más adelante. «El nacimiento, explica Julián Marías, es el absoluto pasado; quiero decir que, mientras todos los contenidos de mi vida pretérita han sido presentes alguna vez, el nacimiento no lo fue nunca: nunca *me* fue presente, no asistí a él. El pasado se recuerda en la memoria y el futuro se anticipa en el proyecto imaginario; pero de un modo más inmediato, la vida es retención y protención»[4]. El hombre es, pues, un diálogo de pasado y futuro que se realiza en el presente. Lo que soy y lo que hago depende de lo que he sido y de lo que quiero ser[5].

---

[3] Cfr. F. RUSSO, *La persona umana*, cit., p. 109.

[4] J. MARÍAS, *Antropología metafísica*, cit., p. 180.

[5] La entidad ontológica del futuro y del pasado no es una cuestión baladí. San Agustín indica en este sentido: «Hay un hecho claro y manifiesto: no existe ni el futuro ni el pasado. Tampoco es exacto afirmar que los tiempos son tres: pretérito, presente y futuro. Quizá sería más exacto decir que los tiempos son tres: presente de lo pretérito, presente de lo presente y presente de lo futuro. Estas tres clases de tiempos existen en cierto modo en el espíritu, y no veo que existan en otra parte: el presente del pasado es la memoria, el presente del presente es la visión y el presente del futuro es la expectación» (S. AGUSTÍN, *Confesiones,* XI, 20, 26). Y Pareyson, comentándolo,

La temporalidad de la vida humana, por otra parte, no está hecha de instantes, de puntos temporales desconectados entre sí, sino de momentos engarzados significativamente. «El 'instante' no es un punto sin duración, sino que es un *entorno* temporal cuando se trata de la vida humana y no del tiempo cósmico. Pasado y futuro están presentes en una *decisión*, en un hacer humano; lo que se hace, se hace 'por algo y para algo' y esa presencia –por 'abreviada' que sea– de la motivación y la finalidad introduce la distensión temporal, la duración, en cada instante de mi vida; lo cual significa que, hablando rigurosamente, esta no consta de instantes, sino de *momentos*. Esta es la forma de la temporalidad intrínseca de la vida humana»[6].

El tiempo de la vida humana, además, está *estructurado* o, en otras palabras, no es homogéneo. El tiempo como cualidad física, como medida del movimiento de los cuerpos, y especialmente el tiempo objetivado en los relojes, sí es homogéneo y fluye de manera constante. Pero el tiempo de la vida humana, el desarrollo temporal de la vida personal, no[7]. Existen, en primer lugar, estructuraciones *externas:* los días y las noches, las estaciones y los años. La sucesión de mi vida no se articula automáticamente en torno al segundero del reloj, sino ante períodos y sucesos que tienen una extensión y una profundidad determinada. Si he llegado al final de la jornada no continúo actuando de forma similar a como lo venía haciendo; mi mundo se detiene y reposa recogiéndose hasta que empiece un nuevo día. Y, de modo similar, al inicio de un nuevo curso, mi

añade: «el espiritualismo agustiniano ha demostrado definitivamente que no se puede afirmar que subsistan memoria y espera en cuanto subsisten pasado y futuro, sino que se debe afirmar, por el contrario, que el pasado y el futuro subsisten en cuanto subsisten memoria y espera, es decir, que no es el tiempo el que hace posible la historia del alma, sino que la historia del alma hace posible el tiempo» (L. PAREYSON, *Esistenza e persona*, cit., pp. 162-163).

[6] J. MARÍAS, *Antropología metafísica*, cit., p. 180.

[7] Aquí no estamos hablando del tiempo físico como mera medida del movimiento, sino del carácter temporal de la vida humana aunque, evidentemente, estén relacionados.

estructuración temporal es muy diferente de cuando lo acabo. Al iniciarlo estoy lleno de proyectos, de ideas, volcado en el futuro, en lo que pienso y espero desarrollar; al acabarlo aspiro al reposo y a la tranquilidad, a disfrutar del presente sin preocuparme ni por el futuro ni por el pasado.

Hay también una estructuración *cultural* que depende de nuestro modo de entender el tiempo y de relacionarnos con él, y que cambia con las sociedades y las épocas. En el Occidente medieval, el tiempo se consideraba fundamentalmente algo dado que llenaba de sentido la vida del hombre; en la modernidad es el hombre quien debe dar sentido a su tiempo, que, de otra manera, resulta vacío e insoportable. Pero, incluso dentro de la modernidad caben diferentes modos de enfrentarse al tiempo. Actualmente, afirma Alacevich, «nuestro modelo temporal de referencia (el modelo 'normal') es todavía fundamentalmente el que se impuso a partir de la revolución industrial: un tiempo que transcurre colectivamente (del que las sirenas de las fábricas que regulaban la vida ciudadana era el símbolo más explícito), rígido (los horarios de trabajo no solo eran fijos y generalizados, sino que los tiempos de trabajo estaban netamente separados), obligatorio (determinado por los ritmos de producción que, a diferencia de lo que ocurría en los negocios artesanos, ahora se imponen a los individuos) y, sobre todo, reconstruido a partir del trabajo»[8]. Esta estructuración, sin embargo, se está modificando y haciéndose cada vez más flexible y menos rígida y sincronizada.

El tiempo, por último, *es finito y limitado.* No dispongo de todo el tiempo que quiero y cuando quiero sino que me viene dado; es un caudal que no puedo aumentar ni disminuir. Existe, por un lado, una *finitud cotidiana y domesticable:* tener o no tener tiempo en un contexto específico. Quiero hacer esto y me falta tiempo, pero puedo intentar ir más de-

[8] F. Alacevich, S. Zamagni y A. Grillo, *Tempo del lavoro e senso della festa*, cit., p. 17. Cfr. también R. Sennett, *La corrosión del carácter*, cit.

prisa para que me «dé» tiempo, o dejarlo para mañana. Y también puede suceder lo contrario, me puede sobrar el tiempo hasta el punto de tener que dedicarme a «matarlo». Pero hay una finitud mucho más profunda y radical que viene dada porque mi tiempo global está contado. Tengo un tiempo finito de vida, aunque no sé cuánto es, y este hecho es tan decisivo que estructura *internamente* la temporalidad forjando lo que se suele denominar etapas de la vida: infancia, juventud, madurez, vejez[9]. Si soy joven, mi pasado es escaso y el futuro, infinito. Por eso, se trata solo de vivir porque dispongo de todo el tiempo del mundo. Si he llegado a la madurez, la situación cambia porque mi pasado está dentro de mí y ya no soy totalmente libre (y vacío) como en la juventud. Además, empiezo a percibir el final y sé que mi tiempo está contado, aunque dispongo todavía de mucho tiempo por delante. Si soy viejo, por el contrario, el pasado lo abarca casi todo por lo que mi horizonte vital es limitado y estrecho y se centra en el próximo final[10].

b) La lucha contra el tiempo

La finitud del tiempo ha impulsado desde siempre al hombre a una lucha por dominarlo y por controlarlo, por retenerlo. Deseamos hacer cosas y no disponemos del tiempo suficiente o queremos que determinados momentos u obras permanezcan, que no sean minados por el paso del tiempo que

[9] Cfr. R. GUARDINI, *Las etapas de la vida*, cit.

[10] La temporalidad de la vida humana da lugar también a la historia. Cfr. H. U. VON BALTHASAR, *Il tutto nel frammento. Aspetti di teologia della storia*, Jaca Book, Milano 1970; J. PIEPER, *El fin del tiempo: meditación sobre la filosofía de la historia*, Herder, Barcelona 1984, y J. CRUZ, *Filosofía de la historia*, Eunsa, Pamplona 1995. Un ensayo importante sobre el tiempo desde una perspectiva teológica es el de J. MOUROUX, *El misterio del tiempo*, Estela, Barcelona 1965.

todo lo olvida y lo deshace. La prisa, la técnica, las obras que perduren han sido desde siempre las barreras que el hombre ha intentado elevar para detener el flujo de las horas. Y, en nuestra época, gracias a los prodigiosos avances de la tecnología, esa lucha parece haberse decantado parcialmente del lado del hombre aunque con un resultado paradójico. Los increíbles medios que poseemos parecen eliminar las fronteras temporales: todo se hace cada vez más de prisa y en menos tiempo. Pero esa velocidad acaba acelerando de tal modo el curso de la vida que, paradójicamente, acaba por esclavizar al hombre e impidiéndole disfrutar de lo que tiene. Cada vez hacemos más cosas porque disponemos existencialmente de más tiempo, pero cada vez tenemos más cosas que hacer y así caemos en la prisa, la ansiedad o el estrés.

Porque –y aquí topamos con la dimensión más radical de la temporalidad– el tiempo siempre se acaba escapando, el tiempo siempre vence. Quisiéramos detenerlo, controlarlo, pero no podemos, y esa incapacidad nos angustia y nos hiere internamente porque el tiempo no es algo ajeno y exterior: somos nosotros mismos, es nuestra vida que se nos escapa, se debilita y desaparece.

El cantautor Manolo García ha reflejado muy bien la mezcla de sentimientos que produce la constatación de la fugacidad de la vida y la incapacidad del hombre para detenerla.

> Prendí la flor de lis en tu pelo.
>
> Prendí la flor de lis sintiendo
> que se me escapaba el tiempo.
> En tus besos serios, fieros,
> prendí la flor y en mis dedos
> sentí que todo marchita
> que todo se nos escapa.
> Como los trigales lentos,
> lentamente hacia el olvido.
> Lentamente, sin remedio.

Hay un primer sentimiento de *tristeza* porque la vida aparece como algo inmensamente valioso pero sujeto a un devenir fugaz e incontrolable. Se marchita y se escapa lentamente, pero sin remedio porque esa precariedad no es algo superficial o dispensable. No puedo prescindir del tiempo, pero este se acaba y se concluye. Surge así otro elemento típico en la experiencia de la temporalidad: la *perplejidad*, el asombro de la persona ante su incapacidad por detener ese flujo, porque en el fondo piensa que debería poder hacerlo, que su destino no puede ser la muerte o la desaparición ya que late en él algo infinito, algo que debería perdurar para siempre. El tiempo conduce, por tanto, de manera inevitable a la cuestión final y última: la de la muerte y la inmortalidad.

2. ¿Qué es morir?

a) El hecho de la muerte

La muerte es ante todo un hecho inevitable con el que nos topamos. Nadie duda de que vaya a morir. Todos los hombres que nos han precedido han muerto y todos los hombres que actualmente vivimos en la tierra moriremos. De todos modos, cabe plantearse desde un punto de vista teórico –y algunos lo han hecho– si podemos estar tan seguros de esa certeza de la muerte. Al fin y al cabo, hay muchos hombres que no han muerto –todos los que ahora viven– y también podría suceder en el futuro algún acontecimiento que modificara la vida de los hombres de tal modo que la muerte ya no tuviera lugar. Esa posibilidad, sin embargo, no logra penetrar en nuestra inteligencia porque la certeza de la muerte no procede solamente de lo que constatamos en el mundo, es decir, de realidades exteriores, sino de nuestro interior. Sabemos que vamos a morir porque constatamos que *nuestra estructura como personas está abocada a la muerte.*

En primer lugar, *nuestro cuerpo envejece* y, finalmente, se hace incapaz de cumplir las funciones orgánicas y causa la muerte. Este envejecimiento es algo que todos constatamos y que nos indica con plena seguridad que, en algún momento, llegará el final. Pero, además, es *nuestra propia estructura psíquica la que nos produce la conciencia de la muerte.* Scheler lo ha expresado diciendo que todas las personas poseen un flujo vital cuyo horizonte se va reduciendo con la edad[11]. El horizonte del joven –ya lo hemos apuntado– es casi infinito y siente que tiene todo el tiempo del mundo para hacer lo que quiera. Pero esto no sucede en la persona madura y mucho menos en el anciano, que siente que su tiempo se acaba. La muerte, por tanto, se presenta como un hecho no solo por una constatación externa, sino por una experiencia personal e interior. Y esto nos lleva a la pregunta por el significado. ¿Qué es morir? ¿En qué consiste?

Aquí cabe básicamente distinguir dos posiciones[12].

La postura *clásica* ha insistido en la muerte como separación del alma del cuerpo, y, sobre esta base, se ha centrado en las pruebas de la inmortalidad y en el estatuto del alma después de la muerte. Esta postura es, evidentemente, correcta pero no está exenta de dificultades. La primera es que parece limitar la muerte al cuerpo; él sería principalmente quien sufriría en la muerte mientras que el alma quedaría libre. Cicerón lo sintetiza de manera certera: «Tú no eres mortal, sino que lo es tu cuerpo»[13]. La muerte afectaría exclusivamente al cuerpo entendido este, además, de un modo fundamentalmente biológico, como mero soporte material del alma. Otro problema que plantea esta postura, que a veces va ligada a una consideración insuficiente de la temporalidad, es que la

---

[11] Cfr. M. SCHELER, *Muerte y supervivencia*, Encuentro, Madrid 2001, pp. 20-29.

[12] Cfr. R. LUCAS, *El hombre, espíritu encarnado*, cit., pp. 314 y ss.

[13] CICERÓN, *El sueño de Escipión*, Instituto A. Nebrija, Madrid 1950, n. 26, 666.

muerte tiende a aparecer solo al final de la vida, no se suele plantear qué papel desempeña durante la vida del hombre.

Frente a esta posición, algunas filosofías *más recientes* –el personalismo entre ellas– han procurado orientar esta cuestión de un modo nuevo. En primer lugar, remarcando que la muerte no es algo que suceda solo al final de la vida, sino que está presente *en* la vida y hay que estudiar en qué consiste esa presencia. En segundo lugar insistiendo en que «en la muerte no muere, en sentido estricto, ni el cuerpo del hombre ni su alma, sino el hombre en sí mismo, es decir, la persona»[14]. Analicemos, a continuación, esos dos aspectos.

b) La muerte como dimensión esencial de la vida

¿Cómo está presente la muerte en la vida del hombre? Ante esta pregunta quizá estaríamos tentados de contestar a bote pronto que su presencia es escasa y poco relevante. Pero la realidad no es esta, sino justamente la contraria. La muerte juega un papel esencial en nuestra vida hasta el punto de que esta sería radicalmente distinta si no existiera la certeza de la muerte. Veámoslo con un poco más de detalle.

La muerte se hace presente en la vida primero como *posibilidad.* Sabemos teóricamente que podemos morir en cualquier momento. La vida humana es frágil. Un accidente, una enfermedad repentina, pueden acabar con la vida de cualquiera, incluso con la del más fuerte. Pero esta mera posibilidad, el hecho de que me pueda morir ahora o dentro de una semana influye en nuestra vida de modo más bien anecdótico. Es posible, pero es altamente improbable y, por otra parte, no

[14] J. A. García Cuadrado, *Antropología filosófica*, Eunsa, Pamplona 2001, p. 230. De este modo se remarca la unidad de la persona pero, como veremos, resulta más complejo explicar la inmortalidad y el estatuto de la persona más allá de la muerte.

es algo que dependa en absoluto de nosotros. Por eso vivimos dejando de lado esta posibilidad que, sin embargo, es real.

Muy diferente es ya la *certeza* de la muerte, es decir, el hecho de que sabemos que nos vamos a morir aunque no cuándo. Este conocimiento, por el contrario, «acompaña la vida entera como un elemento de *todos* sus momentos»[15]. El hecho de que me vaya a morir, de que tenga un tiempo contado, estructura toda mi existencia porque impone un carácter único e irreversible a cada uno de mis actos. Si no fuera a morir, si no tuviera el tiempo contado quizá, por ejemplo, dejaría la escritura de estas páginas para otro momento que me requiriera menos esfuerzo. O quizá no las escribiera nunca precisamente porque siempre tendría un tiempo posterior para escribirlas.

Y esto lleva a una consideración quizá paradójica pero cierta: *la necesidad de la muerte como integrante esencial de una vida humanamente seria y valiosa.* La muerte, curiosamente, es la que da valor a la vida. Borges lo ha relatado de modo magnífico en el cuento de *El inmortal.* Los inmortales eran hombres que habían bebido de un río que les concedía la inmortalidad, pero ese don se convirtió, con el paso del tiempo, en una maldición. Habían dejado de ser hombres activos, brillantes y poderosos, para convertirse en seres prácticamente inmóviles y casi primarios ya que carecían completamente de motivación. Todo lo que podían hacer ya lo habían hecho o tenían un tiempo infinito para hacerlo[16].

«La muerte (o su alusión), dice el protagonista, hace preciosos y patéticos a los hombres. Estos conmueven por su condición de fantasmas; cada acto que ejecutan puede ser último; no hay rostro que no esté por desdibujarse como un sueño. *Todo, entre los mortales, tiene el valor de lo irrecuperable y de*

[15] M. SCHELER, *Muerte y supervivencia*, cit., p. 33.

[16] Algo similar sucede con la doctrina de la reencarnación. La posibilidad de una cadena infinita de vidas lleva a un comportamiento fatalista e inmovilista en relación a la única vida real.

lo azaroso. Entre los Inmortales, en cambio, cada acto (y cada pensamiento) es el eco de otros que en el pasado lo antecedieron, sin principio visible, o el fiel presagio de otros que en el futuro lo repetirán hasta el vértigo. No hay cosa que no esté como perdida entre infatigables espejos. *Nada puede ocurrir una sola vez, nada es preciosamente precario*»[17].

La muerte, por tanto, es parte de la vida en el sentido de que el hombre sabe que va a morir y vive de acuerdo con ese conocimiento. Por eso, a veces, a los hombres se les llama simplemente mortales. «Los mortales, dice Heidegger, son los hombres. Se llaman mortales porque pueden morir. Morir significa ser capaces de la muerte en cuanto muerte. Solo el hombre muere. El animal simplemente perece»[18]. Y desde esta perspectiva resulta banal la antigua tesis que se esconde de la muerte negando su existencia. «Solo existe lo que se siente, dice Epicuro, y como la muerte no se siente, la muerte no existe»[19]. O en la versión de Schelling: «Oh muerte, no debo temerte, porque cuando estás tú, no estoy yo; y cuando estoy yo, no estás tú». Pero, como acabamos de ver, la muerte no está solo al final, sino en cada acto de la vida.

Que la muerte no esté solo al final no quiere decir, sin embargo, que sea algo natural; lo es, en cuanto es una realidad con la que convivimos pero, al mismo tiempo, es profundamente antinatural; es más, es lo más contrario a la naturaleza humana porque significa su destrucción. Tomás de Aquino lo

---

[17] J. L. BORGES, *El inmortal*, en *El Aleph*, Alianza, Madrid 1997, pp. 25-26 (la cursiva es nuestra). Por eso, los Inmortales decidieron perder su don. «*Existe un río cuyas aguas dan la inmortalidad; en alguna región habrá otro río cuyas aguas la borren*. El número de ríos no es infinito; un viajero inmortal que recorra el mundo acabará, algún día, por haber bebido de todos. Nos propusimos descubrir ese río» *(Ibíd.)*.

[18] M. HEIDEGGER, *Vorträge und Aufsätze*, Günther 1954; citado por R. LUCAS, *El hombre, espíritu encarnado*, cit. Como es sabido, Heidegger entiende, además, al hombre como un ser-para-la muerte. Pero esta postura va más allá de lo que aquí se quiere decir pues en el hombre hay un núcleo de inmortalidad.

[19] EPICURO, *Carta a Meneceo y máximas capitales*, Alhambra, Madrid 1985.

ha sintetizado con su habitual brillantez: «La muerte es de algún modo natural, pero también de algún modo antinatural»[20]. Por eso, aunque convivimos con la idea de la muerte y aunque esa idea determina nuestro modo de actuar, nuestra actitud normal es de rechazo y expulsión de nuestro horizonte vital. «Hay una represión de la idea de la muerte que en cierta manera representa un fenómeno *general y normal* de la naturaleza humana. Y este fenómeno es, sin duda alguna, de gran utilidad vital. Solamente gracias a esta represión de la idea de la muerte, dejándola fuera de la zona de la conciencia clara, surge en cada una de las acciones útiles del hombre aquella 'seriedad', aquella importancia y significación que les faltaría si el pensamiento de la muerte estuviese siempre clara y distintamente presente en la conciencia»[21]. O, dicho de un modo chusco:

> Cada vez que considero
> que me tengo que morir
> tiendo la capa en el suelo
> y me harto de dormir[22].

En otra palabras, sabemos que nos vamos a morir y ese conocimiento influye en nuestra vida pero no podemos radicarnos de una manera excesivamente profunda en ese pensamiento porque nos sacaría de la vida. Todo resultaría banal y excesivamente pasajero. La experiencia de un entierro es clara en este sentido. Podemos asistir con dolor y convicción a esa ceremonia, especialmente si se trata de un ser querido, pero al final nos sentimos obligados a volver a la vida, a nuestra vida, porque nosotros no hemos muerto y nuestro ser querido ha entrado en un mundo al que no le podemos seguir.

---

[20] TOMÁS DE AQUINO, *Quaestiones disputata de malo*, 5, 5, ad 17.

[21] M. SCHELER, *Muerte y supervivencia*, cit., p. 34.

[22] Citado por C. LÓPEZ PARDO, *Sobre la vida y la muerte*, Rialp, Madrid 1973, p. 52.

c) La muerte como destrucción de la persona

Las reflexiones anteriores nos conducen ya ante la cuestión esencial: ¿En qué consiste morir? Porque, si la muerte tiene una parte importante en la vida, es por aquello en que consiste, por lo que es. Y ¿qué sucede en la muerte?

Se trata de una cuestión esencial pero que, además, nos plantea por primera vez una dificultad que hasta el momento no se había presentado en nuestro ya amplio recorrido por el mundo del hombre: no tenemos experiencia directa de la muerte, porque los que mueren son siempre los otros. «Mi relación con mi muerte, afirma Lévinas, consiste en no saber sobre el hecho de morir»[23].

Esta falta de experiencia, además de ser un obstáculo insuperable –solo tendremos experiencia directa cuando nos muramos y entonces ya no nos será de ninguna utilidad–, nos indica que comenzamos a adentrarnos en los *terrenos límites de la filosofía*, es decir, en aquellas zonas en las que el intelecto humano comienza a perder pie y a enfrentarse con problemas que le superan de forma radical. Porque existen cuestiones que hoy no conocemos pero que, con esfuerzo y quizá suerte, podremos desentrañar el día de mañana. Pero hay otros problemas que la inteligencia nunca va a poder resolver porque se sitúan en un terreno que supera esencialmente su capacidad. La muerte es uno de ellos.

De todos modos, y a pesar de que seamos conscientes de estos límites, la filosofía no puede (ni debe) cejar en sus preguntas. Debe intentar, en la medida de sus posibilidades, responder a la cuestión sobre la esencia de la muerte. Y, sobre este hecho, *la experiencia externa* que poseemos nos muestra, fundamentalmente, tres cosas. En primer lugar, la muerte es *desvanecimiento y desaparición del mundo*[24]. La persona desaparece y el ca-

[23] E. Lévinas, *Dios, la muerte y el tiempo*, Cátedra, Madrid 1994, p. 30.
[24] Cfr. J. Marías, *Antropología metafísica*, cit., pp. 220 y ss.

dáver está ahí para mostrarlo. Su presencia física es dramática precisamente porque muestra una no-presencia, una desaparición, la de la persona que estaba ahí, pero ya no está y no sabemos qué ha sido de ella.

La muerte supone, además, la *pérdida de la corporeidad*. El hombre muere por el deterioro de su cuerpo que interrumpe sus funciones vitales e impide a la persona seguir viviendo. El cuerpo se convierte entonces en un cadáver, una realidad extraña y dolorosa porque fue humana pero ya no lo es, al menos de manera completa. Pero es importante darse cuenta, como ha señalado con agudeza Scheler, de que pérdida de la corporeidad no se identifica con cesación de las actividades biológicas porque estas, en realidad, no cesan nunca: el cadáver está sometido a una actividad biológica considerable[25]. La pérdida de la corporeidad depende, ciertamente, del cese de algunas funciones biológicas humanas pero significa mucho más que eso porque, como vimos en su momento, el cuerpo no es un mero apéndice de la persona, sino, por decirlo de algún modo, su mediación física (cfr. cap. 2.1) .

Por eso, la pérdida del cuerpo significa la *destrucción de la persona*. No muere solamente el cuerpo, muere el sujeto completo, el hombre o la mujer. «No se trata de que se abandone la corporeidad como la piel de un reptil y se escape intacto hacia otros mundos. Al contrario, la condición de la existencia de la muerte es que esta acontezca, es decir, que le pase a *alguien*, y este alguien –*yo, tú*– se muera efectivamente»[26].

De ahí el drama y el horror de la muerte porque se opone a todo lo que el hombre es, y de ahí la fuerza del instinto de supervivencia[27]. Vivir es ser y morir es desaparecer, abando-

[25] Cfr. M. SCHELER, *Muerte y supervivencia*, cit., p. 43.

[26] J. MARÍAS, *Antropología metafísica*, cit., p. 216. Si el cuerpo es parte esencial de la persona, la muerte supone la destrucción de esa persona. Pero eso no significa que no quede nada de la persona después de la muerte, incluso una dimensión «personal». Cfr. J. MARÍAS, *Mapa del mundo personal*, Alianza, Madrid 2006.

[27] Cfr. J. PIEPER, *Muerte e inmortalidad*, Herder, Barcelona 1970.

nar todo lo conocido y amado, interrumpir bruscamente nuestra estructura temporal impidiendo con ello todo nuevo proyecto, toda nueva experiencia. Y morir es pasar a las regiones oscuras y desconocidas del no-ser, de donde nadie ha vuelto para explicarnos cómo se vive allí si es que se vive. La muerte es, por tanto, horrible, y su dureza exige una respuesta. El hombre necesita saber qué pasa después de la muerte para que su vida y su muerte tengan sentido.

d) La muerte del hombre contemporáneo

La muerte tiene siempre las características que acabamos de señalar pero su vivencia concreta está modulada por la cultura de cada época. La muerte del hombre contemporáneo se caracteriza principalmente por el intento de *ocultación*, por el rechazo radical de la muerte y su expulsión del terreno en el que se vive.

Hemos dicho que resulta normal una cierta represión de la idea de la muerte porque solo así es posible vivir con seriedad. Pero el hombre contemporáneo ha radicalizado esa represión hasta convertirla en un ocultamiento y en una desaparición[28]. Su ansia de vivir, de agotar todas las posibilidades que un mundo cada vez más acelerado le ofrece y también su obturación ante la trascendencia le presentan la muerte como un hecho especialmente contrario a todo lo que constituye su forma de vida y sus aspiraciones. Antiguamente, la situación era diversa: el ritmo más lento y pausado de la vida, más monótono y ligado a las estaciones y a las fuerzas de la naturaleza,

[28] Cfr. M. SCHELER, *Muerte y supervivencia,* cit., pp. 36 y ss. Para Ariès nos encontramos en un período de «negación de la muerte» con el resultado de que, en el siglo XX, «la muerte se ha hecho salvaje» ya que progresivamente ha perdido la contención de los muros de la familia, la comunidad y la religión (cfr. P. ARIÈS, *Historia de la muerte en Occidente. Desde la Edad Media hasta nuestros días,* El Acantilado, Barcelona 2000).

permitía comprender experimentalmente a los hombres que también ellos un día quedarían sometidos a esas fuerzas naturales y morirían. Hoy, en cambio, la tecnología permite al hombre dominar a la naturaleza y las posibilidades de vivir y disfrutar se multiplican constantemente. Por eso, la muerte resulta particularmente repulsiva y sorprendente y se intenta expulsarla de la existencia.

La palabra muerte se sustituye por expresiones más suaves y edulcoradas, la organización técnica y empresarial alrededor de la muerte facilita y simplifica los trámites y elude el enfrentamiento con la dureza de ese momento, se reduce el tiempo dedicado al duelo y se suprimen sus manifestaciones externas, etc. En resumen, la muerte se privatiza, se convierte en un hecho personal y privado que la sociedad esconde con aprensión[29].

Y así, cuando aparece, resulta sorpresiva y especialmente incomprensible. No es un hecho con el que se haya convivido y al que, por tanto, se ha podido dar un sentido, sino un muro que aparece de pronto, inesperado e inevitable, y contra el que solo es posible estrellarse de manera absurda. De las dos dimensiones de que consta antropológicamente la muerte, el hombre contemporáneo tiende a quedarse solamente con la segunda.

3. El misterio de la inmortalidad

El rechazo humano a la muerte se manifiesta en el anhelo de inmortalidad, en el deseo de permanecer, de durar

[29] Cfr. J. VICENTE, *El horror de morir*, Tibidabo, Barcelona 1992, pp. 33 y ss. «Una educación sobre la muerte proporciona un significado y unas actitudes hacia la muerte y unas vías de afrontamiento de esta. Pero estas enseñanzas, que son una parte esencial de la educación en diferentes culturas y antiguamente lo era en la nuestra, se ha perdido y en su lugar no hay más que negación y ocultación de la muerte» (M. I. RODRÍGUEZ, *Génesis y evolución de actitudes ante la muerte en la infancia*, Cuadernos de Bioética, XI-41 (2000), p. 114).

para siempre, de no hundirse en el pantano que parece conducir a la nada y a la oscuridad, y en el deseo de saber si existe algo más allá de la muerte que garantice la supervivencia.

a) Anhelo y convicción

a.1) «Non omnis moriar»: el recuerdo de los hombres

Una primera manifestación de la inmortalidad es el deseo de permanecer de algún modo entre los hombres después de la muerte[30]. Deseamos que nuestra presencia no se extinga inmediatamente o poco después de la muerte. Queremos ser recordados cuando pase el tiempo porque, de otro modo, nos daría la impresión de que, en realidad, no hemos existido, de que nuestro peregrinar terrestre ha sido como el recorrido del agua por entre las rocas, que no deja huella ni traza.

Ese deseo de todo hombre se manifiesta de muchas maneras pero todas tienen un denominador común: dejar algo que permanezca tras nuestro paso. Hijos, personas a los que hemos formado de acuerdo con nuestros ideales, obras o acciones. Algunas de las grandes empresas arquitectónicas de los reyes y emperadores del pasado –pirámides, basílicas, mausoleos– tenían en parte este objetivo: constituir como una muralla que detuviera el flujo del tiempo, de modo que, con el paso de los siglos, su presencia desafiara al pasado y recordara –y de algún modo reviviera– a los hombres que la hicieron posible. Quizá nunca nadie haya dicho esto mejor que el poeta romano Horacio:

[30] En este sentido, Hannah Arendt distingue entre la inmortalidad inmanente o terrena que buscaron con avidez los antiguos y la eternidad trascendente entendida como destino inmortal del hombre ligada especialmente a la aparición del cristianismo (H. ARENDT, *La condición humana*, cit., pp. 30-33).

He terminado ya mi monumento
más perenne que el bronce (de palabras),
más alto e inmortal que las pirámides...
Resistirá las lluvias y los vientos,
el sucesivo curso de los años
resistirá, veloces, y yo mientras
no moriré del todo pues mis odas,
la parte más lograda de mí mismo,
vencerán a la muerte destructora.
Cuando con la vestal suba el pontífice,
ambos callados hacia el Capitolio...
Yo creceré incesante, siglo a siglo,
renaceré en la estima venidera[31].

a.2) La inmortalidad personal

El deseo de permanecer en el recuerdo de los hombres es bueno y legítimo, pero no es suficiente. No lo es, ante todo, porque solo está al alcance de unos pocos. De la inmensa mayoría de nosotros nadie se acordará al cabo de un lapso de tiempo relativamente muy breve. Y, de la mayor parte de los hombres que hoy son famosos, ese recuerdo resistirá solo un período de tiempo muy breve para lo que constituye la historia humana. Pero, en realidad, aunque todo el mundo se acordara de mí, ese recuerdo sería anecdótico frente a la cuestión central y decisiva: *la pervivencia personal y real*. Una cosa es que mi influencia perdure de algún modo en el mundo y otra, muy distinta, es que *yo* perdure después de la muerte. ¿Qué es posible decir sobre este hecho central para el sentido de la vida humana?

Ante todo que es una *convicción generalizada de la humanidad*. La creencia en la existencia de algún tipo de vida después de la muerte aparece prácticamente en todas las épocas y cul-

[31] HORACIO, Libro III, Oda 30, en *Odas*, traducción de L. J. Moreno, Plaza y Janés, Barcelona 2000.

turas y se manifiesta de múltiples formas. El culto a los muertos es una de ellas. «Todos los autores consideran que las prácticas rituales (de enterramientos) implican una creencia en alguna inmortalidad de cierto tipo. Esta creencia es tan antigua como la conciencia de la muerte, ya que en el momento mismo en que el ser humano descubre que es mortal, se piensa a sí mismo como inmortal, de manera que el primer conocimiento de la muerte supone ya la negación de que en ella perezca el hombre absolutamente. Esta vinculación entre enterramientos y creencia en algún tipo de supervivencia tras la muerte está arqueológicamente probada hasta la saciedad»[32].

¿En qué se basa esta creencia en la supervivencia? Por un lado, en las doctrinas religiosas que lo afirman y proponen un contenido específico sobre lo que ocurre en el más allá, en el mundo de los muertos. Pero esa afirmación de las religiones no podría tener una acogida tan general si no se apoyase a su vez en algo que, de un modo u otro, los hombres pudieran experimentar. Si, por poner un ejemplo banal, una doctrina religiosa dijera que el hombre puede volar podría haber algunos fanáticos que lo creyeran pero la mayor parte de los hombres constatarían que se trataba de una doctrina falsa e imposible. Pero esto no sucede con la inmortalidad. La mayor parte de las religiones la afirman y el hombre la acepta sin problemas, lo cual significa que intuye que se trata de algo coherente y verdadero.

¿En qué consiste esa intuición? Se trata, evidentemente, de una cuestión difícil, pero nos parece que se puede afirmar que radica en la constatación de que en la persona, en cada uno de nosotros, parece haber algo que no debe ni puede morir, que existe un núcleo de inmortalidad. Goethe lo ha expresado de manera rotunda: «Este pensamiento (de la muerte) me deja absolutamente tranquilo, porque tengo la persuasión firme de que nuestro espíritu es una esencia de naturaleza ab-

[32] J. VICENTE, *El horror de morir*, cit., p. 323.

solutamente indestructible, es algo que continúa actuando por una eternidad de eternidades, semejante al sol, que parece ponerse solamente ante nuestros ojos terrestres, pero que, en realidad, no se pone nunca, sino que continúa brillando incesantemente»[33]. Y, en esa misma línea, se podrían aportar infinidad de testimonios.

b) Las pruebas filosóficas de la inmortalidad

Esta intuición interior de que existe en nosotros algo indestructible, una capacidad última de vencer a la muerte a pesar de que aparentemente somos vencidos por ella, junto al mensaje de la inmortalidad de las diferentes religiones, ha sido suficiente para la mayoría de los hombres que han muerto pensando que, de un modo u otro (esa es otra cuestión), sobrevivirían. Pero aquí debemos plantearnos la cuestión desde un punto de vista filosófico. ¿Existen pruebas filosóficas de la inmortalidad?

El tema es, evidentemente, muy complejo y aquí no lo podemos estudiar con la profundidad necesaria, pero sí podemos indicar lo que, a nuestro parecer, constituyen las claves esenciales para afrontar la cuestión.

Ante todo, existen algunas *pruebas clásicas* para fundamentar la inmortalidad que no parecen completamente convincentes. Una de ellas, de línea agustiniana, es la capacidad del hombre de conocer la verdad. Como la verdad es inmortal y no cambia con el tiempo, su sede, que es el hombre, también tiene que ser inmortal[34]. Sin embargo, esta demostración no parece suficientemente concluyente. «Es verdad, indica Scheler, que en estos actos yo *trasciendo* a todo lo que es aún relativo a la vida, y puedo decir que en tales actos mi espíritu toca a un

[33] P. ECKERMANN, *Conversaciones con Goethe.*

[34] Cfr., por ejemplo, S. AGUSTÍN, *Soliloquios*, II, XIX, 33.

dominio, a una *esfera de unidades de sentido intemporales y eternas.* Pero no puedo decir más. Que los actos que yo realizo, o que mi persona que los realiza, *sobrevivan* también cuando yo dejo de vivir, no se sigue en manera alguna de la conexión esencial entre la idea de un acto y objeto»[35].

Otra prueba, en este caso propuesta por Tomás de Aquino, es la imposibilidad de que no se cumpla lo que desea la naturaleza. «Todo el que tiene intelecto naturalmente desea ser siempre. El deseo natural no puede ser vano. Por tanto, toda substancia intelectual es incorruptible»[36]. Sin embargo, la clave de esta prueba, la imposibilidad de que el deseo natural sea vano, es algo que necesita demostración, no puede aceptarse sin más. ¿Por qué el deseo natural tiene que cumplirse? En la vida deseamos muchas cosas que no obtenemos y podemos quedar muy frustrados al no conseguirlas: ¿por qué no tendría que suceder lo mismo con el ansia de inmortalidad? Al fin y al cabo, el hombre podría estar mal fabricado y desear algo que no puede conseguir. Y recurrir a Dios creador para solventar esta dificultad no es algo evidente porque el hecho de que exista un Dios que vele por nosotros, que se preocupe por nosotros y que nos ame no es algo que pueda deducirse filosóficamente de manera sencilla; lo conocemos por Revelación.

Esas dos pruebas, de todos modos, apuntan a un núcleo que sí constituye, en nuestra opinión, la clave para fundamentar la pervivencia después de la muerte: *la existencia en el hombre de un núcleo espiritual, al que clásicamente se denomina alma, que trasciende a la corporalidad y al tiempo*[37]. Hemos visto que el hombre tiene una dimensión corporal, otra psíquica y otra espiritual, y hemos visto también que esa dimensión espiritual, aunque depende para su ejercicio de la base corporal, la trasciende

[35] M. SCHELER, *Muerte y supervivencia*, cit., p. 55.

[36] TOMÁS DE AQUINO, *S. Th.*, I, q. 75, a. 6.

[37] Un planteamiento similar es el de R. YEPES, *Fundamentos de antropología*, cit., pp. 472 y ss.

y está por encima de ella. Pues bien, aquí está la clave de la cuestión. Si lo espiritual trasciende a lo corporal y no depende enteramente de él, cuando el cuerpo desaparezca, la dimensión espiritual de la persona no tiene por qué desaparecer, posee capacidad para seguir existiendo de un modo o de otro con entidad propia[38].

Esta trascendencia del espíritu humano sobre el cuerpo es la intuición básica que todo hombre tiene acerca de sí mismo y que, aunque no sepa formularla técnicamente, le permite sentir o experimentar que no desaparecerá completamente después de la muerte. Y esa intuición básica desarrollada filosóficamente es lo que constituye la prueba radical y contundente de la *inmortalidad del alma.* Santo Tomás ha desarrollado esta tesis desde una perspectiva metafísica a través de su descripción del alma como forma sustancial del cuerpo. Cuando el cuerpo desaparece y se corrompe, el alma permanece como sustancia separada. El personalismo y la fenomenología han planteado esta cuestión, tal como hemos hecho nosotros, desde una perspectiva más antropológica: la existencia de un núcleo espiritual en el hombre que trasciende a la corporalidad. Pero la base de la demostración es la misma[39].

c) El más allá

La filosofía, acabamos de verlo, es capaz de afirmar la pervivencia del hombre después de la muerte pero *solo* es ca-

---

[38] La muerte, en este punto concreto, no supone, según Scheler, un cambio esencial: «así como durante la vida 'trascendían' sus actos de sus estados corporales, así también ahora trascienden de la destrucción de su cuerpo» (M. Scheler, *Muerte y supervivencia*, cit., p. 66).

[39] Se trata, de todos modos, de un asunto no sencillo. No está nada claro, por ejemplo, que Aristóteles creyera en la inmortalidad del alma y desde luego no propuso ninguna prueba en sus escritos. Tomás de Aquino tuvo que corregir en ese punto su doctrina para hacerla compatible con las tesis cristianas.

paz de afirmar esto, lo que plantea dos problemas de muy difícil solución.

c.1) El estatuto de la persona después de la muerte

El primero es el estatuto de la persona después de la muerte. El hombre pervive, ciertamente, pero ¿cómo pervive? y, más aún, ¿cómo es posible esa pervivencia, si hemos dicho que el cuerpo es una parte esencial de la persona? Se trata de un problema de no fácil resolución, ni siquiera en sede teológica, y plantea los conocidos problemas de la escatología intermedia. Podemos reducir las cuestiones a dos. ¿Qué es lo que pervive? y ¿cuál es el tipo de actividad de lo que pervive? Lucas ha indicado que la mayor o menor dificultad para responder a esta pregunta depende de la antropología de partida y, más en concreto, de si se insiste en el carácter unitario del hombre o en su carácter dual. «En una antropología con rasgos de dualismo, la *unidad* es el momento secundario de un proceso de *composición*. En rigor, lo que se suele ver en el hombre, más que la unidad, es el *estar unido*. Por el contrario, una antropología realista y unitaria verá al hombre sobre todo como unidad psicosomática, como libertad y conciencia *encarnada*, como *espíritu encarnado;* solo en un segundo momento verá, por medio del análisis, en esta unidad una dualidad»[40].

Pues bien, en una antropología más dualista, el problema se aminora un poco porque se puede decir que quien pervive tras la muerte es el alma, que se separa del cuerpo y que tiene, dentro de todo, una entidad propia, aunque no por eso se dejen de plantear problemas. Si se insiste, sin embargo, en el carácter unitario de la persona, la desaparición del cuerpo resulta más problemática si cabe. En realidad, ni siquiera se podría hablar de persona puesto que hemos visto que el cuerpo es una de sus dimensiones esenciales y este ya

[40] R. LUCAS, *El hombre, espíritu encarnado*, cit., p. 337.

no existe. Además, queda completamente abierta la cuestión de cómo podría operar un espíritu que, aunque trascienda a la corporalidad, necesita a esta para actuar. Son cuestiones de difícil, por no decir imposible, resolución puesto que escapan y escaparán siempre al ámbito de nuestra experiencia[41].

c.2) ¿Qué hay después?

Que no lleguemos a dilucidar cuál es el estatuto de la persona después de la muerte no es, de todos modos, algo excesivamente preocupante. En cierto sentido, es una cuestión más bien técnica de interés específico para filósofos y teólogos. La pregunta existencial, la que realmente nos interesa que nos respondan, es la siguiente: ¿qué hay más allá?, ¿qué pasa después de la muerte? Y el problema que se plantea en esta sede ante semejante pregunta es que la filosofía, o sea, el hombre, no solo no tiene nada que decir sino que no lo tendrá nunca puesto que es un ámbito que escapa por completo a su control. El más allá es un mundo no solo desconocido, sino inaccesible al que solo podemos entrar mediante la religión, es decir, mediante la comunicación de Dios mismo o de un mensajero de Dios que nos indique lo que allí sucede[42]. Esa información, sin embargo, nos resulta completamente necesaria porque el sentido y el valor de esta vida depende en buena medida de lo que suceda en la próxima. Queda así planteado el tema que afrontaremos en el último capítulo: el sentido último de la vida y el papel que desempeña la religión en la vida del hombre.

---

[41] Los problemas que se plantean son tan graves que Tomás de Aquino llegó a postular filosóficamente la necesidad de una resurrección de los cuerpos como único medio de devolver a la persona su unidad y completitud perdida.

[42] La religión cristiana, por ejemplo, responde con todo detalle a esta cuestión. Cfr., entre otros posibles lugares, S. Pablo, *Carta a los Corintios*, cap. 15.

15. LAS CUESTIONES ÚLTIMAS Y LA RELIGIÓN

1. Las cuestiones últimas

La muerte nos ha planteado interrogantes de muy difícil resolución en el marco estricto de una reflexión filosófica, pero no es la única cuestión profunda y decisiva que el hombre se plantea y para la que le resulta muy difícil encontrar respuesta. Existen otras preguntas esenciales que resulta difícil contestar. Vamos a estudiar a continuación esas preguntas agrupándolas en dos categorías: la pregunta sobre el sentido de la vida y la pregunta sobre Dios.

a) La pregunta sobre el sentido de la vida

El *dolor* y el sufrimiento son una de las cuestiones últimas que se plantea el hombre de todos los tiempos. El mundo está lleno de dolor que, además, en determinadas ocasiones, parece especialmente absurdo y cruel: la muerte de inocentes, las torturas, las muertes «absurdas» por accidente o por casualidad, las guerras, los fracasos, etc. Y ese dolor se alza como un enigma porque no estamos hechos para sufrir sino, por el contrario, para ser felices[1]. La reflexión humana, y dentro de ella la filosofía, quizá puede dar razón de algún dolor en particular, pero de los grandes dramas que asolan a individuos y a pueblos resulta muy difícil, por no decir imposible, encontrar una justificación racional. ¿Qué sentido es posible dar, por ejemplo, a los dramas inmensos e inabarcables de la Segunda Guerra Mundial o a los destinos frustrados de generaciones enteras en países gobernados por dictadores: Cuba, Irak, Corea del Norte[2]?

Por contraposición al dolor, aunque no solo, la *felicidad* se convierte también un una cuestión última. Es última por su radicalidad. Lo que buscamos de modo definitivo es la felicidad. Y es última también por su dificultad en alcanzarla –el dolor siempre acecha– y por la dificultad de determinar exactamente en qué consiste o dónde está. Por eso, Marías la ha llamado el imposible necesario[3].

Ya hemos hablado de la *muerte* y del más allá y de los problemas irresolubles que plantean. Ahora podemos añadir los problemas relativos al *origen.* Por un lado está el misterio del inicio del género humano, que los antropólogos intentan desentrañar con muchas dificultades. Por otro, el *misterio sobre nuestro propio origen.* ¿De dónde hemos surgido? ¿De dónde venimos? Y, en consecuencia, ¿quiénes somos? Ciertamente somos conscientes de no habernos puesto a nosotros mismos en la existencia y, puesto que poseemos un núcleo espiritual no corruptible, podemos intuir que Alguien ha debido crearnos tal como somos. Pero ¿hasta qué punto podemos estar seguros de ello? Y ¿quién y cómo es ese Alguien?

---

[1] Sobre el modo adecuado de relacionarse con el dolor cfr. I. ORELLANA, *Pedagogía del dolor* (3ª ed.), Palabra, Madrid 2001.

[2] Eugenio Corti ha retratado con mano maestra la profundidad del dolor humano durante la Segunda Guerra Mundial en *El caballo rojo*, Rialp, Madrid.

[3] Cfr. J. MARÍAS, *La felicidad humana*, Alianza, Madrid 1991.

Los límites del hombre, que podemos agrupar alrededor del término *finitud*, abren otro campo de interrogantes de difícil respuesta. Tenemos grandes aspiraciones, somos insaciables y nuestra ansia de saber, de querer y de poder es inmensa. Pero nuestros límites también lo son. Una pequeña enfermedad y caemos postrados y sin fuerzas. Y ello sin contar con el paso inexorable del tiempo que nos impide volver atrás, cambiar lo que ya hicimos o recuperar el tiempo perdido.

Estas cuestiones, y otras que se podrían añadir, son las que, reunidas, dan lugar a la pregunta esencial: ¿por qué y para qué vivimos? ¿Cuál es el *sentido último de nuestra existencia*? Es importante recalcar aquí la palabra 'último'. Lo que se plantea el hombre con esta cuestión no es su existencia en tal o cual momento, sino el sentido global y radical, el porqué de la vida en cuanto tal. ¿Qué busco yo con mi vida, con toda mi vida? ¿Tiene sentido y en qué medida?

b) La pregunta sobre Dios

La otra pregunta radical que todo hombre se hace es la pregunta sobre Dios. Y en esta cuestión podemos distinguir con claridad dos niveles. El primero, es la pregunta sobre su *existencia*; el famoso «an Deus sit» con el que Tomás de Aquino comienza la *Summa*. ¿Existe Dios? En realidad, y aunque, por el medio cultural que nos rodea, estemos inclinados a pensar lo contrario, la respuesta a esta cuestión es poco problemática. La abrumadora mayoría de los hombres a lo largo de todas las épocas –incluyendo a muchas de las inteligencias más eminentes– la ha contestado de manera afirmativa. Lo mismo sucede en la nuestra, aunque con algunos rasgos peculiares debido a la exis-

[4] Cfr. J. Habermas, J. Ratzinger, *Dialéctica de la secularización*, Encuentro, Madrid, 2006; H. McLeod y W. Ustorf (ed.), *The Decline of Christendom in Western Europe (1750-2000)*, Cambridge University Press, Cambridge 2003; J. M. Burgos, N. Gómez (eds.), *¿Quién es Dios? la percepción contemporánea de la religión*, Monte Carmelo, Burgos 2012.

tencia de un importante proceso de secularización[4] . Pero, a pesar de ello, el porcentaje de personas que se declaran ateas sigue siendo bajo porque hay tantas cosas en el mundo –comenzando por el mismo hombre– que no se explican ni se justifican por sí mismas, que la existencia de un Ser superior que dé cuenta de ellas se impone con rotundidad a la inteligencia[5]. S. Agustín lo ha expresado por la vía estética, aunque se puede formular de muchas otras maneras: «Entonces me dirigí a todas las cosas que rodean las puertas de mi carne: 'Habladme de mi Dios, ya que vosotras no lo sois. Decidme algo de él'. Y me gritaron con voz poderosa: 'Él es quien nos hizo'. Mi pregunta era mi mirada; su respuesta era su belleza»[6].

Por eso, aunque la existencia de Dios no sea evidente y abra el interesante y complejo apartado sobre las demostraciones de su existencia, la cuestión habitualmente más importante desde el punto de vista personal es otra: *¿Cómo es Dios?* Lo fundamental, lo decisivo, no es saber si existe algún tipo de ser superior, porque esto parece relativamente claro, sino saber cómo es ese Ser (o seres): ¿es uno o múltiple?, ¿es amable o cruel?, ¿se interesa por los hombres o se desentiende de su destino?, ¿tiene algún plan para los hombres ahora o cuando mueran? Y el problema es que, como en el resto de las cuestiones que estamos tratando ahora, el hombre, por sí solo, apenas puede esbozar una respuesta. Si la inteligencia puede llegar de modo más o menos claro a afirmar la existencia de Dios, lo que sí está vedado por completo a nuestras fuerzas es el conocimiento concreto de las características de la divinidad[7].

---

[5] No estamos dando aquí, como es obvio, una «demostración» de la existencia de Dios pero sí planteando de modo elemental la vía que lleva a Dios de modos diversos a la mayor parte de las personas.

[6] S. AGUSTÍN, *Confesiones,* X, 6, 9.

[7] De aquí surge el concepto religioso de revelación o iluminación: un conocimiento especial que alguien recibe, generalmente de modo gratuito e inmerecido, y que le permite orientar al resto de los hombres en estas oscuras cuestiones. Lo específico del cristianismo es que es *el mismo Dios* quien se ha encarnado y ha hecho esa revelación.

c) Actitudes y respuestas

Los dos grupos de cuestiones que acabamos de considerar tienen una doble característica. La primera es su *centralidad*. Que se responda a cualquiera de ellas de un modo o de otro afecta a la orientación global que cada persona puede dar a su existencia. Que, por ejemplo, exista un más allá gobernado por un Dios amable conduce a una postura vital muy distinta de quien piense que no existe un más allá o que está gobernado por un Dios anárquico o indiferente. Si Dios me ama puedo sentir la tendencia, el impulso o la obligación de amar a los demás. Si Dios no se cuida de mí puedo, por el contrario, pensar que tampoco tengo por qué dedicarme a cuidar de los demás y adoptar la lógica vital de la prepotencia. La segunda característica que poseen estas cuestiones y que, en cierto modo, se opone a la primera, es la *dificultad* para darles una respuesta adecuada. Todos esos interrogantes plantean temas que se colocan en el límite o más bien, fuera del campo de posibilidades de respuesta de la inteligencia humana generando un poderoso sentimiento de incertidumbre, indigencia y fragilidad.

Jaspers ha recogido un dicho de la Edad Media que sintetiza con lúcida ironía esa dificultad.

> «Vengo, mas no sé de dónde.
> Soy, mas no sé quién.
> Moriré, mas no sé cuándo.
> Camino, mas no sé hacia dónde.
> Me extraña que esté contento»[8].

La datación medieval de este dicho nos informa, además, sobre otra cuestión: *la escasa influencia que tiene el tiempo* en la capacidad humana de respuesta a estos problemas. Mientras que en otros ámbitos, como los tecnológicos y prácticos, los

[8] K. JASPERS, *Cifras de la trascendencia*, Alianza, Madrid 1993, p. 18.

avances del hombre son increíbles y espectaculares, en el terreno de las preguntas esenciales nos encontramos prácticamente en el mismo lugar que nuestros predecesores. Los enigmas son los mismos y la dificultad para responderlos, muy similar.

Nos encontramos así con una situación muy peculiar y paradójica. La persona sabe que existen una serie de asuntos clave para orientar su vida y, sin embargo, es incapaz de resolverlos. Y esto no solo de manera coyuntural sino, por decirlo así, estructural, es decir, no se trata de que yo, ahora, en este momento, no sepa responderlas, sino de que, probablemente, ningún hombre será capaz de responderlas nunca. ¿Cuál es la actitud razonable frente a esta situación?

Analizaremos a continuación cuatro posibles respuestas[9].

El materialismo cientificista se ha enfrentado con el problema *negando su existencia*. El dilema, simplemente, no existiría. El hombre no es más que un conjunto de materia, por lo que no tiene sentido plantearse este tipo de cuestiones. No tiene ningún sentido hacerse preguntas de tipo 'metafísico' que vayan más allá de lo puramente fáctico, de los datos empíricos con los que nos encontramos. Tienen sentido las preguntas concretas que pueden aumentar nuestro conocimiento, pero las preguntas sobre el sentido son irracionales porque el hombre es un mero producto de la naturaleza. Relativamente cercana a esta actitud, pero desde una perspectiva mucho más hedonista, se sitúa la postura que opta por *disfrutar del momento (carpe diem)*, de lo que se tiene. Esas cuestiones, responden los que se sitúan en esta línea, son demasiado complejas, lejanas e irresolubles. Enfrentarse a ellas no lleva a ninguna parte más que a un esfuerzo estéril y baldío. Por eso, lo sensato y lo razonable es disfrutar de lo

[9] Yepes ha indicado cinco posibles modos de respuesta a este dilema existencial. Nosotros los reducimos a cuatro. Cfr. R. Yepes, *Fundamentos de antropología*, cit., pp. 465 y ss.

que se tiene y vivir al día[10]. Una tercera postura, especialmente difundida en el siglo XX y uno de cuyos representantes paradigmáticos es Heidegger, es considerar al hombre *como un ser para la muerte*[11]. Para esta posición, y a diferencia del cientificismo, el hombre no es pura materialidad y, por lo tanto, no puede ni negar las cuestiones fundamentales ni esquivarlas de manera superficial con una frívola referencia al disfrute momentáneo. Pero esta mayor seriedad se trastoca, finalmente, en frustración y en fracaso porque, desde esta perspectiva, se sostiene que el destino propio y peculiar del hombre es la muerte. Y no se trata solo de que sea propio del hombre morir –esto, como hemos visto, también se puede afirmar desde otras antropologías– sino que con la muerte acaba todo, el hombre y sus problemas y su angustia existencial. Ahí está el final más allá del cual no se puede ir.

Estas tres respuestas son tres respuestas posibles pero son minoritarias y débiles. Que el hombre sea un mero conjunto de materia es algo radicalmente insostenible frente a un análisis mínimamente atento de la realidad personal (cfr. toda la Parte II) y la muerte como final absoluto se opone a la existencia de un núcleo espiritual. Por último, el *carpe diem* solo tiene un valor existencial para determinadas épocas de la vida en la que todo nos puede sonreír: la juventud, determinada madurez. Pero resulta claramente insuficiente ante sus aspectos dramáticos y, en particular, ante la muerte. ¿Podemos disfrutar del momento cuando sufrimos, cuando ha muerto un ser querido o nos acercamos a la muerte?

Existe, por último, una cuarta y última postura, que es la que han adoptado la inmensa mayoría de los hombres y de las culturas: *la religiosa*. Podríamos formularla del siguiente modo.

---

[10] «Sé precavida pues, y filtra vino: / la vida es breve, olvida la esperanza, / mientras ahora charlamos huye el tiempo / envidioso... ¡Disfruta del momento! *(carpe diem)* / ¡Quién sabe si mañana otro tendremos!» (HORACIO, Libro I, Oda 11, en *Odas*, cit., p. 16).

[11] Cfr. M. HEIDEGGER, *Ser y tiempo*, cit., pp. 253-291.

Si existen una serie de enigmas en mi vida a los cuales yo no puedo responder por mi finitud y por mi limitación pero existe, al mismo tiempo, un Ser superior responsable en una u otra medida de mi existencia y de la del mundo, es a él, lógicamente, a quien tengo que recurrir para encontrar las respuestas que me faltan. La religión aparece así como la respuesta más convincente a las preguntas fundamentales sobre la existencia humana. Esta respuesta es la que vamos a explorar a continuación.

2. ¿Qué es la religión?

a) La religión como pregunta por el sentido último

La religión se entiende normalmente como la relación con Dios, la ordenación a Dios[12] y este es, evidentemente, su sentido básico. Pero las reflexiones que acabamos de hacer nos remiten a una comprensión previa y original que da a esta definición su engarce antropológico, su conexión con el tejido vital de la persona. La religión, entendida de este modo, es el lugar donde se decide la existencia humana en su radicalidad, o, en otros términos, el ámbito en el que el hombre se pregunta y recibe la respuesta al sentido global de su vida y de la existencia de las cosas. Giussani lo explica con claridad: «El factor religioso representa la naturaleza de nuestro yo en cuanto se expresa en ciertas preguntas: ¿Cuál es el significado último de la existencia?, ¿Por qué existe el dolor, la muerte? ¿Por qué vale la pena vivir realmente? O, desde otro punto de vista: ¿De qué y para qué está hecha la realidad? El sentido religioso se sitúa, pues, dentro de la realidad de nuestro yo al nivel de estas preguntas: coincide con el compromiso radical de

[12] «Religio propie importat ordinem ad Deum» (TOMÁS DE AQUINO, *S. Th.*, II-II, q. 81, a. 5 y q. 85, a. 5.

nuestro yo con la vida que se manifiesta en estas preguntas»[13]. Frankl, en el mismo sentido, afirma que «puede justificarse definir la religión como la búsqueda del hombre del significado último»[14]. Un planteamiento similar se puede encontrar en Guardini cuando habla de la «profundidad religiosa»[15], en Buber[16] y en otros muchos autores[17].

De esta comprensión básica de la religión surge la perspectiva básica: la relación con Dios. Pero conviene tener presente siempre que esta perspectiva adquiere su valor en este anclaje antropológico y, por eso, no es posible prescindir de él. De otro modo, Dios podría aparecer como una entidad que gravita molestamente a mi alrededor intentando introducirse en mi vida aunque yo no lo necesite cuando, en realidad, la situación es precisamente la contraria: Dios y la religión constituyen la respuesta a los interrogantes cruciales que me habitan y que claman por una solución. Por eso, *en cierto sentido, se puede afirmar que todo hombre es necesariamente religioso ya que, inevitablemente, tiene que situarse ante las cuestiones últimas y dar una respuesta.* «Pasar» o prescindir de la religión significa, en realidad, dar a esos interrogantes una respuesta específica: la frívola e insuficiente actitud vital del *carpe diem*

[13] L. GIUSSANI, *El sentido religioso* (4ª ed.), Encuentro, Madrid 1993, p. 61. Y, más adelante, define el sentido religioso como «el lugar de la naturaleza donde se afirma el significado de todo» *(ibíd.*, p. 64).

[14] V. FRANKL, *El hombre en busca de significado último*, cit., p. 24.

[15] Cfr. R. GUARDINI, *Introducción a la vida de oración*, Palabra, Madrid 2002, p. 46.

[16] «En toda religión, la esencia religiosa puede hallarse en su certeza más elevada. Esta es la certeza de que el significado de la existencia es algo abierto y accesible en la situación vivida, concreta y real, no por encima de la lucha con la realidad, sino dentro de ella» (M. BUBER, *Eclipse de Dios. Estudio sobre las relaciones entre religión y filosofía*, FCE, México 1995, p. 63).

[17] LL. DUCH, *Antropología de la religión*, Herder, Barcelona 2001, aporta, en el mismo sentido, las opiniones de Malinowski, W. James, Lenski y otros. Lluch ha realizado en este texto una buena tarea de acumulación de información sobre filosofía de la religión pero se echa en falta una valoración de estas opiniones y una toma de postura sobre las cuestiones que se tratan.

o la frívola e insuficiente respuesta intelectual del cientificismo.

Esta perspectiva, por otra parte, también permite explicar por qué existen algunas religiones sin Dios como el sintoísmo o el confucionismo. Estas doctrinas son religiones porque responden a las cuestiones últimas pero tienen la peculiaridad de que lo hacen sin una referencia explícita a la divinidad. Son conjuntos de prácticas morales para lograr la perfección (Confucio) o modos de participar en ceremonias rituales que establecen la conexión con los antepasados (sintoísmo), pero no hay una doctrina sobre Dios (aunque tampoco un rechazo). Este planteamiento, de todos modos, es excepcional porque el hecho religioso se identifica de modo abrumador con una específica concepción de Dios o de la divinidad.

b) La religión como relación con Dios

El segundo y fundamental sentido de la religión es el de la relación del hombre con Dios con todo lo que ello supone: oración y alabanza, plegarias y ritos, alegrías y dolores, luces y misterios, actitudes ante la vida, ante la muerte y ante los hombres. Se trata de un mundo inmenso y decisivo, misterioso y difícil de circunscribir pero esencial en la vida de cada persona y en la historia del mundo que no puede comprenderse sin la religión.

Dada la inabarcabilidad del tema, nos vamos a limitar a apuntar brevemente de manera introductiva los dos aspectos que nos parecen más básicos y que detallaremos algo más en el siguiente epígrafe[18].

En primer lugar encontramos *la relación personal con Dios.* Todo hombre se relaciona (o puede relacionarse) direc-

[18] Un tratamiento más elaborado corresponde a la filosofía y sociología de la religión.

tamente con Dios. La incertidumbre y la angustia ante las preguntas existenciales, ante las dificultades de la vida, conduce de una manera natural a la relación con Dios en sus diversas modalidades: oración, impetración, expiación, sacrificio, adoración. Dios se alza como el Ser que puede salvarnos, darnos lo que necesitamos o liberarnos de la ignorancia y del mal y, por eso, los hombres de todas las épocas han recurrido singular e individualmente a la divinidad. Pero ese recurso está inevitablemente mediado por una *estructura institucional:* la religión. Los hombres, lo hemos visto, no sabemos cómo es Dios y, por eso, necesitamos recurrir a una religión y sus estructuras objetivas –sacerdotes, doctrina, culto– para conocerle y entrar en contacto con él. A su vez, la respuesta que se recibe de la religión influye en la relación personal. No es lo mismo, evidentemente, que se afirme de Dios que es compasivo, indiferente o cruel pues la actitud que Dios espera del hombre y lo que el hombre puede esperar de Dios varía en cada caso. Relación personal e institucional con Dios están, pues, en la práctica, inevitablemente ligadas.

Apéndice. Sobre lo religioso y lo sagrado

Para concluir este epígrafe haremos una referencia al concepto de lo *sagrado* porque ha adquirido una gran relevancia después de las investigaciones de la fenomenología de la religión y, especialmente, de las de Rudolf Otto. Sagrado significa lo distinto, lo separado, lo que es diverso del mundo habitual y se coloca en otro orden de cosas. Y encontramos esta categoría, efectivamente, en un amplio abanico de realidades religiosas: el templo como espacio reservado para el culto y la oración, el sacerdote como hombre distinto y dedicado especialmente a la religión, etc. Algunos autores, sin embargo, no se han limitado a esta descripción tan sugerente, sino que han creído ver en lo sagrado la categoría esencial de lo religioso hasta el punto de identificar a ambas. Martín Velasco, por ejemplo, afirma que «algo es religioso en la medida en que tiene relación con lo sagrado» y, también en esta línea, indica que «el primer rasgo que caracteriza a cualquier manifestación religiosa es la ruptura que establece con la vida ordinaria»[19].

Esta postura, sin embargo, a la luz de las consideraciones que acabamos de hacer aparece como incorrecta. Si bien es cierto que en algunos ámbitos de lo religioso se hace presente la separación de lo ordinario, esa separación es algo accidental y no constituye la esencia de la religión. La religión, en realidad, no solo no supone ninguna ruptura con la vida ordinaria, sino que surge precisamente en el seno de esa vida cotidiana; es la pregunta que *cada uno* de nosotros nos hacemos sobre nuestro destino y la relación con Dios que surge de la respuesta. Toda la vida del hombre es, en cierta medida, religiosa, puesto que está influida de una manera u otra por la respuesta a las cuestiones últimas y por la concepción de lo divino y, por eso, no tiene sentido identificar lo sagrado entendido como separado con lo religioso. Lo sagrado, como ha explicado certeramente Pieper, quiere decir «más bien que determinadas realidades empíricas –lugares, tiempos, acciones, que poseen peculiares características– se ordenan a la esfera de lo divino de una manera que cae fuera del ámbito de lo habitual»[20]. Lo sagrado es un *ámbito especial* dentro de lo religioso que tiene su importancia pero que no constituye la categoría central porque el elemento último de lo religioso es la radicalidad y la ultimidad, no la separación. Por eso, lo sagrado tiene valor para el hombre no en sí mismo, por el hecho de ser algo separado, sino porque pone en contacto con Dios y con la ex-

[19] J. Gómez Caffarena y J. Martín Velasco, *Filosofía de la religión*, Revista de Occidente, Madrid 1973, p. 77. Martín Velasco, por otra parte, ofrece en este texto una buena síntesis de las principales tesis de la fenomenología de la religión.

[20] J. Pieper, *¿Qué significa sagrado? Un intento de clarificación*, Rialp, Madrid 1990, p. 21.

periencia religiosa. Me interesa ir al templo o acudir a un sacerdote no porque de esa manera me salgo de mi mundo ordinario, sino porque esa separación me facilita el contacto con Dios. Esta es también la opinión de Zubiri, quien considera que «ciertamente lo religioso puede ser sagrado. Pero es sagrado porque es religioso, no religioso porque es sagrado»[21].

3. Dimensiones del hecho religioso

Vamos a ver ahora los principales modos en que se plasma el hecho religioso mediante un instrumento conceptual que hemos utilizado ya en diversas ocasiones a lo largo del libro: la distinción entre dimensión subjetiva y dimensión objetiva y que, en este caso, coincide básicamente con la distinción entre relación personal e institucional con Dios que ya hemos apuntado.

a) La dimensión subjetiva: la experiencia religiosa

a.1) Características de la experiencia religiosa

Por dimensión subjetiva entendemos fundamentalmente la vivencia personal e individual de la religión y coincide fundamentalmente con el concepto de experiencia religiosa que ha sido brillantemente desarrollado en el último siglo por la fenomenología de la religión. Puesto que existen muchas religiones, evidentemente, la experiencia religiosa es necesariamente diversa pero, a pesar de todo, es posible reunir, especialmente si nos centramos en las religiones más im-

[21] X. ZUBIRI, *El problema filosófico de la historia de las religiones*, Alianza, Madrid 1987, pp. 26 y 57. La consecuencia lógica es que «lo sagrado y lo profano son dos vertientes de una misma realidad que es justamente la vida religiosamente tomada, la realidad religiosa» *(ibíd.*, p. 93).

portantes, sus principales características. Ferrer ha indicado las siguientes[22]:

— real: el hombre vive el hecho religioso como algo real, no como una invención de su inteligencia; la religión, con todas sus dimensiones, esta ahí y el hombre la experimenta[23];

— trascendente: el mundo en el que introduce la religión trasciende al hombre, es superior a él y se sitúa en un plano diverso característico de la divinidad;

— misteriosa: el mundo religioso no se presenta con la claridad de otras realidades humanas, sino envuelto en un hálito de misterio por su trascendencia y la profundidad y dificultad de las verdades que transmite;

— personal: aunque no es posible decirlo de todas las religiones, en la mayoría de ellas la experiencia religiosa se vive como relación con un Ser personal al que es posible dirigirse individualmente;

— voluntad santa: la vivencia religiosa suele mostrar, generalmente, también una voluntad de Dios para con los hombres que estos deben cumplir si quieren lograr la salvación;

— carácter salvífico: el hombre, por último, vive la religión como camino de salvación, es decir, como el medio de llevar una vida humana adecuada y plena, de resolver los enigmas que no puede responder y gozar de una vida feliz en el más allá posterior a la muerte.

---

[22] Cfr. J. FERRER, *Filosofía de la religión*, Palabra, Madrid 2002, pp. 281 y ss. Además se puede encontrar un buen resumen de la principales posturas filosóficas sobre la experiencia religiosa en las pp. 175-203.

[23] En *Eclipse de Dios*, cit., Buber ha insistido mucho en la realidad de Dios y en la comprensión de la religión como una relación con esa realidad frente a todos los intentos modernos de eliminación de lo religioso (Heidegger, Sartre) o de reducción a otras categorías diversas (Jung). Marina, por el contrario, se sitúa claramente en esta línea reduccionista pues considera fundamentalmente a la religión como «una invención» *(Dictamen sobre Dios*, cit., p. 22) y por eso acaba por vaciar a la experiencia religiosa de todo contenido válido y original.

a.2) Actos religiosos

La experiencia religiosa se traduce también en una serie de acciones y comportamientos religiosos que responden de diversas maneras a las necesidades que suscita. Estos actos son muchos y de muy diverso tipo y no vamos a tratarlos ahora con detalle. Nos referiremos solamente a tres especialmente importantes[24]. La *oración* es la relación dialógica y personal con el Ser Supremo en la que el hombre manifiesta sus anhelos y necesidades. «En la oración personal me sitúo, como persona, ante Dios. Dios me creó y me llamó a la vida de la gracia. Él es mi verdadero 'Tú', y, al relacionarme con Él, adquiero mi auténtico 'yo', llego a ser 'yo mismo'. Todo esto se expresa en la oración personal, que es el diálogo de cada hombre individual con Dios»[25]. En la *adoración,* el hombre manifiesta de manera específica su veneración y respeto ante el Ser trascendente. «Ante la grandeza de Dios, el hombre se inclina. Pero no solo sometiéndose a ella exteriormente sino en su interior, con una actitud de piedad y devoción. Y no solo hasta cierto grado, o con gran hondura y disponibilidad, sino de forma total y definitiva, como una creatura ante el Creador. Es decir, el hombre adora a Dios»[26]. Y en el *sacrificio* ofrece algo a Dios bien como ofrenda o bien para hacérselo propicio en una determinada circunstancia.

b) La dimensión objetiva

El aspecto objetivo de la religión son sus manifestaciones estructurales, que están por encima de la posición de cada

[24] Santo Tomás añade, además, la devoción, las oblaciones, el voto, el juramento, el conjuro y la invocación del santo nombre de Dios. Cfr. *S. Th.*, II-II, qq. 81 y ss.

[25] R. GUARDINI, *Introducción a la vida de oración,* cit., p. 203.

[26] *Ibíd.*, p. 82.

individuo. Es lo que la religión ofrece al individuo en cuanto tal así como los modos sociales y culturales en los que se expresan y se manifiestan esos contenidos. Siguiendo a Ferrer quien, a su vez, lo toma de Zubiri, hemos distinguido tres aspectos centrales de esta dimensión[27].

b.1) Una visión de Dios y del mundo

Lo primero que proporciona la religión es una visión de Dios y del mundo. El hombre, como hemos visto, busca en la religión la respuesta a sus interrogantes fundamentales y eso es, por tanto, lo que la religión debe ofrecerle: cómo y quién es Dios, de dónde procedemos, cuál es nuestro destino, por qué existe el mundo, etc. Los modos concretos en los que cada religión da esta respuesta varían mucho pero se pueden señalar, fundamentalmente, dos. El característico de las religiones más primitivas es el *mito*. El racionalismo inició una campaña desprestigiadora identificándolo con un modo de conocer irracional y no reflexivo pero la fenomenología de la religión y los estudios antropológicos lo han devuelto al lugar que le corresponde: el de *una narración sobre los orígenes*. Esta narración es necesariamente oscura y difícil por el tema al que se refiere pero ello no significa que sea irracional[28]. Los mitos, dice Ferrer, son «tanteos de respuesta al enigma de los orígenes y destino del cosmos y del hombre, de la vida del más allá y de la muerte»[29] y lo mismo afirma, aunque de modo más desarrollado, el famoso estudioso de las religiones Mircea Eliade: «El mito narra una historia sagrada; relata un acontecimiento que

[27] Cfr. J. Ferrer, *Filosofía de la religión*, cit., pp. 28 y ss.

[28] Cuestión aparte es su validez, tema en el que aquí no entramos. Lo que pretendemos simplemente es indicar su valor antropológico.

[29] J. Ferrer, *Filosofía de la religión*, cit., p. 30. En el mismo sentido también E. Trías, *Pensar la religión*, cit., p. 22: «Toda mitología es ya, de suyo, revelación». Para Trías, de todos modos, cualquier revelación es siempre parcial y por eso aboga por una religión sincretista que reúna los elementos esenciales de cada una de las religiones.

tuvo lugar en el tiempo primordial, el tiempo fabuloso de los 'principios'. Para decirlo de otra manera: el mito narra cómo, gracias a las fiestas de los Seres Sobrenaturales, una realidad ha venido a la existencia, ya sea la realidad total, el cosmos o solamente un fragmento»[30].

El segundo modo en que la religión proporciona una visión del mundo son los *sistemas doctrinales* y es el propio de religiones evolucionadas y, en particular, de las grandes religiones monoteístas. Por sistema doctrinal, de todos modos, no hay que entender una doctrina axiomática y perfectamente estructurada al modo racionalista, sino un sistema de creencias elaborado, sofisticado y suficientemente coherente para poder responder con solidez a las críticas o a los interrogantes de la inteligencia.

b.2) Un modo de vivir la relación cultual

La religión proporciona también *el modo concreto de entrar en contacto con la divinidad* que se hace efectivo habitualmente a través de un sistema de prácticas específicas al que se suele denominar *culto*. La justificación de esta dimensión radica en que al hombre le interesa de la religión no solo la doctrina, sino el *contacto efectivo y eficaz* con Dios, algo que él no puede conseguir solo o por lo menos de una manera suficientemente satisfactoria. Y el culto y las prácticas del culto consisten precisamente en ese marco por el que el hombre se introduce eficazmente en el ámbito de lo divino.

Las prácticas cultuales de las religiones son muchas y muy diversas pero las fundamentales son el rito y el sacrificio.

El *rito* se caracteriza por ser *una práctica religiosa con unas características estables y definidas fijadas por Dios o sus representantes.* No es una invención meramente humana y de ahí obtiene

[30] M. ELIADE, *Mito y realidad*, Guadarrama, Madrid 1973, p. 18. Citado por LL. DUCH, *Antropología de la religión*, cit.

su valor. Por eso, solo si se realiza la acción ritual en el momento y del modo previsto se puede entrar en contacto con Dios y obtener aquello que se busca. La intervención humana solo puede tener una importancia secundaria y nunca puede convertirse en protagonista, por ejemplo, mediante iniciativas que lo modifiquen sustancialmente, porque entonces el rito se desvirtúa. Se convierte en algo meramente humano con efectos humanos, algo que cualquier persona puede realizar por su cuenta, no en la participación en un canal o en un flujo de ayuda establecido por Dios[31].

Los *sacrificios* son otra práctica cultual muy extendida. No resulta fácil dar con su sentido exacto pero, en general, se puede indicar que se trata de un modo de relacionarse con la divinidad mediante la renuncia a un bien personal. En ocasiones se dividen en tres tipos fundamentales según lo que la persona busca: el sacrificio de oblación pretende reconocer la majestad de Dios, el de expiación busca reparación por las faltas cometidas y del de comunión busca la unión con la divinidad.

El culto se extiende, además, a otros ámbitos como el espacio y el tiempo sagrado, la existencia y características de personas dedicadas especialmente a relacionarse con la divinidad (los sacerdotes), etc.

b.3) Un saber de salvación

El tercer punto en el que se objetiva la religión es en un saber de salvación. La visión de Dios y del mundo proporciona una respuesta teórica a las inquietudes humanas porque permite saber. Pero el hombre, además, necesita salvarse, es decir, *necesita saber qué tiene que hacer y cómo debe comportarse* en relación a lo que le plantea su naturaleza y a lo

[31] Este planteamiento general del rito es el que está presente en los sacramentos cristianos.

que Dios le pide. La mayor parte de las religiones responde a esta respuesta con un código bastante específico de comportamiento moral. La religión entra así en el terreno de la ética.

Un efecto secundario de la entrada de la religión en el mundo de la ética es que permite una *valoración antropológica de las religiones*. Las religiones se presentan como respuestas últimas, radicales y, según los casos, indiscutibles porque apelan a Dios como fundamento de su doctrina. Pero esa apelación no exime al hombre de una valoración intelectual. La persona debe analizar las respuestas de la religión par ver si se corresponden con sus anhelos, esperanzas y convicciones, y también para valorar su coherencia y razonabilidad. Esa valoración, sin embargo, no resulta fácil en los temas que se refieren al más allá o a las características de Dios ya que el hombre carece de elementos de referencia, mientras que resulta mucho más asequible en el terreno antropológico y moral. Por eso, las propuestas morales de cada religión son un punto importante para establecer su validez. Si, por ejemplo, una religión propone el suicidio como medio para resolver algún tipo de problemas o permite o incluso fomenta los sacrificios humanos tenemos una indicación clara de que se trata de una religión falsa e inhumana.

4. Religión y religiones

Estas reflexiones nos introducen de manera natural en el último tema que vamos a considerar: la diversidad de religiones y su repercusión en la persona. ¿Qué supone para el hombre que existan diferentes religiones y cuál es la actitud que debe adoptar? Comenzaremos por una breve exposición de las principales religiones.

a) Los diversos tipos de creencias

Existen y han existido a lo largo de la historia muchos tipos de religiones y se han realizado desde siempre, también recientemente, esfuerzos para sistematizarlas y catalogarlas. Vamos a exponer muy brevemente dos de ellas[32].

La primera se debe a Manuel Guerra, que ha agrupado las religiones en torno a cuatro constantes: la telúrica, la celeste, la étnico-política y la mistérica[33]. La constante *telúrica* se caracteriza por la divinización de la madre Tierra en cuanto portadora del misterio de la vida y de la divinidad, y está básicamente ligada al animismo. La constante *celeste* es propia de pueblos más desarrollados y toma su nombre de la creencia de que la divinidad proviene del cielo, donde tiene su morada. La constante *étnico-política* pone de relieve la dimensión social de la religión y su íntima relación con la identidad del pueblo y de la nación. Ejemplos típicos son las religiones de Grecia o de Roma. Por último, las religiones *mistéricas* se oponen a las étnico-políticas y ponen el acento en la dimensión interior y más profunda del hombre rechazando el exceso de ritualismo y de prácticas externas.

La segunda clasificación la propone Ferrer siguiendo a Zubiri[34] y Danielou[35]. Es menos descriptiva y cultural y se centra en la concepción de Dios propia de cada religión. Consta de cuatro elementos: el politeísmo, el panteísmo, el dualismo y el monoteísmo trascendente[36].

---

32 Otra clasificación distinta se puede encontrar en LL. DUCH, *Antropología de la religión*, cit., pp. 121-145.

33 Cfr. M. GUERRA, *Historia de las religiones*, 3 vol., Eunsa, Pamplona 1980.

34 Cfr. X. ZUBIRI, *El problema filosófico de la historia de las religiones*, cit.

35 Cfr. J. DANIELOU, *Dios y nosotros*, Cristiandad, Madrid 2003.

36 Cfr. J. FERRER, *Filosofía de la religión*, cit., pp. 235-280, donde se encuentra una descripción detallada de estos tipos de religiosidad y de las religiones concretas que los conforman.

El *politeísmo* se caracteriza por la creencia en varios dioses que, además, se suelen asociar generalmente a entidades específicas ya sea materiales o abstractas: la diosa Tierra, los dioses del hogar, el dios de la guerra o del amor, etc. El punto de verdad del politeísmo es que advierte la presencia de lo sagrado en todas las realidades. Su debilidad principal es que personaliza esa presencia dispersando al Absoluto por la multiplicidad de los entes sin darse cuenta de que, si Dios existe, solo puede ser Uno. La existencia de infinitos y pequeños dioses es un absurdo.

El *panteísmo* corresponde a una mentalidad mucho más reflexiva y se caracteriza por borrar las fronteras que separan a las criaturas de Dios al no tener en cuenta su absoluta trascendencia. Dios está presente en la realidad pero en el panteísmo esto sucede con tal profundidad e intensidad que al final las criaturas desaparecen absorbidas por Dios. El panteísmo solo ha tenido una existencia anecdótica en Occidente, mientras que muchas de las religiones orientales más difundidas como el budismo o el hinduismo tienen rasgos panteístas ya que no insisten en la perfección del individuo, sino en su absorción o identificación con el principio o con el Uno pagando para ello el precio de la pérdida de la propia identidad.

El *dualismo* es una corriente minoritaria pero que ha sido significativa en Oriente y que surge, fundamentalmente, como respuesta a la presencia del mal en el mundo. Mientras que la mayoría de las religiones pone como principio supremo al Bien, el dualismo, ante la abundancia del mal, responde considerando que existen en realidad dos principios, el del bien y el del mal, que luchan entre sí[37].

Por último se encuentra el *monoteísmo trascendente,* que comprende tres grandes religiones: el judaísmo, el islamismo, y el cristianismo. Todas ellas se caracterizan por afirmar la uni-

---

[37] Ejemplo característico del dualismo es el maniqueísmo. Cfr. A. Alessi, *Filosofia della religione,* LAS, Roma 1991, pp. 47-81.

cidad de Dios y su trascendencia sobre el mundo. Dios es único, todopoderoso y omnipresente, pero no se identifica con las criaturas. El Islam ha insistido especialmente en la unidad de Dios mientras que el cristianismo, a través del misterio de la Trinidad, ha mantenido la existencia en Dios tanto de la unidad como de la diversidad. Dios es Uno y Trino simultáneamente, una sola naturaleza y tres personas distintas, tres yoes. «Dios, cuya esencia y cuya vida desborda todo lo humano, es persona también de forma distinta y prodigiosa. Cada hombre es una persona singular: dice 'yo' de un modo individual y 'único'. En Dios hay Tres que dicen 'yo'. Tres son los rostros que se destacan en su vida. Tres son los modos como se autoposee su vida... El hombre solo puede decir 'tú' cuando se dirige a otra persona. En cambio, Dios encuentra en su misma vida a aquel a quien dice 'Tú'»[38].

b) El problema antropológico de la diversidad de religiones

La diversidad de religiones plantea, como es fácil intuir, un conjunto de problemas. El principal y decisivo es la *búsqueda de la religión verdadera.* ¿Cuál, de todas las religiones que existen, es la que responde realmente a la verdad de las cosas, a lo que Dios y el hombre son? Pero, aunque esta cuestión evidentemente es la decisiva, no es la única que se puede plantear. La diversidad religiosa puede dar lugar a un problema previo: *el cuestionamiento de la misma validez de la religión.* Las posturas posibles desde esta perspectiva son dos: el ateísmo y el agnosticismo.

Para el *agnóstico,* la existencia de tantas religiones viene a demostrar que no es posible saber con certeza casi nada

[38] R. GUARDINI, *Introducción a la vida de oración,* cit., pp. 113-114. Estas consideraciones nos permiten apuntar, además, cómo, a través de esta perspectiva, es posible adentrarse en una teología de orientación personalista.

acerca de Dios y que, por tanto, la actitud más seria y coherente es la aceptación de la ignorancia ante lo divino: una especie de encogimiento de hombros intelectual, en principio no por despecho o desinterés, sino por impotencia ante el misterio de la trascendencia. El *ateo*, sin embargo, llega a una conclusión distinta: lo que muestra esta multiplicidad es la inexistencia de Dios. La divinidad y los dioses son, en realidad, una invención humana con la que el hombre intenta llenar un hueco en su existencia que, en realidad, es incolmable. La diversidad de las religiones según las culturas y las épocas muestra precisamente este carácter inventivo de la religión. Tal como es el hombre así son los dioses que inventa para compensar sus carencias, sus limitaciones y sus miedos[39].

El ateísmo y el agnosticismo son posturas posibles pues las cuestiones últimas no están al alcance directo de nuestra inteligencia. Pero al mismo tiempo hay que añadir que son posturas minoritarias y débiles. Por un lado dejan sin respuesta los interrogantes más profundos del hombre y, por otro, especialmente el ateísmo, no están justificados pues, como ya hemos dicho, las manifestaciones de la existencia de un Ser Superior son y se han considerado abrumadoras por la mayoría de la humanidad incluyendo en ella a los filósofos y pensadores. Por eso, la actitud antropológica adecuada es la búsqueda de la verdadera religión, que debe constituir necesariamente un objetivo central en la vida de cada persona y al que no se debe renunciar más que cuando los esfuerzos que se hayan empeñado no den manifiestamente ningún fruto.

Además, la dificultad que supone la multiplicidad de religiones tampoco debe desorbitarse. En la práctica, cada persona tiene frente a sí un número muy limitado de religiones que son las que debe valorar y a las que tiene que dar o no su asentimiento. El error es, ciertamente, posible pero eso ocurre también en otros ámbitos de la vida, como la moral. También

[39] Esta es, en el fondo, la postura de J. A. MARINA, *Dictamen sobre Dios*, cit.

el hombre se enfrenta con diversas opciones morales ante las que tiene que tomar una decisión. En estos casos, lo importante es actuar con honestidad sin ceder, por otro lado, a la comodidad de la no implicación. Y lo mismo, o de modo aún más radical, debe decirse de la búsqueda de Dios. Ese anhelo surge del interior más profundo del ser humano y, por tanto, debe prolongarse hasta que se posea el convencimiento interior de que se ha dado con la verdad.

BIBLIOGRAFÍA BÁSICA UTILIZADA*

ABBÀ, G., *Felicità, vita buona e virtù. Saggi di filosofia morale*, LAS, Roma 1989.

— *Lex et virtus. Studi sull'evoluzione della dottrina morale di san Tommaso d'Aquino*, LAS, Roma 1983.

ACTON, Lord, *Ensayos sobre la libertad y el poder*, Unión Editorial, Madrid 1999.

AGUSTÍN, S., *La ciudad de Dios.*

— *Las confesiones.*

— *Soliloquios.*

ALACEVICH, F., ZAMAGNI, S., y GRILLO, A., *Tempo del lavoro e senso della festa*, San Paolo, Milano 1999.

ALTOLAGUIRRE, M., *Antología de los poetas del 27*, Espasa-Calpe, Madrid 1983.

ARENDT, H., *La condición humana*, Paidós, Barcelona 2001.

ARISTÓTELES, *Ética a Nicómaco.*

— *Sobre el alma.*

— *Política.*

— *Economía.*

* Se señala a continuación la bibliografía básica empleada en la elaboración del texto. No se incluyen en esta relación los textos usados a un nivel secundario, las referencias muy especializadas, y las indicaciones bibliográficas apuntadas principalmente como caminos para ampliar conocimientos.

ARTIGAS, M., *Filosofía de la ciencia experimental: la objetividad y la verdad en la ciencia* (2ª ed.), Eunsa, Pamplona 1997.

AUSTIN, J. L., *Cómo hacer cosas con palabras*, Paidós, Barcelona 1981.

BALLESTEROS, J., *Ecologismo personalista*, Tecnos, Madrid 1995.

BELTRÁN, J., *Para comprender la psicología* (6ª ed.), Verbo Divino, Estella 2000.

BENÉYTEZ, G., *La libertad en el pensamiento de Karol Wojtyla*, Servicio de publicaciones de la Universidad de Navarra 1991, I, pp. 89-176.

BERLIN, I., *Cuatro ensayos sobre la libertad*, Alianza, Madrid 1998.

BIBLIA: *Génesis, Qoéhlet, Cantar de los Cantares, Evangelios, Cartas de San Pablo, Cartas de San Juan.*

BOECIO, *Liber de persona et duabus naturis contra Eutychen et Nestorium.*

BOMBACI, N., *Emmanuel Mounier: una vida, un testimonio*, Mounier, Salamanca 2002.

BORGES, J. L., *El inmortal*, en *El Aleph*, Alianza, Madrid 1997.

BORNE, E., *El trabajo y el hombre*, Desclée, Buenos Aires 1945.

BUBER, M., *Yo y tú* (3ª ed.), Caparrós, Madrid 1998.

— *Eclipse de Dios. Estudio sobre las relaciones entre religión y filosofía*, FCE, México 1995.

BURGOS, J. M., *La inteligencia ética. La propuesta de Jacques Maritain*, Peter Lang, Berna 1995.

— *Historia de la psicología*, Palabra, Madrid 2014.

— *La experiencia integral. Un método para el personalismo*, Palabra, Madrid 2015.

— *Max Weber e l'etica del capitalismo. Storia di una controversia e nuove prospettive*, «Acta Philosophica», 5 (1996), pp. 197-220.

— *Introducción al personalismo*, Palabra, Madrid 2012.

— *Diagnóstico sobre la familia*, Palabra, Madrid 2004.

— *Repensar la naturaleza humana*, Eiunsa, Pamplona 2007.

— *Reconstruir la persona. Ensayos personalistas*, Palabra, Madrid 2009.

BURGOS, J. M. (ed.), *La filosofía personalista de Karol Wojtyla*, Palabra, Madrid 2007.

BURGOS, J. M. (ed.), *El giro personalista: del qué al quién*, Mounier, Salamanca 2011.

BURGOS, J. M. y GÓMEZ, N. (eds.), *¿Qién es Dios? La percepción contemporánea de la religión*, Monte Carmelo, Burgos 2012.

BURGOS, J. M., *El personalismo ontológico moderno. I. Arquitectónica*, "Quien" 1 (2015), pp. 9-29.

BURGOS, J. M., *El personalismo ontológico moderno. II. Claves antropológicas*, "Quien" 2 (2015), pp. 7-32.

BUTTIGLIONE, R., *L'uomo e il lavoro. Riflessioni sull'enciclica «Laborem exercens»*, CSEO, Bologna 1984.

— *El pensamiento de Karol Wojtyla*, Encuentro, Madrid 1992.

— *La persona y la familia*, Palabra, Madrid 1999.

CAMPANINI, G., *Realtà e problemi della famiglia contemporánea. Compendio di sociologia della famiglia*, Paoline, Milano 1989.

CAMPO, S. DEL, *La «nueva» familia española*, Eudema, Madrid 1991.

CAÑAS, J. L., *Gabriel Marcel: filósofo, dramaturgo y compositor*, Palabra, Madrid 1998.

CARRERAS, J., *Las bodas: sexo, fiesta y derecho*, Rialp, Madrid 1994.

CARRO, A. J., *Historia social del trabajo* (8ª ed.), Bosch, Barcelona 1992.

CASTILLA DEL PINO, C., *Teoría de los sentimientos*, Tusquets, Barcelona 2000.

CASTILLA, B., *Persona femenina, persona masculina*, Rialp, Madrid 1996.

CATECISMO DE LA IGLESIA CATÓLICA, Asociación de Editores, Madrid 1992.

CAYETANO, *Commentaria in Summam Theologiae, S. Thoma Aq.*, Leonina, Roma 1891.

CERVANTES, M. DE, *Don Quijote de la Mancha*.

CICERÓN, *De la amistad*.

CONCILIO VATICANO II, Constitución Pastoral *Gaudium et spes;* Declaración *Dignitatis humanae*.

CONESA, F. y NUBIOLA, J., *Filosofía del lenguaje*, Herder, Barcelona 1999.

CORAZÓN, R., *Fundamentos para una filosofía del trabajo*, Servicio de Publicaciones de la Universidad de Navarra, Pamplona 1999.

CORDES, P. J., *El eclipse del padre*, Palabra, Madrid 2003.

CORTI, E., *El caballo rojo*, Rialp, Madrid.

CROSBY, J. F., *The selfhood of the human person*, The Catholic University of America Press, Washington 1996.

CRUZ, J., *Filosofía de la historia*, Eunsa, Pamplona 1995.

CUCÓ, J., *La amistad. Perspectiva antropológica*, Icaria, Barcelona 1995.

D'AGOSTINO, F., *Filosofía de la familia*, Rialp, Madrid 2006.

DAHL, R., *La democracia. Una guía para los ciudadanos*, Taurus, Madrid 1999.

DOMINGO MORATALLA, A., *Un humanismo del siglo XX: el personalismo*, Pedagógicas, Madrid 1985.

DONATI, P., *La familia como raíz de la sociedad*, BAC, Madrid 2013.

DONATI, P. P. y DI NICOLA, P., *Lineamenti di sociología della famiglia. Un approccio relazionale all'indagine sociologica*, La Nuova Italia Scientifica, Roma 1991.

DOMÍNGUEZ PRIETO, X. M., *Antropología de la familia. Persona, matrimonio y familia*, BAC, Madrid 2007.

DUCH, LL., *Antropología de la religión*, Herder, Barcelona 2001.

ESCRIVÁ, J., *Es Cristo que pasa*, Rialp, Madrid 1991.

— *Surco*, Rialp, Madrid.

FERRER, J., *Filosofía de la religión*, Palabra, Madrid 2002.

FERRER, U., *¿Qué significa ser persona?*, Palabra, Madrid 2002.

FINANCE, J. DE, *Ensayo sobre el obrar humano*, Gredos, Madrid 1966.

FRANKL, V., *El hombre en busca de sentido último*, Paidós, Barcelona 1999.

— *Psicoanálisis y existencialismo*, FCE, México 1987.

FUENMAYOR, A. DE, *La libertad religiosa*, Eunsa, Pamplona 1974.

GADAMER, H. G., *Verdad y método*, Sígueme, Salamanca 2012.

GARCÍA CUADRADO, J. A., *Antropología filosófica. Una introducción a la filosofía del hombre*, Eunsa, Pamplona 2001.

GELLNER, E., *Naciones y nacionalismo*, Alianza, Madrid 2008.

GILSON, E., *El espíritu de la filosofía medieval*, Rialp, Madrid 1981.

— *El realismo metódico*, Encuentro, Madrid 1997.

GIUSSANI, G., *El sentido religioso* (4ª ed.), Encuentro, Madrid 1993.

GÓMEZ CAFFARENA, J., y MARTÍN VELASCO, J., *Filosofía de la religión*, Revista de Occidente, Madrid 1973.

GUARDINI, R., *Mundo y persona. Ensayos para una teoría cristiana del hombre*, Encuentro, Madrid 2000.

— *Introducción a la vida de oración*, Palabra, Madrid 2002.

— *Las etapas de la vida* (3ª ed.), Palabra, Madrid 2000.

— *Persona e libertà. Saggi di fondazione sulla teoria pedagogica*, La Scuola, Brescia 1987.

GUDÍN, M., *Cerebro y afectividad*, Eunsa, Pamplona 2001.

HABERMAS, J., RATZINGER, J., *Dialéctica de la secularización*, Encuentro, Madrid, 2006.

HALL, C., *Dolce casa*, en P. ARIÈS, G. DUBY (eds.), *La vita privata. IV. L'ottocento*, Laterza, Roma-Bari 1988.

HEIDEGGER, M., *Ser y tiempo*, Trotta, Madrid 2013.

HERLIHY, D., *La famiglia nel medioevo*, Laterza, Bari 1994.

HERNÁNDEZ, M., *Obra poética completa*, Alianza, Madrid 1990.

HILDEBRAND, D. VON, *El corazón* (4ª ed.), Palabra, Madrid 2001.

HORACIO, *Odas*, traducción de L. J. Moreno, Plaza y Janés, Barcelona 2000.

HUME, D., *Enquires concerning the human understanding and concerning the principles of moral*, Clarendon Press, Oxford 1927.

ILLANES, J. L., *La santificación del trabajo*, Palabra, Madrid 2002.

JASPERS, K., *Cifras de la trascendencia*, Alianza, Madrid 1993.

— *Lo trágico. El lenguaje*, Librería Agora, Málaga 1995.

— *Psicopatología general*, FCE, México 1996.

JUAN PABLO II, *Fides et ratio*.

— *Laborem exercens*.

— *Centesimus annus*.

— *Evangelium vitae*.

JUNG, C. J., *Los complejos y el inconsciente*, Alianza, Madrid 1969.

KANT, I., *Fundamentación de la metafísica de las costumbres*, Santillana, Madrid 1996.

KAPLAN, H. I. y SADOCK, B. I., *Sinopsis de Psiquiatría*, Ed. Médica Panamericana, Madrid 2000.

KRIELE, M., *Liberación e ilustración*, Herder, Barcelona 1982.

LAÍN ENTRALGO, P., *Teoría y realidad del otro*, Alianza, Madrid 1983.

— *Sobre la amistad*, Espasa-Calpe, Madrid 1986.

LÉVINAS, E., *Dios, la muerte y el tiempo*, Cátedra, Madrid 1994.

— *Ética e infinito*, A. Machado Libros 2000.

LEVINSON, D. J., y GOODEN, W. E., *El ciclo vital*, en H. I. KAPLAN, B. I. SADOCK, *Tratado de psiquiatría, I*, Salvat Medicina, Barcelona 1992, pp. 1-13.

LIPOVETSKY, G., *La tercera mujer*, Anagrama, Madrid 1999.

LOCKE, J., *Lettera sulla tolleranza*, La Nuova Italia, Firenze 1971.

LÓPEZ QUINTÁS, A., *El poder del diálogo y del encuentro* (2ª ed.), BAC, Madrid 1997.

— *Estrategia del lenguaje y manipulación del hombre* (3ª ed.), Narcea, Madrid 1984.

— *El secreto de una vida lograda* (2ª ed.), Palabra, Madrid 2003.

LORDA, J. L., *Antropología. Del Concilio Vaticano II a Juan Pablo II*, Palabra, Madrid 1996.

LOURIEUX, C., *Cristianos en tierras del Islam*, Palabra, Madrid 2002.

LOZANO, S., *La interpersonalidad en Karol Wojtyla*, Edicep, Valencia 2016.

LUCAS, R., *El hombre, espíritu encarnado. Compendio de filosofía del hombre*, Sígueme, Salamanca 1999.

LUCAS, A., *Sociología. El estudio de la realidad social*, Eunsa, Pamplona 2011.

LYONS, W., *Emoción*, Anthropos, Barcelona 1993.

LYOTARD, J.-F., *La condición postmoderna. Informe sobre el saber,* Cátedra, Madrid 2014.

MACHADO, A., *Poesías completas,* Espasa-Calpe, Madrid 1963.

MARÍAS, J., *Antropología metafísica,* Alianza, Madrid 1987.

— *La educación sentimental,* Alianza, Madrid 1993.

— *La felicidad humana,* Alianza, Madrid 1991.

— *La mujer y su sombra,* Alianza, Madrid 1987.

— *Persona,* Alianza, Madrid 1997.

— *Mapa del mundo personal,* Alianza, Madrid 2006.

MARINA, J. A., *Dictamen sobre Dios* (4ª ed.), Anagrama, Madrid 2002.

— *El laberinto sentimental,* Anagrama, Madrid 1996.

MARITAIN, J., *Art et scolastique,* Oeuvres Complètes, vol. I.

— *Cristianismo y democracia,* Palabra, Madrid 2001.

— *El hombre y el Estado,* Encuentro, Madrid 1997.

— *Humanismo integral. Problemas temporales y espirituales de una nueva cristiandad,* Palabra, Madrid 1999.

— *La intuición creadora en el arte y en la poesía,* Palabra, Madrid 2005.

— *La loi naturelle ou loi non écrite,* Édition Universitaires, Fribourg (Suisse) 1986.

— *Los grados del saber,* Desclée de Brower, Buenos Aires 1947.

— *Principes d'une politique humaniste,* Oeuvres Complètes, vol. VIII.

MCCOOL, G. A., *From Unity to pluralism. The internal Evolution of Thomism,* Fordham University Press, New York 1992.

MCINTYRE, A., *Tras la virtud,* Crítica, Barcelona 1987 .

— *Whose justice? Which rationality?,* Duckworth, London 1988.

— *Tres versiones rivales de la ética,* Rialp, Madrid 1992.

MCLEOD H., y USTORF, W. (eds.), *The Decline of Christendom in Western Europe (1750-2000),* Cambridge University Press, Cambridge 2003.

MÈDA, D., *El trabajo. Un valor en peligro de extinción*, Gedisa, Barcelona 1998.

MELENDO, T., *Las dimensiones de la persona*, Palabra, Madrid 1999.

MICHEL, A., *Sociología de la familia y del matrimonio*, Península, Barcelona 1974.

MILLÁN PUELLES, A., *Fundamentos de filosofía*, Rialp, Madrid 1999.

— *La estructura de la subjetividad*, Rialp, Madrid 1967.

— *La libre afirmación de nuestro ser*, Rialp, Madrid 1993.

MOLLINEDO, K., *El diagrama de la persona según Burgos y su aplicación en la psicoterapia*, Instituto de Ciencias de la Familia, Universidad Galileo, Guatemala 2008.

MORALES, J., y ABAD, L. V., *Introducción a la sociología* (2ª ed.), Tecnos, Madrid 1997 .

MOREY, M., *El hombre como argumento*, Anthropos, Barcelona 1987.

MORTENSEN, J. N., *The common good. An introduction to personalism*, Boedal, Frederiksvaerk 2014.

MOUNIER, E., *El personalismo*, Acción Cultural Cristiana, Madrid 1997.

— *Manifiesto al servicio del personalismo*, Taurus, Madrid 1967.

MOUROUX, J., *Sentido cristiano del hombre*, Palabra, Madrid 2001.

MULHALL, S., y SWIFT, A., *El individuo frente a la comunidad. El debate entre liberales y comunitaristas*, Temas de Hoy, Madrid 1996.

MYERS, D. G., *Psicología*, Editorial Médica Panamericana, Buenos Aires 1990.

NAVARRO-VALLS, R., *Matrimonio y derecho*, Tecnos, Madrid 1995.

NICOLA, G. P. DI, *Uguaglianza e differenza. La reciprocità uomo-donna*, Città Nuova, Roma 1989.

NUBIOLA, J., *La revolución pragmatista de la filosofía analítica*, Eunsa, Pamplona 1996.

ORELLANA, I., *Pedagogía del dolor* (3ª ed.), Palabra, Madrid 2001.

ORTEGA Y GASSET, J., *Meditación sobre la técnica*, Santillana, Madrid 1997.

PAPINI, R., (coord.), *La idea personalista en las Constituciones Nacionales*, Fundación Humanismo y Democracia, Madrid 1982.

PAREYSON, L., *Esistenza e persona*, Il Melangolo, Genova 1985.

PARSONS, T., *La estructura social de la familia*, en AA.VV., *La familia*, Península, Barcelona 1974.

PIAGET, J., *The psychogenesis of knowledge and its epistemological significance*, en M. PIATELLI-PALMARINI (ed.), *Language and learning*, Harvard University Press, Cambridge 1980.

PIEPER, J., *¿Qué significa sagrado? Un intento de clarificación*, Rialp, Madrid 1990.

— *Las virtudes fundamentales* (2ª ed.), Rialp, Madrid 1980.

PINILLOS, J. L., *Principios de psicología* (18 ed.), Alianza, Madrid 1994.

PLATÓN, *Gorgias*.

— *La República*.

POLAINO, A. *Antropología e investigación en ciencias humanas*, Unión Editorial, Madrid 2010.

POLO, L., *Tener y dar*, en VV.AA., *Estudios sobre la Laborem exercens*, BAC, Madrid 1987.

— *¿Quién es el hombre?*, Rialp, Madrid 1993.

— *Antropología trascendental. I. La persona humana*, Eunsa, Pamplona 1999.

RATZINGER, J., *Fe, verdad y tolerancia*, Sígueme, Salamanca 2005.

RAWLS, J., *Teoría de la justicia*, FCE, México 1978.

— *El liberalismo político*, Crítica, Barcelona 2005.

REQUENA, F., *Amigos y redes sociales. Elementos para una sociología de la amistad*, CIS, Madrid 1994.

RIGOBELLO, A., *Il personalismo*, Città Nuova, Roma 1978.

RODRÍGUEZ FERNÁNDEZ, M. I., *Génesis y evolución de actitudes ante la muerte en la infancia*, Cuadernos de Bioética, XI-41 (2000), pp. 113-118.

RODRÍGUEZ LUÑO, A., *Ética general*, Eunsa, Pamplona 1991.

RUSSO, F., *La persona umana. Questioni di antropología filosofica*, Armando, Roma 2000.

SANGUINETI, J.J., *Filosofía de la mente*, Palabra, Madrid 2007

— *El conocimiento. Una perspectiva filosófica*, Palabra, Madrid 2005.

SCHELER, M., *Etica. Nuevo ensayo de fundamentación de un personalismo ético*, Caparrós, Madrid 2001.

— *Muerte y supervivencia*, Encuentro, Madrid 2001.

SEARLE, J. R., *Actos de habla. Ensayo de filosofía del lenguaje*, Cátedra, Madrid 1980.

SEIFERT, J., *El concepto de persona en la teología moral. Personalismo y personalismos*, en AA.VV., *El primado de la persona en la moral contemporánea*, Eunsa, Pamplona 1997, pp. 33-63.

— *Dignidad humana: dimensiones y fuentes en la persona humana*, en AA.VV., *Idea cristiana del hombre*, Instituto de Antropología y Ética, Eunsa, Pamplona 2002, pp. 17-37.

SENNETT, R., *La corrosión del carácter. Las consecuencias personales del trabajo en el nuevo capitalismo*, Anagrama, Madrid 2001.

SPAEMANN, R., *Lo natural y lo racional*, Rialp, Madrid 1989.

— *¿Es todo ser humano una persona?*, en «Persona y Derecho», vol. 37 (1997), pp. 9-23.

STEFANINI, L., *Personalismo sociale* (2ª ed.), Studium, Roma 1979.

STEINER, G., *Presencias reales*, Destino, Barcelona 1991.

STUART MILL, J., *On liberty*, World's Classics Edition.

THÉRY, I., *Le démariage. Justice et vie privée*, Odile Jacob, Paris 1993.

TOCQUEVILLE, A. DE, *De la democracia en América*, Aguilar, Madrid 1990.

TOLKIEN, J. R. R., *El Señor de los anillos*, Minotauro, Barcelona 2001.

TOMÁS DE AQUINO, *De Veritate.*

— *In Ethicorum.*

— *Quaestiones disputata de malo.*

— *Summa Theologiae.*

TORRALBA, F., *¿Qué es la dignidad humana? Ensayo sobre P. Singer, H. T. Engelhardt y J. Harris*, Herder, Barcelona 2005.

TRÍAS, E., *Pensar la religión*, Destino, Barcelona 1997.

VALVERDE, C., *Antropología filosófica*, Edicep, Valencia 2000.

VICENTE, J., y CHOZA, J., *Filosofía del hombre. Una antropología de la intimidad* (4ª ed.), Rialp, Madrid 1995.

VICENTE, J., *El horror de la muerte*, Tibidabo, Barcelona 1992.

VILADRICH, P. J., *Agonía del matrimonio legal. Una introducción a los elementos conceptuales básicos del matrimonio*, Eunsa, Pamplona 1984.

WEBER, M., *La ética protestante y el espíritu del capitalismo*, Península, Barcelona 1993.

WOJTYLA, K., *Amor y responsabilidad*, Palabra, Madrid 2008.

— *El hombre y su destino*, Palabra, Madrid 1998.

— *Mi visión del hombre. Hacia una nueva ética* (2ª ed.), Palabra, Madrid 1998.

— *Opere letterarie. Poesie e drammi*, Libreria Editrice Vaticana, Roma 1993.

— *Hombre y mujer lo creó*, Cristiandad, Madrid 2001.

— *La familia como «communio personarum»*, en *El don del amor. Escritos sobre la familia*, Palabra, Madrid 2000.

— *Persona y acción*, Palabra, Madrid 2011.

YEPES, R., *Fundamentos de antropología. Un ideal de la excelencia humana*, Eunsa, Pamplona 1996.

ZUBIRI, X., *El hombre y Dios* (3ª ed.), Alianza, Madrid 1985.

— *Inteligencia y razón*, Alianza, Madrid 2008.

ÍNDICE DE NOMBRES

A

B

R

S

T

U

V

W

ÍNDICE

SEGUNDA PARTE
LA ESTRUCTURA DE LA PERSONA

TERCERA PARTE

ÁMBITOS DEL OBRAR HUMANO

CUARTA PARTE
LOS OTROS

[colección albatros]

Manuales de filosofía que ponen al alcance de todos, y especialmente de los universitarios, los elementos centrales de la cultura filosófica.

1. ESTÉTICA DE BOLSILLO
   Pablo Blanco
   2ª edición

3. HISTORIA DE LA FILOSOFÍA. I. FILOSOFÍA ANTIGUA
   Carlos Goñi

4. HISTORIA DE LA FILOSOFÍA. II. FILOSOFÍA MEDIEVAL
   Eudaldo Forment

5. HISTORIA DE LA FILOSOFÍA. III. FILOSOFÍA MODERNA
   Mariano Fazio y Daniel Gamarra

6. HISTORIA DE LA FILOSOFÍA. IV. FILOSOFÍA CONTEMPORÁNEA
   Mariano Fazio y Francisco González Labastida
   2ª edición revisada

7. ANTROPOLOGÍA: UNA GUÍA PARA LA EXISTENCIA
   Juan Manuel Burgos
   6ª edición revisada y ampliada

8. EL SECRETO DE UNA VIDA LOGRADA
   Curso de pedagogía del amor y la familia
   Alfonso López Quintás
   2ª edición

9. PENSAR EL DERECHO
   Curso de filosofía jurídica
   Javier Barraca Mairal

10. EL CONOCIMIENTO HUMANO: UNA PERSPECTIVA FILOSÓFICA
    Juan José Sanguineti

11. INTRODUCCIÓN A LA ÉTICA
    Historia y fundamentos
    José Ramón Ayllón
    2ª edición

12. EL AMOR: DE PLATÓN A HOY
    Alfredo Álvarez

13. FILOSOFÍA DE LA MENTE
    Un enfoque ontológico y antropológico
    Juan José Sanguineti

14. EL HOMBRE ANTE EL MISTERIO DE DIOS
    Curso de Teología Natural
    Luis Romera

15. METAFÍSICA
    Eudaldo Forment

16. BREVE HISTORIA DE LA FILOSOFÍA
    Carlos Goñi Zubieta

17. ANTROPOLOGÍA BREVE
    Juan Manuel Burgos

18. BIOÉTICA
    La promoción de la dignidad de la persona en el ámbito biomédico
    Francisco Javier León

19. PSICOLOGÍA DE LA PERSONA
    Fundamentos antropológicos de la psicología y la psicoterapia
    Xosé Manuel Domínguez

20. FILOSOFÍA Y FENOMENOLOGÍA DE LA RELIGIÓN
    Cristianismo y religiones
    Joaquín Ferrer Arellano

21. HISTORIA DE LA PSICOLOGÍA
    Juan Manuel Burgos

22. NEUROCIENCIA Y FILOSOFÍA DEL HOMBRE
    Juan José Sanguineti